아르케
북스
252

홍순재 洪淳在 Hong, Sun Jae

국립목포대학교 고고인류학과 문학석사
국립목포대학교 고고인류학과 문학박사
국립해양유산연구소 학예연구사

논문
「진도선의 구조와 성격」(2009)
「고려시대 난파선의 구조와 제작기술」(2011)
「마도해역 출수 난파선 비교 고찰」(2016)
「한국 출토 진도선의 구조와 특징」(2018)
「조선통신사 정사기선에 관한 연구」(2018)
「거북선 노와 신방의 구조에 대한 소고」(2019)
「거북선 복원 방법 검토 및 내부구조에 대한 소고」(2019)
「한국의 전통선박 변천과정과 조선통신사선 재현에 관한 연구」(2019)
「라파엘호 구조와 규모에 관한 고찰」(2021)
「일본 화원이 남긴 정사기선의 구조 연구」(2022)
「조선통신사 정사기선(正使騎船)의 조선기술사적 구조 재검토」(2022)
「고려초기 나주선 구조 및 성격에 관한 연구」(2023)
「한선 연구」(2024)
「베트남 통나무배와 대나무배에 관한 고찰」(2024)

민속원 아르케북스 252 minsokwon archebooks

한선 연구韓船 硏究

고고학적 유산과 기록에 담긴 한국 선박사

| 홍순재 |

민속원

책머리에

배船란 인류의 역사에서 인간의 삶 속에 매우 중요한 역할을 담당하며 함께 발전해 왔다. 배는 탐험과 전쟁에 사용되기도 하고, 문화를 전파하는 교류수단의 징검다리이기도 했다. 또한 필요한 물자를 운송하거나 어업을 통해 식량 공급원의 수단이기도 했다.

배의 역사는 언제부터 인간과 함께했는지는 알 수 없다. 다만 우리나라 경우 고고학적 자료에서 비추어 보면 비봉리 유적에서 출토된 통나무배(신석기시대)에서 출현 시기를 대략 추정하고 있을 뿐이다. 이렇듯 약 7,000년 전 통나무배를 시작으로 물을 매개로 한 인간과 함께 공존하면서 배의 기능과 성능을 갖춘 구조선으로 변천되어온 것이다.

우리나라는 특히 동아시아 해양 문화의 중심지로서 대내외적으로 수천 년 동안 해상활동과 이웃 간 교류 및 분쟁의 역사 속에서도 해양 활동의 능력이 확대되었다. 하지만 해양 활동을 영위하는데 대표 수단인 배에 관한 연구는 1990년대 김재근 이후 그동안 진전이 없는 채로 과거에 묶여 있다. 더욱이 임진왜란 당시 혁혁한 공을 세운 '거북선' 연구에 치중되면서 논쟁이 매우 뜨겁다. 하지만 그 반면에 전통 한선 연구는 큰 성과를 이루지 못하고 있다고 할 수 있다.

더욱이 최근 들어 육상의 고고학적 발굴에서 신석기시대 통나무배를 시작으로 철기시대와 가야 및 신라시대 고분에서 주형토기가 다수 출토되고 있으며, 수중고고학적 발굴에서 통일신라시대부터 조선시대까지 아우르는 많은 고선박이 출토되고 있다. 이와 같은 고고학적 자료가 출토됨에도 불구하고 대부분 고려시대 고선박에 국한된 연구뿐 현재까지 육상과 수중에서 발굴된 고고학적 자료를 종합적인 연구한 사례가 전무한 편이다.

따라서, 이 책은 우리나라 육상과 수중에서 발굴된 배船 관련 29건의 고고학적 직 · 간접 자료를 취합하여 시기별로 정리하였으며, 한선의 구조를 기능별로 분류하여 변화양상과 특징을 살폈다. 또한 조선시대 문헌과 회화자료를 통해 '조운선', '판옥선', '조선통신사선'의 구조와 성격을 밝혔을 뿐만 아니라 무형문화재 조선장과 한선 기능전승자, 선공船工들의 조선 기술을 정리하고, 고고학 자료를 기초로 한 문헌과 회화자료를 통해 우리나라 한선의 '평저선론'을 재정의하였다.

이 책을 발간하기까지는 필자가 30년간 몸담은 국가유산청 국립해양유산연구소에서 수중 발굴, 고선박 보존처리, 고선박 복원 · 원형 추정설계 · 조선공학적 분석 · 모형제작 실험 · 실물 재현, 전통 항해 기법 전승, 고려 및 한일 뱃길 재현 등의 업무를 담당하면서 그간의 경험과 축적된 연구 결과를 체계적으로 정리한 것이다. 따라서 기존 우리나라 한선에 대한 문헌 중심의 추론 연구가 아닌 고고학적 실증자료를 중심으로 실체를 규명하고 실험한 연구의 결과물이기 때문에 우리나라 선박사 연구에 매우 중요한 길잡이가 될 것으로 생각한다.

이 책을 내기까지 부족한 저에게 도움을 주신 분들께 감사한 마음을 전달하고자 한다. 박사과정을 포기하고 있던 저에게 박사과정을 다시 시작할 수 있도록 권유하고 부족한 논문을 지도해주신 김건수 지도교수님께 존경과 감사의 마음을 전하고자 하며, 논문심사 위원장을 맡아 부족한 논문을 완성 시킬 수 있도록 지도해 주신 이헌종 교수님, 목차를 편집해 보다 쉽게 시기를 구분하고 논지를 전개할 수 있도록 지도해 주신 김상민 교수님, 조선공학적으로 접근한 저에게 한선의 기능과 성능을 분석할 수 있는 방법 등을 알려주신 고재용 교수님께 다시 한번 존경과 함께 감사의 고마움을 전한다. 또한 30년간 한길을 걷게 해주시고 바쁘신 와중에도 논문의 질을 향상하게 시키기 위해 조언과 지도를 해주신 영원한 마음속 스승인 곽유석 과장님께 존경과 함께 감사의 고마움을 전한다. 그리고 15년간 저와 함께 수중발굴 고선박과 전통 한선 연구, 조선통신사선 재현, 동아시아 해상실크로드 연구 등에 한 배를 타고 항해 중인 든든한 강원춘 후배의 노고가 있었다. 진심으로 감사드린다. 더불어 이 책을 출판할 수 있도록 흔쾌히 도와주신 홍종화 사장님께도 감사의 말씀을 전한다.

마지막으로 박사과정을 포기했을 때 오히려 미안해하고 아파하셨던 존경하고 사랑하는 아버님(홍일봉)과 어머님(명정례), 무조건 절 믿고 따라 준 천사 같은 아내 정선영 마눌님과 장미 같은 큰딸 홍진 · 수국 같은 둘째 딸 홍예진 · 해바라기 같은 아들 홍성진, 정신적 지주 큰 형님 이재용과 따뜻한 햇살을 품은 그윽한 형수님 정하윤, 배려 깊고 헌신적인 큰언니 홍은경, 새로운 삶 속에 전국을 누비는 홍상국, 든든하고 멋진 우리 집 아들 정행욱과 마음이 따뜻하고 한 결 같은 홍상실, 바다를 누비는 마도로스 장기정과 우리 집안 의사 선생님 홍은아에게 항상 고마운 마음을 전한다.

2024년 3월

홍순재

차례

제1장

서론

제1장

서론

후기 구석기시대 이후 기온의 상승과 더불어 점차 해수면이 상승하면서, 신석기시대부터 한반도는 현재와 같이 삼면이 바다에 둘러싸이게 되었다. 이와 같은 환경으로 우리나라는 동아시아 해양 문화의 중심지로 대내외적으로 수천 년 동안 해상활동과 이웃 간 교류 및 분쟁의 역사 속에 해양 활동 능력을 확대하였다.

이러한 과정에서 발견된 발명품 중 하나가 바로 '선박'이라 할 수 있다. 선박은 수상에서 사람 또는 물건을 싣고 운반하는 '이동수단'이거나, 수상에서 생계를 위해 어로 활동을 전개하는 '어로수단', 바다 건너 이웃 나라를 침범하여 영토를 빼앗기 위한 '침략수단'인 동시에 이웃 나라 간 외교활동을 위한 '교류수단' 등 인간이 편리하게 활동할 수 있는 수단으로서 개발되고 발전하게 되었다.

선박의 4가지 필수 요건을 정의하면, 다음과 같다.

첫 번째, 사람이나 무거운 짐을 싣고 물에 뜨는 부양성浮揚性이 기초가 되어야 한다.

두 번째, 사람이나 물건을 싣기 위한 공간성空間性이 갖추어져야 한다.

세 번째, 항해 시 파도나 바람 등으로 기울어졌을 때 다시 원상태로 돌아올 수 있는 복원성復原性이 있어야 한다.

네 번째, 안전하게 항해할 수 있도록 내항성을 갖춘 항해성航海性을 꼽을 수 있다. 이것들은 선박이 가지는 기본 기능으로 볼 수 있다.

우리나라 전통 선박인 한선[1]은 강이나 바다의 자연환경과 용도에 맞추어 전선戰船, 조운선漕運船, 무역선貿易船, 사신선使臣船, 어선漁船 등 다양하게 만들어지고 발전하였다. 약간의 구조적인 차이는 있으나 큰 틀에서 우리나라 자연 지형에 맞게 발전한 '한선韓船'은 세계의 전통 선박과는 확연히 다른 독창적인 구조로 발전하였다. 이는 우리 선조들이 뛰어난 조선기술造船技術과 항해기술航海技術을 갖추고 있다는 데 기인起因한 것이라 할 수 있다.

기존 우리나라 한선에 관한 연구는 고고학적 실증자료 부족으로 대부분 문헌자료를 중심으로 연구되었다. 그나마 문헌자료가 남아있는 거북선 연구에 편중되고, 연구자는 조선공학자, 군사학자, 민속학자, 역사학자 등에 의해 연구가 진행되었다. 이들이 주장한 연구의 내용은 거북선의 구조와 형태, 기능과 성능, 제원과 특징 등이다.

2000년대에 들어 해양 사학자, 고고학자가 뛰어들어 거북선 조선공학적 분석, 전통 한선의 특징, 장보고 무역선, 조선시대 선박, 판옥선, 어선, 선박의 부속구, 통신사선 등 다양한 주제로 연구가 이루어지고 있다. 더욱이 우리나라 연안 해저에서 출토된 고선박을 직접 발굴 · 보존 · 복원 · 전시 · 연구 · 교육하는 국립해양유산연구소(前 국립해양문화재연구소) 연구자들이 인문학적 배경과 함께 실물 자료를 바탕으로 한선의 구조해석, 조선 설계, 조선공학적 분석(기능 및 성능), 3D Modelling 및 모형제작, 고고학적 실험(재현) 등을 통해 시대별 변화양상을 밝혀내는 연구를 진행하고 있다.

현재 우리나라에서는 고분, 호수, 강, 해안, 해저 유적에서 발굴된 고고학적 자료가 축적되고 있지만, 우리나라 한선에 관한 그동안의 연구는 한국 선박사를 체계적으로 정립한 김재근 이후 일부 몇몇 학자들이 구조와 재료에 대해서 다른 주장을 펼치고는 있으나, 이를 명확하게 밝히기보다는 연구한 사실 자체를 제시하는 데 불가하여 학계로부터 공감대를 얻지 못했다. 특히 김재근이 문헌 사료와 일제강점기에 조사된 자료를 통해 정립한 '평저선론'에 대해서도 모두 수용하고 별다른 의견이 없이 일반화되었다.

따라서 문헌에 의해 정립된 한선의 구조는 김재근에 의해 한국 선박사가 체계적으로 정

1 한선(韓船)의 정의는 제2장에서 자세히 다룬다.

립하였기 때문에 구체적인 언급은 생략하고, 최근까지 발굴된 한선의 고고학적 실증자료를 분석하여 한선의 새로운 구조를 찾고, 유형별로 분류하여 시대별 변천과 특징을 살펴보고자 한다. 또한 김재근이 주장한 한선의 평저선론의 정의에 대해 검토하여 새로운 시각에서 한선을 정리하고자 한다.[2]

1. 연구사

1) 한선 연구의 태동기

한선韓船 연구는 일제강점기 일본인에 의해 처음으로 조사되고 연구가 시작되었다. 1928년 일본 조선총독부수산시험장朝鮮總督府水産試驗場에서 우리나라 삼면에서 활동한 어선 실태를 조사한 후 그 결과를 『어선조사보고서漁船調査報告書』[3]로 간행하였다. 실태조사는 1921년 동해안 어선을 대상으로 착수하여 1924년까지 조사하였으며, 그 후 1927년까지 남해와 서해안의 어선을 포함하여 총 447척이 조사되었다. 그중 각 지역을 대표하는 21척의 어선과 소형선박을 중심으로 각각의 설계도와 구조 및 용어, 제작 방법, 어구어법 등을 자세히 정리하였다. 그리고 재래형 어선에 대한 단점 14가지를 비판하였다. 그들이 제시한 단점은 선형 및 구조가 거칠고 졸렬해서 강도, 내구력, 복원력 및 능파성이 부족한 점 등이었으며 이를 앞세워 개량의 명분으로 삼았다.[4]

이마무라 도모今村鞆[5]는 1915년부터 1925년경까지 조선의 선박과 해사, 법제, 문헌 등의 자료를 취합하여 『대전회통大典會通』을 기본으로 조선의 해사 전반에 대해 진단하였다. 특

2 이와 같은 배경은 필자가 접한 다양한 고선박 정보와 수중 출토 고선박의 실물 복원, 조선 설계 및 조선공학적 분석, 모형제작 실험연구, 시대별 한선 재현연구, 전통 항해술연구 등을 통해 찾아낸 연구의 결과물임을 밝혀둔다.

3 朝鮮總督府水産試驗場, 『漁船調査報告書』 第一册, 第二册, 第三册, 1928.

4 대불대학교 산학협력단, 『어선조사보고서』, 박근옹 옮김, 대불대학교 산학협력단 출판부, 2007.

5 今村鞆, 박현숙 譯, 『船の 朝鮮』, 국립해양문화재연구소, 1930.

히 일본 선박과 조선 선박을 비교하여 조선의 해양이 발전하지 못한 원인 및 문제점을 제시하였다. 또한 조선기술에 대해 고려시대 이후 선박에 관한 기술이 퇴보하였으나, 일본의 영향으로 어선과 어법이 개량되면서 발전에 도움을 주었다고 주장하고 있다. 그러면서 조선은 바다에 대한 인식과 지식이 부족한 국가와 조정 대신들에게 가장 큰 책임이 있다고 보았다. 이처럼 이마무라의 논지는 식민지 관리자로서 조선이 발전하지 못한 원인과 문제점을 비판한 것이다.

호라이스 언더우드Horace Underwood(1933)[6]는 『Korean Boats and Ships』에서 1928년에 간행된 『어선조사보고서』와 경기도, 한강, 경상도, 전라도, 함경남도, 대동강 등을 직접 조사한 내용을 바탕으로 한국의 배를 강선江船과 해선海船으로 구분하였다. 강선은 통나무를 파서 만든 작은 배[독목주獨木舟], 소형 거룻배[주정舟艇], 운송선運送船 · 수송선輸送船 등으로 한정하였고 해선은 어선에 한정하였다. 또한 한국 선원들의 의식과 관습, 한국의 해양사를 간략하게 정리한 뒤 임진왜란 당시 활동한 거북선에 대해 근대적 관점에서 설계도를 최초로 제시하였다.

"한국인들은 해안을 따라 각 지역의 특정한 조건에 맞는 다양한 형태의 배를 고안해 냈지만, 전체적으로 보았을 때 한국의 배들은 기본구조는 같고, 수백 년 동안 변하지 않은 것 같다"[7]라고 정리하였다.

또한 언더우드는 최초로 거북선 구조에 대해 언급하면서 판옥선에 외부 덮개를 씌워 내부의 전투원을 보호할 수 있게 되어 있고, 내부구조는 2층으로 나누어져 1층에는 노를 젓는 격군이 2층에는 전투원들이 배치되었다고 주장하였다. 또한 거북 등과 같은 지붕 선미 쪽에는 1.5피트 너비의 구멍을 뚫어 돛을 신속히 내리고 올리는 데 유용하게 만들었다고 하였으며, 등 위에는 뾰족한 송곳이나 칼 등을 무수히 꽂아 놓은 구조를 갖추고 있다고 주장하였다.[8]

---

6 김성준, 『한국 항해 선박사』, 2021, 80~81쪽 재인용.

7 Horace Underwood, 「Korean Boats and Ships」, 1933, p.5, p.20.

8 박재광, 「2층 구조의 전라좌수영 거북선」, 『경인 한일관계 연구총서 49』, 한일관계사학회, 여수해양문화재연구소, 2012.

2) 한선 연구의 정립기

우리나라 전통 한선에 대한 연구는 1950년부터 1980년까지 고고학 성과나 실증적 자료가 출토되지 않아 대부분 문헌 사료를 중심으로 한 '거북선' 연구가 주였다. 이후 우리나라에 수중고고학 발굴이 시작되면서부터 유적에서 출토한 선박의 고고학적인 연구가 본격화되었다. 더욱이 2008년부터는 수중 출토 한선과 문헌 사료의 선설船設을 중심으로 실물 복원과 조선 설계 · 조선공학적 분석 · 모형제작 실험 · 고고학적 실험(실물 복원 및 재현) 등을 통해 종합적인 검토가 시작되었다.

따라서 사료 중심 통사적인 시점에서의 연구 경향과 연못, 고분, 패총 등에서 출토된 고고학적 직 · 간접자료와 수중 출토 고고학적 한선의 실증자료를 중심으로 연구 동향을 살펴보았다. 그리고 수중 출토 한선과 문헌을 기초로 한 조선 설계 · 조선공학적 분석 · 복원 및 재현 등 종합적으로 나누어 정리하고자 한다.

(1) 사료 중심의 통사적인 시점

사료 중심 연구는 대부분 거북선 관련 연구이다. 1958년 최영희[9]가 임진왜란 당시 거북선 3척이 활동한 것과 돌격선으로서 적선대에 돌입하여 전포문을 열어 적선을 공격하고, 적선의 대열을 혼란에 빠트리게 한 후에 제선이 일제히 총공격했다고 해석하면서부터 시작된다. 그 이후 조성도(1964),[10] 김용국(1968), 강만길(1969),[11] 김재근(1974),[12] 남천우(1976)[13] 등에 의해 거북선에 관한 연구가 본격적으로 구체화 되었다. 최영희, 조성도, 김재근은

---

9 최영희, 「龜船考」, 『사총』 제3집, 고려대학교 사학회, 1958.

10 조성도, 「거북선에 대한 소고」, 『해군대학 논문집』, 해군대학교, 1964; 「귀선고」, 『해군사관학교 연구보고』 제2집, 해군사관학교, 1965.

11 강만길, 「이조조선사」, 『한국문화사대계』 Ⅲ, 고대 민족문화연구소, 1969.

12 김재근, 「龜船의 조선학적 고찰」, 『학술원논문집』, 인문사회과학편 제13집, 1974; 「板屋船考」, 『한국사론』 Ⅲ, 1976; 『조선왕조군선연구』, 한국문화연구소, 1976; 「조선 후기 병선의 질정(蛭釘) 고착 방법」, 『한국과학사학회』 1-1, 한국과학사학회지, 1979.

13 남천우, 「귀선구조에 대한 재검토」, 『역사학보』 제71집, 역사학회, 1976.

거북선의 형태와 특징에 관한 연구인 반면에 김영국, 강만길, 남천우는 구조와 성능을 중점으로 한 연구가 이루어졌다.

1980년대에 들어서 김재근은 『韓國船舶史研究』(1984), 『우리 배의 歷史』(1989)를 발간하고 이와 함께 다수에 걸친 선박 관련 칼럼 연재를 통해 고려 초기부터 조선 후기의 군선까지 아우르는 한국의 선박사를 정리하였다. 또한 거북선과 함께 조선시대 전선의 선형, 구조, 기동성, 화력에 이르기까지 군사 활동의 우월성 및 조선공학적 특성을 규명하였다. 조선시대 선박 중 통신사를 태우고 대한해협을 건너다니던 통신사선通信使船의 구조와 특성을 밝히고자 하였다. 또한 신라·고려·조선 전기의 배에 관한 연구를 거듭하면서 우리나라 고대 선박사를 종합하였다. 다년간의 연구 결과를 바탕으로 김재근은 우리나라 한선의 구조적 특징에 대해서 "한국의 전통적인 재래식 주선舟船은 그 선종과 시대를 막론하고 모두 같은 구조방식으로 두껍고 평탄한 저판을 밑에 깔고 외판을 붙이고 가룡목을 설치한 방식으로 건조되었다."라는 점을 그 특징이라 하였으며, "중국의 전통선을 '정크Junk선', 일본의 전통선을 '화선和船'이라고 부르는 것에 대응하여 한국의 전통 선박을 '한선韓船'이라고 통칭할 것"을 제안하였다.[14]

또한 거북선은 본래 매우 정교하고 복잡한 구조를 가진 배이지만 그 선체는 노가 달린 곳을 경계로 하여 하체 부분과 상장 부분으로 구분하였다. 구조에 대한 특징으로 하체 부분은 두껍고 평탄한 저판, 겹쳐서 붙여 올라간 외판, 좌우 양현 외판재마다 연결하는 가름대인 가룡목 등을 들었다. 이는 어느 배의 선체와 다를 것이 없고, 완도선의 구조방식과도 기본적으로 같다고 주장하였다.[15]

1990년대 이후 거북선에 관한 연구는 다각적으로 연구가 이루어진 시기라고 할 수 있다. 이원식은 『李忠武公全書』를 근거로 경상우수영과 전라좌수영 거북선의 중앙단면을 제시

---

14 김재근, 「朝鮮初期軍船 考」, 『학술원논문집』, 인문사회과학편 제22집, 1976; 「여암(旅菴)의 병선론(兵船論)에 대하여」, 『학술원논문집』, 인문사회과학편 제22집, 1982; 「조선 말기의 군함」, 『학술원논문집』, 인문사회과학편 제22집, 1983; 『韓國船舶史研究』, 서울대학교출판부, 1984; 『우리 배의 歷史』, 서울대학교출판부, 1989.

15 김재근, 「莞島海底發掘船의 船體構造에 대하여」, 『學術院論文集』 人文社會科學編 第25輯, 대한민국 학술원, 1986.

하고, 2층에 노가 위치하고 포砲도 함께 쏘는 것으로 주장하였다.[16]

김재근[17]은 1994년 문헌 사료와 수중 출토 고고학적 실증자료인 '완도선'과 조선통독부에서 발간한 『어선조사보고서』를 중심으로 한선의 구조, 신라와 고려, 조선 전 · 중 · 후의 주요 선척들을 차례로 기술하여 우리나라 선박사 연구의 근간을 마련하였다. 다만 김재근은 조선공학 전공자로서 시대를 아우르는 한선에 대한 조선공학적 측면보다는 사료 중심으로 활동 사항과 구조에 대해 밝히고 있어 한선이 가지는 구조적 기능, 항해성능, 내구성 및 복원성 등 연구가 부족하다고 하겠다. 이는 당시의 고고학적 실증자료가 없기 때문에 접근하지 못한 것으로 판단된다. 특히 김재근은 신라 이전의 고대선에 대해 고고학적 실증자료가 미약해 다루지 못한 부분에 대해서 아쉬움을 밝히기도 했다.[18]

1995년에는 장학근,[19] 최두환[20]은 거북선의 3층설과 함께 서양식 노를 동양식 노로 바꾸며, 2층 갑판에서 노를 젓고 3층 갑판에서 포를 쏘았다고 주장하였다.[21]

1999년 일본 쿄토대학교 명예교수인 사쿠라이 다케오Takeo Sakurai,[22] 김주식,[23] 정진술[24]

---

16 이원식, 『한국의 배』, 원사, 1990; 「거북선에 대한 소고」, 『대한조선학회』 35-2, 대한조선학회, 1998; 「이순신 창제 귀선(거룩배)의 설계-이순신 창제 귀선의 기하학적 조선 계획의 고찰 및 원형복원」, 『대한조선학회』 40-1, 대한조선학회, 2003; 「1592년식 이순신 창제 귀선 설계복원연구」, 『대한조선학회』 41-3, 대한조선학회, 2004; 「1592년 龜船의 主要 置數 推定에 關한 硏究」, 박사학위논문, 한국해양대학교 대학원, 2007; 「1592년 이순신 창제 귀선의 실체」, 1592년 거북선 구조 심포지움, 경남발전연구원, 2008.

17 김재근, 「임진왜란 중의 조 · 일 · 명의 군함의 특성」, 임진수군 활동 연구논집, 해군군사연구실, 1993; 『거북선』, 정우사, 1992; 『韓國의 배』, 서울대학교출판부, 1994; 『續韓國船舶史硏究』, 서울대학교출판부, 1994.

18 김재근, 「임진왜란 중의 조 · 일 · 명의 군함의 특성」, 임진수군 활동 연구논집, 해군군사연구실, 1993; 『거북선』, 정우사, 1992; 『韓國의 배』, 서울대학교출판부, 1994; 『續韓國船舶史硏究』, 서울대학교출판부, 1994.

19 장학근, 「군선으로서의 원형귀선」, 『창원사학』 2, 창원사학회, 1996.

20 최두환, 「임란시의 원형 거북선에 관한 연구」, 『해양연구논총』 22, 해군사관학교 해군해양연구소, 1999; 「원형 거북선을 찾아서」, 우석 출판사, 1999.

21 최두환, 「임란시의 원형 거북선에 관한 연구」, 『해양연구논총』 22, 해군사관학교 해군해양연구소, 1999; 「원형 거북선을 찾아서」, 우석 출판사, 1999.

22 Takeo Sakurai, 「거북선의 복원력에 대한 조선공학적인 소고」, 『해양연구논총』 23, 해군사관학교 해군해양연구소, 1999.

23 김주식, 「거북선의 건조와 운영」, 『조선시기의 거북선과 선소』, 전남대 이순신해양문화연구소, 2008.

24 정진술, 「조선 후기 거북선의 구조」, 『조선시기 여수 좌수영의 거북선』, 전남대 이순신해양문화연구소, 2009.

은 거북선 복원력과 활과 포를 쏘고 노를 젓는 공간구성에 대해 언급하였다.

이와 같이 1990년까지는 대부분 거북선을 중심으로 연구가 이루어졌다면, 2000년대부터는 다양한 시대를 아우르는 한선에 대해 보다 폭넓은 연구가 이루어졌다. 이창억은 고대 제주도를 중심으로 한 통일신라 · 중국 · 일본과의 해상 항로 그리고 고려 및 조선시대의 조선기술과 교역선의 활동 상황을 정리하였다. 또한 조선통신사선의 선체 구조 형식과 비교하여 선박사 관점에서 추론하였다.[25]

최근식은 9세기 신라의 선박은 고유의 선형이 존재한다고 주장하면서 신라선은 원양을 항해하기에 적합하도록 'V'자 형태의 첨저선으로 만들어졌을 뿐만 아니라, 수밀격벽 구조와 피수판을 장착하였다고 주장하였다. 또한 지남침을 사용하여 항해하였다고 주장하였다.[26]

최병문은 우리나라 전통 선박은 항행구역과 선박의 용도에 따라 다양한 선박이 존재한다는 사실과 평저선은 강선과 서해안의 어선선형에 채용되고 첨저선은 조운선과 남해안의 연안 항해선, 어선선형에 각각 채용되었다고 주장하였다. 이는 김재근의 평저선 논리와는 다른 논리를 제기한 것이다.[27]

김재승은 조선통신사 11차 사행록인 『계미수사록癸未隨槎錄』에 기록된 통신사선 건조 관련 문헌을 해석하여 통신사선의 구조와 제작과정을 밝혀내었다.[28]

김성준은 선박과 항해 관련된 연구자들의 주장에 대한 논리를 비판하고, 특히 중국 펑라이蓬萊 고려 고선古船의 발굴을 통해 한국 선박사 연구에 대해 전면 재검토되어야 한다고 주장하였다. 정진술(2007)[29]은 판옥선 실물 복원에 재원을 획득하기 위하여 『각선도본各船圖本』의 전선에 기록된 내용을 근거로 『이충무공전서』의 귀선지제龜船之制와 『증정교린지增正交隣志』의 도해선척식渡海船隻式의 주요 치수와 비교하여 각각의 세부 구조에 대해 크기

---

25 이창억, 「『耽羅巡歷圖』 고대선과 조선 통신사선의 비교 연구」, 『연구논문집』 27-2, 울산과학대학, 2001.
26 최근식, 「장보고 무역선과 항해기술 연구」, 고려대학교 문학박사 학위논문, 2002.
27 최병문, 「조선시대 선박의 선형 특성에 관한 연구」, 부경대학교 공학박사 학위논문, 2004.
28 김재승, 「1763년 대일 통신사선의 건조」, 『해운물류 연구』 제42호, 한국해운 물류학회, 2004.
29 정진술, 「판옥선 복원을 위한 구조탐색」, 『strategy』 21, 2007.

를 돌출하여 전체 길이 138자, 선체 폭 39.7자, 3층까지의 높이를 21.2자로 제시하였다.[30]

송은일은 경상우수영 거북선의 크기는 64.8척이었고 전라좌수영은 우수영 거북선보다 약간 작은 것으로 추정하고,[31] 거북선은 2층으로 주장하였다. 나승만은 조기잡이 어선을 중심으로 한국 황해의 중선中船과 중국 발해渤海의 대풍선을 비교하였다. 선수(비우)의 형태와 저판의 평저형태가 같고, 돛과 노를 사용하고 있다는 점에서 두 어선은 같은 계통의 배로 주장하였다. 또한 선형과 구조에서 중선은 직사각형의 뭉퉁한 형태지만 대풍선은 길쭉한 오이 형태의 선형, 중선에는 횡강력 구조인 멍에와 가룡의 구조이며 대풍선은 격벽의 구조를 서로 다르다는 것을 제시하였다.[32]

김병륜은 군선에 적용되는 한국식 노의 한계를 지적하고 설밑('ㅗ'자 형의 노) 및 장미목으로 불리는 'T'자 형 노로 민노질 혹은 방향 전환용 노가 사용된다는 점과 판옥선이나 거북선에서 노가 설치된 층은 높이가 다소 낮아도 무방하다는 점에서 조선 후기군선의 내부구조와 연계해서 앞으로 추가적인 재검토가 필요하다고 주장하였다. 그뿐만 아니라 한국식 노는 넓은 의미에서 동아시아 방식의 노의 한 하위 유형 혹은 동아시아 노의 한 지역적 형태로 보는 것이 타당하다고 주장하였다.[33]

홍순재는 거북선의 구조분석을 위해 선사시대부터 조선 후기까지 전통 한선의 구조를 본체 · 추진 · 내부 · 연결 · 결속 · 수밀 · 정박 · 상장의 구조로 분류하고, 고려시대부터 근대까지 활동한 전통 한선(어선, 조운선, 운반선, 통신사선 등) 6척을 재현하면서 얻은 그간의 경험과 노하우를 통해 거북선 구조해석과 함께 학술복원 방법에 대해 제안하였다. 특히, 거북선에 대한 논쟁이 되는 노와 신방 등 일부 구조에 대해 여러 가지 가능성을 열어놓고

---

30 김성준, 「蓬萊 고려고선의 한국선박사상의 의의」, 『해운물류 연구』 27권 3호, 2007; 『한국 항해 선박사』, 국립목포해양대학교 해양 문화정책연구센터 해양 학술연구총서 4, 2014; 『한국 항해 선박사』, 증보 개정판, 혜안, 2021.

31 송은일, 2011, 「임진왜란기 거북선 層構造에 대한 역사적 고찰」, 『해양문화연구』 5, 전남대학교 이순신해양문화연구소; 「임진왜란기 거북선의 크기와 이후 추이에 대한 역사적 고찰」, 『해양문화연구』 6, 전남대학교 이순신해양문화연구소, 2011.

32 나승만, 「조기잡이 어선 中船과 大風船의 선체 비교」, 『비교민족학』 47, 비교민족학회, 2012.

33 김병륜, 「조선 후기 선박의 櫓 구조와 軍船 格軍의 편성과 운용」, 『한국역사민속학회』, 연사민속학 54, 2018.

재검토를 주장하였다. 또한 한 · 중 · 일 고고학 자료와 문헌 및 회화자료를 근거로 한국에서 사용된 6가지 노를 찾아내 형태별로 분류하였다. 그중 전 · 후방을 주시하며 젓는 추진형 노와 방향을 제시하는 조정 타 노가 사용된 것으로 추정하였다. 또한 수중 출토 고선박 복원 및 고려시대부터 근대까지 활동한 조운선, 옹기 운반선, 어선, 통신사선 등 선박 고고학적 실험을 통해 시대별 구조해석과 조선기술을 정리하였다.[34]

(2) 출토 고선박의 고고학적 시점

한선의 고고학적 연구는 1970년대 우리나라 수중발굴의 효시인 신안군 증도면 방축리 유적에서 출토된 '신안선'에서부터 시작되었다. 하지만 신안선은 중국 원나라 시대에 활동한 선박으로 우리나라 전통 한선 연구는 1983년부터 1984년까지 완도군 어두리 해저 유적에서 수중 출토된 고려 12세기 '완도선' 연구에서 본격적으로 시작되었다고 할 수 있다.

완도선에 대하여 김재근은 11세기경으로 활동연대를 추정하고, 평탄하고 두꺼운 저판, 서로 겹쳐서 올라간 외판, 좌우 양현 외판을 연결하는 가름대 등으로 매우 간소한 기본구조를 갖추었고 이는 한국의 전통적 재래식 배의 기본구조와 매우 일치한 것으로 해석하였다.

이원식은 조선공학적 분석을 통해 완도선의 배수톤수를 만재상태(23톤) · 경하상태(4톤), 선형계수[방형 만재(0.45), 경하(0.25)], 최대횡단면계수[만재(0.80), 경하(0.60)], 주형계수[만재(0.56), 경하(0.42)], 정적복원성(최대 복원력 경사각 35도, 최대 복원할 경사각 35도, 복원력 소멸 각도 76도)로 계산하였다. 또한 고려시대 문헌사료에 등장하는 선종의 구조 특성과 해저에서 출토된 완도선의 구조 특성이 일치한다는 의견과 완도선의 구조가 20세기 초기까지 활동한 한선에 전승되었다고 주장하였다.[35]

완도선 이후 <표 1>에 나타낸 바와 같이 우리나라에서 수중발굴조사가 활발하게 이루

---

34 홍순재, 「거북선 복원 방법 검토 및 내부구조에 대한 소고」, 『충무공 이순신과 한국 해양』 제6호, 해군사관학교 해양연구소, 2019.

35 이원식, 『고려 완도선의 주요 치수 추정과 구조 복원에 관한 연구』, 한국해양대학교 대학원 석사학위 논문, 2004; 이원식 · 이은위 · 이기표, 「고려 완도선의 선형계수 및 정적 복원성 추정에 관한 연구」, 대한조선학회 제43권 제3호, 2006.

어지면서 다수의 선박이 확인되었고 이에 따라 많은 연구가 이뤄지게 되었다.

〈표 1〉 수중 고선박 출토 현황

연번	발굴 연도	발굴유적	선박명	시기 기준
1	1983~1984	완도 어두리 유적	완도선	12세기 초(도자기 편년)
2	1995	목포 달리도 유적	달리도선	13~14세기(방사성탄소연대측정)
3	2003~2004	군산 십이동파도 유적	십이동파도선	12세기(도자기 편년)
4	2005	신안 안좌도 유적	안좌도선	14세기(도자기 편년)
5	2006	안산시 대부도 유적	대부도선	12~13세기(도자기 편년)
6	2007~2008	태안 대섬 태안 유적	태안선	12세기(도자기 편년)
7	2008~2010	태안 마도 유적	마도 1호선	13세기(목간 · 죽간 절대편년)
8	2009~2010	태안 마도 유적	마도 2호선	13세기(목간 · 죽간 절대편년)
9	2011	태안 마도 유적	마도 3호선	13세기
10	2010, 2012~2013	인천 영흥도 유적	영흥도선	통일신라
11	2015	안산 대부도 유적	대부도 2호선	12~13세기
12	2015	태안 마도 유적	마도 4호선	15~16세기

한선 관련 고고학적 고선박 및 고문헌에 기록된 한선을 토대로 안재철은 고려시대를 우리나라 전통 선박인 한선 구조가 정착하고 발전하는 시기로 보았다. 또한 강화도 곳배, 영광 낙월도 멍텅구리배, 신안군 가거도에서 활동한 멸치잡이 어선의 구조와 제작과정을 제시하면서 전통 한선의 조선기술 변화과정에서 가장 큰 특징은 평평한 저판의 형태를 갖추고 있고 배의 규모, 선수와 선미의 비율, 전체 높이 등 전통 한선의 선형을 그대로 유지하고 있으며, 그물과 닻을 올리기 위한 호롱을 사용하고 선수의 구조가 전통 한선과 같다는 점 등을 강조하였다.[36]

홍순재는 고려시대 한선의 구조, 이음, 맞춤, 연결방식은 동 시기의 중국과 일본 선박의 방식과는 확연히 다른 고려시대만의 독창적인 특징을 갖추었다고 하였다. 또 연구자마다

36 안재철, 「韓船의 構造와 變遷」, 목포대학교 대학원 석사학위 논문, 2000.

구조에 대해 잘못된 용어를 사용하고 있으므로 건축 구조용어를 바탕으로 각각의 구조용어를 체계화하였다. 저판 중앙 부재에 공통적으로 확인되는 두 개의 홈에 대해 학자마다 돛대 홈으로 간주한 것을 지적하고 돛대의 홈이 아닌 돛대를 보강하는 '구레짝 홈'으로 해석하였다(홍순재, 2011). 뿐만 아니라 마도 1호선 저판은 5열이 아니고 7열로 갖추고 있다는 점과 달리도선 발굴보고서에 차가룡의 구조가 반대로 끼워지게 된 것을 바로 잡았다. 김대건 신부가 중국 상해로 타고 간 어선의 크기와 구조를 밝혀냈으며(홍순재, 2021), 문헌과 회화자료를 통한 조선통신사선의 구조와 성격을 밝히고 직접 재현하면서 조선기술의 과정을 체계적으로 정리하였다(홍순재, 2019). 나주선의 구조를 통해 수중 출토 고려시대 고선박과 비교 분석하여 크기를 추정하였다.[37] 이철한은 안좌도선에 남아있는 잔존구조의 실측도를 근거로 선도와 함께 복원 설계도를 제시하였다.[38]

곽유석은 우리나라 수중에서 출토된 8척의 고려시대 한선 자료를 바탕으로 구조와 조선기술의 시대적 변화양상을 문헌자료와 함께 구조별로 세세히 나누어 정리하고, 13세기 후반부터 조선기술의 발달함에 따라 급격히 변화한다고 주장하였다. 또한 만곡부종통재를 사용하지 않고도 외판을 밖으로 벌려 용적을 늘린 것은 차가룡과 조밀한 가룡을 도입한 조선기술의 발전으로 보았다. 그뿐만 아니라 13세기 초(1208) 마도 1호선의 원통형 외판을 통해 이때부터 만곡부종통재가 사라지는 단계로 추정하였다. 특히 논문의 핵심인 달리도선의 기본자료를 중심으로 도면작업과 모형 복원작업을 통해 다양한 정보를 밝히고 유실된 부분까지 복원하여 고려 후기 고려선의 형태를 밝혀내었다.[39]

이준혁은 평저형 구조와 횡강력 구조인 가룡목(게롱)의 구조에 대해 재고를 주장하였다. 그러면서 통일신라시기 장보고의 무역선도 첨저형으로 추정하고 있으며, 첨저형의 구조가 고려시대까지 이어졌다고 추정하고 있다. 초마선을 첨저 혹은 좁은 평저형 구조가 바다

---

37 홍순재, 『진도선의 구조와 성격』, 목포대학교 대학원 석사학위 논문, 2009; 「고려시대 난파선의 구조와 제작기술」, 『해양문화재』 제4호, 2011; 「한국의 전통선박 변천과정과 조선통신사선 재현에 관한 연구」, 『朝鮮通信使研究』 第27號, 2019; 「라파엘호 선박 規模에 관한 고찰」, 『교회사연구』 59집, 2021; 「고려초기 나주선 구조 및 성격에 관한 연구」, 『해양문화재』 제18호, 2023.

38 이철한, 「安佐島 沈沒船의 構造 研究」, 목포대학교 대학원 석사학위 논문, 2009.

39 곽유석, 『高麗船의 構造와 造船技術 연구』, 목포대학교 대학원 박사학위 논문, 2010.

를 통해 운송하는데 적합한 구조로 보았다. 누선樓船과 몽충艨衝은 선수가 뾰족하고 선체가 긴 구조로 선형 특성상 평저 구조가 아닌 첨저형의 구조로 인식하고 있어 고려의 조선기술은 용도와 환경에 따라 평저 및 첨저형 구조가 만들어지고 활동한 것으로 주장하였다(이준혁, 2010).[40]

강원춘은 수중발굴에서 수습된 구조목편 53편을 비교분석을 하여 형태 특성과 용도를 3D Modelling을 통해 구조를 밝혀냈다. 『고려사高麗史』와 『반계수록磻溪隧錄』 문헌 사료를 통해 초마선의 최대 적재량[1,500석의 부피는 약 77.218㎥(1석=0.051478848㎥)]과 마도 1호선의 용적 78.155㎥ 톤수를 비교하여 마도 1호선이 조운선으로 사용되기에 충분한 크기의 선박인 것으로 주장하였다(강원춘, 2013, 2014).[41] 김성준과 김경옥은 나주선의 크기는 저판장 17m, 저판폭 5.26m와 저판장 22m일 때 저판폭 6.81m로 총톤수는 98톤과 218톤으로 추정하고, 총톤수 약 230톤으로 추정하였다(김성준과 김경옥, 2020).[42] 홍광희는 태안마도 해역에서 출토된 고선박의 부속구인 닻돌을 중심으로 재질, 무게, 크기, 생김새를 통해 주변에서 쉽게 구할 수 있는 반암과 화강암을 사용한다는 것과 100kg 이하는 소형의 닻으로 작은 선박에 사용되고, 200kg 이상의 닻돌은 대형선에 사용하였을 것으로 추정하였다. 중국이나 일본의 형태와는 다른 독자적인 형태로 닻돌이 제작된 것으로 추정하였다(홍광희, 2012).[43]

한편 수중 출토 고선박과는 별도로 육상 선박 고고학 자료가 연못, 고분, 패총, 수혈에서 출토됨에 따라 2000년부터 주형토기에 관심을 보이면서 연구가 시작된다. 주형토기에 대한 연구는 안재철(2000),[44] 정진술(2010),[45] 김건수(2013),[46] 김성준(2014),[47] 이청규(2017),[48] 강

---

40 이준혁, 「고려시대 배(船)의 변화와 그 의미」, 부산대학교 대학원 석사학위 논문, 2010.

41 강원춘, 「수중발굴 고선박 구조목편 연구」, 『해양 문화재』 6, 국립해양문화재연구소, 2013; 「마고 1호선 발굴 선박 복원과 고려시대 조운선」, 『해양문화재』 7, 국립해양문화재연구소,2014.

42 김성준 · 김경옥, 「고려 초기 나주선의 톤수 추정과 검증」, 『한국해양과학기술협의회 공동학술대회』, 한국항해항만학회, 2020; 『한국항해선박사』, 증보개정판, 혜안출판사, 2021.

43 홍광희, 「安佐島 한국 전통 닻돌의 생김새와 쓰임새」, 조선대학교 대학원 석사학위 논문, 2012.

44 안재철, 『한선의 구조와 변천』, 목포대학교 대학원 석사학위논문, 2000.

45 정진술, 『한국 해양사』 고대편, 경인문화사, 2009; 「고대의 항해술과 삼국시대 무덤출토 우리 배」, 『우리 배 이야기』, 바다문화학교, 2010.

원춘(2020),[49] 이정근(2021)[50]에 의해 자료 소개 및 구조해석, 편년 등 다양한 연구가 이루어졌다.

(3) 선박 고고학적 실험 시점

선박 고고학적 실험 시점은 1994년 국립해양유물전시관(현, 국립해양유산연구소)이 들어서면서부터이다. 이때부터 우리나라 수중발굴이 본격화되었고, 그에 따른 성과로 한선에 대한 실험 고고학적 연구가 실존 자료와 문헌자료를 통해 복원되고 우리나라 한선의 구조와 조선기술이 밝혀지고 있다. 특히 2007년 수중 출토 고고학 자료인 고선박의 복원과 전통선박 연구를 담당하는 부서가 신설되면서 본격적으로 선박 고고학적 실험연구가 시작된다.

그중 수중 출토 고선박 실물 복원은 한선 연구의 학문적 기반이 되며, 원형을 밝혀내는 데 매우 중요하다. 실물 복원 시 선행되는 선박 고고학적 실험연구는 각각의 선체편 실측, 구조해석, 조선 설계, 3D모델링, 조선공학적 분석, 모형제작 실험 등 과정을 거치게 된다. 이러한 과정을 통해 현재 실물 복원된 고선박은 완도선(1994, 2023), 달리도선(2011), 십이동파도선(2019)이 있다.[51]

첫 번째로 시작된 한선 복원 연구는 조선 후기 강화도에서 활동한 어선을 김귀성 조선장과 함께 재현하고, 그 후 수중 출토 고선박인 12세기 태안선을 모델로 강진군에서 제작한 고려시대 청자 운반선은 이성재 한선기능 전승자와 함께 재현하였다. 1970~80년대까지 활동한 계량형 옹기운반선을 고태랑 선공, 서달윤 선공을 통해 재현하였으며, 1795년 『각선도본』에 기록된 조선漕船과 태안 마도 유적에서 수중 출토된 마도 1호선을 모델로 재현

---

46 김건수, 「주형토기로 삼국시대 배의 고찰」, 『도서문화』 제42집, 2013.

47 김성준, 『한국해양선박사』, 국립목포해양대학교 학술총서 4, 2014.

48 이창규, 「고대 한반도의 배모양 토기」, 『동남아시아 해양문화유산과 해상실크로드』, 국립해양문화재연구소 국제학술자료집, 2017.

49 강원춘, 「발굴유물을 통해 본 통일신라의 배」, 『신라의 해문(海門) 울산 반구동』, 울산박물관, 2021.

50 이정근, 「삼국시대 배모양 토기」, 『가야인 바다에 살다』, 국립김해박물관 특별전 도록, 2021.

51 국립해양문화재연구소는 목선박 제작 유경험자, 도지정 무형문화재 조선장, 고용노동부 지정 한선기능 전승자 등을 참여하게 하여 한선의 구조 및 조선기술을 발굴하여 체계적으로 조선기술서를 발간하고 있다.

한 고려시대 조운선을 고길오 조선장과 함께 재현하였다. 조선시대 한일 문화교류에 통신사를 태우고 일본을 왕래한 조선통신사 정사기선은 정용표 선공과 함께 재현하였다. 또한 조선시대 이순신 장군과 함께 혁혁한 공을 세운 판옥선(2019~2021) 학술복원 연구를 통해 구조, 선형, 복원, 항해성능 등을 종합적으로 검토하였다.

실험고고학 차원의 재현은 우리나라 선박 연구자와 조선공학 전문가, 역사학자 등으로 구성되어 연구가 이루어졌다. 특히, 우리나라는 전통 선박에 대한 기술서가 없으므로 재현을 통해 정리한 전통 선박 조선기술서가 우리나라 전통 한선 연구의 기초자료로서 학문적 밑거름이 되고 있다.

홍순재는 수중에서 출토된 고고학 자료인 고선박 4척의 실물 복원과 전통 한선 6척의 실물 복원 및 재현[52]을 통해 우리나라 한선의 구조에서 나타나는 용어를 고건축 용어와 비교하여 체계적으로 정리하였다. 또한 수중 출토 고선박과 한선의 구조를 시기별로 알기 쉽게 형식분류하고, 조선통신사 정사기선[53]과 판옥선 구조에 대한 기존 연구자가 주장하는 학설에 대해 해석이 부족한 부분은 보충하고, 잘못 해석되었거나 자료 부족으로 미진한 부분은 고고학 자료와 문헌 사료를 근거로 해석하여 제시하였다.

---

52 실험고고학 연구 현황

<table>
<tr><th>연도</th><th>제목</th><th>구분</th><th>발행기관</th><th>비고</th></tr>
<tr><td>2012</td><td>『달리도선』</td><td>보존 · 복원 보고서</td><td rowspan="10">국립해양문화재
연구소</td><td rowspan="3">고선박 복원</td></tr>
<tr><td>2020</td><td>『십이동파도선』</td><td>수중발굴 고선박 원형복원 Ⅲ</td></tr>
<tr><td>2023</td><td>『완도선』</td><td>수중발굴 고선박 원형복원 Ⅳ</td></tr>
<tr><td>2009</td><td>『서해 조기잡이 중선망어선』</td><td>전통선박 조선기술</td><td rowspan="7">한선 재현</td></tr>
<tr><td>2010</td><td>『고려시대 청자운반선』</td><td>전통선박 조선기술 Ⅱ</td></tr>
<tr><td>2011</td><td>『강진 옹기배』</td><td>전통선박 조선기술 Ⅲ</td></tr>
<tr><td>2012</td><td>『조운선』</td><td>전통선박 조선기술 Ⅳ</td></tr>
<tr><td>2015</td><td>『고려시대 조운선(마도1호선)』</td><td>전통선박 조선기술 Ⅴ</td></tr>
<tr><td>2019</td><td>『조선통신사 정사기선』</td><td>전통선박 조선기술 Ⅵ</td></tr>
<tr><td>2021</td><td>『판옥선』</td><td>전통선박 조선기술 Ⅶ</td></tr>
</table>

53 홍순재, 「일본 화원이 남긴 정사기선의 구조 연구」, 『해양문화재』 제17호, 국립해양문화재연구소, 2022; 「조선통신사 정사기선(正使騎船)의 조선기술사적 구조 재검토」, 『文化財』 제55권 제4호, 국립문화재연구원, 2022.

이상으로 한선 연구에 대한 동향을 살펴보았다. 연구의 태동기인 1920~1930년대는 외국인에 의하여 어선, 강선과 해선, 거북선 연구가 시작되었다. 한선 연구의 정립기는 1950~1990년대로 문헌 사료를 중심으로 한 거북선 연구가 주를 이루고 있으며, 조선공학자, 군사학자, 민속학자, 역사학자 등을 전공한 연구자들이 주를 이루었다. 이들의 연구범위가 거북선의 구조와 형태, 기능과 성능, 제원과 특징 등에 초점이 맞추어진 반면에 2000년대에 들어서는 해양 사학자, 고고학자가 뛰어들어 거북선 조선공학적 분석, 전통한선 특징, 장보고 무역선, 조선시대 선박, 판옥선, 어선, 선박의 부속구, 통신사선 등 다양한 주제로 연구가 이루어졌다.

더욱이 수중 출토 고고학 자료인 고선박을 직접 발굴하고 보존처리 · 복원 · 전시 · 연구하는 국립해양유산연구소 연구자들은 인문학적 배경과 함께 실물 자료를 바탕으로 한선의 구조해석, 조선 설계, 조선공학적 분석(기능 및 성능), 3D Modelling과 모형제작 실험 등을 통해 시대별 변화양상을 밝혀내는 연구가 진행되고 있다.

2. 연구목적과 방법

1) 연구목적

앞서 연구사에서 살펴본 바와 같이 우리나라 한선에 관한 조사 및 연구는 1920년대 외국인에 의해 우리나라 삼면의 바다에서 활동한 어선과 거북선 관련 연구를 시작으로 이루어졌다.

1950년부터 1970년까지는 고고학 성과나 실증적인 실체가 존재하지 않아 당시 문헌 사료를 중심으로 한 거북선 연구와 1928년 일본 조선총독부 수산시험장에서 간행한 『어선조사보고서』의 재래식 어선 설계도를 바탕으로 김재근(1984)[54]에 의해 한선 연구가 이루어졌다.

---

54 김재근, 『韓國船舶史硏究』, 서울대학교출판부, 1984.

그 후 1983~1984년 완도 어두리 해저 유적에서 고려 12세기 초 도자기 운반선인 '완도선'이 수중에서 출토되어 우리나라 선박으로서 고고학 자료가 처음으로 등장하고 이 또한 김재근(1994)에 의해 연구되었다. 김재근은 완도선에 대해 중국의 영향을 받지 않고 우리나라 고유의 조선 방식으로 건조된 한선으로 이 당시를 한선구조법韓船構造法이 정착되는 시기로 보았다. 그러면서 "우리 선박사船舶史의 연구는 그 원류源流가 모호하고 자료資料도 없어, 오늘의 배를 가지고 어제의 배를, 그리고 어제의 배를 가지고 또 그 이전의 배를 추정식으로 역행적逆行的으로 수행하는 수밖에 없었다. 그런데 이제 그 원점原點에 가까운 고고학적 자료가 발견되어 의의가 매우 크다."라고 하였다.[55] 그만큼 우리나라 한선을 밝히는데 기존 문헌 사료의 한계를 지적하고 실증자료의 중요성을 언급한 것이다.

그뿐만 아니라 완도선의 고고학 자료를 통해 한선의 평저선론(김재근, 1994, 1999)을 주장하는데 결정적인 단초가 되었다.[56] 그 이후 한선이라는 용어로 연구가 본격화되는 시점은 2000년대에 들어서 국립해양유산연구소에 의한 수중 발굴조사 횟수가 증가하고 그에 따른 실증자료인 고선박의 수가 증가하면서부터 선박 고고학 중심의 연구가 본격화되었다.

한편 수중고고학과 별개로 육상에서 선사시대 암각화(동국대학교, 1971), 신석기시대 층위에서 출토된 통나무배(국립김해박물관, 2008), 삼국시대의 고분에서 출토된 배 모양 토기(국립중앙박물관, 1924; 경상북도문화재연구원, 2010; 동서문물연구원, 2012; 한국문화재보호재단 문화재조사연구단, 2014; 경상대학교 박물관, 2003), 경주 안압지에서 출토된 신라시대 안압지배(문화공보부 문화재관리국, 1987), 나주 영산강에서 출토된 고려시대 나주선(남도문화재연구원, 2004), 우리나라 해저 유적에서 출토된 중국 원대 선박 1척 · 일본 헤이안시대 선박 1척 · 통일신라시대 1척 · 고려시대 11척 · 조선시대 1척(국립해양문화재연구소, 1976~2022), 김해 봉황동 유적에서 출토된 선편(동양문물연구원, 2014) 등이다. 이들 고고학 자료는 한 시대를 대표하는 사료는 아니지만, 그 시대의 선박 형태에 대해 유추가 가능한 실증자료로서 우리나라 한선의 발전과정을 엿볼 수 있는 아주 중요한 고고학 자료이다.

---

55 김재근, 『續韓國船舶史硏究』, 서울대학교출판부, 1994, 72쪽.

56 김재근, 『한국의 배』, 서울대학교출판부, 1994; 『우리 배의 歷史』, 서울대학교출판부, 1999.

이와 같은 고고학 자료는 문헌 사료를 중심에서 정리된 한선의 구조 연구에 대해 많은 영향을 주었을 뿐만 아니라 우리나라 선박사에 대한 이해의 폭을 한층 넓혀 주었다. 하지만 연구자마다 연구방법론에 대한 근본적인 시각차가 존재하고 그만큼 다양한 의견들이 제시되고 있어 정리가 필요한 부분이 있으며, 특히 용어 사용의 문제가 크고, 발굴보고서를 의존하여 연구가 이루어지기 때문에 더 명확한 구조해석이 필요하다.

1999년 김재근의 『우리 배의 歷史』에 완도선 구조해석을 끝으로 몇몇 학자에 의해 연구가 진행되고 있지만 수중발굴보고서의 내용을 정리하는 수준에 머무르고 있어 우리나라 한선의 전체적 양상에 대해 파악하지 못하였다. 하지만 선박 고고학 연구는 실증자료의 축적으로 연구자의 증가와 함께 학계에서 관심도가 점차 높아지고 있다.

이에 필자는 문헌에 의해 정립된 한선의 구조에 대한 기존 학설을 검토하고 현재까지 유적에서 발굴된 고고학적 직 · 간접 자료를 중심으로 시대별로 고선박의 구조와 특징을 밝히고, 더욱이 발굴은 되었으나 그동안 연구되지 않은 선박에 대해서도 구조를 추정하고 이를 체계적으로 정리하고자 한다.

한선 연구는 육상과 수중에서 발굴된 29건의 고고학적 직 · 간접자료를 취합하여 시기별로 살펴보고, 구조의 기능별로 분류하여 변화양상과 특징을 밝혀내는 데 주목적이 있다. 또한 고고학 실증자료를 근간으로 조선시대 문헌과 회화자료를 통해 조운선, 판옥선, 조선통신사선의 구조와 성격을 밝혀, 한선의 원형을 추정하고 우리나라 조선기술의 과정을 구조별로 정리하고자 하며, 고고학 자료를 기초로 하여 문헌과 회화자료를 통해 우리나라 한선의 '평저선론'을 검토하고자 하는 데 목적이 있다.

2) 연구방법

본 연구는 유적에서 출토된 고고학적 자료를 중심으로 흩어져 있는 자료를 유적별 현황을 우선적으로 살펴보고 전개해 나가고자 한다. 자료에서 나타나는 한선의 구체적인 구조해석, 조선기술사적 검토, 변천 과정을 체계적으로 정리하고 동시기의 중국과 일본 고고학적 자료 사례로 들어 그 구조를 비교하여 정리하고자 한다. 또한 부족한 부분은 문헌과 회화자료를 통해 보완하고자 한다.

선사시대의 고고학 자료는 선체편片, 암각화 등에 불과하여 통나무배 연구에 한계가 있다. 따라서 비교 대상을 중국과 일본 현재까지 남아있는 베트남 소수민족의 통나무배까지 확대 비교하여 추론하고자 한다.

한선의 구체적인 구조는 삼국시대부터 조선시대까지 한선의 기본구조를 기능별로 구분하여 본체구조, 추진구조, 내부구조, 연결구조, 결속구조, 수밀구조, 정박구조, 상장구조(전선과 관선에서 나타나는 구조임) 등으로 나누어 살펴보겠다.

조선기술사적 검토는 해저 유적에서 수중 출토된 고선박을 원형 그대로 복원하기 위한 하나의 검토 과정에서 이루어졌다. 고고학적 실증자료와 동일한 수종 · 조선기술 · 크기를 접목하여 실제 실험을 통해 확인된 구조 및 기술적 특징을 제시하고자 한다. 조선시대의 선박은 1척에 불과하여 고고학 자료와 문헌 사료를 활용하여 전개해 나가고자 한다.

마지막으로 각 시대별로 나타나는 한선의 구조와 특징을 형식에 따라 분류하여 변천양상과 과정을 살펴보고자 한다.

제1장에서는 한선의 선행연구 동향을 살펴 한선 연구의 태동기, 한선 연구의 정립기, 선박 고고학적 실험기로 나누어, 이 글 전개의 기반과 토대를 마련하여 연구 목적을 제시하고, 고고학적 실증자료를 중심으로 한선의 기본구조를 찾아 연구의 방향성을 제시하겠다.

제2장에서는 한선의 용어를 구조와 선체 기능에 따라 재정의 하고자 한다. 문헌조사를 통해 찾은 용어를 선체의 구조와 기능에 따라 본체구조, 상장구조, 보강구조, 추진구조, 부속구, 못 등으로 분류하고 각 구조가 이음, 결속, 쐐기 등으로 연결되는 기능에 따라 용어를 정리하였다. 또한 조선통신사선(정사기선), 판옥선, 어선 등의 그림을 통해 각각의 구조에 대한 용어를 표시하여 알기 쉽게 정리하였다.

제3장에서는 우리나라 육상과 수중에서 출토된 고고학적 한선의 실증자료를 직 · 간접자료로 분류하여 출토된 유물에 대해 선사시대부터 조선시대까지 시기별로 정리하고, 발굴 유적의 위치, 출토 유물, 크기, 시기 등을 체계적으로 정리하였다.

제4장에서는 제3장에서 체계적으로 정리한 고고학적 한선의 실증자료와 조선 후기 문헌과 일본인에 의해 조사된 어선의 구조를 중심으로 선사시대 통나무배 원형을 추론하고,

베트남에서 현재까지 남아있는 통나무배의 제작과정을 소개하여 신석기시대 통나무배 제작과정을 추론하고자 했다. 삼국시대 흩어져 있는 주형토기 30점의 자료를 취합하여 구조 및 성격을 정리하고, 기능별로 형식 분류하여 변화양상을 살펴보고자 했다. 또한 경주 안압지에서 출토되어 통일신라시대 준구조선으로 소개되고 있는 안압지배에 관하여 본 연구를 통해 구조선으로 밝혀질 수 있는 새로운 사실들과 함께 구조를 재해석하고자 한다. 10척의 고려선과 1척의 조선시대 한선에 대해 각각의 구조적 특징을 살펴보고, 주요 기능별로 분류하여 구조의 성격 및 수종에 대해 살펴보겠다. 그리고 조선 후기 문순득의 표류기를 통해 한선의 구조와 성 김대건 신부가 제물포항에서 구입한 당시 어선의 구조를 살펴보고, 또한 일제강점기 당시 외국인이 우리나라 어선을 보고 기록한 조사보고서를 통해 구조를 살펴보겠다.

제5장에서는 제4장에서 살펴본 고려 및 조선시대 고고학적 실증자료를 기초로 한 조선시대 문헌 및 회화자료를 통해 고고학적 실험으로 재현한 세곡 운송 '조운선', 한일 국제문화교류에 활동한 '조선통신사선'에서 찾아낸 한선의 구조를 해석하고 설계 도면과 경사시험에서 나타나는 복원성에 대해 정리하고자 한다. 또한 임진왜란 시 주력함으로 활동한 '판옥선'에 대해 선체의 구조, 규모, 재료, 조선기술 등 문헌을 통해 찾은 구조를 설계 도면으로 옮겨 형태를 추정하고 조선공학적 분석을 통해 항해성능 등을 검토해 보겠다.

제6장에서는 한선의 변천과 특징을 살펴보기 위해 제4장에서 살펴본 고고학적 한선의 실증자료와 제5장에서 조선시대 문헌 및 회화자료를 통해 재현하면서 찾아낸 구조를 통해 한선의 변천 과정과 특징을 정리하고, 이를 통해 평저선론을 검토해 보겠다.

제7장 결론에서는 앞장 내용들을 종합적으로 검토하고, 우리나라 한선의 변천 과정에서 나타나는 한선의 구조양상을 정리하고 필자가 앞으로 연구할 과제를 제시하면서 이 글을 마무리하고자 한다.

제2장

한선 구조고찰을 위한 기초적 검토

1. 한선의 용어 정의
2. 민족지조사 및 문헌에서 찾은 한선의 구조별 용어

제2장

한선 구조고찰을 위한 기초적 검토

1. 한선의 용어 정의

인류 역사에서 위대한 발명품 중 하나가 바로 선박이다. 선박은 수상에서 사람 또는 물건을 싣고 운반하는 '이동수단移動手段'이거나, 수상에서 생계를 위해 어로 활동을 전개하는 '어로수단漁撈手段'으로 사용되었다. 또한 바다를 통한 이웃 나라를 침범하는 '침략수단侵略手段'이며 동시에 이웃 나라 간 외교활동을 위한 '교류수단交流手段' 등 다양한 수단으로써 사용되고 발전하게 된 것이다.

한선 또한 우리 선조들이 우리나라 한반도의 지리적 환경과 역사적 환경에 맞추어 고안考案하고 시대별로 다종多種의 선박을 만들었으며, 세계의 전통 선박과는 확연히 다른 한국식 한선으로 발전하였다.

한국의 역사 속에 한선韓船이란 용어는 현재까지 확인된 사료에 의하면 조선 후기 실학자 박제가朴齊家(1750~1805)의 문집인 『정유각집貞蕤閣集』에 수록된 '농학대瀧鶴臺'란 한시에 '한선韓船'이란 용어가 확인되며, 1811년 12차 사행에 조선통신사선을 보고 일본 화원이 그린 그림의 화제畵題가 「한선앙면도韓船仰面圖」라고 기록되어 있다. 조선 후기 일본과의 외교관계를 기록한 1811년 『변례집요邊例集要』의 표왜선漂倭船 기록에서도 우리 배를 한선이라는 명칭으로 사용하고 있다. 1890년 『동래통안東萊統案』에서도 한선의 기록을 엿 볼 수 있다. 송상도宋相燾(1871~1946)의 『기려수필騎驢隨筆』 최익현 편(1906)에 우리 배를 대한선大韓船이라 하였는데, 대한제국 시기 우리 배를 지칭한 것으로 보인다. 그 외 1871년부터 1900년 초까지 일본인들의 외교문서에 한선이라는 용어가 빈번하게 등장한다.[57] 이와 같이 200여 년 전에 한선이라는 용어가 확인되지만, 그 당시 학술적 용어라기보다는 일반 용어로 해석할 수 있다.

우리나라 선박사 연구의 선구자인 김재근은 한선에 대하여 "한반도에서 살아온 우리 민족이라 불러 마땅하듯이 그 주선舟船은 한선이라 하는 것이 마땅하다. 더욱이 재래식 중국선을 정크선, 일본선을 화선和船이라 부르는 데 대응하여, 한선은 우리나라의 전통적 주선을 포괄적으로 통칭할 수 있는 적절한 어휘이다."라고 정의하고 있다. 또한 한선의 특징을 "한국의 전통적인 재래식 주선은 그 선종[58]과 연대 여하를 막론하고 모두 동일한 구조방식, 두껍고 평탄한 저판을 밑에 깔고 외판을 붙이고 가룡을 설치한 방식으로 건조되어 있다. 그와 같은 선형 · 구조는 한마디로 평저선구조平底船構造라 할 수 있다."라고 하여 두텁고 평탄한 저판과 외판, 가룡을 설치한 평저선 구조로 만들어진 선박을 우리 고유의 '한선'으로 통칭[59]할 것을 제안하면서부터 우리나라 전통 선박을 부르는 고유명사가 되었다고 볼 수 있다. 필자 또한 김재근이 제안한 한선의 정의에 대한 견해에 동의한다. 그 이유는 해저유적에서 출토된 고고학 자료(통일신라시대 1척, 고려시대 11척, 조선시대 1척)와 1900년대 조사한 전통 어선의 구조를 통해 확인되기 때문이다. 즉 두터운 통나무 약간씩만 다듬어 여러 개를 장삭長槊으로 결구하여 연결하고, 휘어있는 형태 그대로 선형에 맞추어 외판을 올리

---

57 국립해양문화재연구소, 『근대 한선(韓船)과 조선(造船) 도구』, 2008, 11~13쪽.

58 우리나라 문헌 사료에 나타나는 한선의 선종은 고려시대 누선, 몽충, 과선, 대맹선, 중맹선, 소맹선, 무역선, 조운선, 봉천선, 기린선, 용선, 용주 등이 나타나며, 조선시대 대선, 중선, 소선, 병선, 쾌선, 맹선, 누선, 검선, 비거도선, 해선, 강선, 조선, 초마선, 평저선, 지토선, 토선, 잉박선, 광선, 여박선, 복작선, 포작선, 착어선, 판옥선, 거북선(귀선), 창선, 해골선, 방패선, 병선, 사후선, 북조선, 도해선, 통신사선(정사기선, 부사시선, 종사관기선), 복선 수상선, 초마선, 잉박선, 정자선, 수하선, 경강성, 진선, 당두리선, 소소선, 소소정, 송도시선, 강화급수선 등을 찾을 수 있다.

59 김재근, 『우리 배의 歷史』, 서울대학교출판부, 1988, 7~8쪽.

고, 가룡 · 차가룡 · 멍에로 외판을 지지하는 동일한 구조가 지속되어 온 사실이 고고학 자료를 통해 확인된다. 다만 김재근의 평저선론에 대해서는 논리적으로 부족한 부분이 있어 제5장에서 검토하여 정의하고자 한다.

필자가 그간 우리나라 선박을 연구하면서 선박에 대한 기본 성능을 정의하자면, 선박은 사람이나 무거운 짐을 싣고 물에 뜨는 부양성浮揚性이 기초가 되어야 하며, 사람이나 물건을 싣기 위한 공간성空間性이 확보되어야 한다. 또한 항해 시 파도나 바람 등으로 기울어졌을 때 다시 원상태로 돌아올 수 있는 복원성復原性이 필수 요건이며, 안전하게 항해할 수 있는 항해성航海性이 갖추어져야만 한다.

전통 한선은 이와 같은 기능을 가지며, 우리나라 강과 바다의 환경에 맞추어 우리만의 기술과 개발로 만들어지고 발전한 고유의 선박이라고 할 수 있다. 통나무를 약간씩만 다듬어 구조와 기능을 갖추고, 투박하지만 안정적이고 부력을 갖춘 평저형 배밑, 선수와 선미를 들어 올려 항해성과 회전성을 갖춘 만곡형 선형, 휘어있는 원목 그대로 깎아 올려붙이고 가룡을 가로질러 유연성과 복원성을 갖춘 외판, 나무못을 사용하여 언제든지 개삭이 가능하며 기능에 따라 옥치와 볏치를 사용하여 복원성과 항해성을 높이고 강과 바다를 항해하고 활동할 수 있는 선박이 바로 '한선'이다.

2. 민족지조사 및 문헌에서 찾은 한선의 구조별 용어

우리나라 한선의 구조용어를 알 수 있는 문헌자료는 현재까지 『여암전서旅庵全書』(1712~1782), 『계미수사록』(1763), 『이충무공전서』(1795), 『각선도본』(1797), 『신미통신일록』(1811), 『운곡선설雲谷船設』(1818~1819), 『헌성유고軒聖遺稿』(1822) 등이 있으며, 주로 나라에서 제작하고 운영한 전선과 관선과 관련된 기록을 통해 찾을 수 있다.

또 1928년 일본 조선총독부수산시험장에서 동해, 남해, 서해에서 활동한 전통어선 총 447척을 조사하여 간행한 『어선조사보고서』에서도 구조용어를 찾을 수 있다. 그뿐 아니라 국립해양유산연구소에서 복원한 가거도배[60]에서 한선의 구조와 용어를 가장 많이 찾을 수 있다. 이와 같은 자료를 근거로 최근 필자가 『우리배 용어사전』(국립해양문화재연구소, 2020) 표제어 중 한선의 구조와 조선 도구를 집필한 바 있다.

따라서 이 글에서는 문헌 사료를 중심으로 한선의 구조용어를 본체구조, 상장구조, 보강구조, 추진구조, 부속구, 못 종류로 나누어 정리하고, 재래형 어선의 구조용어는 본체구조, 추진구조, 보강구조, 부속구로 나누어 아래 〈표 2, 3〉으로 정리하였다. 또한 각각의 구조가 가지는 이음, 결속, 쐐기 등의 연결구조를 〈표 4〉와 같이 정리하였다.

〈표 2〉 문헌 사료 구조 용어

구분	명칭	동의어	유형	문헌
본체구조	본판(本版)	저판(底板)	거북선, 전선, 통신사선	『계미수사록』, 『이충무공전서』, 『각선도본』, 『신미통신일록』, 『헌성유고』
	삼판(杉板)	현판(舷版), 외판(外板)	거북선, 전선, 통신사선	〃
	이물(船頭)	선수(船首), 비하진판(飛荷眞板	거북선, 전선, 통신사선	〃
		비아곡목(比牙曲木)	병선	
	고물(船尾)	선미(船尾)	거북선, 전선, 통신사선	〃
	포판(鋪版)	갑판(甲板), 상갑판(上甲板)	거북선	『이충무공전서』
	축판(舳版)	하판(荷版)	거북선	〃
상장구조	로판(艫版)	패판(牌版)	거북선, 전선	『이충무공전서』, 『각선도본』
	패(牌)	방패판(防牌版)	거북선, 전선	『이충무공전서』, 『각선도본』
	개판(蓋版)	귀배판(龜背版)	거북선	〃
	복판(覆版)		거북선	〃
	언방(偃防)		거북선	〃

60 국립해양문화재연구소에서 1996~1997년 신안군 가거도 현지 조사를 통해 구조와 용어를 채록하고, 1997년 조일옥 목수 등을 통해 재현하였다.

구분		명칭	동의어	유형	문헌
상장 구조		용두(龜頭)	용머리	거북선	〃
		신방(信防)		거북선, 전선, 통신사선	『이충무공전서』, 『각선도본』
		판옥(板屋)		전선, 통신사선	『각선도본』, 『계미수사록』, 『각선도본』
		동방(洞房)	거실(居室)		『계미수사록』
		궁지(弓枝)			『헌성유고』
		타루(柁樓)			『신미통신일록』
		상장(上粧)			『계미수사록』, 『신미통신일록』
		여장(女墻)		전선	『이충무공전서』, 『각선도본』
		장대(將臺)		전선	〃
		량(梁)		전선	『각선도본』
보강 구조		가룡(駕龍)	횡량(橫梁)		『이충무공전서』
		차가룡(次駕龍)			〃
		가목(駕木)	멍에	전선, 통신사선	『이충무공전서』, 『각선도본』
추진 구조	노	노(櫓)	노		『이충무공전서』, 『각선도본』, 『신미통신일록』, 『헌성유고』
		노걸이[櫓纓子]	노끈	통신사선	『신미통신일록』
		노고(櫓罟)		통신사선	〃
	키	키[舵]	치(鴟)	통신사선	〃
		치목(鴟木)		통신사선	〃
		치목고줄(鴟木罟줄)		통신사선	〃
		치혈(鴟穴)		문위사선	『헌성유고』
	돛	돛대[桅]	범장(帆檣)	거북선, 통신사선	『신미통신일록』
		돛[帆]		전선	『헌성유고』
		자리돛[莞席]		통신사선	『신미통신일록』
		전풍범(前風帆)	이물돛	통신사선	〃
		후풍범(後風帆)	허리돛	통신사선	〃
		송고죽(松高竹)	상활	통신사선	〃
		황죽(篁竹)	직활	통신사선	〃

구분	명칭			동의어	유형	문헌
추진 구조	돛	줄	용층줄(龍層乼)		통신사선	〃
			지줄(旨乼)		통신사선	〃
			도부줄[倒入乼]		통신사선	〃
부속구	닻[碇], 닻[椗]				통신사선	〃
	숙마(熟麻)				통신사선	〃
	관자줄(貫子乼)				통신사선	〃
	당지줄(當之乼)				통신사선	〃
	외아북줄(外阿北乼)				통신사선	〃
	세아배줄(細阿北乼)				통신사선	〃
	교고줄(橋罟乼)				통신사선	〃
	장미줄(長尾乼)				통신사선	〃
	승기줄(升旗乼)				통신사선	〃
	어래줄(於來乼)				통신사선	〃
	치목분바[鴟木分所]				통신사선	〃
부속구	계삭(繫索)			동아줄, 밧줄	통신사선	〃
	봉통줄(奉桶乼)				통신사선	〃
	예아배줄(曳阿北乼)			예인줄	통신사선	〃
	산마정줄(山麻碇乼)			닻줄		
	지갑줄(池甲乼)				통신사선	〃
	벌리줄(伐里乼)				통신사선	〃
	질정(蛭釘)			쇠못	통신사선	〃
	초둔(草芚)			띠	통신사선	〃
	교판(橋板)			널판	통신사선	〃
못 종류	장삭(長槊)				문위사선	『헌성유고』
	피삭(皮槊)				문위사선	〃
	거삭(擧槊)					〃
	두질정(頭蛭釘)				문위사선	〃
	철정(鐵釘)			쇠못	통신사선	『계미수사록』
	광이질정(廣耳蛭釘)				문위사선	〃

구분	명칭	동의어	유형	문헌
못 종류	대질정(帶銍釘)		문위사선	〃
	폭질질정(幅桎銍釘)		문위사선	〃
	동정(同釘)		문위사선	〃
	大釘(대정)		문위사선	〃
	中釘(중정)		문위사선	〃
	杉板銍釘(삼판질정)		문위사선	〃
	폭질정(幅銍釘)		문위사선	〃

〈표 3〉 재래형 어선의 구조 용어

구분	구조	세부구조		동의어		자료
본체 구조	저판	선본편(船本片)		함경도, 강원도, 경상도	양판, 배밋통	『어선조사보고서』, 『운곡선설』, 『전통한선과 어로민속』
				전라도, 충청도, 경기도, 황해도, 평안도	귀틀, 배밋, 밋, 밋부, 창, 배밑, 원밑, 선저, 배밑판	
		저판 위치별 명칭			달가지, 희양, 섶쪽, 무거리	『전통한선과 어로민속』
	외판	외판(外板)		함경도, 강원도, 경상도	삼 또는 엽널, 얍삼, 삼, 삼빠리, 참 또는 배산, 삼판	『어선조사보고서』, 『전통한선과 어로민속』, 『운곡선설』
				전라도, 충청도, 경기도, 황해도, 평안도	삼, 현판, 선복, 엾삼, 엾붙이개, 옥삼	
		외판의 단	배금삼	전라도	밑삼, 부자리삼	『전통한선과 어로민속』
			초삼		2단, 두차삼	〃
			둘째삼		3단	〃
			아래장거리		4단	〃
			웃장거리		5단	〃
			지래배이		6단	〃
			두더리		두도리, 배쌈, 방현재	〃
	선수	전비우(前非雨)		함경도, 강원도, 경상도	비애	『어선조사보고서』, 『전통한선과 어로민속』
				전라도, 충청도, 경기도, 황해도, 평안도	이물, 비우, 이물비우, 비아, 비유, 비호, 선두, 조개비우, 앞전, 비오	
		가리비우		전라도	가리비오	『전통한선과 어로민속』

구분	구조	세부구조	동의어		자료
본체 구조	선미	선미판	전라도, 충청도, 경기도, 황해도, 평안도	선미재, 하반(河槃), 축판, 하방판, 비하진판, 텃분	『어선조사보고서』, 『전통한선과 어로민속』, 『운곡선설』
		후비우(後非雨)	함경도, 강원도, 경상도	정자, 골비애, 정재, 미거리	『어선조사보고서』, 『전통한선과 어로민속』,
본체 구조	선미	후비우	전라도, 충청도, 경기도, 황해도, 평안도	하반, 비우, 고풀부유, 고물, 고물비우, 고물머리, 꽁지무리, 꽁지부리, 뒤장, 비하, 뒷전, 정재, 후미	
	갑판	안산지(安山地)	함경도, 강원도, 경상도	청널, 청녈, 쳥녈	『어선조사보고서』, 『전통한선과 어로민속』
			전라도, 충청도, 경기도, 황해도, 평안도	널, 판자, 뱃마루, 뱃장, 상갑판, 고층갑판, 현갑판, 포두판	
		널	전라도, 충청도, 경기도, 황해도, 평안도	골대, 골장널, 막간널, 번짓널, 수채, 수채발, 이물젓집, 한 장젓집, 망덕널, 골대널, 진장널	
		상자리	제주도	이물상자리, 투세상자리, 고물상자리	
추진 구조	돛	범(帆)	함경도, 강원도, 경상도	독구, 돗구	〃
			전라도, 충청도, 경기도, 황해도, 평안도	독기, 돗, 뜻	
		장(檣)		돗대, 돛대, 뜻대, 대, 뱃대	〃
		전장(前檣)		인물대, 이물돛대, 가운뎃-돛, 선수돛대	
		후장(後檣)		돗대, 허리돛대, 중앙돛대, 한판돛대, 허릿대, 고물대, 대장	〃
		돛대		외(桅), 대, 돗대, 뱃대, 범장, 선장, 장간	『어선조사보고서』, 『전통한선과 어로민속』, 『운곡선설』
		돛천		돛폭, 돗초석, 돛감, 돛배, 돛폭, 범포, 안옷, 포범, 베돛	『어선조사보고서』, 『전통한선과 어로민속』

구분	구조	세부구조	동의어		자료
추진 구조	돛	황포돛		황포	〃
		용두		용두밀	〃
		도르래			『어선조사보고서』, 『전통한선과 어로민속』, 『운곡선설』
		구레짝		그려, 대동	『어선조사보고서』, 『전통한선과 어로민속』
		장통(檣筒)		쇠뢰, 구래통, 대굽, 돛대받침, 장좌, 두루미, 개밥통	〃
		당아뿔		대목-대기	〃
		안산지		청널, 안산지기	〃
		목나무			〃
		빗장			〃
		아두줄		아딧줄, 내갱이줄, 아디, 앗줄, 돌줄임줄	〃
		풍석			〃
		상활		상활대, 허릿대 꼬재기	『어선조사보고서』, 『전통한선과 어로민속』, 『운곡선설』
		질활		지활, 질활대, 큰질대	『어선조사보고서』, 『전통한선과 어로민속』
		활대		수시범(水矢帆)일 경우 범죽[水矢]죽봉	〃
				활대, 궁죽	〃
		활줄			〃
		용총줄		모리줄, 마룻줄, 도대밧줄, 용두줄, 용췌, 융줄, 용천줄, 용총(龍驄)	『어선조사보고서』, 『전통한선과 어로민속』, 『운곡선설』
		뱃봉	전라도	뱃봉구멍	『전통한선과 어로민속』
		앵귀		앵기, 댕기줄	〃
추진 구조	돛	옆총		가슴걸이	〃
		먼총			

구분	구조	세부구조	동의어		자료
		아디채			〃
		남생이		나무손	〃
		도르래		활차	〃
		붙음-도르래		고정도르래	〃
	치	타(舵)	함경도, 강원도, 경상도	따리, 치	『어선조사보고서』, 『전통한선과 어로민속』, 『운곡선설』
			전라도, 충청도, 경기도, 황해도, 평안도	따리, 키, 치	
		창나무		창손, 창다리, 치-손잡이, 키손	〃
		치채		칫대, 치재대, 킷다리	〃
		치분		치판, 키판, 키폰	〃
		선다리		넉대	〃
		보듬줄		치보듬줄	〃
		더벙			〃
		꼬부랭이			〃
		보듬대			〃
		쪽지게			〃
		기발		족집게	〃
		단판-키			〃
		벗-치		후향타	〃
		옥-치		전향타	〃
		차갈이-줄			〃
		타상(舵床)	함경도, 강원도, 경상도	웃하판, 화롱, 화판, 우단판, 우학판, 상화판, 하화판	『어선조사보고서』, 『전통한선과 어로민속』
			전라도, 충청도, 경기도, 황해도, 평안도	덤블, 번지, 꽁지무리, 상타상, 통문이, 기발, 텃분	

구분	구조	세부구조	동의어		자료
추진 구조	노	노(櫓)		뇌	〃
		도(櫂)		장미노, 쟁미	『어선조사보고서』, 『전통한선과 어로민속』
		놋손		노평애, 노손	『전통한선과 어로민속』
		놋잎		노깃, 노구대, 노뻰지, 노산척, 노잎, 노판, 뇌닢	〃
		노채		노착, 노창	〃
		노전지		놋좆, 노지점, 지렛-목	〃
		놋바대		놋구멍, 놋씹	〃
		가랫노		가래-노	〃
		곁-노		앞 젓거리	〃
		계도			〃
		나래노			〃
		노걸이		노끈, 노병아, 놋줄	〃
		한노			〃
보강 구조	가룡	장쇠(長釗) 또는 호건(戶建)	함경도,강원도, 경상도	가룽, 큰가룽, 널가래, 가롱, 개롱, 살개롱	『어선조사보고서』, 『전통한선과 어로민속』, 『운곡선설』
			전라도, 충청도, 경기도, 황해도, 평안도	가롱, 가룡목, 가룽, 개롱, 뒤동연목, 장쇠, 살개롱, 횡격(橫格), 개로	
		가룡의 위치별 명칭	전라도	게롱, 귀안게롱, 거름장게롱, 기발게롱, 코거리게롱	『전통한선과 어로민속』
	차가룡	문턱게롱	전라도	날지까는게롱, 무제비게롱	『전통한선과 어로민속』
	멍에	가(駕)	함경도,강원도, 경상도	멍어, 뫼어, 큰대, 큰대벙, 대멍이, 멍애, 큰멍애	『어선조사보고서』, 『전통한선과 어로민속』
			전라도, 충청도, 경기도, 황해도, 평안도	가량, 가목, 대멍이, 먼아, 먼애, 먼어, 멍어, 멍에목, 모개, 뫼어, 큰대, 큰대벙, 큰멍에, 횡량, 진목가	

구분	구조		동의어		자료
보강 구조	멍에	덕판(德板)	함경도, 강원도, 경상도	정태, 덩테, 선멍에, 수판	『전통한선과 어로민속』
		한판멍에			『어선조사보고서』, 『전통한선과 어로민속』
		고물멍에			〃
		거둥멍에			〃
		타락멍에		닻멍에, 덤블멍에	〃
		이물멍에		이물장쇠	『전통한선과 어로민속』
		꼴멍에			〃
		중간멍에			〃
		받침멍에			〃
		허리멍에		대멍에, 대-가룡, 대-멍이	〃
		창드리멍에			〃
		소당멍에			〃
		막간멍에			〃
		동멍에		동당멍에	〃
		멍에-뺄목		멍에뿔	〃
		호롱멍에			〃
		귀안			〃
		달가지			〃
		탱주목			〃
		하제			〃
		가리덕판			〃
		덕판			〃
		보		짓가래, 날지, 군죽	〃
		주목			〃
		비계낭		이물비계낭, 고물비계낭	〃
부속구	정박	묘(錨)	함경도, 강원도, 경상도	닷	『어선조사보고서』, 『전통한선과 어로민속』
			전라도, 충청도,	때리, 닷, 닻, 정	〃

구분	구조	동의어			자료
			경기도, 황해도, 평안도		
		닻돌		정석	〃
		닻줄		몰잇줄, 묘삭, 정람	〃
		닻채		닻장	〃
		닻가지		닻개비, 닻젭, 닻-혀	〃
		낭닻			〃
		대묘		대정, 큰닻	〃
		몽고지			〃
		장태이			〃
		괴미			〃
		닻고리			〃
		닻철장			〃
		닻활개줄			〃
		낭-닻			〃
		너러리철		환세	〃
		삼갑삭			〃
		삼밧줄		삼바	〃
		호롱		닻-감, 닻-감개, 닻줄-굴통, 닻줄-물레, 큰호롱	〃
		호롱통			〃
		호롱손잡이			〃
		호롱줄			〃
		호롱받침대		호롱날개, 호롱대, 호롱살	〃
		엄말		말툭	〃
		말뚝		고물오래말뚝, 이물로래말뚝, 한판오래말뚝, 꽂봉	〃

〈표 4〉 한선의 연결구조 용어

구분	방식	세부방식	동의어	구조
연결구조	이음	반턱이음		저판, 외판
		맞댄이음		저판
		장부이음		〃
		턱걸리장부이음		〃
		쪽매이음		〃
		짧은장부이음		〃
		반턱맞춤		받침구조물
	결속	장삭	가새, 가쇠, 나무-창, 장쇠	저판
		고물장쇠궁지		제주도 떼배
		이물장쇠궁지		〃
		피삭	배-못, 피새, 피쇠	외판
		목정	나무못	외판
		철정	쇠못	선수, 외판
		은살대꽂기	나무못	선수
	쐐기	벌림쐐기	짜-못	저판
		야		저판, 가룡
		쐐기		저판, 가룡
		고정핀		저판

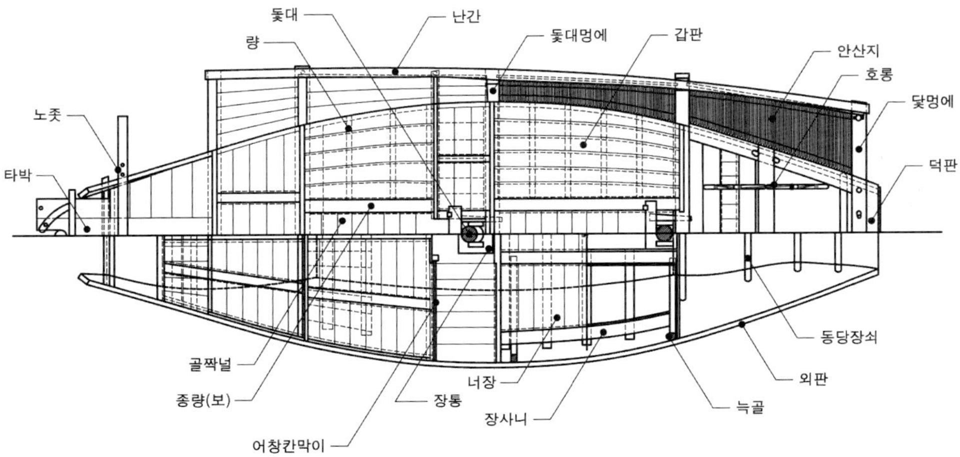

〈그림 1〉 경기도 강화군 길상면 택리 중선망어선의 구조 용어 1

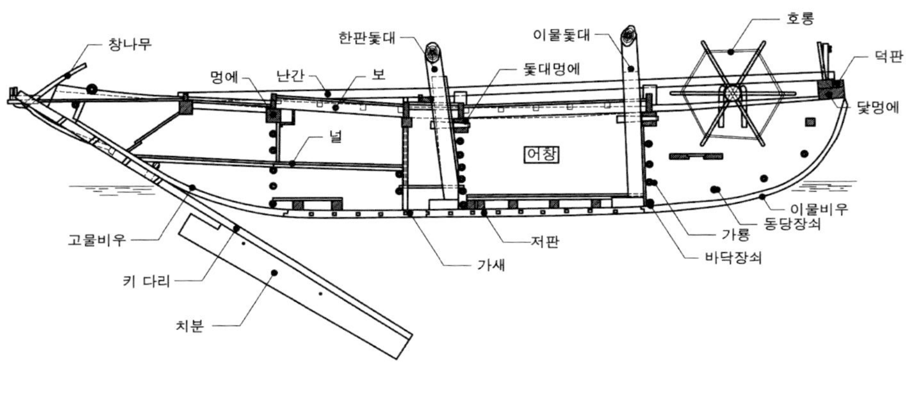

〈그림 2〉 경기도 강화군 길상면 택리 중선망어선의 구조 용어 2

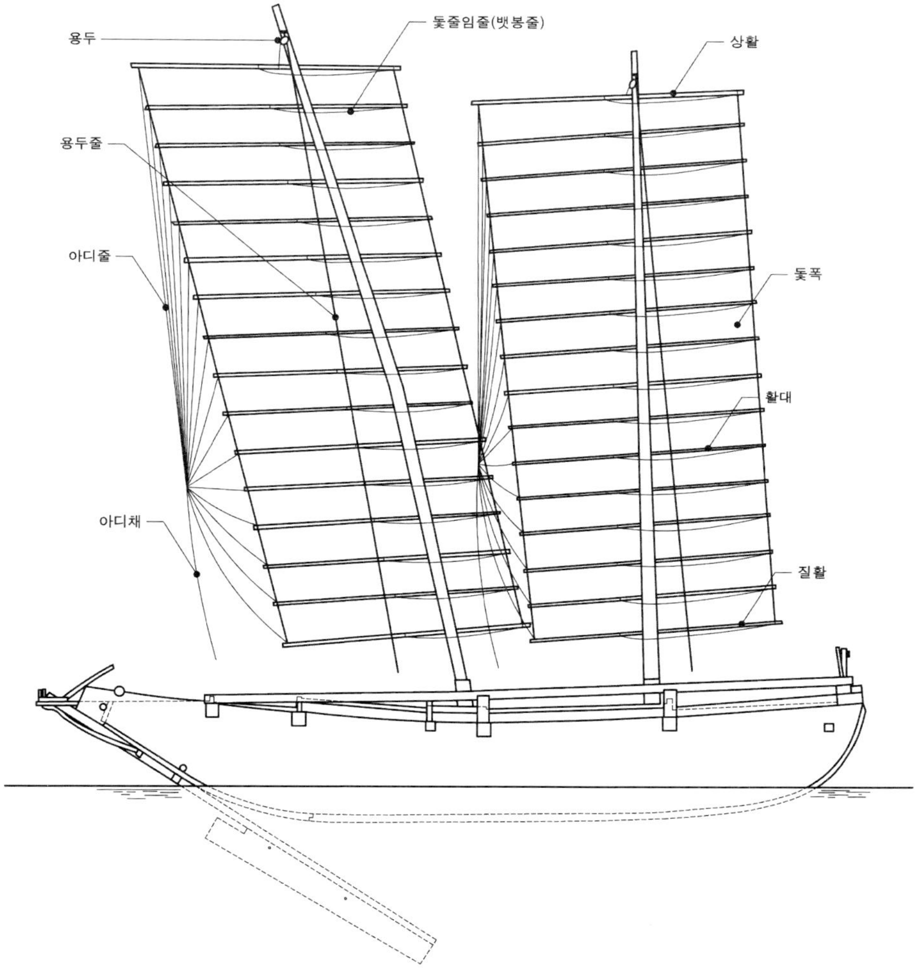

〈그림 3〉 경기도 강화군 길상면 택리 중선망어선의 구조 용어 3

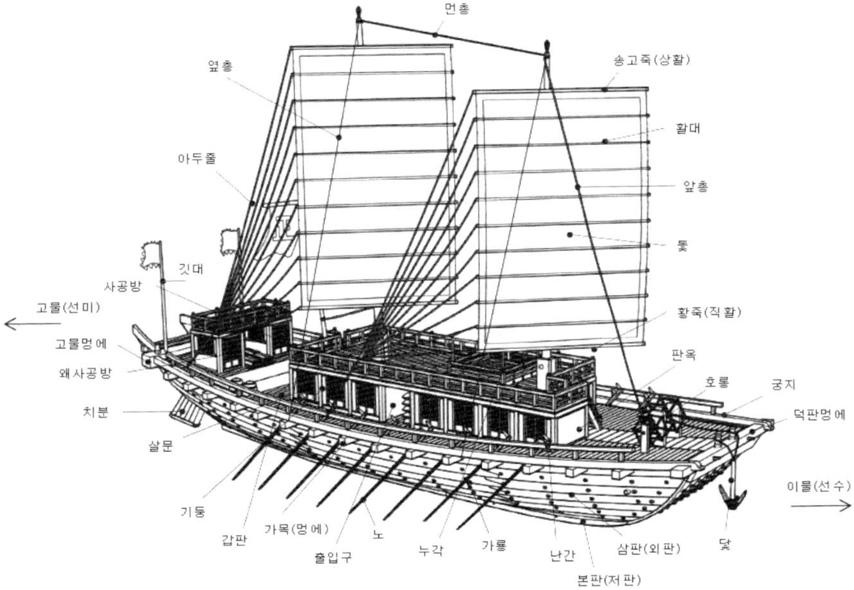

〈그림 4〉 조선통신사선 구조 용어 1

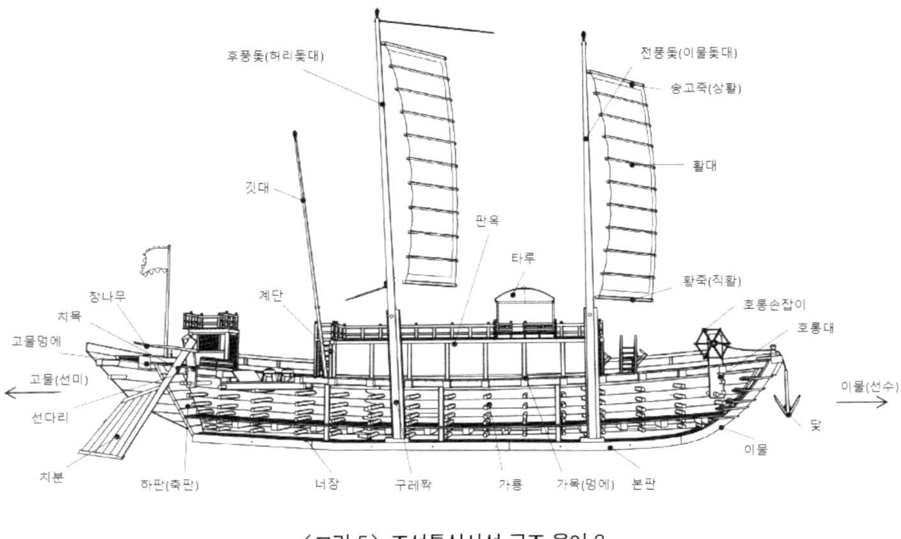

〈그림 5〉 조선통신사선 구조 용어 2

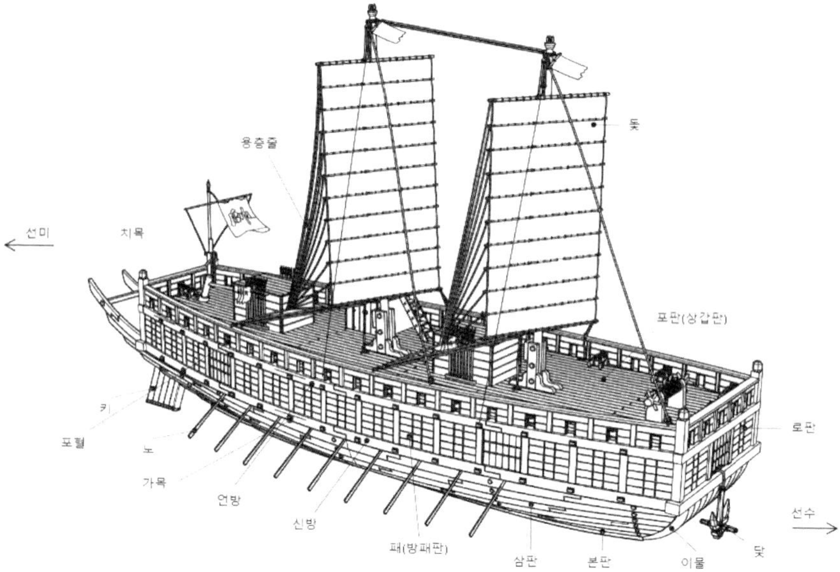

〈그림 6〉 판옥선 구조 용어 1

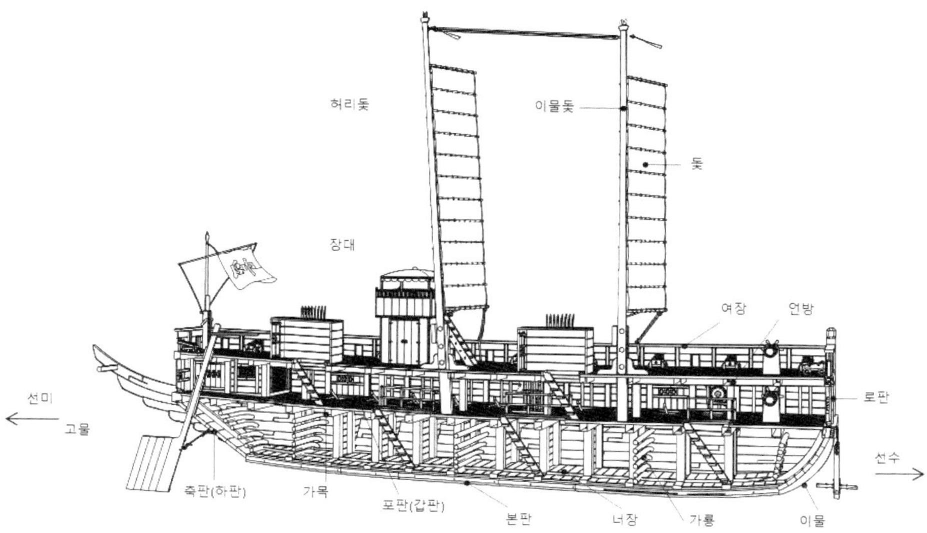

〈그림 7〉 판옥선 구조 용어 2

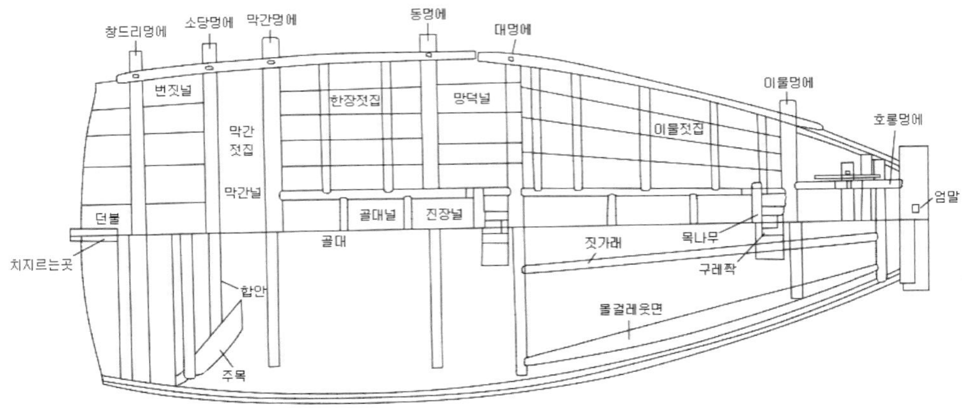

〈그림 8〉 가거도 멸치잡이배 구조 용어

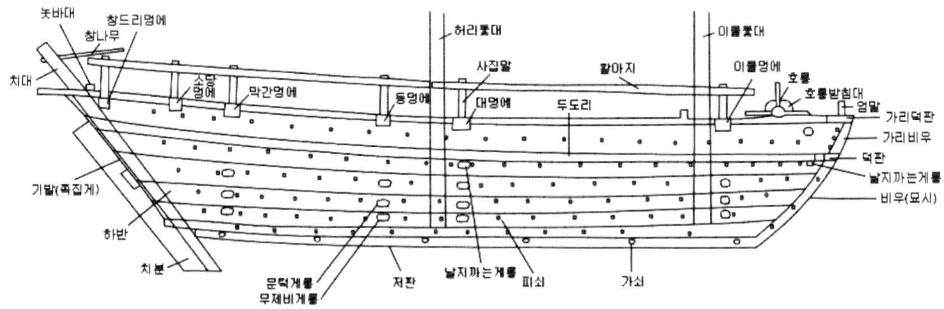

〈그림 9〉 가거도 멸치잡이배 구조 용어

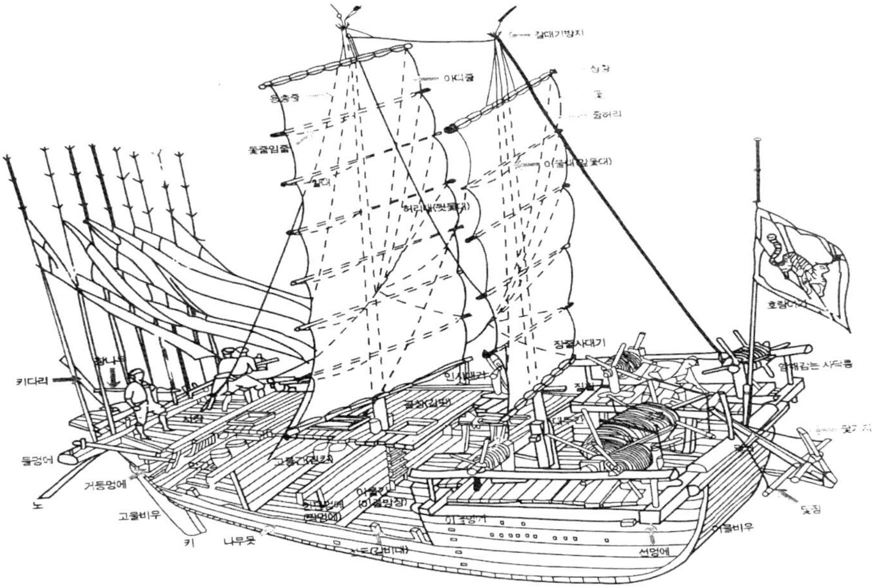

〈그림 10〉 강화도 시선

제3장

우리나라 한선의 고고학적 발굴현황

1. 선사시대 한선
2. 삼국시대 한선
3. 고려시대 한선
4. 조선시대 한선

제3장

우리나라 한선의 고고학적 발굴현황

우리나라에서 선박 관련 고고학적 유물이 출토된 첫 사례는 1924년 경주 금령총 발굴에서 출토된 6세기 배 모양의 주형토기 2점이다. 경주 금령총 발굴은 조선총독부 촉탁이었던 고고학자 우메히라 스에지梅原末治가 책임을 맡아 이루어졌으며, 주형 토제품을 비롯하여 말탄 사람 모양토기 등이 출토되었다. 사천 늑도에서는 철기시대 주형 토제품도 출토되었다.

이후 신라 주형토기 발굴 사례는 대구 달성 평촌리 유적과 경주 금령총고분에서 출토되었고 그 외 가야의 주형토기가 다수의 유적에서 출토되었다. 경주 안압지에서 목선 1척, 선체부재 3편, 소형주小形舟 1점, 노 3점, 철정鐵釘 등이 출토되었으며, 안압지 출토 선박은 신라시대 말기 선박의 구조를 갖춘 구조선이다. 최근 김해박물관에 의해 경남 창녕군 비봉리 유적에서 통나무배 1, 2호 잔존편이 출토되었다. 비봉리 유적에서 준구조선 선체편과 노가 출토되었다. 즉, 육상고고학 발굴조사에서 선박 고고학적 자료는 신석기시대 통나무배와 신라 또는 가야시대의 주형토기 및 준구조선의 선편이 확인되고 있다. 이외에도 출토지가 불명확한 5~6세기 신라 및 가야시대 주형토기로 추정되는 유물 20점이 각 박물관과 개인이 소장[61]하고 있다.

우리나라 수중고고학 발굴조사는 2023년 현재까지 35건이 이루어졌다. 그 가운데 첫 사례는 우리나라 수중발굴의 효시로 평가되고 있는 '신안해저발굴조사(신안선)'이다. 우리나라 선박이 처음으로 출토된 사례는 완도 어두리 해저유적에서 발굴된 고려 12세기 '완도선'이다. 그리고 진도 벽파리 수로유적에서 일본 헤이안시대 선박 1척('진도선')이 출토되어 한 · 중 · 일 고선박이 확인되었다. 이후 현재까지 우리나라 강과 연안에서 13척의 고선박이 출토되었는데 시기는 통일신라 1척, 고려 11척, 조선시대 1척으로 현재까지 한 · 중 · 일 고선박 총 15척의 자료가 출토되었다. 이중 고선박이 출토된 지역의 해역을 살펴보면 경기도 해역에서 출토된 고선박은 '대부도선', '대부도 2호선', '영흥도선'이 확인된다. 충청도 해역에서 출토된 고선박은 '태안선', '마도 1호선', '마도 2호선', '마도 3호선', '마도 4호선[62]이 확인된다. 전라도 해역에서 출토된 고선박은 '신안선', '완도선', '진도선', '달리도선', '십이동파도선', '안좌선'과 영산강에서 수습된 '나주선'이 확인된다. 이와 같이 우리나라 육상과 수중에서 발굴되거나 수습된 한선의 고고학 자료를 〈표 5〉에서 정리했다.

〈표 5〉 한선의 고고학적 발굴 현황

연번	발굴연도	발굴	발굴기관	유물	시기
1	1924	경상북도 경주시 금령총 유적	조선총독부	주형토기 2점	6세기(신라)
2	1962~1964	부산 동삼동 유적	국립중앙박물관	배 모양 6편	신석기
3	1971	울산 반구대 암각화	문명대 동국대학교명예교수	암각화	신석기
4	1978~1976	경주 안압지 유적	문화재관리국 경주고적발굴조사단	1척, 선체 3편, 목주 1점, 노 3점	통일신라
5	1976~1984	신안군 신안선 해저 발굴 유적	문화재청,해군합동	1척	14세기
6	1983~1984	완도군 완도선 해저 발굴 유적	문화재청	1척	12세기
7	1985~1990	합천 옥전 99호 고분 유적	경상대학교박물관	주형토기 2점	4~6세기
8	1991~1992	진도군 진도선 발굴 유적	국립해양유물전시관	1척	13~14세기

---

61 프랑스 기메박물관(1점), 국립중앙박물관(4점), 호암미술관(2점), 성신대박물관(1점), 이화여대박물관(1점), 태평양박물관(2점), 호림박물관(6점), 한양박물관(1점), 국립경주박물관(1점), 개인소장(1점).

62 발굴조사 후 선박은 매몰 상태로 해저에 보존하고 있음.

연번	발굴연도	발굴	발굴기관	유물	시기
9	1995	목포 달리도선 발굴 유적	국립해양유물전시관	1척	13~14세기
10	2003~2004	군산 십이동파도선 수중발굴 유적	국립해양유물전시관	1척	12세기
11	2004	산청 평촌리 252호 고분 유적	경남발전연구원	토기 1점	가야시대
12	2004	경남 창녕군 비봉리 유적	국립김해박물관	선체 2편	신석기
13	2001	나주 영산강 유역	(재)남도문화재연구원	선체 6편	10세기
14	2005	신안군 안좌도선 발굴 유적	국립해양유물전시관	1척	14세기
15	2005, 2008	사천 늑도 B, C지구 유적	부산대학교 및 동아대학교 박물관	배모양 (土4 · 石3편)	철기시대
16	2006	안산시 대부도선 발굴 유적	국립해양유물전시관	1척	12~13세기
17	2007~2008	태안군 대섬 태안선 발굴 유적	국립해양문화재연구소	1척	12세기 중
18	2008~2010	태안군 마도 1호선 발굴 유적	국립해양문화재연구소	1척	13세기
19	2009~2010	태안군 마도 2호선 발굴 유적	국립해양문화재연구소	1척	13세기
20	2010	대구 달성 평촌리 유적	경북문화재연구원	주형토기 1점	5~6세기
21	2011	태안군 마도 3호선 발굴 유적	국립해양문화재연구소	1척	13세기
22	2011	김해 봉황동 유적	(재)동양문물연구원	선체 2편, 노 1점	가야시대
23	2010~2013	인천 영흥도선 발굴 유적	국립해양문화재연구소	1척	통일신라
24	2012	마산 현동 106호 수혈 유적	동서문물연구원	주형토기 1점	5세기
25	2014	김해 여래리 24호 고분 유적	한국문화재보호재단	주형토기 1점	5세기
26	2015	안산 대부도 2호선 발굴 유적	국립해양문화재연구소	1척	12~13세기
27	2015	태안군 마도 4호선 발굴 유적	국립해양문화재연구소	1척	15~16세기
28	2019	창원 현동 387호 고분 유적	삼한문화재연구원	주형토기 1점	5세기
29	2021	함안 말이산 45호 고분 유적	두류문화연구원	주형토기 1점	5세기

1. 선사시대 한선

1) 경남 창녕군 비봉리 유적 출토 통나무배[63]

비봉리 유적은 창녕군 부곡면 비봉리 44번지에 소재한다. 2004년 조사한 결과 신석기시대의 야외노지, 저장공, 패층 등의 유구와 다량의 토기편을 비롯하여 배 잔존편, 편물, 분석糞石, 검형목기 등이 출토되었다.

비봉리 유적은 해면 변동海面變動을 알 수 있는 자료로서 신석기시대 초기에 낙동강 중 · 하류 혹은 그 지류 역(현재의 창녕, 밀양지역)까지 바닷물이 직 · 간접적인 영향을 받았을 것으로 추정하고 있다. Ⅹ문화층 45층에서 1호 통나무배 잔존편과 Ⅳ문화층 제1패층에서 2호 통나무배 잔존편이 출토되었다〈그림 11〉. 통나무배 잔존편의 수종은 소나무로 식별되었다.

Ⅹ문화층 45층에서 1호 통나무배 잔존편의 크기는 최대길이 310㎝, 최대너비 62㎝, 두께 2~5㎝이다. Ⅳ문화층 제1패층에서 확인된 2호 통나무배 잔존편은 재질이 1호와 동일한 소나무이며, 남아있는 잔존규모는 길이 64㎝, 너비 22㎝, 두께 1.2~1.7㎝이다.

〈그림 11〉 비봉리 출토 1 · 2호 통나무배

63 國立金海博物館, 『飛鳳里』, 學術調査報告 第6册, 2008.

2) 부산 동삼동 패총 유적 출토 주형 토제품[64]

부산 동삼동 유적(사적 제266호)은 우리나라 신석기시대 연구의 기점이 된 유적으로 1929년 동래고등보통학교東萊高等普通學校 교사였던 오이카와 민지及川民次郞에 의해 처음 보고되었고 이후 여러 차례 조사가 실시되었다. 1930년 타케야마 미츠카橫山將三郞의 두 차례에 걸친 시굴조사와 1932년 오이카와 민지와 부산고고학회원들에 의한 두 차례 시굴조사, 1963~1964년 A. Mohr와 L. L. Sample의 시굴조사 등 외국학자들에 의한 조사와 연구를 통해 유적의 성격이 밝혀졌으나, 단편적인 시굴조사에 그쳐 패총의 전반적인 양상을 파악하기에는 많은 어려움이 있었다.

1967년부터 1971년까지 3차례에 걸쳐 부산광역시 영도구 동삼2동 750-1번지에 있는 신석기시대 패총을 조사하였다. 1차 발굴조사 결과 조사 지역의 층위는 크게 5개로 구분되며 출토 유물의 양상을 통해 시기를 달리하는 3개의 문화층이 확인되었다. 출토된 유물은 토기土器, 석기石器, 골각기骨角器, 구제품具製品 및 동물유체動物遺體 등이 출토되었다<그림 12>. 특히 그중 주형 토제품 6점이 출토되었다<그림 13>.

1970년 2차 발굴조사 결과 출토된 유물은 토기점, 석기점, 골각기, 구제품 등과 1971년 3차 발굴조사 결과 출토된 유물은 토기, 석기, 골각기, 구제품 등이 출토되었다.

동삼동 주형 토제품은 문화 6층 1편, 5층 2편, 4층 3편이 출토되었고 이 중 4층의 3편은 분리된 상태로 출토되었다.

6편의 태토胎土 성분이 유사하여 발굴 당시 동일한 배의 조각으로 분리되었다. 남아있는 잔존상태의 규모는 길이 4.3㎝, 높이 1.5㎝, 기벽 두께 0.3~0.6㎝이다. 주형 토제품은 신석기시대로 추정하고 있다.[65]

---

64 國立中央博物館, 『東三洞 貝塚 I 第1次 發掘調査』, 國立博物館 古蹟調査報告 第三十四册, 본문편, 2005.

65 國立中央博物館, 『東三洞 貝塚 I-第1次 發掘調査-』, 國立博物館 古蹟調査報告 第三十四册, 2005; 『東三洞 貝塚 II-第2次 發掘調査-』, 國立博物館 古蹟調査報告 第三十四册, 2004; 『東三洞 貝塚 III-第3次 發掘調査-』, 國立博物館 古蹟調査報告 第三十四册, 2004.

〈그림 12〉 동삼동 패총 4층 출토 유물 노출상태

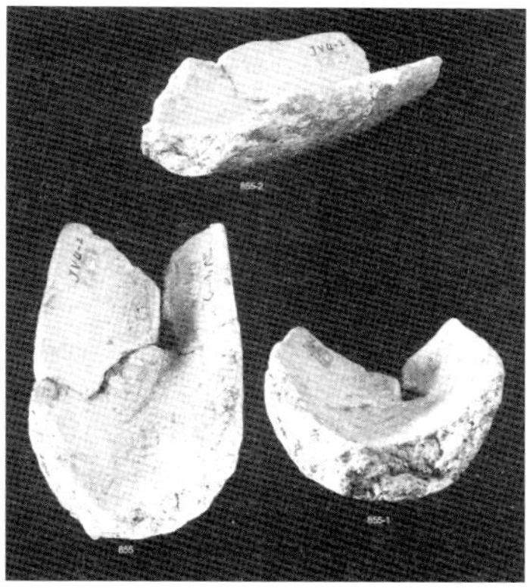

〈그림 13〉 동삼동 패총 4층 출토 주형 토제품

3) 울산 반구대 암각화[66]

1971년 12월 25일 동국대학교 문명대 교수가 반구대 암각화를 발견하면서 알려지게 되었다〈그림 14〉.

반구대 암각화는 울산광역시 울주군 언양면 대곡리 대곡천(991천) 일대로 대곡천의 하구에서부터 6.5㎞ 상류 지점인 대곡댐과 사연댐 사이 강변에 위치한다. 암각화는 너비 6.5m, 높이 3m가량의 암면에 바다동물 65점(고래목 58점, 거북목 5점, 어류 2점), 육지동물 87점(우제목 61점, 식육목 23점, 조류 3점), 종을 알 수 없는 그림 29점, 인물그림 16점, 도구그림 18점, 용도미상 19점 등을 포함한 312점이 바위에 새겨져 있다. 암각화에는 해양 어로 활동이나 사냥에서 쓰이는 활, 작살, 통나무배 등의 도구 그림도 새겨져 있다. 특히 통나무배와 작살, 부구浮具, 그물을 이용하여 고래를 사냥하는 매우 사실적인 포경 장면도 있다. 이는 과거 울산 태화강과 울산만 주변에 뛰어난 해양어로 문화를 가진 포경 집단이 있었음을 증빙하는 사례이다.

---

66 남궁일, 「암각화의 조형성과 선사 해양문화」, 『우리 배 이야기』, 국립해양문화재연구소 바다문화학교, 2010; 이하우, 「한국 암각화의 배 표현물, 그리고 배를 통해서 보는 석장동암각화의 성격」, 한국암각화연구 제23집, 2019.

〈그림 14〉 울산 반구대 암각화

4) 사천 늑도 B, C지구 유적 출토 주형 토제품[67]

사천 늑도 유적은 1998년 사천시 대방동과 남해군 창선면을 연결하는 국도 3호선 연륙교 가설과 도로공사로 인해 동아대학교 박물관(C지구), 부산대학교 박물관(B지구), 경남고고학연구소(A지구)가 주관하여 발굴조사가 이루어졌다.

B, C지구를 조사한 결과 삼국시대 패총과 주거지, 토광묘, 토취장, 소토장, 분묘 등의 유구가 확인되었고 석기, 토기, 골각기, 청동기, 곡물류 등 유물이 출토되었다.

그중 B지구에서 주형 추정 토제품 1편이 출토되었다<그림 15>. 크기는 길이 7.1㎝, 너비 3.6㎝, 두께 2.5이다. C지구에서 배 모양으로 추정되는 토제품 3편과 석제품 3편이 출토되었다<그림 16>.

배 모양으로 추정되는 토제품 중 2편은 선수와 선미를 알 수 있는 형태인 반면에 다른 1편은 배 모양으로 추정하기에는 구조상 정확하지 않아 파악하기에는 어려운 부분이 있다. 석제품 또한 형태와 구조에서 통나무배의 특징이 뚜렷하게 나타나지 않기 때문에 주형 석제품으로 추정하기에는 난해하다.

사천 늑도 B, C지구 유적 출토 주형 토제품과 석제품의 추정시기는 철기시대로 추정하고 있다.

〈그림 15〉 사천 늑도 B지구 37호 유적 출토 주형 토제품

〈그림 16〉 사천 늑도 C지구 유적 출토 주형 석제품

---

67 동아대학교박물관, 『泗川 勒島 CⅡ』 古蹟調査報告書 第三十九冊, 2008; 부산대학교박물관, 『勒島 貝塚과 墳墓群』 硏究叢書 第29輯, 2004.

2. 삼국시대 한선

1) 주형토기

삼국시대 선박 고고학 자료로는 수혈 · 고분 · 패총 등에서 출토되거나 출토지가 명확하지 않은 배 모양을 갖춘 '주형토기'가 약 30점點이 보고되고 있다. 이 중 발굴조사를 통해서 출토지가 확인된 유적은 8개소이며, 출토 주형토기는 10점이다〈표 6〉. 반면에 출토 유적과 명확하지 않은 주형토기는 20점으로 프랑스 국립기메동양박물관Muse National Des Arts Asiatiques Guimat에 1점, 국립중앙박물관에 1점, 성신여대박물관에 1점, 이화여대박물관에 1점, 호암박물관에 4점, 태평양박물관에 2점, 호림박물관에 5점, 국립진주박물관에 1점, 국립경주박물관에 1점, 한양대박물관에 1점, 개인 소장 1점 등이 있다.

〈표 6〉 주형토기 현황

발굴연도	발굴유적	시기	발굴기관	수량
1924	경상북도 경주시 금령총 유적	6세기	조선총독부	2점
1985~1990	합천 옥전 99호 고분	4~6세기	경상대학교박물관	2점
2004	산청 평촌리 252호 고분 유적	5~6세기	경남발전연구원	1점
2010	대구 달성 평촌리 유적	5~6세기	경북문화재연구원	1점
2012	마산 현동 106호 수혈 유적	5세기	동서문물연구원	1점
2014	김해 여래리 24호 고분	5세기	한국문화재보호재단	1점
2019	창원 현동 387호 고분 유적	5세기	삼한문화재연구원	1점
2021	함안 말이산 45호 고분 유적	5세기	두류문화연구원	1점
합계				10점

(1) 경주 금령총 출토 주형토기[68]

〈그림 17〉 금령총 유적 출토 유물 노출상태

금령총은 경상북도 경주시 노동동 264번지 일원에 위치하며 적석목곽분이다. 발굴조사 결과 백화수피제白樺樹皮製 채양과 관모冠帽·금동제신발·은제허리띠와 띠드리개가 있고, 금동장안장틀[金銅裝鞍橋]과 발걸이[鐙子] 등 각종 마구와 금동장고리자루칼·금은장소도金銀裝小刀 및 각종 철제무기가 출토되었다. 용기류는 금동제합金銅製盒·쇠솥, 각종 그림이 그려진 칠기漆器, 유리잔 2개와 각종 토기류 중에는 특히 기마인물상騎馬人物像·주형토기 2점 등 특수형 토기와 장식토기로 모두 11점이 출토되었다. 이 밖에 청동제 거울도 1점이 출토되었다〈그림 17〉. 금령총 유적에서 출토된 주형토기는 동반 유물을 통해 6세기로 추정하고 있다〈그림 18〉.

〈그림 18〉 금령총 유적 출토 주형토기-1·2

---

68 梅原末治, 『慶州金鈴塚飾履塚發掘調査報告』, 大貞十三年度 古蹟調査報告書 第1册, 1932.

(2) 합천 옥전 99호 고분 출토 주형 토제품[69]

옥전 고분군은 경상남도 합천군 쌍책면 성산리 산23-18번지 일원에 위치한다. 발굴조사 결과 가야시대 덧널무덤(목곽묘), 구덩식 돌덧널무덤(수혈식 석곽묘), 구덩계 앞트임식 돌방무덤(수혈계 횡구식 석실묘), 굴식 돌방무덤(횡혈식 석실묘)이 조사되었다. 무덤 안에서는 주형토기 2점<그림 19, 20>, 철제무기류, 갑옷마구류, 장신구류 등이 출토되었다. 옥전 고분에서 출토된 주형토기는 4~6세기로 추정하고 있다.

▲<그림 19> 옥전 고분군 출토 유물
▼<그림 20> 옥전 고분군 출토 주형토기-1 · 2

69 경상대학교 박물관, 『합천 옥전고분군 X』, 2003.

(3) 산청 평촌리 252호 고분 출토 주형토기[70]

평촌리 고분군은 경상남도 산청군 생초면 하촌리 722-1번지 일원에 위치한다.

조사결과 삼국 · 가야시대의 구덩식돌덧널무덤[竪穴式石槨墓], 돌방무덤[石室墳], 경작유적 및 고려시대의 무덤유적, 호안석축護岸石築 등이 확인되었다.

구덩식돌덧널무덤[竪穴式石槨墓]은 250여 기가 밀집 분포되어 있으며, 대부분 크기가 작은 소형 묘이다. 내부는 주변에서 구하기 쉬운 냇돌로 네 벽을 축조하고 그 위에 뚜껑 돌을 덮은 구조이다. 바리 모양 그릇받침, 굽다리 입 곧은 항아리, 일단장방형투창굽다리접시 등의 주형토기〈그림 22〉와 쇠낫, 쇠화살촉, 큰칼 등의 철기류가 출토되었다. 평촌리 80호 민묘에서 출토된 동반 유물을 통해 주형토기 시기는 5세기 중후반~6세기로 추정하고 있다.

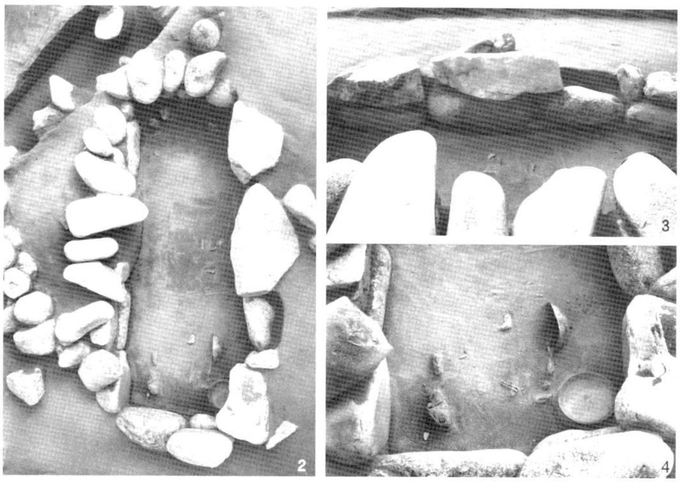

◀〈그림 21〉 산청 평촌리 유적 출토 유물 노출상태

▲〈그림 22〉 산청 평촌리 유적 출토 주형토기

70 慶南發展硏究院 歷史文化,『山淸 坪村里 遺蹟』, 調査硏究報告書 第48冊, 2006.

(4) 대구 달성 평촌리 12호 수혈 출토 주형토기[71]

달성 평촌리 유적은 달성군 구지면 평촌리 262번지 일원에 위치한다. 2008년 발굴조사 결과 청동기시대 주거지, 석관묘, 옹관묘 등을 비롯한 초기철기에서 삼국시대 주거지와 수혈유구 등 136기 확인되었다. 그 중 Ⅱ구역 삼국시대 수혈유구 12호에서 호, 개배, 고배 등과 함께 주형토기가 출토되었다〈그림 23, 24〉. 달성 평촌리 유적에서 출토된 주형토기는 삼국시대 수혈유구 층으로 5~6세기로 추정하고 있다.

〈그림 23〉 Ⅱ구역 수혈유구 12호 주형토기

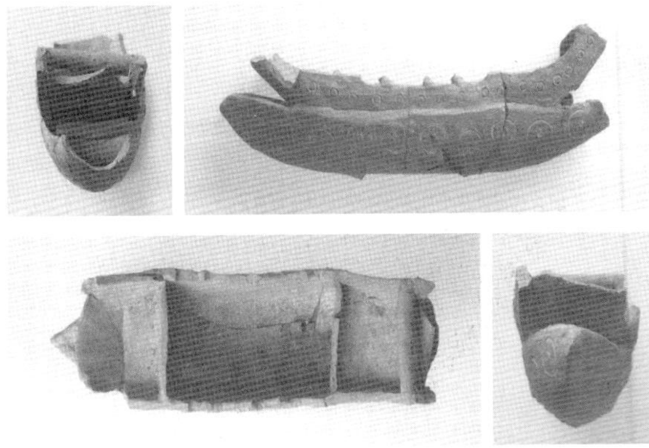

〈그림 24〉 Ⅱ구역 수혈유구 12호 주형토기 형태

(5) 마산 현동 106호 수혈 출토 주형토기[72]

마산 현동 유적은 경상남도 창원시 마산합포구 현동 106 일원에 위치한다. 경남개발공사 마산 현동 국민임대주택 조성사업 예정 부지였다. 발굴조사 결과 '나'지구 106호 삼국시대 층위에서 주형토기, 광구소호, 고배. 기대. 컵형토기, 단경호, 시루 등이 출토되었다.

주형토기는 좌 · 우 선측에 틈새가 벌어진 상태로 소성 시 균열이 발생한 것으로 추측되며, 굽다리, 선수부 현측판, 수판, 선미 일부가 결실된 상태로 출토되었다〈그림 25, 26〉.

---

71 경상북도문화재연구원, 『달성 평촌리 · 예현리 유적』, 학술보고서 제147책, 2010, 252쪽.

72 (재)동서문물연구원, 『마산 현동유적 Ⅱ』, 조사연구보고서 제64책, 2012.

〈그림 25〉 마산 현동 106호 수혈 유구

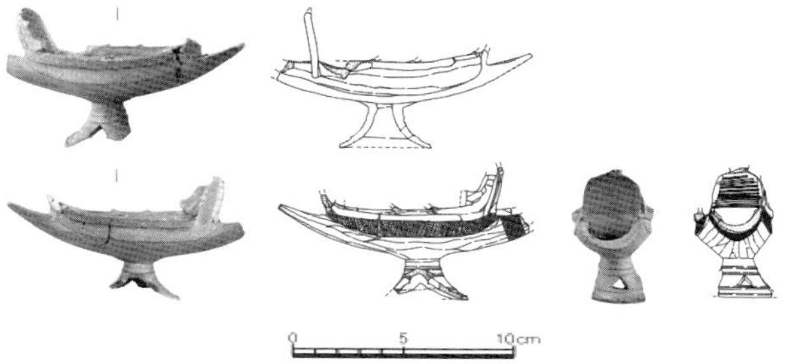

〈그림 26〉 마산 현동 106호 출토 주형토기

마산 현동 106호 수혈 유적에서 출토된 주형토기는 5세기로 추정하고 있다. 삼국시대 제철 관련 유구는 철기의 생산과 분배 시스템을 유추할 수 있는 고고학 자료로 중요하게 평가받고 있다.

(6) 김해 여래리 24호 고분 출토 주형토기[73]

여래리 유적은 김해시 진영읍 일대의 택지개발사업부지에 대해 김해시 진영읍 본산리에 위치한 Ⅰ구역과 김해시 진영읍 여래리에 위치한 Ⅱ구역으로 구분하여 조사를 실시하였다.

Ⅱ구역에서는 청동기시대 주거지, 삼국시대 목곽묘, 석곽묘, 옹관묘, 석실묘, 탄요, 조선시대 토광묘, 지면식 건물지동, 석축유구 등이 확인되었다. 24호 목곽묘 고분에서 유물이 확인되었으며, 남단 벽쪽에서 토기류 16점이 출토되었다.

조사 결과 유개대부직구호, 연질직구호, 장경호, 호, 단경호, 직구호, 발형기대, 주형토기, 호편 등이 출토되었다〈그림 27〉.

여래리 유적에서 출토된 주형토기는 삼국시대 문화층에서 출토되어 4세기 후반~6세기로 추정하고 있다〈그림 28〉.

---

73 한국문화재보호재단, 『金海 本山里 · 餘來里 遺蹟 Ⅰ』-김해 진영2지구 택지개발사업지구 내 유적 발굴조사 보고서-, 學術調査報告 第274冊, 2014.

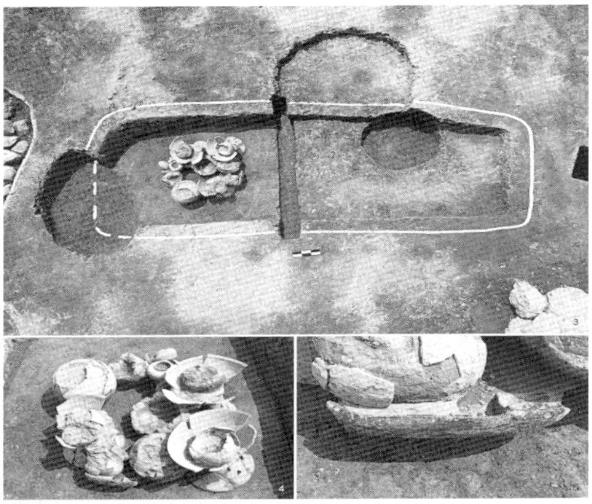

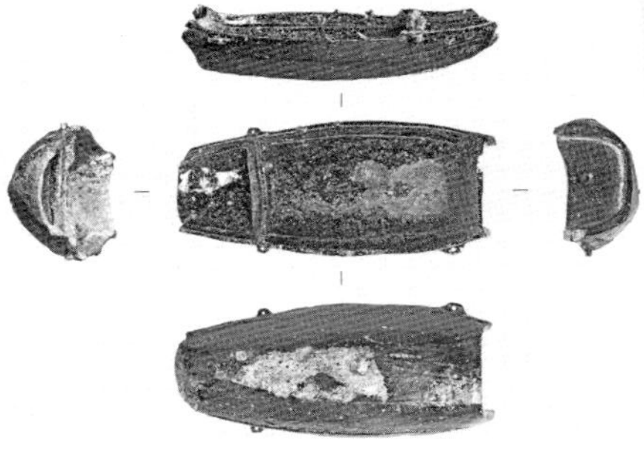

◀〈그림 27〉 김해 여래리 목곽묘 출토 유물 노출상태
▲〈그림 28〉 김해 여래리 목곽묘 출토 주형토기

(7) 창원 현동 399호 고분 출토 주형토기[74]

2016년 국토교통부 부산지방국토관리청에서 '거제-마산3 국도건설공사'를 계획하고, 사전 문화재 지표조사 결과 목곽묘를 중심으로 한 108기의 유구와 삼국시대 유물들이 확인되어 2017~2019년 3년에 걸쳐 발굴조사가 이루어졌다.

발굴조사 결과 청동기시대 수혈주거지 · 석곽묘 · 추정 함정유구 · 수혈과 삼국시대 목곽묘 · 석곽묘 · 석실묘 · 옹관묘 · 장방향수혈 · 주혈 등이 확인되었으며, 조선시대 토광묘 · 봉헌유구 · 수혈 · 구 · 석렬 · 주혈군 · 주혈 · 수혈 · 유구 등이 확인되었다.

그중 삼국시대 목곽묘 399호 목곽묘에서 유개보배, 고배, 주형토기, 철정, 철촉 등이 출토되었다〈그림 29〉. 주형토기는 남쪽 방향으로 쓰러진 형태로 출토되었다〈그림 30〉.

본 유적에서 출토된 대형묘와 낙타모양토기 등을 통해 주형토기는 4~5세기대로 추정하고 있으며, 유물 등을 통해 고대국가로의 전환시기에 아라가야의 지방 세력인 현동 집단의 사회상과 더불어 사회경제와 교역 등 당시 사회상을 추정하는데 자료적 가치가 매우 크다고 할 수 있다.

---

74 삼한문화재연구원, 『창원 현동 유적』, 거재-마산3 국도건설공사구간 내, 학술조사보고서 제105책, 2023.

◀〈그림 29〉 창원 현동 399호 고분 유물 노출상태
▲〈그림 30〉 창원 현동 399호 고분 출토 주형토기

(8) 함안 말이산 45호 고분 출토 주형토기[75]

함안 말이산 45호 고분 유적은 함안군 가야읍 도항리 484-2번지 일원으로 함안 말이산 고분군(사적 제515호) 중 1호분과 2호분 사이에 위치한다.

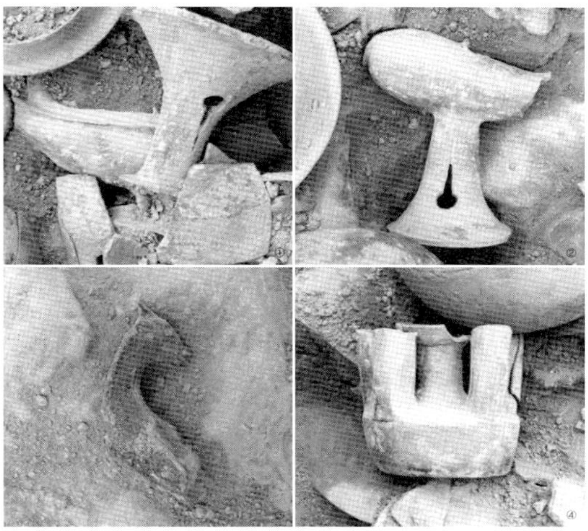

〈그림 31〉 함안 말이산 45호분 유물 노출상태

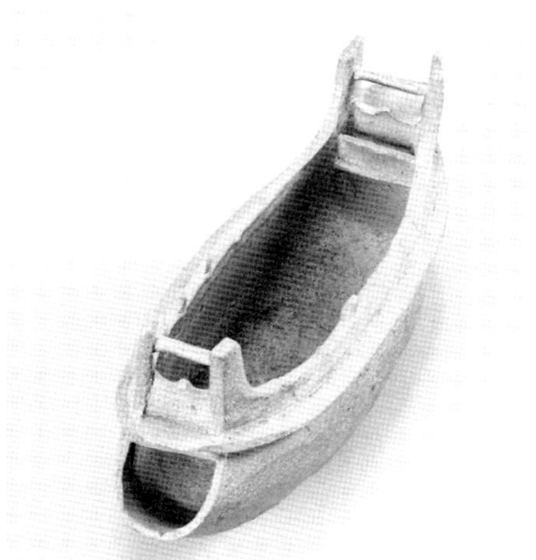

〈그림 32〉 함안 말이산 45호분 출토 주형토기

75 (재)극동문화재연구원, 「함안 말이산고분군 481-2번지 일원 발굴(시굴)조사 현장 설명회 자료집」, 2018.

발굴조사 결과 삼국시대의 대형 봉토분(45호) 1기, 대형 목곽묘 2기, 중형 목곽묘 2기, 수혈 1기, 조선시대의 가마 1기. 구상유구 1기, 시기 미상의 소형 석곽묘 1기 등 총 9기의 유구가 확인되었다. 유적에서 출토된 유물 중 상형토기로 집모양 토기, 사슴모양 뿔잔 토기, 주형토기, 등잔모양 토기 등이 출토되었다<그림 31, 32>.

함안 말이산 45호 고분 유적에서 출토된 유물을 통해 주형 토제품은 4세기 중후반에서 5세기 중반대로 추정하고 있다. 뿐만 아니라 본 유적은 말이산 고분군의 묘제와 토기양식의 변화, 다양한 철기와 장신구류 등의 자료가 확보되어 아라가야의 실질적인 역사 자료로서 매우 중요하다.[76]

2) 김해 봉황동 유적 준구조선[77]

봉황동 유적은 김해시 봉황동 119-1번지 일원으로 지리적 위치는 위도 35°13′42.9″, 경도 128°52′32.9″이다. 2012년 발굴조사 결과 삼국시대 고선박古船舶과 노櫓를 비롯한 고상건물지 2기, 목책열, 소형목주열, 소성유구 1기, 수혈 2기가 확인되었다. 층위는 삼국시대, 고려시대, 조선시대 문화층 순으로 퇴적되어 있으며, 문화층 Ⅰ에서 준구조선準構造船의 일부 선체편 1점과 용도미상의 선편 1점, 수혈 1호에서 노 1점 등이 출토되었다<그림 33, 34>.

봉황동 유적 출토 고선박 부재의 잔존규모는 길이 386㎝, 너비 약 32~58㎝, 두께 2~3㎝ 정도이다. 전체적으로 호상의 형태를 띠고 결합을 위한 것으로 추정되는 원형 및 장방형의 구멍 9개와 상단에서 3개의 홈과 후면에 긴 홈이 2개 확인된다. 노의 잔존규모는 149.6㎝, 너비 8.8㎝, 노착 두께 3.2㎝, 노깃 두께 0.8㎝이다. 고선박 부재의 수종은 녹나무로 식별되었으며, 함께 출토된 제형 목재의 수종은 삼나무로 식별되었다.[78]

---

76 (재)두류문화재연구원, 『함안 말이산 고분군』 정비사업부지 내 유적 학술조사보고서, 제50집, 2021.

77 동양문물연구원, 『김해 봉황동 유적 발굴조사 보고서』, 조사연구보고서 제16집, 2014.

78 앞의 책, 139쪽.

〈그림 33〉 김해 봉황동 출토 선체편

〈그림 34〉 김해 봉황동 출토 노

시기는 방사성탄소연대 측정결과 3세기 중~4세기 초로 추정하였다. 이를 고선박 부재와 노는 3세기 중반~4세기 초 금관가야의 대외교류를 나타내는 직접적인 증거물로서 삼국시대 봉황동 일원에서 확인된 유물과 기 조사된 봉황대 유적을 비롯한 기타 유적들과 비교해 보면 금관가야 시기의 항구로서 교역, 교류의 기능을 하였던 것으로 추정할 수 있다. 따라서 준구조선의 선체편은 국내에서 유일한 가야시대에 활동한 선박의 선체편으로 추정할 수 있다.

3) 경주 안압지 유적 '안압지선'[79]

안압지 유적은 1974년 경주종합개발계획의 일환으로 경북 경주시 원화로 102번지 안압지 연못 준설과 주변의 정화산업이 추진되면서 연못 내 토사를 제거하는 과정에서 다량의 기와가 발견되면서 알려지게 되었다〈그림 35〉.[80]

---

79 문화공보부 문화재관리국, 『雁鴨池』 發掘調査報告書, 圖版編, 1978.

80 허문녕 · 윤용희, 「통일신라기 선박구조 이해 : 월지배와 영흥도선 선체 구조 연구」, 국립해양문화재연구소, 『해양문화재』 제17호, 2022; 국립경주문화재연구소, 『못 속에서 찾은 신라 45년 전 안압지 발굴조사 이야기』, 2020, 123쪽 재인용.

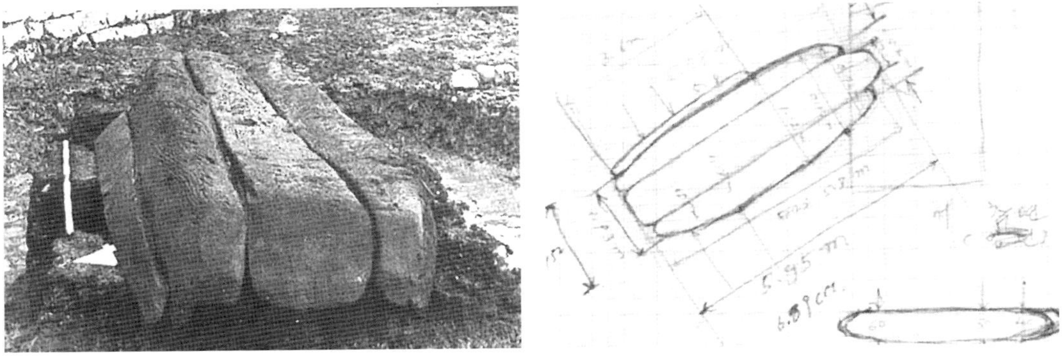

〈그림 35〉 안압지 유적 발굴 당시 선미 쪽 모습 및 기록노트 실측도

조사 결과 와전류瓦塼類, 용기류容器類, 목재류木材類, 금속류金屬類, 목간류木簡類, 철기류鐵器類, 동물뼈, 석제류石製類 등이 출토되었으며, 그 중 목선 1척, 선체부재 3편, 소형주小形舟 1점, 노 3점, 철정鐵釘 등이 출토되었다.[81]

안압지선의 시기는 목간에 연호가 천보십재天寶十載(751), 보응사년寶鷹四年(762) 등이 시문되어 있고, 또한 기와에 '의봉사년儀鳳四年(679) 개토皆土'명과 '조로이년調露二年(680)'명 보상화문寶相華文 전돌 등을 통해 경덕왕 중반에서 혜공왕 9년(774) 사이에 사용되었던 것으로 추정하고 있다.

4) 옹진 영흥도 유적 '영흥도선'[82]

영흥도 유적은 인천광역시 옹진군 영흥면 섬업벌이라는 무인도의 서남쪽에 위치한다. 영흥도선이 출토된 위치는 위도 37°14′18.4″, 경도 126°22′55.7″이다. 2010년 긴급탐사와 2012~2013년 수중 발굴조사 결과 통일신라시대 고선박 1척, 다수의 철제 솥, 도기, 동제

---

81 文化公報部 文化財管理局,『雁鴨池』發掘調査報告書, 1978.
82 국립해양문화재연구소,『인천 옹진군 영흥도선 수중발굴조사 보고서』, 2014.

용기 등이 출토되었으며〈그림 36〉, 선박 주변에서 고려~조선시대 도자기 870여 점이 출토되었다.

출토된 영흥도선의 잔존규모는 길이 6m, 너비 1.4m, 깊이 0.3m 정도이다. 선체는 서쪽으로 약 30°가량 기울어졌으며, 중앙을 기준으로 남북방향으로 매몰되어 있었다. 남쪽에 위치한 선체는 노출된 상태였으며 북쪽의 선체 위로는 철제 솥과 철제 솥이 녹아 생성된 부식물과 함께 도기호 등이 서로 한 덩어리가 되어 엉겨 붙어 있었다.

〈그림 36〉 영흥도선 출토 유물 및 선체편

영흥도선은 우리나라 해역에서 출토된 고선박 중 가장 이른 시기의 선박으로 선체 결구방식이 안압지선과 유사하고 탄소연대측정 결과와 배에서 출토된 파도무늬 도기병을 토대로 8~9세기 경의 선박으로 추정하고 있다. 더욱이 영흥도선이 발견된 해역은 삼국 및 통일신라시대 남양만의 당항포(현 화성시)에서 중국 산동반도를 연결하는 국제 교역로 상에 있어 당대 신라의 해상활동을 파악할 수 있는 실증자료로도 평가받고 있다.[83]

3. 고려시대 한선

지금까지 우리나라에서 확인된 고려시대 고선박은 대부분 서해안과 남해안에 집중되어 있으므로 지역별로 나누어 살펴본다.

---

83 국립해양문화재연구소, 위의 책, 2014.

1) 경기도 지역 출토 고선박

(1) 안산시 대부도 유적 '대부도선'[84]

대부도선 조사지역의 위치는 경기도 안산시 단원구 대부도 서북 해안 약 2㎞ 지점으로 위도 37°16′01.4″, 경도 126°31′50.8″이다. 조사지역의 환경은 완만한 경사를 이루고, 모래가 많이 섞인 딱딱한 층을 이루고 있다. 조수간만의 차가 약 9~11m 정도이나, 경사가 완만하여 물이 빠지는 속도가 매우 느리다. 국립해양문화재연구소(현 국립해양유산연구소)가 2006년 선체와 주변 유물을 수습하였다.

선체는 선수와 선미를 각각 북서와 남동쪽으로 향하고 좌현으로 20° 정도 기울어 갯벌에 노출된 상태로 확인되었다〈그림 37〉.

〈그림 37〉 대부도선 노출 선체편 실측 장면

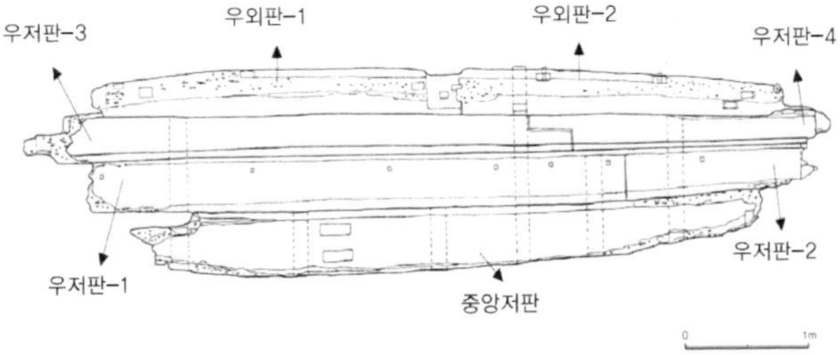

〈그림 38〉 대부도선 평면도

조사 결과 잔존규모는 길이 6.62m, 너비 1.40m이며 저판재 3열과 좌현 외판 1단이 남아 평저선 구조임을 확인할 수 있다〈그림 38〉. 발굴지 주변에서 고려시대 자기편과 도기편이 흩어진 채 발견되었다. 발견된 유물은 청자음각앵무문접시 등 청자 5점, 도기 파편 25점, 기와편 7점 등이다. 대부도선의 저판과 외판 수종은 소나무류 소나무과PINACEAE 소나무속Pinus으로 식별되었고, 피삭은 상수리나무류 참나무과FAGACEAE 참나무속Quercus으로

---

84 국립해양유물전시관, 『安山 大阜島船』 水中發掘調査 報告書, 2008.

식별되었다.

대부도선 활동 연대는 유물의 연대를 통해 12세기 후반에서 13세기 초반으로 추정하고 있다.[85]

(2) 안산시 대부도 유적 '대부도 2호선'[86]

대부도 2호선 조사지역 위치는 경기도 안산시 단원구 대부도 방아머리 해수욕장 해역으로 위도 37°17′15.7″, 경도 126°33′52.0″이다.

조사 결과 선원들이 사용한 것으로 추정되는 청동숟가락, 청자 등 40여점의 유물을 수습하고 고려시대 고선박 1척을 발굴하였다.

발굴지역은 해안가에서 직선으로 약 530m 떨어진 곳이며, 밀물 때는 물에 잠기고 썰물 때는 물 밖으로 노출되는 조간대에 위치하고 있다. 선체는 선수와 선미가 각각 북동과 남서쪽을 향하고 있으며, 선수와 선수 쪽 외판, 선미 일부가 갯벌 위로 드러나 있는 상태로 확인되었다. 선수부는 3열의 선수재와 가룡받침대, 선미부에 좌 · 우 외판 일부가 노출되어 있었으며, 선체는 부후가 심한 상태였다<그림 39>.

〈그림 39〉 대부도 2호선 노출 선체

---

85 앞의 책, 18~20쪽; 신종국, 『고려 침몰선의 성격과 출수유물 연구』, 공주대학교대학원 박사학위 논문, 2020, 30~31쪽.

86 국립해양문화재연구소, 『안산 대부도 2호선 수중발굴조사 보고서』, 국립해양문화재연구소 학술총서 제42집, 2016.

잔존규모는 길이 9.15m, 너비 2.9m 정도이며, 평저선이다. 저판 4열과 우현 외판 3단, 좌현 외판 2단, 좌우현 만곡부종통재, 선미판재, 선수판목 등이 남아있었다. 선체 내부에는 가룡구조가 만곡부종통재에 설치되어 있었으며, 외판 2단에는 돛대를 지지하는 차가룡(멍에형 가룡)이 결구 된 채 확인되었다. 선체 선수부에는 호롱에 밧줄이 감긴 상태로 확인되었다.

선상에서 사용된 도기호와 식기류 등의 유물이 선체 중앙부에서 출토되었으며 나머지 공간에서 곡물을 비롯한 화물을 싣기 위한 받침목들이 확인되었다.

대부도 2호선과 함께 출토된 감 씨앗과 화물 받침목을 방사성탄소연대측정하고 선수재에 대한 위글매치법 연대분석 결과 A.D. 1151~1224년 사이의 연대가 확인되었다. 또 출토된 청자 중 음각연판문발의 문양이 유행하던 시기를 고려해 보았을 때 12세기 후반에서 13세기 초반의 고려시대 고선박으로 추정하고 있다.[87]

2) 충청도 지역 출토 고선박

(1) 태안 대섬 유적 '태안선'[88]

태안선의 조사지역 위치는 태안군 근흥면 정죽리의 대섬(무인도) 해역으로 위도 36°40′11.7″, 경도 126°10′37″이다.

조사해역의 평균수심은 13m~15m 정도이다. 태안선 침몰 방향은 조류의 방향과 일치하며, 발굴해역은 조류방향이 밀물 때는 동쪽에서 서쪽(안흥항)으로 흐르고, 썰물 때는 서쪽에서 남쪽(안면도)으로 흐르며, 조석간만의 차는 6m 내외로 큰 편이나 조류 속도는 조사 당시 1노트 내외로 크지 않다. 태안선이 위치한 해저면은 평탄하며, 사토와 갯벌이 혼합되어 매우 단단하게 이루어져 있다.

---

87 국립해양문화재연구소, 『안산 대부도 2호선 수중발굴조사 보고서』, 학술총서 제42집, 2016, 225쪽; 신종국, 「고려 침몰선의 성격과 출수유물 연구」, 공주대학교대학원 박사학위 논문, 2020, 41쪽.

88 국립해양문화재연구소, 『高麗青磁 寶物船 태안 대섬 수중발굴 조사보고서』, 2009.

〈그림 40〉 태안 대섬 유물 매장 상태

〈그림 41〉 태안선 선체

국립해양문화재연구소(현 국립해양유산연구소)에서 2007년 긴급탐사 및 1 · 2차 발굴조사와 2008년 3차 발굴 조사를 실시하였고, 그 결과 약 23,811점의 유물이 출토되었다. 유물은 고려시대 고선박과 청자를 비롯한 도자류, 목간, 인골, 닻돌, 청동완, 청동항아리, 철재솥, 취사용 돌판, 땔감, 기와편, 포장재 등이다〈그림 40〉.

태안선 선체는 동서 방향 상태에서 남쪽으로 약 95° 정도 기울어 매몰되어 외판 일부(4단)만 잔존하고, 저판 등 다른 구조의 부재는 발견하지 못했다. 잔존 외판에는 가룡 등을 고정했던 사각 관통 구멍이 남아있다. 외판 이음방법은 동시대의 선박에서 확인되는 세로형 반턱이음 구조가 확인된다. 잔존규모는 길이 8.21m, 너비 1.5m 정도이며 선체편 수량은 외판 부재 6편이다〈그림 41〉.

한편 출토 유물 중 현재 강진군에 해당하는 '탐진현耽津縣'에서 "개경에 거주하는 사람에게 자기를 보낸다."라는 내용이 적혀있는 목간이 확인되었다. 이를 통해 태안선의 자기는 탐진현 자기소磁器所의 요지에서 만들어졌고 이를 개경으로 운송하던 중 태안 해역에서 침몰한 것임을 알 수 있다. 태안선의 침몰 시기에 대해서는 자기의 편년과 선체에 대한 방사성탄소연대 등을 통해 12세기 전반에서 13세기 초반으로 추정하고 있다.

(2) 태안 마도 유적 '마도 1호선'[89]

마도 1호선의 조사지역은 태안군 근흥면 마도 서쪽 방향 300m 근해로 조사해역의 평균 수심은 15m~20m 정도이며, 조류가 비교적 강한 지역이다. 위도 36°41′35″, 경도 126°07′63″ 지점이다. 2008년 긴급탐사 결과 청자가 3꾸러미씩 매장되어 있는 것을 발견하고, 주변을 중심으로 반경 약 150m 정도의 거리 내에서 청자 뇌문잔 등 66점의 유물을 수습하였다. 긴급탐사 이후 이어진 수중발굴조사에서 추가로 1곳의 유물 매장처를 발견하고 청자 대접 등 515점이 출토되었다.

2009년 마도 I구역에 대한 수중발굴조사 결과 고려시대 고선박 1척과 곡물, 도자기, 죽제품, 목간, 죽찰 등 426점이 출토되었다<그림 42>. 2010년 마도 1호선 선체 주변에 대한 추가 발굴조사에서 닻줄 등의 유기물과 묵서를 확인할 수 없는 죽찰편과 청자 대접 등 12점의 유물이 출토되었다.

〈그림 42〉 마도 1호선 유물 매몰 상태 및 선체

89 국립해양문화재연구소, 『태안 마도 1호선 수중발굴조사 보고서』, 2010; 국립해양문화재연구소, 「고려시대 조운선(마도 1호선) 복원 보고서」, 『전통선박 조선기술 V』 국립해양문화재연구소 학술총서 38집, 2015.

마도 1호선 잔존규모는 길이 10.8m, 너비 3.7m 정도이며 평저선이다. 남동-북서 방향으로 매몰되어 있었으며, 총 40편의 부재가 남아 있었다<그림 42>.

2012~2014년에 이루어진 마도 1호선 원형복원 연구와 재현사업을 통해 마도 1호선의 규모는 길이 15.29m, 너비 10.95m, 선심 3.27m, 만재중량 42Ton이며, 화물칸은 제2 · 3 · 4 · 5칸으로 총 용적은 78.155㎥로 추정하였다.[90]

출토된 800여 점의 도자기 중에 상감표형주자와 승반, 투각 받침대가 한 묶음으로 출토되기도 하였으며, 동반한 목간과 죽찰 69점을 통해 화물의 선적과 출항 시기를 구체적으로 알 수 있다.[91] 발굴된 목간과 죽찰에는 정묘丁卯, 무진戊辰 등의 간지가 적혀있고, 특히 "大將軍金純永宅上田出租陸石[92]" 라는 내용이 적힌 죽찰 6점을 통해 유물의 연대가 명확히 확인되었다. 김순영은 『고려사高麗史』, 『고려사절요高麗史節要』에 1199년 장군으로 승진한 것으로 기록되어 있고 대장군으로 승진한 이후 정묘년과 무진년은 각각 1207년과 1208년에 해당한다.

(3) 태안 마도 유적 '마도 2호선'[93]

태안 마도 2호선 유적은 마도 1호선 지점에서 동쪽으로 900m 떨어져 있으며, 태안군 근흥면 마도 북동쪽 약 400m 지점해역으로 위도 36°41′23.9″, 경도 126°08′20.5″이다. 조사

---

90 국립해양문화재연구소, 『마도 1호선 구조설계 조선공학적분석 Ⅰ』, 2013, 98쪽; 강원춘, 「마도 1호선 발굴선박 복원과 고려시대 조운선」, 『해양문화재』 7, 2014, 191~197쪽; 국립해양문화재연구소, 「고려시대 조운선(마도 1호선) 복원 보고서」, 『전통선박 조선기술 Ⅴ』, 학술총서 제38집, 2015, 114~115쪽; 신종국, 『고려 침몰선의 성격과 출수유물 연구』, 공주대학교 대학원 박사학위 논문, 2020, 30~31쪽.

91 丁卯 10월부터 戊辰 2월 19일까지 화물을 실었으며, 화물 발신지는 한곳이 아닌 남해안의 죽산현(竹山縣; 현 해남), 회진현(會津縣; 현 나주), 수영현(遂寧縣; 현 장흥) 등 3곳이 확인되었다. 발신자는 호장 송(戶長 宋), 장 송춘(長 宋椿) 등 주로 지마도 방향리들로 보이며, 수신자는 중앙관리자로 대장군(大將軍) 김순영(金純永), 별장(別將; 정7품) 권극평(權克平), 교위(校尉; 정9품) 윤방준(尹邦俊) 등 주로 무반계급이 보인다. 화물의 종류는 백미(白米), 정조(正租), 속(粟; 조), 목맥(木麥; 메밀), 말장(末醬; 메주), 해해(蟹醢; 게젓), 죽반(竹盤) 등이 실제 기록물과 일치하고 있으며, 단위인 수(數)로는 일(壹), 이(貳), 삼(參), 사(肆), 십(拾) 등 기록이 보이며, 양으로 석(石), 두(斗)가 기록되어 있다.

92 대장군 김순영 댁에 전출 벼 여섯 섬을 올린다.

93 국립해양문화재연구소, 『태안 마도 2호선 수중발굴조사 보고서』, 국립해양문화재연구소 학술총서 제22집, 2010.

해역은 평균수심 5m 내외이며, 조석에 따라 5m의 편차를 보인다.

2010년 마도 2호선 조사결과 고려시대 고선박 1척과 화물로써 볍씨 등 각종 곡식류, 청자 매병, 통형잔 등 도자류, 화물의 물표인 목간과 죽찰, 각종 동물뼈, 선상용품으로서 철제솥과 청동순가락, 청동그릇, 대나무 젓가락 등 다양한 유물 400여 점이 출토되었다.

마도 2호선의 잔존규모는 길이 12.6m, 너비 4.4m 정도이며 평저선이다. 선체는 장축 방향이 동쪽으로 20°가량 틀어진 상태(북동-남서)로 저판과 외판이 매몰된 상태로 확인되었다. 저판 21편 부재, 외판 20편 부재로 총 41편의 부재가 발굴되었으며, 가룡목 5점, 원통목 7점, 닻구조물 1점, 닻돌 1점이 출토되었다〈그림 43〉.

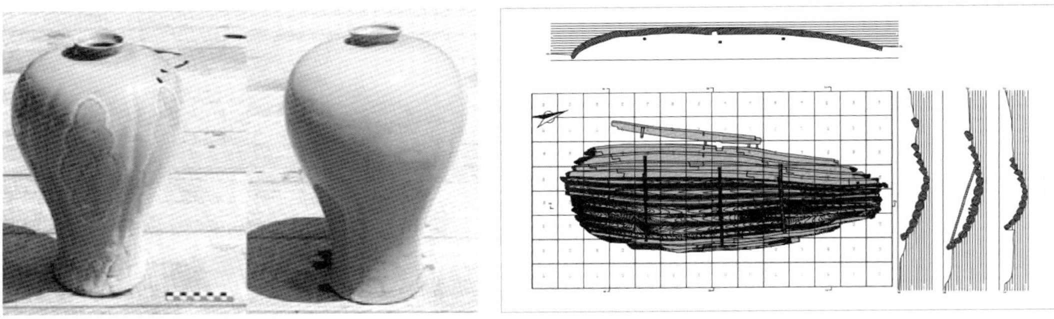

〈그림 43〉 마도 2호선 유물 및 선체 평 · 단면도

마도 2호선의 시기는 동반 출토된 47점[94]의 목간 중 화물 수취인과 내용물 등을 적은 목간[95]과 죽찰을 통해 추정할 수 있다. 목간에 기록된 수취인 중 '이극서李克偦'가 등장하는데

94 앞의 책, 438쪽.

95 선박의 출항지를 추정할 수 있는 지역명으로 현재의 전라북도 고창군과 정읍시 지역인 고창현(高敞縣), 무송현(戊松縣), 장사현(長沙縣), 고부군(高阜郡)의 지명이 나타나며, 화물종류는 백미(白米), 중미(中米) 등의 미곡과 콩을 뜻하는 태(太), 두(豆), 매주를 뜻하는 말장(末醬), 이외에도 난해(卵醢; 알젓갈), 정밀(精蜜; 꿀), 진(眞; 참기름)도 있다. 이중 꿀과 참기름이 적힌 목간은 대나무로 만들어진 죽찰인데, 아름다운 기형의 매병에 매달려 있었다. 매병을 고려시대 사람들은 준(樽)이라고 불렀다는 사실과 술 뿐아니라 꿀이나 참기름 등 귀한 식재료를 담는 그릇으로 쓰였다는 것을 확인할 수 있는 매우 중요한 유물이다. 목간에는 또한 개경에 있는 관직자 계층이 수신자로 적혀있다.

이극서는 고종高宗대 추밀원부사(1219)와 평장사(1220)를 지낸 인물이다. 그런데 목간에서 이극서의 관직은 낭중郎中으로 적혀있어 마도 2호선은 1219년보다는 앞선 시기로 13세기 초로 추정하고 있다.

(4) 태안 마도 유적 '마도 3호선'[96]

마도 3호선 유적은 태안군 근흥면 신지도 북쪽 해변에서 불과 300m 떨어진 지점으로 위도 36°41′18.0″, 경도 126°08′25.0″이다. 조사해역의 수심은 3~6m 정도로 비교적 얕다.

조사 결과 고려시대 고선박과 도기, 자기(청자, 백자), 목간, 금속유물, 청동유물, 목제유물, 죽제유물, 초본류 유물, 석재유물, 돌 장기알, 직물류, 어류, 포유류, 식물류 등이 출토되었다.

마도 3호선의 잔존규모는 길이 약 12m, 너비 8.5m이며, 저판 5열, 외판 좌현 10단, 우현 9단, 선수재 4열, 선미재 7단, 가룡, 차가룡 등의 구조를 갖춘 평저선이다<그림 44>.

마도 3호선은 마도 1호선과 마도 2호선처럼 만곡부종통재가 없는 구조지만 두 선박의 저판은 7열인 것에 반해 마도 3호선은 5열의 구조를 갖추고 있다. 특히 저판은 선미에 가까워질수록 중앙저판으로 좁혀져 올라가며 종국終局에는 외판재와 같이 내면을 각지게 가공하여 외판과 구분되지 않는 구조를 보이고 있다.

선체의 잔존상태는 매우 양호한 상태이기 때문에 기존의 해체 인양 방식과는 다르게 통째로 인양하는 방법을 고려해 조사 후 다시 매몰한 상태이다.

선체에서 분리되어 수습된 일부 외판과 미상의 선체편 8점에 대한 수종분석 결과 모두 소나무과속 적송류로 확인되었고, 가룡과 중앙돛대 등 구조물 10점은 벚나무속 산벚나무류, 느티나무, 상수리나무류로 분석된 3점을 제외한 나머지 7점의 부재가 소나무속 적송류로 식별되었다. 소형 원통목은 참나무속 상수리나무류로 식별되었다.

---

96 국립해양문화재연구소, 『태안 마도 3호선 수중발굴조사 보고서』, 국립해양문화재연구소 학술총서 제27집, 2012.

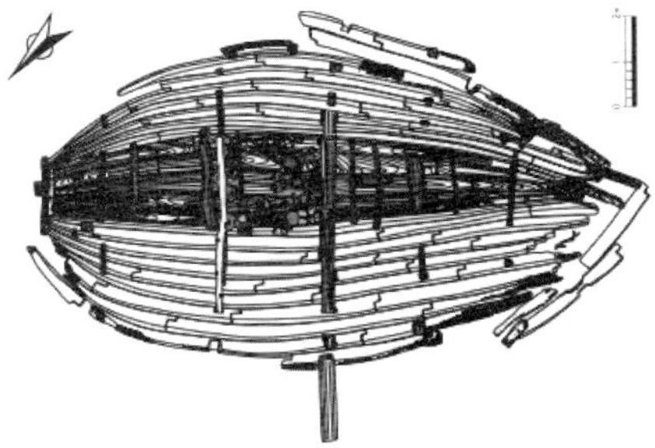

〈그림 44〉 마도 3호선 출토 유물 및 선체편 실측도

마도 3호선 역시 마도 1, 2호선과 마찬가지로 화물의 물표로 실린 35점의 목간이 확인되었고 이를 통해 1265~1269년 사이 침몰한 선박으로 밝혀졌다. 발송지는 전라남도 여수를 포함한 남부 해안이며, 최종 목적지는 당시 고려의 임시수도였던 강화도였는데 화물의 수취인은 최고 권력자인 김준을 비롯해 중방, 삼별초 등 무인 세력이 주를 이루고 있다. 실려있던 물건은 전복, 홍합 등 고급 어패류와 말린 상어, 포布, 곡물 등이다. 목간에 적혀있는 내용과 실제 발굴유물이 거의 일치하고 있다.

3) 전라도 유적 출토 고선박

(1) 군산 십이동파도 유적 '십이동파도선'[97]

십이동파도 유적은 군산시 옥도면 연도리에 속하는 무인도로 군산항에서 서쪽으로 30여㎞나 떨어져 있는 해역이다. 유적의 위치는 위도 35°59′491″, 경도 126°13′834″ 지점이다. 조사해역은 수심 14~20m, 수중시계는 3~4m로 매우 양호한 편이며, 유물과 선체는 동서 8~10m, 남북 6~7m 범위에 집중분포되어 있었다.

97 국립해양유물전시관, 『君山 十二東波島 海底遺蹟』, 국립해양유물전시관 학술총서 제8집, 2005.

〈그림 45〉 십이동파도선 출토 유물 및 선체편

2003년 1, 2차 수중발굴조사 결과 고려시대 선박 1척 도자기와 철제 솥, 청동 숟가락 등과 운송품을 포장 · 적재하기 위한 도구인 짚과 갈대, 나무쐐기 등이 출토되었다.

십이동파도선의 잔존규모는 길이 약 7m, 너비 2.5m 정도이며, 선체는 편평한 저판과 'ㄴ'자형의 만곡부종통재, 선수재, 가룡, 닻줄을 감는 호롱통과 지지대, 닻장 등의 구조를 갖추고 있는 평저선이다〈그림 45〉.

십이동파도선 출토 유물은 청자대접과 완, 접시, 소호, 유병, 반구병, 등 다양한 기종으로 대부분 순청자 계통의 무문 자기들이다. 일부는 문양을 갖춘 청자음각연판문靑磁陰刻蓮瓣文과 청자음양각화문靑磁陰陽刻花文, 뚜껑의 당초문唐草文 등 있다.

이들 청자는 해남군 산이면 진산리 요지와 해남군 화원면 신덕리 요지, 완도군 약산면 어두리 해저 유물에서 출토된 청자 등과 유사한 특징을 지니고 있다. 다만 화형접시花形楪匙와 반구병盤口甁, 변형 해무리굽 등의 특징을 보았을 때 화원면 신덕리 유형으로 추정하고 있으며, 제작 시기는 변형 해무리굽 시기인 1100년을 전후한 11세기 후반에서 12세기 초반으로 추정하고 있다. 이에 따라 십이동파도선의 활동 시기도 11세기 후반에서 12세기 초반으로 추정하고 있다.

(2) 나주 영산강 유역 '나주선'[98]

나주선은 2004년 영산강 하안에서 발견되었다. 그 당시 영산강변에 노출된 만곡부종통재와 외판 두 편이 확인되었으며, 선체편이 노출된 지점에서 약 500m와 1km지점에서 만곡부종통재와 저판재가 각 1편씩 수습되었다.

수습된 선체편은 오랜 세월 동안, 지표에 노출되거나 물속에 잠기기를 반복했음에도 형태가 잘 남아있는 상태였다.

수습된 선체편은 선박의 주요 구조 중 본체구조로서 배밑 부재인 '저판재' 2편과 저판<그림 46>과 연결되는 'L'자 형태의 '만곡부종통재' 2편<그림 47>이 확인되었다. 그 외 배의 몸통이라 할 수 있는 '외판재' 1편과 선체편을 결속시키기 위한 나무못인 '피삭' 1점, 그리고 기타 용도 미상의 선체편 1점도 수습되었다.

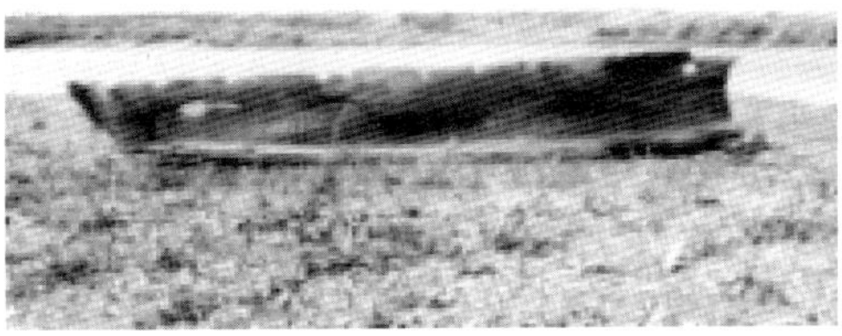

<그림 46> 영산강 하안 노출 만곡부종통재

<그림 47> 영산강 하안 노출 저판

저판의 잔존 규모는 길이 920cm, 너비 20~60cm, 두께 25cm이며 다른 한 편은 210㎝, 너비 50㎝, 두께 25㎝이다. 만곡부종통재는 길이 566cm, 밑변 너비 40~50cm, 밑변 두께 10cm이며, 높이 60~90cm, 현측 두께 15cm 크기의 부재와 길이 560cm, 밑변 너비 10~35cm, 밑변 두께 15cm이며, 높이 60~90cm, 현측 두께 10cm 크기의 부재가 있다.

나주선은 영산강을 중심으로 활동한 교류의 실증자료로 강에서 발견된 우리나라 최초

---

98 나주시 · 경담문화재연구소, 『나주선 보존처리 보고서』, 2005, 5쪽.

의 고선박 자료로서 고고학적 · 역사적 · 문화적으로 가치를 가지고 있다. 나주선에 대한 연구로는 선체편의 크기와 형태를 바탕으로 고려 전기 조세미를 운송한 '초마선哨馬船'[99] 으로 추정하는 견해와 왕건이 나주를 공략할 당시의 '군선軍船'[100] 으로 추정하는 견해가 있다.

(3) 목포 달리도 유적 '달리도선'[101]

달리도선 유적은 전남 목포시 충무동 달리도 북서쪽에 자리한 달리 2구의 일명 '지픈골' 일원이다. 발굴지점의 위치는 위도 34°46′30″, 경도 126°18′30″이다.

달리도선 유적은 조간대에 위치하여 물때마다 다르지만 선체 노출시간이 썰물 때 2시간 정도의 제한적인 환경에서 발굴조사가 이루어졌다. 매몰 상태는 선수와 선미 일부가 좌현 선재와 함께 노출되어 있었으며, 선수를 서서남 방향으로 두고, 우현으로 약 18° 정도 기울어진 채 매몰되어 있었다.[102]

1995년 발굴조사 결과 고려시대 고선박으로 저판 3열 8편, 우현 외판 4단 14편, 좌현 외판 4단 9편, 선미재 3편 등이 수습되었고, 가룡목은 선수부와 선미부 각 1구간, 중앙부 2구간 등 4구간으로 구획되며 중앙부에 위치한 차가룡을 포함하여 총 6개 가룡 구조가 남아 출토되었다.

잔존규모는 길이 10.50m, 너비 2.72m, 깊이 0.80m 정도이며, 평저선의 구조이다<그림 48>.

---

99 나주시 · 경담문화재연구소, 『나주선 보존처리 보고서』, 2005, 5쪽; 손창련, 『현대적인 조선공학 기술에 기반한 한국 전통선박의 재현』, 목포대학교 선박해양공학과 박사학위논문, 2013.

100 나주시 · 경담문화재연구소, 『나주선 보존처리 보고서』, 2005, 6쪽; 나주시 · (재)남도문화재연구원 · 동신대학교박물관, 『나주 영산강 고선박(나주선) 긴급 정밀(지표)탐사』, 2004; 김성준 · 김경옥, 「고려 초기 나주선의 톤수 추정과 검증」, 『한국해양과학기술협의회 공동학술대회』, 한국항해항만학회, 2020.

101 국립해양유물전시관, 『목포 달리도배 발굴조사보고서』, 국립해양유물전시관 학술총서 3집, 1995, 23~25쪽.

102 앞의 책, 34쪽.

〈그림 48〉
달리도선 매몰 상태

달리도선은 유물이 동반되지 않아 선체편에 대한 방사성탄소년대 측정을 통해 연대를 추정하였고 그 범위는 BP 730±57이며, 보정연대는 AD 1210~1400년간(확률95%)인 것으로 밝혀졌다.[103] 이에 따라 달리도선은 13~14세기경에 활동한 선박으로 추정하고 있다.

(4) 신안 안좌도 유적 '안좌선'[104]

안좌도선 유적은 안좌면 금산리 인근의 갓섬 등대 앞 해역으로 조사 위치는 위도 34°45′108″, 경도 126°10′205″이다.

---

103 달리도선 방사성탄소년대 측정에 관한 상세한 내용은 본 보고서의 부록 「달리도 발굴 고선의 방사성탄소년대 측정」(강형태외)을 참조.

104 국립해양유물전시관, 『安佐船』 發掘報告書』, 국립해양유물전시관 학술총서 9집, 2006.

안좌선은 선수를 동쪽으로 두고 선미는 서남 방향으로 약 30°정도 우측으로 기울어져 매몰되어 있었다. 선체편들은 선수와 선미가 많이 노출된 상태로 우현 외판 7단과 내부 중앙에 차가룡이 확인되었다. 선체 내부에서는 배에서 사용했던 것으로 보이는 밧줄과 선미 좌현 안쪽 가장자리에 5~10㎝ 두께의 원통목편들이 한 곳에서 출토되었다. 이외에 닻줄로 추정되는 밧줄과 주변에 산재한 선체편, 석판, 도자기 등이 출토되었다.

조사 결과 안좌선은 3열로 이루어진 저판, 외판, 차가룡, 가룡, 선미판 등의 구조를 갖춘 평저선이며, 잔존규모는 길이 14.70m, 너비 4.53m, 깊이 1.40m 이다〈그림 49〉. 그 외 안좌선 주변 남서 방향으로 15m, 30m 떨어진 곳에서 선체 일부 편들이 노출된 상태로 확인되었다. 형태는 길고 양쪽이 날렵하게 가공되었으며 길이 6.8m이다. 다른 선체편은 2~3편이 연결된 채 장삭이 박혀있으며 크기는 너비 1.3m, 두께 14㎝이다.

〈그림 49〉 안좌선 매몰 선체편

안좌선과 함께 출토된 청자국화문잔과 소접시의 기형과 문양이 무안 도리포 해저 유물과 유사하며, 접시 저부의 검은색을 띠는 태토 받침은 강진지역 청자에서만 확인되는 것으로 청자 제작지를 강진으로 추정하고 있고, 안좌선 활동 연대는 14세기 후반으로 추정하고 있다.

(5) 완도 어두리 유적 '완도선'[105]

완도선 유적은 완도군 약산면 어두리 마을 인근 해역으로 위도 34°26′40″, 경도 126°57′27″ 지점에 해당한다.

조사해역 북쪽 100m 부근에는 암초가 바다 쪽으로 연결되어 만조 때는 잠기고, 간조 때는 드러나서 선박이 항해 중 좌초 위험이 높은 해역이다. 수심은 15m 내외이며 해저면은 갯벌이 60~70㎝ 퇴적되어 있고, 유물은 이 갯벌 속에서 확인되었다. 유물이 집중 매장되어 있는 위치에는 약 50~60㎝ 정도 융기된 구릉을 형성하고 있으며, 그 넓이가 직경 약 10m 정도의 원형으로 형성된 상태이다.

수중시계가 전혀 없는 수중 환경으로 인해 수중촬영이나 실측이 이루어질 수 없었으며, 이에 따라 유물과 선체의 정확한 매장상태 및 유물의 분포 양상을 파악하기는 매우 힘들었고 이미지 기록사진, 발굴 과정 영상기록, 그리드별 유물출토 현황 등은 알 수 없다.

출토 유물은 고려시대 고선박 1척과 청자 등 30,701점이며, 이 중 도자기류가 30,673점으로 대부분을 차지하고, 금속 · 목재 · 석재유물은 30점 정도이다<그림 50>.[106]

완도선 조사 결과 5열을 갖춘 저판, 좌우현 각 1조를 갖춘 만곡부종통재, 좌현 4단 · 우현 5단의 외판, 가룡, 기타 구조 등의 구조를 갖춘 상태였다. 잔존규모는 길이 7.3m, 너비 3.4m, 깊이 1.6m 정도 남아있는 평저선이다<그림 51>.

---

105 文化公報部 · 文化財管理局, 『莞島海底遺物』, 1985, 9~10쪽.

106 앞의 책, 13~14쪽; 신종국, 『고려 침몰선의 성격과 툴토 유물 연구』, 공주대학교대학원 박사학위논문, 2020, 19~20쪽 인용.

〈그림 50〉 완도선 출토 도자기 유물 세척 및 정리

〈그림 51〉 복원된 완도선

완도선에서 동반한 출토 유물은 11세기 중 · 후반에 사용된 선박으로 알려졌으나 1991년 해남 진산리 17호 요지 발굴에서 출토된 유물을 통해 완도선은 12세기 전 · 중반경 해남군 청자요지에서 만든 조질청자를 싣고, 남해안 지역을 항해하다가 완도군 약산면 어두리 해역에서 침몰한 선박으로 추정하고 있다.[107]

4. 조선시대 한선

현재까지 수중에서 발굴된 고고학 유적 중 조선시대 유적은 태안군 근흥면 마도 4호선 유적이 유일하다. 마도 4호선[108] 유적의 위치는 위도 36°41′29.2″, 경도 126°07′59.8″이다. 마도 4호선은 9~15m 수심에서 발견되었으며, 선수는 남동쪽을 향해 있고, 우현 쪽으로 약 50° 기울어진 상태로 개흙에 매몰된 상태로 확인되었다.

마도 4호선과 함께 출토된 유물은 분청사기, 도기, 목간, 금속(철제, 청동), 목제초본, 석재, 곡물, 골각 등이다〈그림 52~54〉.

---

107 앞의 책, 21쪽.

108 국립해양문화재연구소, 『태안 마도 4호선 수중발굴조사 보고서』, 국립해양문화재연구소 학술총서 제40집, 2016.

마도 4호선의 잔존규모는 길이 약 12m, 폭 약 5m, 선심은 약 2m 정도이고 형태는 평저선이다. 선체는 저판 3열, 좌현 외판 4단, 우현 외판 11단, 선수재 2단, 선미재 2단과 가룡 등의 구조만 남아있다〈그림 55〉.

마도 4호선 선체 내부에서 다량 분청사기 등의 유물과 '광흥창廣興倉'이 적힌 목간,[109] 분청사기 발과 접시에는 '내섬內贍'이라는 글자가 새겨져 있다. 이는 조선시대 궁궐에 물품을 관리하던 내섬시內贍寺를 의미하는데 '내섬'을 분청사기에 새기기 시작한 때는 관청의 명칭을 표기하도록 하는 1417년(태종 17)으로 알려졌다. 이와 함께 자기의 형태, 문양, 제작 기법 등을 살펴보면 15세기 초반 제작 양식임을 알 수 있다. 따라서 마도 4호선은 1410~1420년 사이에 물품을 싣고 항해하다가 마도해역에서 침몰하였으며, 동반된 목간이나 출토 유물을 고려했을 때 조선시대 최초의 조운선으로 추정하고 있다. 출토된 목간과 분청사기 등의 유물들은 조선시대 초기 공납제도의 모습과 당시 공물의 운송방식인 '조운漕運'에 대해 최초 확인된 실증자료라 할 수 있다.[110]

〈그림 52〉 태안 마도 4호선 수습 유물

〈그림 53〉 태안 마도 4호선 선체

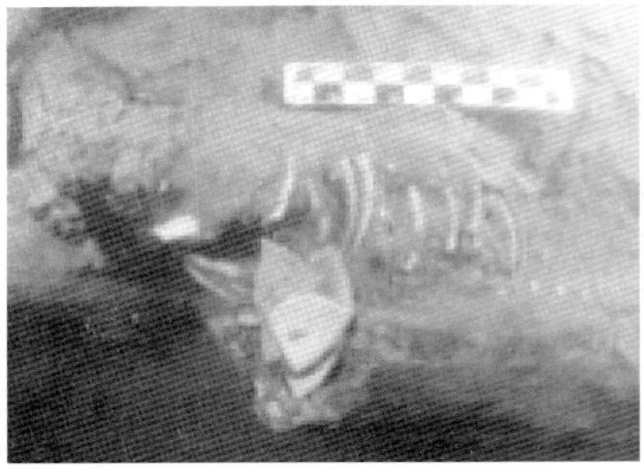

〈그림 54〉 태안 마도 4호선 분청자기 매몰 상태

109 목간 대부분에는 발신처인 나주와 수신처인 광흥창을 뜻하는 '나주광흥창[羅(亽)州廣興倉]'이 적혀있으며, 이는 전라남도 나주 영산창(榮山倉)에서 거둬들인 세곡 또는 공납품, 관리의 녹봉을 관리하던 조선시대 국가기관인 광흥창으로 옮기던 것으로 추정할 수 있다. 또한 일부 목간에는 '두[斗]', '보리[麥]' 등 곡물의 양과 종류를 표기하고 있다.

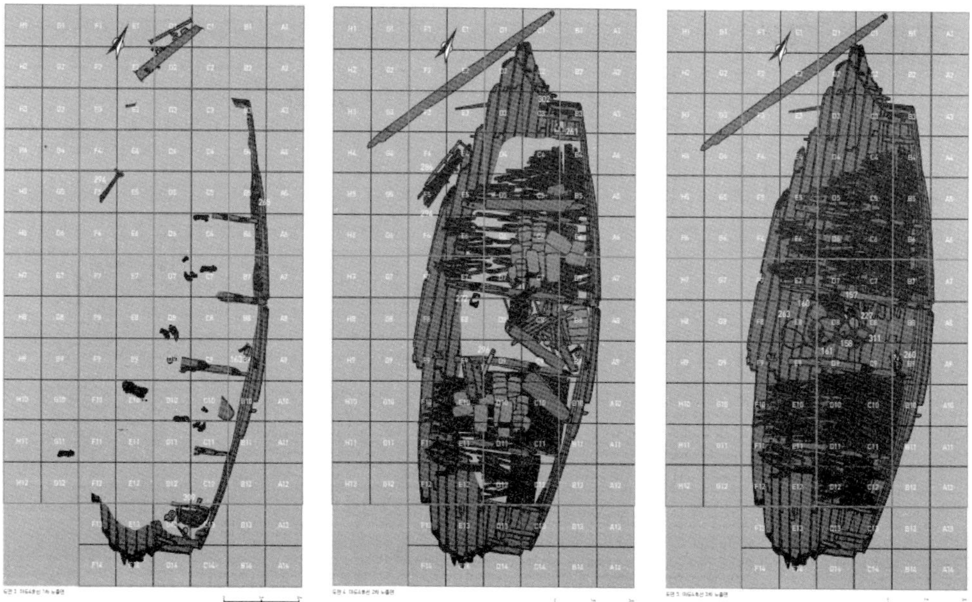

〈그림 55〉 마도 4호선 선체 및 실측도

110 앞의 책, 77~99쪽.

제4장

한선의 구조적 성격

1. 선사시대 배의 구조
2. 삼국시대 한선의 구조
3. 고려시대 한선의 구조
4. 조선시대 한선의 구조

제4장

한선의 구조적 성격

1. 선사시대 배의 구조

선사시대 우리나라 배의 구조를 확인할 수 있는 고고학적 자료는 많지 않다. 신석기시대 통나무배의 일부만 형태를 보여주는 2편의 선편과 동삼동 유적의 주형 토제품, 사천 늑도에서 출토된 주형 토제품 그리고 반구대 암각화에 그려진 통나무배를 통해 선사시대 배의 구조적 성격을 살펴보겠다.

1) 신석기시대

(1) 직접자료

창녕 비봉리에서 출토된 통나무배 1, 2호 잔존 선편은 신석기시대 통나무배의 면모를 최초로 보여주는 고고학적 실증자료이다.

통나무배 1, 2호 선편의 형태는 두께가 얇고, 단면은 'U'자 형태를 갖추고 있다. 선편에서 초흔焦痕이 관찰되며, 보고서에서는 통나무배 속을 파내기 위해 당시 사람이 불을 사용한 흔적으로 추정하였고, 동시에 또한 배가 완성된 후 병충해를 방지하기 위해 연화煙火 흔적

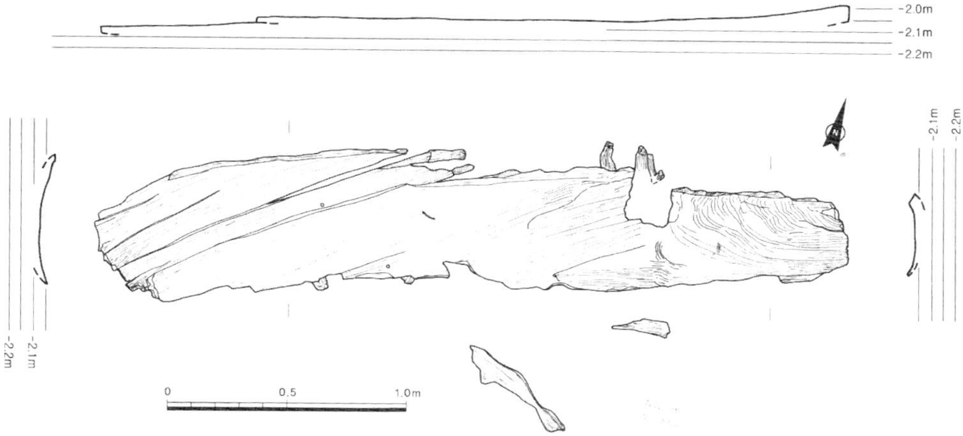

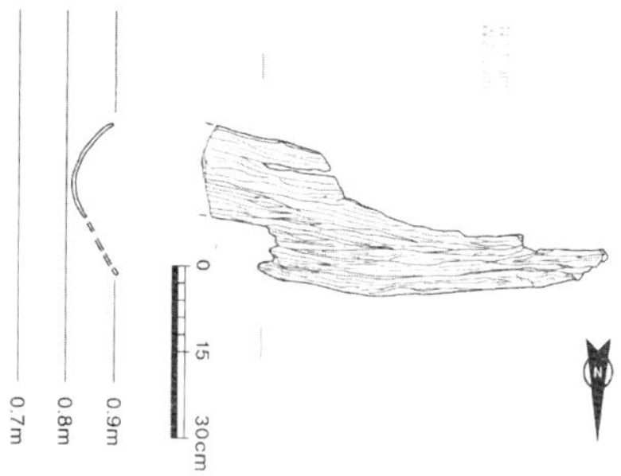

▲〈그림 56〉 비봉리 유적 1호 통나무배 편
◀〈그림 57〉 비봉리 유적 2호 통나무배 편

으로 추정하였다.

1호〈그림 56〉 선편은 통나무배의 밑 부분에 해당하는 것으로 추정할 수 있으며, 2호〈그림 57〉 선편은 통나무배의 선측면으로 추정할 수 있다. 2호의 경우 선수부와 선미부 구분을 넓은 쪽을 선미로 추정하고 좁아지는 부분을 선수[111]로 구분하여 발굴보고서에 밝히고 있다. 잔존상태만을 놓고 선수부와 선미부를 판단하기에는 뚜렷한 구조적 특징이 보이지 않기 때문에 난해하다. 중국과 베트남 사례를 들어 살펴보면 선수부와 선미부의 특징을 이해하는 데 도움이 될 것으로 판단된다.

---

111 國立金海博物館, 『飛鳳里』, 學術調査報告 第6冊, 2008, 41~44頁.

중국에서 출토된 독목주의 형태를 보면 <그림 58>와 같이 선수부와 선미부가 뾰족하거나 네모난 형태임을 확인할 수 있다. 이와 같은 형태에서 선수와 선미의 구분은 폭이 좁고, 뾰족하며 위로 들려 있는 방향을 선수로 하고 넓고 평평한 방향을 선미로 구분하고 있다. 이러한 구분은 제작과정에서 정해지며 뿌리 부분의 지름이 크고 위쪽[말구末口] 지름이 작기 때문에 뿌리 쪽을 선미, 위쪽을 선수로 정하고 있다.[112]

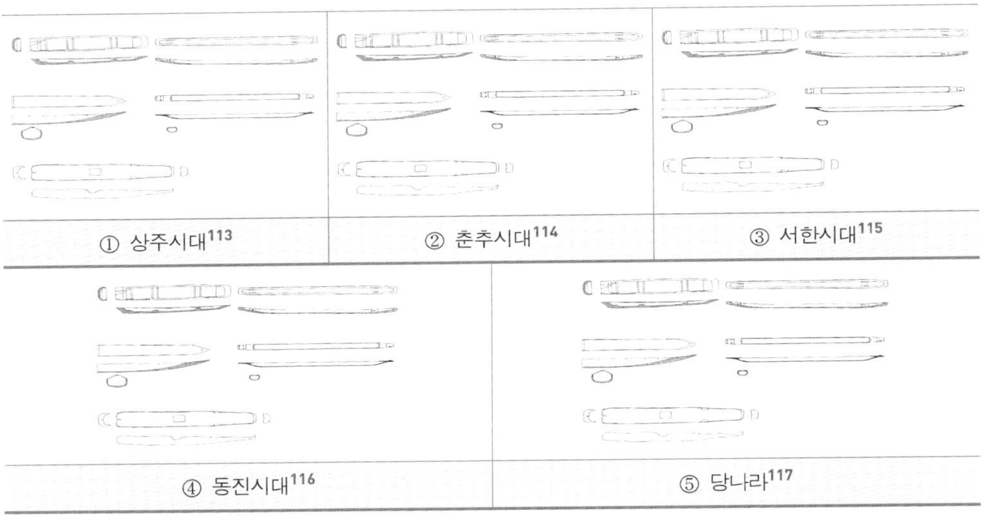

<그림 58> 중국 출토 독목주

112 王冠倬, 『中國古船圖譜』, 三聯書店, 2000.

113 1977년 산둥(山東)성 룽청(榮成)현 궈자(郭家)촌 유적에서 출토된 상주(商周)시대 독목주(獨木舟), 길이 390cm, 선수 너비 60cm, 중앙 너비 74cm, 선미 너비 70cm, 깊이 15cm.

114 1965년 장쑤(江蘇)성 우진(武進)현 옛 엄성(奄城)유적에서 출토된 춘추시대 독목주, 길이 434cm, 너비 75cm, 깊이 56cm.

115 1975년 푸젠(福建)성 롄장(連江)현 산탕(山堂)촌 유적에서 출토된 서한 시대 독목주, 길이 710cm, 선수 너비 120cm, 선미 너비 160cm.

116 1958년 저장(浙江)성 원저우(溫州) 유적에서 출토된 동진시대 독목주, 길이 1,100cm, 중앙 너비 90, 바닥 내부 너비 56cm, 깊이 42cm.

117 1960년 장쑤(江蘇)성 양저우(揚州) 스챠오(施橋)진 유적에서 출토된 당나라 독목주, 길이 1,365cm, 너비 75cm, 깊이 56cm.

지난 2022~2023년 베트남 국립역사박물관과 공동으로 베트남 54개 소수민족 중 중남부와 남부 일부 지역 소수민족[118]의 전통배(통나무배)를 공동으로 조사하였다. 그 결과 통나무배 제작과정과 불을 사용하는 방법에 대하여 현지 주민을 통해 확인할 수 있었다. 베트남 닥농Đăk Nông 지역<그림 59>의 에데Ê Đê족, 마Mạ족, 므농M'Nong족의 통나무배 제작과정을 소개하면서 우리나라 통나무배의 제작과정을 살펴보고자 한다.

〈그림 59〉 베트남 닥농성

에데족은 통나무배를 'Song'이라는 명칭을 사용하고 있고, 마족은 통나무배를 'MPlŭng'이라는 명칭을 사용하고 있다. 이는 강에서 사용되는 통나무배와 호수에서 사용되는 배의 형태가 달라서 붙여진 명칭이다. 조사된 통나무배는 1970~1980년대 제작된 통나무배이지만 같은 제작 기술이 오래전부터 현재까지 대를 이어 전승되고 있다. 통나무배는 강과 호수에서 사람, 농산물, 가구 등을 운송하는 데 사용하고 있다. 에데족은 비교적 통나무배 규모를 크게 제작하여 강에서 무거운 물자를 운송하는 데 사용하고 있다. 마족과 므농족의 통나무배는 길이가 길고 너비가 좁은 형태가 좁은 것이 특징이며, 물고기를 잡거나 이동수단으로 사용하고 있다.

통나무배 제작 기간은 참여인원에 따라 달라지는데 7~8명이 함께 제작할 때는 약 9일이 소요되고, 4명이 참여할 때는 약 15~20일 정도가 소요된다. 통나무배 제작과정은 총 9단계

118 바나족(Ba Na), 자라이족(Gia Rai), 마족(Mạ), 므농족(M'Nông), 에데족(Ê Đê), 짬족(Chăm), 바나저롱족(Ba Na Jơ Lâng), 바나러응아오족(Ba Na Rơ Ngao), 서당족(Xơ Đăng), 스띠엥족(S'Tiêng) .

로 나누어 볼 수 있다.

① 통나무배에 사용되는 나무를 선별할 때 굵기가 크고 곱게 자생한 오래된 Sao(사우)나무를 선별한다.

② 나무를 베기 위해 양신陽神과 나무신에게 술과 닭고기를 올려 배가 잘 제작되기를 기원한다. 제작자(목수)는 나무를 베기 전에 금기시하는 행위가 있다. 장작 자르는 행위, 땅을 파헤치는 행위, 목욕 등은 하지 않아야 한다. 제작은 대부분 숲에서 이루어진다.

③ 도끼를 사용하여 사우나무를 자른다. 이때 뿌리 쪽을 최대한 살려 자른다고 한다. 이는 선수 부분이 위로 들린 만곡형의 선형을 갖추기 위한 것과 모양을 만들기 위해 뿌리 쪽을 선수로 사용한다. 또한 통나무배 벨 때 먼저 한 사람이 도끼질을 2~3번 하는데 이때 웃음을 보이면 배가 쉽게 망가진다는 믿음이 있다.

④ 베어진 사우나무의 껍질을 제거한 후 통나무 한쪽을 평평하게 다듬고, 대략적으로 외곽선을 그린다. 이때 작업은 사우나무를 벤 후 바로 작업을 한다. 이는 나무가 건조되면 도끼 연장으로 표면을 깎는데 힘들어서 수분을 먹음은 상태에서 깎는다.

⑥ 외곽선에 맞추어 도끼로 깎아 외면의 형태를 만든다. 이때 제작과정에서 때로는 나무 속에 있는 벌레를 잡기 위하여 자투리 목재를 이용해 불을 피워 연화하는 과정을 거치며 목재 표면이 검게 탈 때까지 태우기도 한다.

⑦ 통나무 안쪽을 파는데 뒤틀림과 오므려지는 현상을 막기 위해 구획을 나누어 판다. 구획은 선수 쪽과 선미 쪽을 먼저 파고 중앙부를 판다. 그다음은 선수와 중앙부 사이를 파고, 중앙부와 선미 사이를 판다. 속을 팔 때는 약 10㎝씩 판다고 한다. 또한 나무의 수분이 많을 때 가장 잘 파진다고 한다. 불을 피우면 나무가 건조되기 때문에 불은 이 과정에서 사용하지 않는다고 한다.

⑧ 외면의 두께에 맞추어 파낸 후 통나무배의 형태가 갖춰지면 내외부에 흙을 바르고 통나무배를 뒤집어 놓고 불을 피워 거친 면을 태우고 건조 시킨다. 건조가 완료되면 다시 뒤집어 내부 면을 다듬고 일정한 간격으로 오므려지지 않게 좌 · 우측에 나무를 지지한다.

⑨ 제작이 완료된 후에는 강으로 옮겨 간단하게 술, 작은 돼지나 닭을 상에 올려 고사를 지내고

이때 제작에 참여한 목수와 그 가족, 그리고 마을 사람 및 이웃 사람들과 함께 참여하여 축하하며, 음식을 기쁘게 나눠 먹는다.

9단계로 나눠진 통나무배 제작과정 중 흥미로운 부분이 몇 가지 있다.

첫 번째, 통나무 속을 팔 때 구간을 나누어 판다는 것과 나무가 마르지 않았을 때 작업을 서둘러 진행한다는 점이다. 배를 제작할 때 미리 충분히 건조한 목재를 사용하는 것이 일반적이나 통나무배는 수분이 많을 때 속을 파내야 돌도끼와 같은 날카로운 석재나 쇠도끼 이용이 쉽다고 한다.

두 번째, 불의 사용 방법도 흥미로운 부분이다. 일반적으로 통나무배 제작과정에서 통나무 속을 쉽게 파기 위해서 불을 사용하는 것으로 알려져 왔다. 그러나 불은 속을 파기 위한 것이 아니라 속을 파낸 통나무배를 뒤집어 놓고 불을 피워 수분을 건조 시키는 등 후가공 과정에서 사용하는 것이다. 또 도끼로 속을 파다 보면 거친 면이 나타나거나 나무의 나이테가 반대인 경우에도 깨지거나 거친 면이 생기기 마련인데 이러한 면을 다듬을 때도 불을 사용한다.

세 번째, 선수 부분이 위로 들린 선형과 모양을 만들기 위해 뿌리 쪽을 선수로 사용한다는 점 등이다. 이들 통나무배의 사용 연한은 10~15년으로 대부분의 소수민족이 동일하였다. 호수, 강, 연안에서 사용한 통나무배는 사용 후 뭍에 올려놓고 보관하거나 물에 띄워 놓은 채로 사용하는 경우가 대부분이다. 뭍에 올려놓아 햇빛에 선체를 건조하고 홍수 등으로 배가 유실되는 것을 방지하는 일종의 관리 방법이라 볼 수 있겠다. 만약 얕은 수심에 띄워 놓고 사용할 때 배 밑은 지속해서 물에 잠겨있어서 선체가 물을 머금은 상태가 되고, 비에 노출된 상태일 때 빗물이 선내로 유입되어 물속에 잠기게 된다. 이와 같은 현상으로 통나무배 내부의 거친면은 매끄러워지면서 차츰 노후화가 진행된다고 한다.

따라서 비봉리 통나무배 잔존 선편에서 확인된 내 · 외부 면에서 보이는 불에 그슬린 흔적은 앞에서 언급한 상태의 현상으로 인해 불에 그슬린 흔적 또한 없어질 가능성이 매우 높다. 때문에 비봉리 통나무배 잔존 선편에 있는 초흔 흔적은 선내에서 어떠한 행위로 인해 발생한 사용 흔적으로 보인다. 통나무배 바깥의 불에 그슬린 흔적은 바다에서 사용하는 통나무배의 경우 바다 벌레[害蟲]로부터 선재를 보호하기 위해 훈증燻蒸하면서 그슬린 흔적이라고 추정할 수 있다. 다만 민물에서 사용된 통나무 경우는 훈증이 필요가 없다. 오히려 훈증을 하면 노후가 빨리 진행되기 때문에 뭍에 올려 건조하면서 사용하는 것이 사용 연한을 늘리는 것이라 할 수 있다. 따라서 외부의 초흔 흔적은 바다에서 사용한 통나무배일 수도 있고, 선 내부의 초흔 흔적은 물고기나 음식을 만들 때 사용된 불의 흔적으로 보인다.

비봉리 통나무배의 원형을 추정하기에는 잔존 선편의 훼손 상태가 심해 매우 어려운 상황이다. 따라서 베트남 중남부와 남부 일부 지역의 소수민족이 사용하고 있는 3가지 유형의 통나무배를 토대로 원형을 유추해 보고자 한다. ①유형은 '凵'자형의 박스형<그림 60>, ②유형은 'U'자형의 유자형<그림 61>, ③유형은 '◡'자형의 반원형<그림 62>의 형태를 갖추고 있다. ①유형은 수심이 낮고 파고가 높지 않은 호수에서 사용하는 유형이며, ②유형은 강의 지류支流에서 낮은 수심과 빠른 조류에 사용하는 유형이다. ③유형은 깊은 수심의 강이나 바다에서 사용되며 비교적 크기가 ①·②유형에 비해 비교적 크기가 크다.

〈그림 60〉 ① M'nong족 凵형

〈그림 61〉 ② Gia Rai족 U자형

〈그림 62〉 ③ Ê Đê족 ◡반원형

호수에서 사용되는 ①유형은 길이가 다양하여 최소 6m, 최대 12m 정도이며, 너비는 길이에 비해 좁은 편으로 45~60㎝ 정도이다. 높이는 23~30㎝ 정도 매우 낮다. 형태는 선수와 선미 부분만 좁고 약간 높게 위로 치솟은 선형이며, 몸통은 현호와 배 밑이 수평적이고 같은 크기이다.

강 지류에서 사용되는 ②유형은 길이는 최소 7m, 최대 8m 정도이며, 너비는 최소 60㎝, 최대 80㎝ 정도로 ①유형보다 비교적 넓다. 높이는 최소 23㎝, 최대 35㎝ 정도이다. 형태는 선수와 선미 부분은 ①유형보다 넓고 위로 많이 치솟은 선형을 갖추며 중앙부는 선수 선미보다 현호舷弧가 크고 넓다.

강에서 사용되는 ③유형은 길이 8m, 너비 최소 1m, 최대 1.2m, 높이 40~50㎝ 규모이다. 형태는 선수와 선미 부분이 좁고 ②형과 같이 위로 많이 치솟은 선형을 갖춘다. 중앙부는 ①유형과 ②유형보다 현호의 곡선 각도가 크고 활 형태를 갖춘다.

위 세 가지 유형을 비교하자면 ①유형은 ②·③유형에 비해 선수와 선미의 크기 차이가 없고 선수에서부터 선미까지 일관된 너비와 높이를 갖추고 있다. ②·③유형은 ①유형에 비해 선수와 선미가 좁고 중앙부가 넓은 형태를 갖추고 있다. 이를 고려했을 때 비봉리 통나무배 잔존 선편 만을 가지고 선수·미를 결정하는 것은 섣부른 판단이라고 할 수 있다. 더욱이 선체의 훼손이 심하고 아직까지 통나무배 전체 상태를 확인할 수 있는 우리나라 고고학 실증자료가 발견되거나 출토된 사례가 없어 더욱 신중해야 한다. 다만 잔존 형태의 단면형태 만으로 통나무배의 유형을 추정해 보면 ①·②유형은 베트남 내륙 깊숙한 곳에 위치한 호수나 강에서 활동한 통나무배이기 때문에 바다에서 활동하기에는 적합하지 않은 것으로 추정되며, ③유형의 경우 베트남 남쪽 동나이강과 연결되는 가인라이 만Vich Ganh Rai에서 활동하는 통나무배로 바다에서 활동하고 있어 비봉리 통나무배의 형태는 ③유형에 가까울 것으로 추정된다.

(2) 간접자료

부산 동삼동 패총 유적에서 출토된 주형 토제품과 울산 반구대 암각화에 그려진 통나무배의 구조를 살펴보겠다.

① 주형 토제품

부산 동삼동 패총 유적에서 4 문화층에서 통나무배 편으로 추정되는 주형 제품 5편이 출토되었다〈그림 63〉.

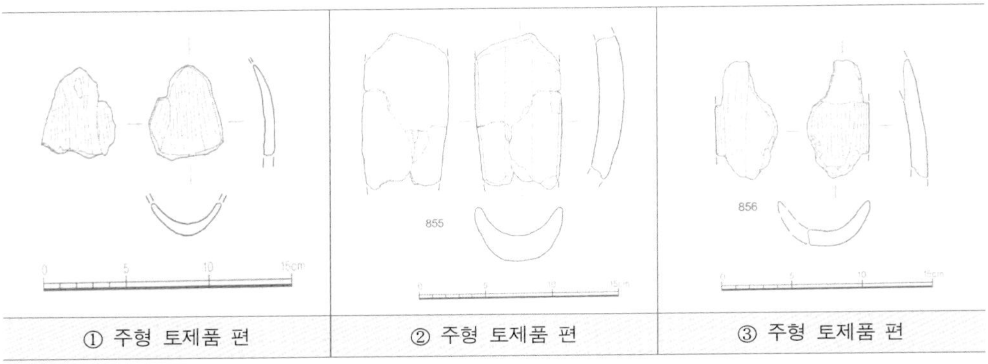

〈그림 63〉 부산 동삼동 출토 주형 토제품 편

〈그림 63〉-① 주형 토제품은 단면 형태는 'U'자 형이고 측면 형태는 한쪽이 치켜 올라가며 기벽이 점차 감소하는 형태를 갖추고 있다. 점토질은 재소성되어 박락이 심하며 점토질 태토에 장석과 석영, 패분이 혼입되어 있다. 토제품의 크기는 길이 4.5㎝, 너비 4.3㎝, 높이 1.5㎝, 두께 0.3~0.6㎝로 크기가 작고 그 형태로 보아 선수 또는 선미부에 해당하지만 정확히 알 수 없다.

〈그림 63〉-② 주형 토제품은 파손되어 3편으로 나뉜 상태로 출토되었다. 선수와 선미 부분이 결실되었으며 통나무배의 중앙부로 추정할 수 있는 주형 토제품 편이다. 단면 형태는 'U'자 형이고 측면 형태는 ① 주형 토제품과 동일하게 약간 치켜 올라간 선형을 갖추고 있다. 양 끝단으로 향할수록 폭이 좁아지는 선형을 보이지만 선수, 선미를 구별하기는 어렵다. 측단면 형태는 상단보다 바닥이 두꺼운 편이다. 크기는 길이 12.3㎝, 너비 6.3㎝, 높이 4.2㎝, 두께 1.9㎝이다.

〈그림 63〉-③ 주형 토제품은 〈그림 63〉-② 주형 토제품과 연결되는 편으로 추정된다.

외면 일부에 점토를 덧댄 흔적이 남아있다. 단면 형태는 'U'자 형이고 측면 형태는 약간 들리는 선형을 갖추고 있다. 크기는 길이 8.9㎝, 너비 4.5㎝, 최대 높이 3.5㎝이다. 전체적으로 파손 상태가 심해 원형을 추정하기에 어려움이 따른다.[119]

3편을 서로 비교해 보면 하나의 통나무로 이루어진 통나무배의 구조를 그대로 옮겨 놓은 것처럼 형태를 갖추고 있다. 이와 같은 형태는 전형적인 신석기시대의 통나무배의 구조라 할 수 있다.

② 암각화

우리나라 암각화[120] 가운데 통나무배 모양이 그려져 있는 대표적인 유적으로 울산 반구대 암각화가 있다. 울산 반구대는 천마산 동쪽 부근의 분수계를 경계로 조사 지역의 북쪽 유역은 형산강, 남쪽은 태화강이 위치한다. 태화강은 울산만에서 동해와 만난다. 한류와 난류가 만나는 울산만은 세계적인 고래잡이 어장이었고, 그 입구에 고래잡이로 유명한 장생포가 위치한다. 3,000년 이전에는 이곳의 바닷물이 반구대 가까이 들어와 만을 형성[121]하였으므로 암각화에 등장하는 고래는 이와 관련이 깊다고 할 수 있다〈그림 64〉.

울산 반구대 암각화에는 총 7척의 통나무배가 확인된다. 통나무배를 타고 고래잡이 하는 과정과 상황을 묘사한 5척이 확인되고, 통나무배를 타고 있는 모습 1척, 고래를 해체하기 위해 준비하고 있는 모습 1척 등이다〈표 7〉.

---

119 國立中央博物館,『東三洞 貝塚 I』第1次 發掘調査, 國立博物館 古蹟調査報告 第三十四冊, 2005, 본문편 92頁, 도면 80頁.

120 우리나라 암각화는 현재까지 울산 반구대 암각화를 비롯한 총 15곳으로 경상북도 9곳, 울산지역 2곳, 경남지역 2곳 전북 1곳, 전남 1곳에서 확인된다. 대부분 경상도 지방에 많이 분포하고 있는 것을 알 수 있다.

121 남궁일,「암각화의 조형성과 선사 해양문화」,『우리 배 이야기』, 국립해양문화재연구소 바다문화학교, 2010, 15쪽 재인용.

〈그림 64〉
울산 반구대 암각화

〈표 7〉과 같이 반구대 암각화에는 총 7척의 통나무배가 묘사되어 있다. 길이 방향으로 활처럼 선수와 선미가 치솟은 만곡형 형태를 갖추고 있고, 선미보다 선수가 더 높은 것을 확인할 수 있다. 선수에는 작살을 든 사람이 서 있고 긴 노를 통해 운항하는 것을 알 수 있다.

〈표 7〉 울산 반구대 암각화 통나무배 그림

연번	그림	형태
1		선수와 선미 부분이 위로 치솟아 만곡된 형태를 갖춘 통나무배이다. 약 20명이 승선해 있으며 선수에서 작살을 던지는 모습이 보인다.
2		1번 보다 작은 유형의 통나무배로 선형은 동일하다. 3~5명이 승선해 있으며 우측의 1명은 고래를 찾고 있는 모습으로 추정된다.
3		6명이 통나무배를 타고 있으며, 중앙에서 기다란 노를 젓고 있는 것으로 추정된다.
4		여러 명이 통나무배를 타고 긴 노를 젓고 있는 모습으로 추정된다.
5		여러 명이 통나무배를 타고 긴 노를 젓고 있는 모습으로 추정된다.
6		선수, 선미 부분이 위로 치솟아 만곡된 형태를 갖추고 있으며, 11명이 승선해 있다.
7		선수, 선미 부분이 위로 치솟아 만곡된 형태를 갖추고 있으며, 사냥한 고래를 해체하기 위해 8명이 승선해 있는 모습으로 추정된다.

태화강을 만나는 울산만에서 고래잡이가 1987년까지 이루어진 점을 보더라도 근해에서 고래를 잡기 때문에 통나무배로도 충분하다고 판단된다.

반구대 암각화의 고래잡이 통나무배는 앞서 정리한 베트남 소수민족의 통나무배를 통해 추정할 수 있듯이 통나무의 뿌리 쪽을 선수로 향하게 하여 선수 부분이 들여 올려진 곡선형 형태를 갖춘다는 점이다. 베트남 고원지대 소수민족은 현재도 통나무배를 만들어 활동하고 있으며, 최근 양철, FRP 소재로 제작된 배의 형태 또한 통나무배 형태를 그대로 고집

하면서 만들어지고 있다.

2) 철기시대

철기시대 간접자료로서 사천 늑도 B, C지구 유적에서 유일하게 철기시대의 주형 토제품이 출토되었으며, B지구 1점과 C지구 토제품 3편, 석제품 3편이다. B지구 37호 유적에서 출토된 주형 토제품〈그림 65〉의 크기는 길이 7.1㎝, 너비 3.6㎝, 두께 2.5㎝이다. 전체적인 형태는 방형에 가깝고 단면 형태는 'U'자 형태이다. 외형은 전형적인 통나무배의 형태와 같고 내면 또한 속을 파내었다. 형태로 왔을 때 선미 부재로 추정된다.

〈그림 65〉 사천 늑도 B지구 37호 유적 출토 주형 토제품

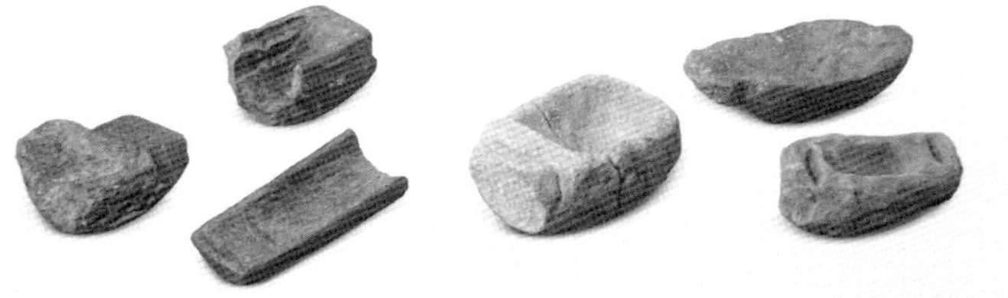

〈그림 66〉 사천 늑도 C지구 유적 출토 주형 토제품

C지구 유적에서 출토된 토제품〈그림 66〉 중 주형 토제품 편으로 추정된 유물은 2편이다, 그중 한편은 선수부에 해당하는 편으로 선수 형태를 갖춘 방형方形이다. 형태는 속을 약간 다듬고, 다듬어진 면을 평편하게 하게 하였다. 단면 형태는 'U'자 형태를 갖추고 있으며, 외면 또한 전형적인 통나무배의 형태이다. 선미 부재로 추정되는 토제품 또한 방형으로 형태는 선수보다 높이가 높고 본체 위에 현측재를 붙여 놓은 구조를 갖추고 있으며, 선수부재로 추정되는 편과 동일하게 속을 파낸 형태이다. 다른 1편은 구조상 정확하지 않아 주형 토제품으로 파악하기에는 어려운 부분이 있다.

석제품은 주형 토기로 추정하기에는 형태 구조에서 뚜렷하게 통나무배의 특징이나 구조가 나타나지 않기 때문에 주형 석제품으로 추정하기에는 난해하다.

2. 삼국시대 한선의 구조

삼국시대의 한선은 고구려, 백제시대의 고고학적 자료는 현재까지 확인되지 않고 있는 반면에 가야, 신라, 통일신라시대의 직접 및 간접자료가 확인된다. 김해 봉황동 유적의 준구조선 잔존 선편, 경주 안압지 유적의 구조선, 인천 영흥도 해저유적의 구조선 등의 직접자료와 가야와 신라시대 주형토기와 주형 목기가 확인된다. 이들 고고학적 실증자료를 통해 유적지별 한선의 구조를 살펴보겠다.

1) 직접자료

(1) 준구조선

김해 봉황동 유적에서 확인된 준구조선 선편은 우측 현측재로 추정되고 있다. 선미에서 선수 방향으로 넓어지는 형태이며, 서로 대칭되지 않고 현장舷牆[122]부터 연결되는 구조 부재로서 선수 쪽으로 현호가 크게 치솟은 형태를 갖춘 만곡형 부재이다.

선체편이 가지는 구조적 특징은 외면에서 찾을 수 있다. 원형과 장방형 형태의 구멍 9개와 상단에 3개의 홈, 선미부에 2개의 긴 홈이다<그림 67>.

9개의 구멍 중에 크기가 큰 편인 3㎝×10㎝가량의 장방형 구멍 2개<그림 67-Ⓑ, Ⓒ>와 원형 구멍<그림 67-Ⓐ>은 좌 · 우 현측재를 보강하기 위한 횡보강재 구조인 가룡[일본에서는 선량船梁이라고 함] 구멍으로 추정된다. 3~4㎝×1㎝ 가량의 장방형 구멍 3개<그림 67-Ⓕ, Ⓖ, Ⓗ>는 현측재와 본체를 연결하기 위한 결구 못인 피삭皮槊 홈으로 추정된다. 뿐만 아니라 2.5㎝×3㎝ 정도의 크기가 작은 장방형 구멍 3개<그림 67-Ⓓ, Ⓔ, Ⓘ>는 본체와 현측재 간의 결합 혹은 방현재[123]를 덧붙이기 위한 홈으로 추정된다. 『김해 봉황동 유적』 보고서에는 3~4㎝×1㎝ 가량의 장방형 구멍 3개<그림 67-Ⓕ, Ⓖ, Ⓗ> 중 2개의 홈을 쐐기구조로 추정하였다.

---

122 물이 갑판 위로 올라오는 것을 막기 위해 뱃전에 설치되는 현측재.

123 뱃전을 보호하기 위해 두른 테두리.

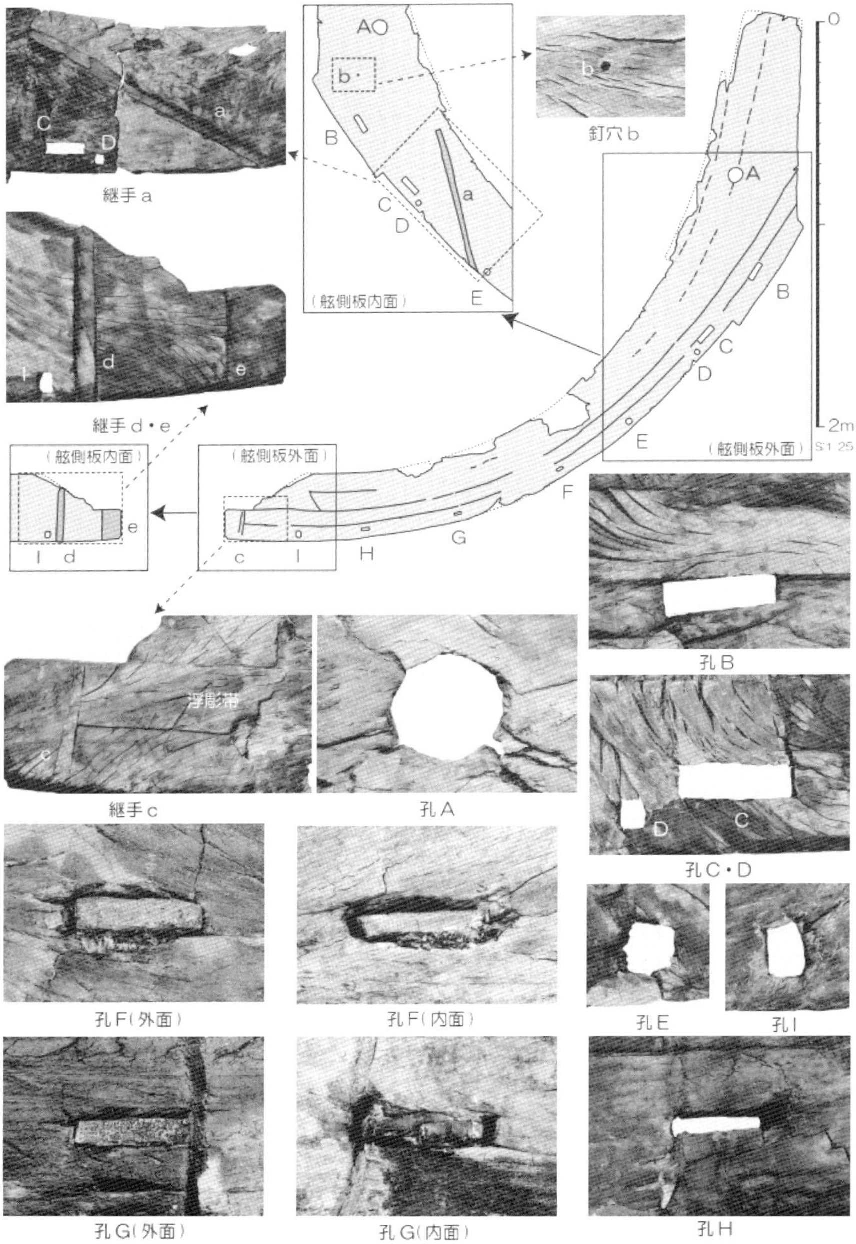

〈그림 67〉 김해봉황동 유적출토 현측판(柴田昌児, 2022)

선미부를 기준으로 우측 상단 끝부분은 사선으로 마감하고 모서리 부분을 곡면 처리하였으며, 끝을 'ㄷ'자 형태로 가공하여 다른 부재와 결구하기 위한 인위적인 흔적이 관찰된다 〈그림 67〉. 선미 쪽 위치한 구조는 다음 열을 이음하기 위한 'ㄴ'자형 반턱이음 구조로 추정되며, 앞쪽에 'ㄷ'자 형 홈 턱은 좌 · 우 내면에 판을 끼우기 위한 홈으로 추정된다. 선수 쪽에 내면에 길이 69㎝의 긴 'ㄷ'자형의 홈 턱이 확인되는데 이는 일본 사이토바루 고분西都原 古墳 주형 토기에서 확인되듯이 수판竪板(Vertical Planks) 또는 칸막이 구조를 끼우기 위한 홈 구조로 추정된다.

선체편의 특징[124]은 선수 구간에 위치하기 때문에 항해 시 높은 파도와 너울로부터 보호하기 위해 선형을 급격히 치솟은 만곡형을 갖추고 있다. 이와 같은 형태와 구조는 고분에서 출토된 배 모양 주형토기에서 찾을 수 있다. 배 모양 주형토기는 사자의 영혼을 저승으로 운반하는 신앙의 표현으로 무덤 속에 부장하였던 의식용 명기이다. 배 모양 주형토기는 여러 유형이 확인되며, 그중에 김해 봉황동 출토 준구조선의 선체편의 특징과 구조가 유사한 배 모양 주형토기는 아래 〈그림 68〉과 같다.

124 김해 봉황동 유적에서 출토된 준구조선의 선체편 특징 및 성격에 대해 그 당시 필자가 자문위원으로 위촉되어 자문한 내용이 2014년『김해 봉황동 유적』발굴조사보고서 Ⅳ장 고찰부분에 담고 있어 본문의 내용 중 선박의 구조용어가 틀린 부분을 변경하고 그 당시 필자가 자문한 내용 일부를 재인용하였다.

⑦	⑧	⑨
태평양박물관	성신여대박물관	창원시립마산박물관

〈그림 68〉 준구조선과 유사한 우리나라 주형토기

사각형 또는 원형의 가駕[125]를 좌 · 우 현측에 끼워 좌 · 우 횡강력을 지지하는 구조<그림 69-Ⓑ>, 수판구조<그림 69-Ⓓ>를 확인할 수 있다. 이와 같은 구조는 통나무 속을 파내어 'U'자 형태로 배의 몸체를 만들고 현장 위로 수판과 현측재舷側材를 올리는 형태이다. 특히 김해 봉황동에서 출토된 선체편의 구조와 가장 유사한 배 모양 주형토기는 아래 <그림 69>와 같이 일본 고분시대의 고고학적 주형토기 자료를 통해서도 확인할 수 있다.

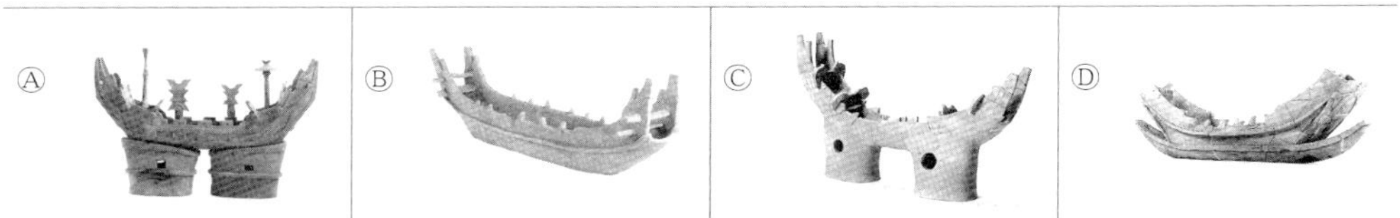

Ⓐ	Ⓑ	Ⓒ	Ⓓ
다카라즈카 1호분 (宝塚1号墳)/5c	사이토바루 고분 (西都原 古墳)/3c	나가하라 1호분 (高廻り 1 号墳)/5c	나가하라 2호분 (高廻り2号墳)/4c

〈그림 69〉 준구조선 편과 유사한 일본 주형토기

첫 번째, 선수 · 미 선형이 위로 치솟은 만곡형을 갖추고 있다.

두 번째, 통나무로 이루어진 'U'자 형 선체를 갖추고 있다.

세 번째, 뱃전 양현에 설치된 현측재를 설치한 구조를 갖추고 있다.

네 번째, 몸체 상단 현장에 연결되는 현측재 구조와 방현재 구조를 갖추고 있다<그림 69-Ⓐ, Ⓑ, Ⓓ>.

---

125 좌 · 우를 잡아주는 횡강력 구조.

다섯 번째, 좌 · 우 횡강력을 지지하는 가駕의 구조를 갖추고 있다.

여섯 번째, 바람과 파도로부터 보호하고, 파도를 집어 삼키듯 입을 벌리는 위협적인 수판구조(일본은 악어 입으로 해석하고 있음)를 갖추고 있다〈그림 69-Ⓓ〉.

일곱 번째, 공간 구획을 나누는 칸막이 구조로 이루어져 있다〈그림 69-Ⓐ, Ⓑ, Ⓓ〉.

이와 같이 가야시대와 일본 고분시대의 고고학 자료를 통해 비교해 본 결과 김해 봉황동 준구조선 선체편과 유사한 구조를 갖추고 있다. 따라서 준구조선 선체편은 3~4세기에 한일 해양 문화교류의 매개체로서 매우 의미가 크다고 볼 수 있다. 또한 동 시기에 활동한 준구조선 선체편이 우리나라에서 실물로 출토되었다는 것에 대해 매우 중요한 자료임은 틀림없다. 다만, 준구조선의 선체편이 태평양박물관 소장 가야시대 주형토기와도 유사하지만 일본 자료에서 보이는 구조와 형태가 더욱 유사하여 일본 고분시대 준구조선의 선체편으로 보는 것이 타당할 것으로 판단된다〈그림 70, 71〉.

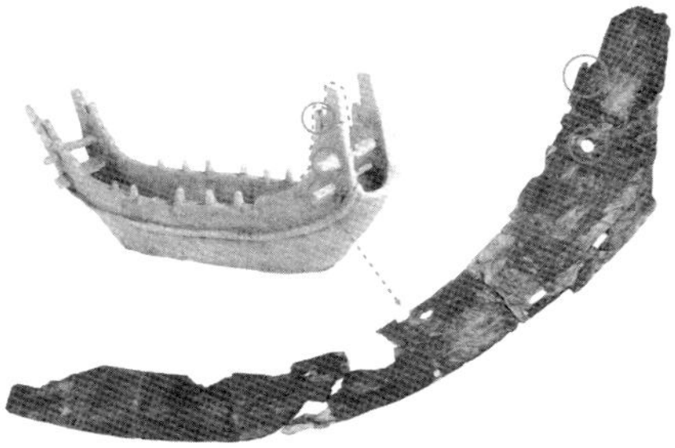

〈그림 70〉 © 사이토바루 고분 출토 토기와 선체편 결합 흔적 비교

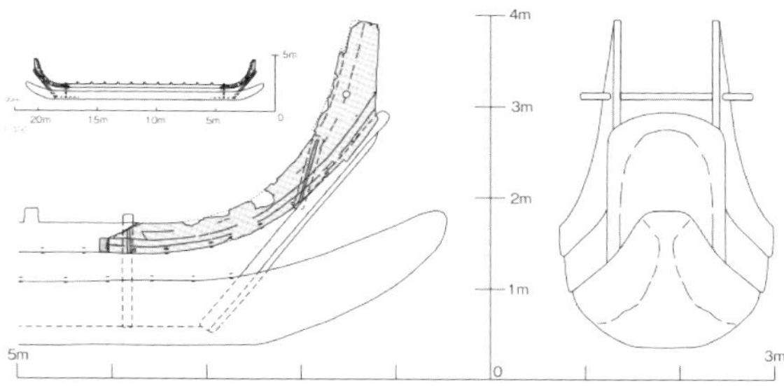

〈그림 71〉 柴田昌児이 복원한 한반도계 준구조선 (柴田昌児, 2022)

동 유적에서 출토된 용도미상의 선체편은 준구조선의 선체편 상부에서 출토되었다. 크기는 길이 80㎝, 너비 24~33㎝, 두께 5.5㎝이며 수종은 삼나무이다. 잔존 형태는 제형梯形에 가깝다. 전체적으로 표면 상태가 고르고 부재의 표면과 측면에는 나무못이 박혀있다. 표면 중앙부 지점에서 약 24㎝ 간격으로 직경 0.5㎝ 내외의 나무못 2개가 확인된다. 양측면

에는 2조씩 짝을 이룬 나무못이 넓은 쪽 측면에 1~2㎝ 내외의 간격을 두고 2조씩 짝을 이루고 있는 나무못이 총 4조가 남아있다. 좁은 쪽 측면에는 3.5㎝ 내외의 간격을 두고 2조씩 짝을 이루고 있는 나무못이 1조만 있다.[126] 이와 같은 크기와 형태, 나무못 등을 통해 구조를 추정하기란 대상 고고학 자료와 유사한 구조나 형태를 갖춘 사례가 없어 한계가 있다.

또한 수혈 1호의 상층 삼국시대 문화층 Ⅱ에서 노가 출토되었다〈그림 72〉. 노는 상수리나무로 잔존 길이 149.6㎝, 너비 8.8㎝, 노착 두께 3.2㎝, 노깃 두께 0.8㎝이다.

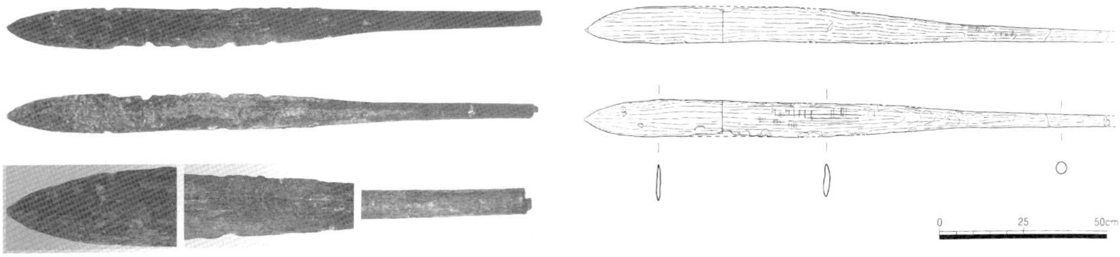

〈그림 72〉 김해 봉황동 출토 노

노 손잡이 부분이 결실되어 원래의 형태는 알 수 없고 노착은 원형으로 비교적 잘 다듬어진 형태이다. 노깃은 유선형 형태를 갖추고 있으며, 밑 부분은 둥근 형태가 아니라 뾰족하다. 이 노가 준구조선의 추진 도구로 사용된 것이라고 단정짓기에는 어렵다. 다만 같은 지역 유적 준구조선 선체편 인근에서 출토되었기 때문에 가능성을 배제할 수 없다. 보고서에는 "노걸이(노철) 구조 흔적이 확인되지 않아 동일 선박 부재가 아닐 가능성이 크다."라고 정리하였다.[127] 노철이 설치된 준구조선은 선박의 크기에 따라 다르겠지만 노는 대부분 손잡이가 'I'자형 형태가 많이 사용되고, 노철이 없는 작은 유형의 주舟에는 'T'자 형이 사용된다. 배의 크기가 크고 긴 유형의 선船에는 'T', 'I'자 형의 노를 모두 사용하기 때문에 어떤

---

126 (재)동양문물연구원, 『김해 봉황동 유적』 김해 봉황동 119-1 및 22-6 일원 주택신축부지 문화재 발굴조사, 調査硏究報告 第16輯, 2014, 71쪽.

127 앞의 책, 77쪽.

유형이 사용되었는지는 알 수 없다.

(2) 구조선

통일신라시대 구조선으로 경주 안압지선과 인천 영흥도선이 확인된다. 이를 통해 고고학적 실증자료에서 한선의 구조를 살펴보겠다.

① 안압지선

<표 8> 통일신라시대 한선(놀이용 배)의 구조

구조	형식						
	형태(단면)	선형(측면)	이음	연결	결속	추진	기타
저판+만곡부종통재(3열)	평저형	만곡형	–	맞댄쪽매(저판), 턱붙이 클링커식과 겹붙이(만곡부)	장삭, 벌림쐐기, 철정	–	현측재, 노
현측재	–	–	–	–	철정	–	–

<표 8>과 같이 안압지선의 배밑 구조인 저판은 3열로 구성되어 장삭으로 서로를 연결하였으며, 보고서에는 철정의 사용 유무에 대해 언급하지 않았지만 장삭 상부면에서 '철정'을 박아 고정하고 있다. 배밑의 형태는 아래 <그림 73>와 같이 선수를 약간 들어 올려 물살을 누르고 추진할 수 있도록 하였다. 선미는 선수보다 낮으며 완만하게 들어 올려 물의 흐름을 좋게 하였다. 내부는 속을 파내었으나 선수와 선미부는 완전히 파내지 않아 통나무 형태가 남아있으며 중앙부재 선수와 선미 각각 1/3지점은 긴 나무못인 장삭을 박아 고정할 수 있도록 '凸'자 형태로 가공하였고 측면에서 장삭 크기에 맞춰 사각 홈을 파내었다. 선수에도 사각 홈이 파여 있는데 이 홈은 선수재와 외판, 상부구조 등을 연결하기 위한 구조로 추정할 수 있다.

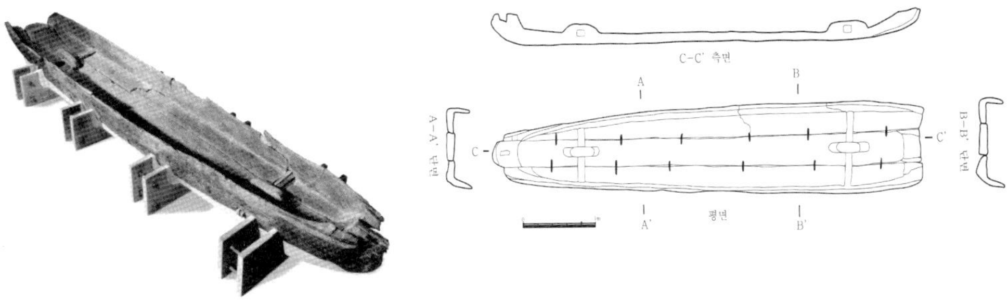

〈그림 73〉 경주 안압지선

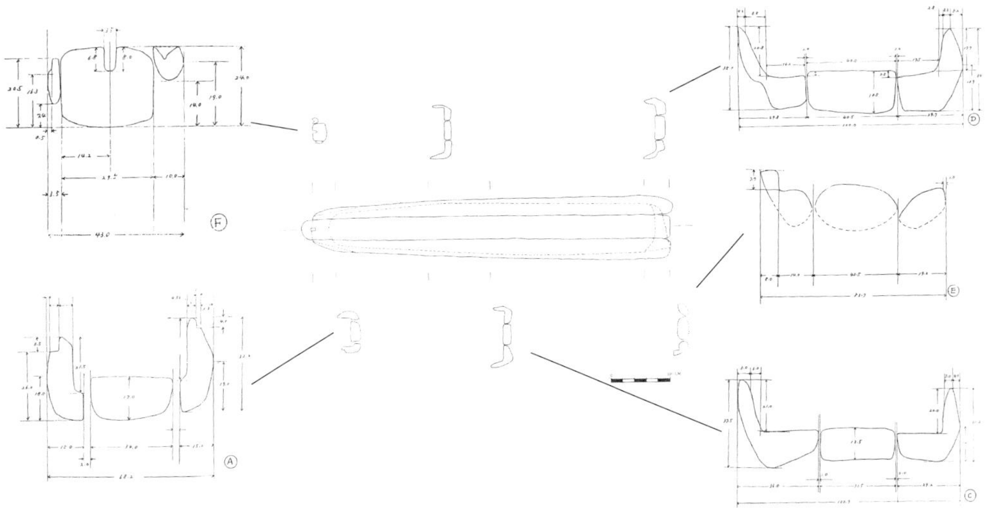

〈그림 74〉 안압지선 실측도 및 세부단면 구조도

좌 · 우 저판은 선수와 선미를 제외하고 'ㄴ'자 형의 만곡부종통재 형태이다. 장삭이 설치되는 두 곳에는 바닥을 'ㅂ'자 형으로 홈 턱을 따내어 앞뒤로 움직이지 못하게 하였다. 장삭 좌 · 우측 시작과 끝부분에는 장삭이 빠지지 않도록 '벌림쐐기'를 박아 견고히 고정하였다. 좌 · 우 저판 상부에는 외판 또는 현측재를 올리기 위한 흔적이 확인된다. 선수 쪽에는 'ㄴ'자 형 턱구조를 갖추고 있고 선미부는 겹붙이 방식〈그림 74~78〉으로 현측재 등을 연결한

〈그림 75〉 선미 저판 측면

〈그림 76〉 중앙 저판 측면

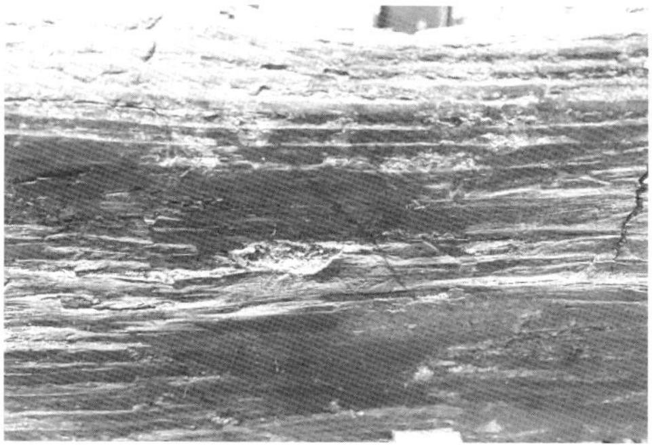

〈그림 77〉 선수 1/3지점 저판 측면

〈그림 78〉 선수 저판 측면

것으로 추정되며 이들을 고정하였던 철정 흔적이 확인된다. 특히 이들 철정 흔적을 고려했을 때 안압지선은 나무못을 사용하지 않고 철정으로 서로를 연결한 구조라 할 수 있다.

안압지선 좌 · 우 현재의 나이테를 살펴보면 하나의 통나무를 깎아 형태를 만든 것을 알 수 있다. 형태는 선수와 선미 부분만 남겨두고 'ㄴ'자 형태로 깎아 만곡형으로 만들었고 선수와 선미가 좁아지는 형태를 갖추고 있다.

외판 또는 현측재(360㎝)는 발굴 사진과 기록용 노트에는 존재하지만 실물 확인이 어려워 자세한 형태와 연결방법에 대해서는 판단하기 어려운 상황이다. 외판 또는 현측재로 추정된 선편은 상부구조를 추정할 수 있는 단서로서 매우 중요하며 저판 상부의 'ㄴ'자형의

〈그림 79〉 장삭 상부면 우측 철정 흔적

〈그림 80〉 장삭 상부면 좌측 철정 흔적

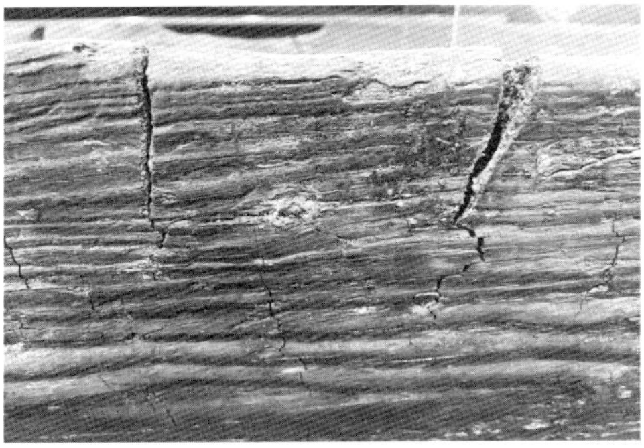

〈그림 81〉 좌 · 우 저판 중앙부 측면 철정 흔적

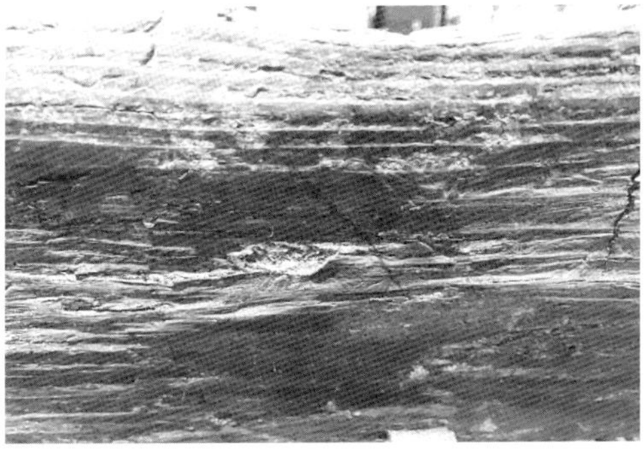

〈그림 82〉 좌 · 우 저판 측면 철정 흔적

턱과 '철정' 흔적에서 나타나는 연결 및 고착 방법에 따라 상부구조의 많은 변화가 예상된다 〈그림 79~82〉.

안압지선에서 처음으로 사용이 확인된 철정은 발굴보고서상에는 언급하고 있지 않지만 선체 확인 결과 저판을 연결하는 장삭이 빠지지 않도록 철정을 장삭 상부면 중앙에서 저판 부재까지 경고하게 박아 놓았으며, 만곡부종통재와 외판 또는 현측재를 연결하기 위해서도 철정을 사용한 것을 확인할 수 있다.

특히, 안압지 유적의 연못과 건물지에서 철정이 총 104점 출토되었다〈그림 83〉. 연못 내에서 출토된 철정 47점은 형태가 양호하나 건물지에서 출토된 57점은 산화가 극심해서 형태

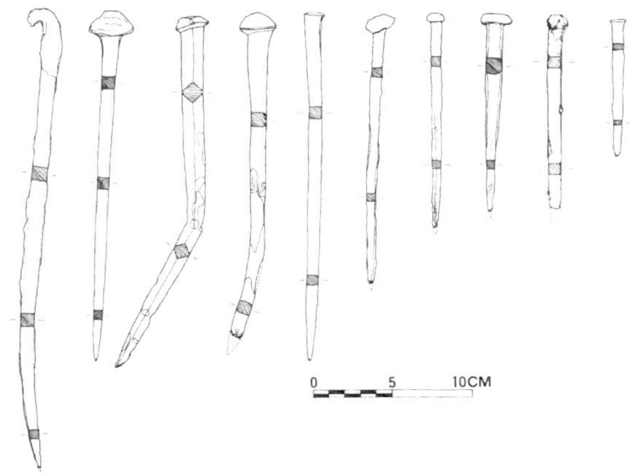

〈그림 83〉 안압지에서 출토된 철정

구분이 어려운 상태이다. 철정의 형태는 못의 머리 부분이 둥근 것과 사각 형태가 확인된다.

이와 같이 안압지선은 통나무배의 형태를 갖춘 준구조선에 그친 것이 아니라 저판과 현측재를 갖춘 구조선으로 보아야 한다. 또한 통일신라시대에 최초로 철정을 사용한 선박이며, 철정 사용이 분명하게 확인됨에 따라 철정 도입시기도 조선시대가 아닌 통일신라시대로 앞당겨졌다. 따라서 안압지선은 우리나라 고대 선박의 발달과정을 살필 수 있는 중요한 실증자료라 할 수 있다.

선체 이외에도 선체편으로 보이는 부재 3점〈그림 84-①, ②, ③〉,[128] 주형 목기 1점, 노 3점〈그림 84-④, ⑤, ⑥〉[129] 등이 안압지 유적에서 확인되었으나 보고서에서는 다루지 않아 정확한 크기와 내용을 알 수 없다. 그나마 발굴보고서에 수록된 몇 장의 사진을 통해 간략히나마 그 구조를 살펴보고자 하였으나 현재 용도 미상의 선체편 3점은 공개가 되지 않아 추정할 수 없고, 주형목기는 간접자료에서 살펴보겠다. 노는 3점 모두 'T'자 형태를 갖추고 있다.

---

128 문화공보부 문화재관리국, 『雁鴨池』發掘調査報告書, 圖版編, 1978, 111~112쪽.
- 226번 R11護岸石築 木船片 露出狀態, 227번 M20 區 木船片 出土狀態, 228번 R8 木船片 露出狀態.

129 앞의 책, 112~113쪽.
- 229번 J15 櫓 露出狀態, 230번 O7 櫓 出土狀態, 232번 M14 區 櫓 出土狀態.

위쪽은 둥근 손잡이가 있고 중앙부는 둥근 막대 모양이며 아래쪽은 납작한 형태이다. 이와 같은 형태의 노는 작은 놀이용 배에서 사용되는 전형적인 'T'자 형태의 노이다.

1	2	3
4	5	6

〈그림 84〉 안압지 출토 목선편(①②③)과 노(④⑤⑥)

② 영흥도선

영흥도 유적에서 출토된 영흥도선의 구조는 중앙저판, 측저판, 만곡부종통재만 남아 출토되었다. 구조를 설명하기에 앞서 선체가 가지는 구조를 구분하여 정리하고자 한다. 긴턱걸이 장부이음과 단면 형태가 모음 'ㅛ'자와 같은 상면 좌우측이 돌출된 형태의 선체를 보고서와 동일하게 '중앙저판'으로 구분하고, 중앙저판 측면에 연결되는 'ㄴ'자 형태의 선체는 만곡형태를 갖추고는 있으나 긴 나무못인 '장삭'으로 결구하여 중앙저판과 연결하고 있기 때문에 '측저판'으로 구분하였다. 측저판 위에 한글 'ㄴ'자 형태의 선체는 십이동파도선(11c 말), 완도선(12c초), 대부도 2호선(12~13c)에서 확인되는 만곡부종통재와 구조가 일치하기 때문에 '만곡부종통재'로 구분하였다<표 9>.

〈표 9〉 통일신라시대 한선(영흥도선)의 구조

구조	형식						
	형태(단면)	선형(측면)	이음	연결	결속	추진	기타
저판 (2열)	'ㅛ'자 돌출형, 평저형	만곡형	긴턱걸이장부	맞댄쪽매	장삭, 산지	-	
만곡부종통재 (2단)	'ㄴ'형	만곡형		턱붙이 클링커식	피삭		

중앙저판은 두 부재가 서로 이음되어 1열을 갖추고 있다. 이음된 잔존선체의 크기는 길이 590㎝, 너비 42㎝, 두께 31㎝이다. 두 부재 중 선수 방향에 위치한 작은 부재를 중앙저판 1, 선미쪽에 해당하는 큰 부재를 중앙저판 2로 분류하였다. 중앙저판 1부재의 길이는 125㎝이다. 나머지는 유실되어 전체구조는 알 수 없다. 중앙저판 1부재는 중앙저판 2부재와 연결하기 위해 35㎝의 긴 숫장부 구조를 갖추고 있으며 숫장부에는 암장부와 서로 이음한 후 서로를 고정하기 위한 측면에 '가로 산지' 홈이 확인된다. 영흥도 발굴보고서에서는 이를 '턱걸이 장부이음'과 '피삭'으로 정리하였다(국립해양문화재연구소, 2014; 강원춘 2020).

이와 같은 이음구조는 건축에서 사용되는 턱걸이 장부맞춤과 유사하다. 하지만 영흥도선 중앙저판의 이음구조는 장부촉이 길고 두터우며 가로 산지로 고정하는 구조를 갖추고 있다. 이와 같이 장부를 길게 하고 두텁게 사용한 이유는 두 부재가 이격되는 것을 방지하고 취약한 이음부위를 보강하기 위한 목적이라고 할 수 있다. 따라서 턱걸이 장부이음은 본 구조에 적합하지 않기 때문에 '긴턱걸이 장부이음'으로 명칭을 수정하였다.

중앙저판 1부재의 형태는 긴턱걸이 장부이음이 있는 부분을 제외한 나머지 부분을 'ㄷ' 형태로 길이방향으로 상부 면을 파내고 좌 · 우측 또한 'ㄴ'자 형태로 따내었다. 전체적인 단면 형상은 돌출형 'ㅠ'자 형태가 양쪽에 위치한 'ㅛ'자의 형태를 갖추고 있다. 부재 좌측 측면에는 측저판과 연결하기 위한 턱의 구조가 확인된다.

중앙저판 2부재의 잔존 길이는 500㎝이다. 좌측은 구조를 확인할 수 있을 정도로 잘 남아 있으나 우측은 좌측에 비해 심각할 정도로 훼손되었다. 중앙저판 1부재와 같이 돌출형 'ㅛ'자 형태를 갖추고 있다. 측저판과 연결되는 턱이 확인되며 장삭 홈 턱 2개가 '⊔'자 형태로 파여 있고 'ㅛ'자 형태의 돌출부 사이에는 9×5㎝ 크기의 사각형의 관통 구멍 뚫어 장삭을 끼워 연결했음을 확인할 수 있다. 두 장삭 홈의 지점 좌측 돌출부에는 용도미상의 관통 구멍이 6×3~4㎝ 크기로 뚫려있다.

장삭 상부면이 노출된 상태로 박히는 구조로서 장삭 하부면이 '⊔'자 형태의 홈 턱에 박히며, 장삭 홈은 직선보다는 약간 곡선처럼 휘어지면서 결속되는 형태를 갖추고 있다<그림 85>.

측저판은 중앙저판 측면에 붙는 부재로서 잔존 크기는 길이 574㎝, 너비 47㎝, 높이 40㎝이며, 만곡부종통재와 같은 형태를 갖춘 'ㄴ'자 형태의 부재이다. 외측면에서 내측면으로 장삭이 박히는 2개의 사각 관통구멍이 확인된다. 또한 외측면 상부에는 만곡부종통재를 올리기 위한 'ㄴ'자 홈턱이 확인된다. 외측면에서 내측면으로 관통된 용도미상의 홈 3개가 확인되며, 내측 바닥면에는 외측 저부까지 상하로 관통된 구멍이 함께 확인된다. 전체적인 형태의 선형은 약간의 휨이 확인되며, 밑변 선형은 선수 방향으로 약간 곡선형이고 선수 방향으로 내면 밑부분이 좁아지는 형태를 갖추고 있다. 이는 대부도 2호선의 선수 쪽 저판과 같은 형태이다.

만곡부종통부재는 측저판 외면 상부 'ㄴ'자형 턱에 올려 붙는 부재로서 길이 157㎝, 너비 43㎝, 높이 18㎝이며 만곡형 부재이다. 내측 밑면에는 측저판과 연결하기 위한 2개의 피삭

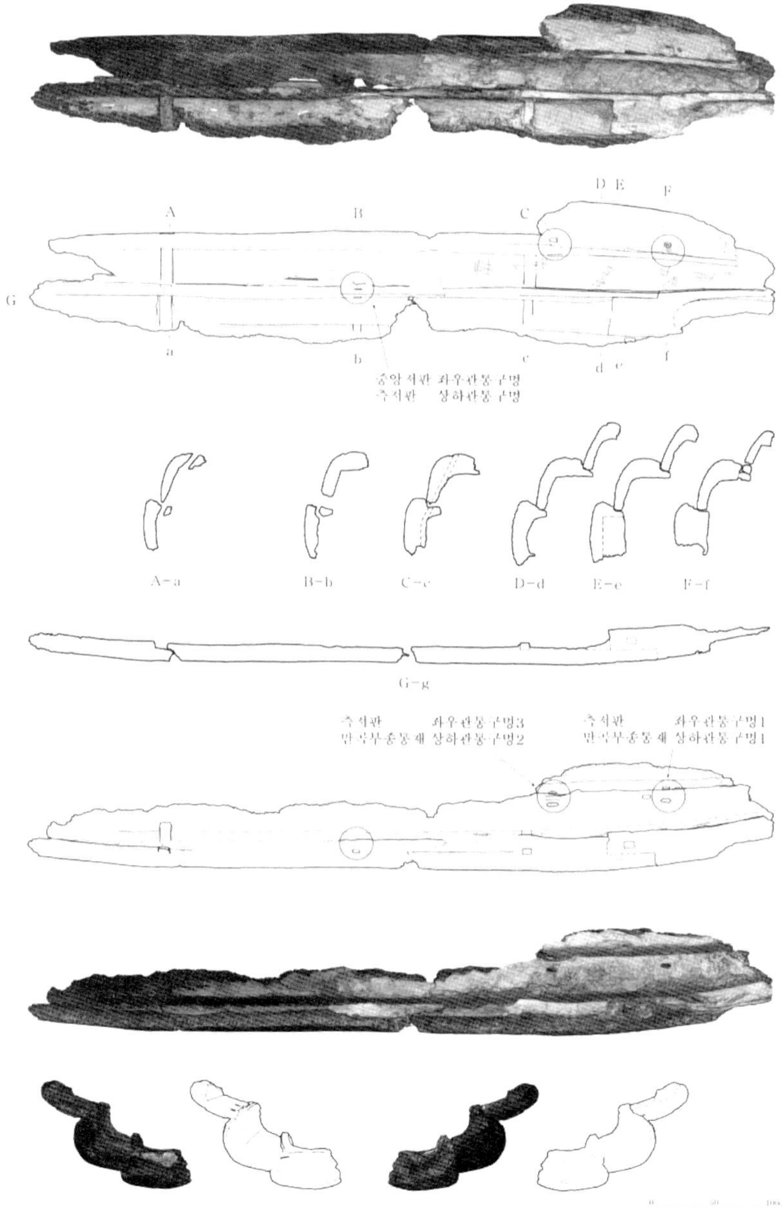

〈그림 85〉 영흥도선 선체편 3D스캔 결과물 및 도면(허문녕 · 윤용희, 2022, 인용.)

홈(5×3㎝)이 확인된다. 또한 피삭 홈에 초본류가 확인되는데 이는 수밀을 기하기 위해 사용된 것이다.

이와 같이 영흥도선 선체편의 구조와 특징을 세부적으로 살펴본 결과 발굴보고서에서 턱걸이 장부이음과 같은 구조용어의 적절성 문제, 만곡부종통재의 위치 등 잘못된 판단에서 비롯된 기록 오기誤記의 문제, 3D실측 결과물에 따른 추정도 문제 등을 찾을 수 있다. 구조용어의 문제는 앞의 글에서 정리한 바와 같이 턱걸이 장부이음을 긴턱걸이 장부이음으로 수정하여 정리하였다.

3D실측 결과물에 따른 추정도 문제는 영흥도선의 발굴 당시의 실측도[130]와 3D 도면을 통한 결구상태[131]의 단면 형태에서도 확연한 차이를 알 수 있으며 발굴 당시 기록용 사진(E6 그리드 선체 결구 상태)[132]에서도 장삭이 박혀있지는 않지만 'ㅁ'자형 홈 턱이 서로 대칭되게 놓여 있는 상태로 볼 수 있다.

또한 영흥도선의 발굴 당시 실측도와 분리된 선체편을 수기로 실측한 3D모식도 그리고 기기를 통한 3D자료를 서로 비교해 보면 각 선체별 단면 형태와 가조립된 상태 선체 및 장삭의 각도가 다르다는 것을 알 수 있다. 이는 선체의 유실상태를 그대로 적용하여 단면 형태를 그리다 보면 측면 각각의 연결부 각도와 유실 범위를 알 수 없어 서로 일치하지 않게 되는 경우가 많다. 특히 영흥도선 선체편은 잔존상태가 매우 불량하고 부재와 부재를 연결하는 장삭 구조가 노출형이며 보고서의 장삭 형태가 '◡'자 형태로 연결되는 것을 알 수 있다.

장삭의 구조는 수중에서 출토된 고려시대 선박의 실증자료를 통해 알 수 있듯이 선체(소나무)보다 강한 수종의 참나무가 사용되고 반듯한 형태를 갖추는 것이 기본구조라 할 수 있다. 영흥도선 장삭의 크기는 측저판에서 확인된 2개의 장삭 관통 구멍(9×5㎝)을 통해 장삭의 굵기를 알 수 있고, 잔존 중앙저판과 측저판의 너비 그리고 측저판 1재를 추가한 3재로 구성될 경우 약 1.5m크기를 추정할 수 있다. 장삭 형태는 고려시대 고선박을 통해 부연

---

130 국립해양문화재연구소, 『인천 옹진군 영흥도선 수중발굴조사 보고서』, 2014, 79쪽.
131 앞의 책, 90~91쪽.
132 앞의 책, 81쪽.

설명 하면 저판구조는 '一'자 형태의 평저형으로 장삭 또한 반듯한 형태를 갖춘다. 하지만 영흥도선 발굴보고서에는 '◡'자 형태의 유선형으로 실측 결과를 통해 정리하고 있다. '一'자 형태의 장삭은 박기 편리하고 구조상 견고하다고 할 수 있다. 하지만 '◡'자 형태의 유선형 장삭은 박을 수 없고 박는다 하더라도 '⎍'형태의 돌출부가 약해 깨지는 상황이 발생한다. 또한 '◡'자 형태의 유선형은 부재가 빠지기 쉬운 형태이므로 보강 구조가 추가되어야만 가능한 구조라 할 수 있다. 따라서 영흥도선 발굴보고서에 '◡'자 형태의 유선형 장삭구조는 실측에서 오는 오류로 판단된다. 영흥도선의 중앙저판재와 만곡부종통재를 연결하는 장삭의 삽입 각도, 앞뒤 선재 연결방식 등을 바탕으로 용골 형식의 중앙저판으로 이해하였고 그에 따라 선형이 첨저형에 가깝다고 보았다. 그러나 지금까지 수중발굴된 고려시대 선박 중 저판재가 1열만 발굴된 사례가 없고, 용골 형식의 중앙저판이라고 하기에는 돛대를 지지하던 흔적도 없어 중앙저판으로 보기에는 다소 무리가 따른다. 따라서 영흥도선의 중앙저판은 저판의 양변에 위치한 부재로 보는 게 자연스럽고 고려시대 선박에서 보이는 평저형 선형과도 동일하다고 볼 수 있다. 따라서 영흥도선은 중앙저판과 단면 'ㄴ'자 형태의 측저판이 중앙저판 좌 · 우에 대칭되게 위치하며, 단면 '凵'자 형태의 하부구조 즉 선저를 이루고, 그 위에 만곡부종통재를 얹히는 형태일 가능성이 커 보인다.

'⎍'형태의 돌출형 구조는 좌 · 우측저판을 중앙저판과 연결하기 위한 통일신라시대 연결구조 방식으로 두껍고 넓은(중앙저판 너비 52㎝) 부재에 장삭 구멍을 뚫기에는 불가능하므로 선재를 돌출형 'ㅛ'자 형태로 만들어 장삭 구멍을 뚫었을 것으로 추정해 볼 수 있다. 이와 같은 연결방식은 '안압지선'에서도 확인되는 돌출형 구조와 유사하지만 안압지선의 장삭구조는 상면에서 철정을 박아 고정하고 있고 손잡이 형태로 돌출된 형태지만 영흥도선의 장삭구조는 장축방향으로 돌출된 형태가 다르다.

영흥도선은 통일신라시대 선박으로 매우 독특한 구조를 갖추고 있으며 선체의 형태, 장삭 및 피삭의 구조를 연결하는 조선기술에서 고려시대 선박과는 확연히 차이를 보이나 통일신라시대의 고고학적 선박자료가 부족하여 정확하게 이렇다고 단정하기에는 어렵다. 다만 영흥도선의 구조를 통해 우리나라 한선의 발달 양상을 이해하는데 중요한 고고학적 자료라 할 수 있다.

2) 간접자료

우리나라에서 출토된 주형토기는 수혈과 패총에서도 일부 출토되었지만 대부분 고분에서 출토된 사례가 많다. 고분에서 많이 출토된 사례는 가야 · 신라시대의 장례문화로 죽은 사람의 영혼이 배를 타고 저승으로 건너가라는 의미에서 고분에 그 당시 활동한 배의 형태를 사실과 가깝게 묘사하거나 상상 속에서 배의 형태를 표현한 형상물을 작게 만들어 부장하는 풍습이 있었기 때문이다.

삼국시대 선박 연구는 고고학 자료 한계로 인해 주형토기를 중심으로 연구가 이루어지고 있다. 연구자 대부분은 주형토기에 대한 소개, 구조해석 및 형태 분석, 기능별 형식분류, 고대 항해기술 등의 연구가 있다. 하지만 주형토기만을 주제로 한 연구보다는 우리나라 선박의 발달사에 삼국시대 선박으로서 안압지배와 주형토기을 소개하는 데 그쳤다. 최근 경남 창녕군 비봉리 유적에서 출토된 신석기시대 통나무배 선편(국립김해박물관, 2008)과 김해 봉황동 유적에서 출토된 가야시대 준구조선의 선편 및 노(동양문물연구원, 2014), 주형토기가 출토되면서 본격적인 연구가 이루어지고 있다. 김재근은 호암미술관에서 소장하고 있는 주형토기 두 점을 안압지배의 학설을 뒷받침하기 위해 선박사적 측면에서 살펴볼 때 독목주에서 준구조선으로 넘어가는 과정에서 일부 소개만 하였다(김재근, 1994).

그 반면에 안재철은 주형토기를 A · B · C 세 가지 형식분류를 통해 구조해석과 함께 출토지역 · 선저부 구조를 근거로 통영지역의 '통구민배'와의 연관성을 시사하였다.[133] 정진술은 그 당시 확인된 주형토기 18점을 구조분석하여 4가지 유형으로 분류하였다. 또한 우리나라 선박사적 측면과 고대 항해술에 따른 방법을 살피고 있다.[134]

김건수는 주형토기 21점에 대한 구조적 성격을 파악하여 노를 젓는 구조를 '반구조선'으로 돛을 사용할 경우 '구조선'으로 분류하였다. 또한 주형토기의 세부 구조에 대한 명칭을

---

133 안재철, 『한선의 구조와 변천』, 목포대학교 대학원 석사학위논문, 2000.

134 정진술, 『한국 해양사』 고대편, 경인문화사, 2009; 「고대의 항해술과 삼국시대 무덤출토 우리 배」, 『우리 배 이야기』, 바다문화학교, 2010.

정리하였다.[135] 김성준은 주형토기에 대해 선저부가 평평한 평저형은 주로 5~6세기 가야 토기로, 둥그스름한 배 모양 토기는 6세기 신라 토기로 추정하였다.[136]

이창규는 최근까지 확인된 주형토기 20점을 통해 안재철과 같이 A, B, C상위 형식으로 분류하고, 각각 1, 2개의 하위형식으로 분류하여 A식은 1인이 노를 젓는 통나무배로 A(1)은 별도의 구조물이 추가되지 않은 형식, A(2)는 선수와 선미 상부에 방형 판재, 그리고 양측 현을 연결하는 횡강력 부재가 시설된 형식. B식은 판재를 잇대어 현측을 만든 평저선으로 여러 개의 노걸이를 갖춘 것. B(1)은 평면 유선형에 현측이 곡선을 이루고 바닥이 좁은 형식, B(2)은 평면 세장방형에 현측과 바닥 전체가 편평한 형식. C식은 더 구조가 발달한 것으로 별도의 유선형 선저구조물 위에 선체가 얹힌 형식, C(1)는 양 현측 상부에 4~6개의 노걸이가 있고 횡강력 부재를 갖춘 형식, C(2)는 선저구조물이 더욱 날렵하고, 선체의 이물과 고물비우가 뚜렷한데, 노걸이가 표현되지 않은 형식으로 분류하였다.[137] 이정근은 주형토기를 비용기와 용기로 나누고 용기를 잔과 주자로 나누어 형식 분류하였다.[138]

이처럼 주형토기에 대한 선행연구는 구조와 형태를 중심으로 기능별 형식 분류하여 구조를 해석하였다. 하지만 학자마다 <표 10>과 같이 구조에 대해 다른 용어를 사용하고 있어 많은 혼동을 초래하고 있다. 또한 구조해석 또한 학자마다 다르게 정리하고 있어 주형토기 구조에 대한 기준을 마련하고자 한다.

주형토기의 구조용어를 정리하기 위해서 선사시대 통나무배와 삼국시대 준구조선準構造船에서 완벽하게 구조를 갖춘 구조선構造船을 비교하여 구조용어를 정리하였다.

통나무배는 여러 개를 서로 이음하지 않고 하나의 통나무로 이루어졌기 때문에 우리말 그대로 '통나무배'로 정리하고, 통나무배에 상부구조가 추가될 경우 통나무배를 근간根幹으로 이루어지기 때문에 하부구조는 '본체本體'로 정리하고자 한다.

---

135 김건수, 「주형 토제품으로 삼국시대 배의 고찰」, 『도서문화』 제42집, 2013.

136 김성준, 『한국해양선박사』, 국립목포해양대학교 학술총서 4, 2014.

137 이창규, 「고대 한반도의 배모양 토기」, 『동남아시아 해양문화유산과 해상실크로드』, 국립해양문화재연구소 국제학술자료집, 2017.

138 이정근, 「삼국시대 배모양 토기」, 『가야인 바다에 살다』, 국립김해박물관 특별전 도록, 2021.

또한 본체의 양쪽 측면을 '선측船側'으로 정리하고, 본체 위에 좌 · 우현에 붙는 선체를 '현측재'로 정리하고자 한다.

〈표 10〉 주형토기 구조용어 비교

구조＼연구자	정진술	안재철	김건수	이정근	이창규	강원춘
본체	용골 (선저구조)	선저, 저판	본체, 저판	선저	선저구조물	선저
현측재	외판	-	현측재, 곡판(曲板), 덧삼	곡판, 현판	현측재	현측재
가(駕)	횡강력재	횡강력 부재	가, 간막이 (칸막이 격벽)	멍에	멍에	멍에
수판	파랑막이	-	수판	수판	파랑막이	수판
노철(櫓凸)	놋좆	노걸이, 놋좆	노걸이봉	노걸이	노걸이	노걸이
선측	외판	외판	삼판(외판)	삼판(선복)	현판	덧삼
칸막이	가로막이 판자	-	가로형 구조판	돛	격판	-
방현재	-	-	방현재	파랑막이	-	-
보판	-	-	보판	-	-	-
형태	독목주	-	환목주	-	독목주	-
선수재	-	선수판재	이물비우판	-	-	-
선미재	-	선미재재	고물비우 (하반)판	-	-	-

좌 · 우 횡강력을 보강하는 구조는 '가駕', 좌 · 우 선수 및 선미의 치솟은 현측재 내측에 연결되는 판 구조는 '칸막이', 좌 · 우 뱃전에 걸쳐진 넓은 판재는 '보판椺板'으로 정리하고자 한다.

뱃전에 노를 걸기 위해 설치된 구조는 노걸이봉, 노걸이, 놋좆 등의 용어로 불리하고 있다. 일본에서는 '피봇토ピボット[139]'라는 명칭을 사용하고 있다. 노를 젓기 위한 구조는 뱃전에 노의 몸통인 채를 묶어 고정하거나 걸어서 고정하여 젓는 구조라 할 수 있다. 이와 같은

139 끝이 원뿔형으로 된 선회 축.

구조에 대해 조선시대 여암 신경준이 병조 낭관으로 있으며 병선의 개조와 견해를 작성하여 제안한 『병선론兵船論』 중 「논병선화차제비어지구論兵船火車諸備禦之具」에 "가목머리 양 가장자리에 아울러 '노철櫓凸'을 안치하고"라고 언급하고 있다. 이 기록에서 엿 볼 수 있듯이 노를 걸기 위해 뱃전에 볼록하게 돌출된 대를 박아 형태를 갖춘 구조이기 때문에 '노철'로 정리하고자 한다.

본 장에서는 유적의 발굴 시기에 따라 출토된 주형토기를 분류하여 구조적 특징을 살펴보고자 한다. 출토지가 불명확한 주형토기는 간략하게 표로 정리하여 구조적 특징을 살펴보고자 하며 주형토기에서 나타나는 구조를 형식별로 분류하여 살펴보겠다.

(1) 주형토기에 보이는 선박 구조

① 경주 금령총

경주 금령총에서 2점의 주형토기가 출토되었다. 주형토기-1의 크기는 높이 12.4㎝, 길이 23.3㎝이다〈그림 86〉. 형태는 굽다리 위에 배가 얹힌 형태로 배 사공이 선미에서 앉아 좌 · 우에 설치된 '양날 노double paddle'를 젓는 형상이다. 단면 형태는 'U'자 형태를 갖추며, 뱃전은 외만外灣된 형태이다. 선수는 코뿔소와 같이 뾰족한 돌기突起 형태의 구조를 갖추고 있으며, 선미는 방형 형태를 갖추고 있다. 좌현 선수에는 귀걸이 형태의 고리가 달려있는 구조이다.

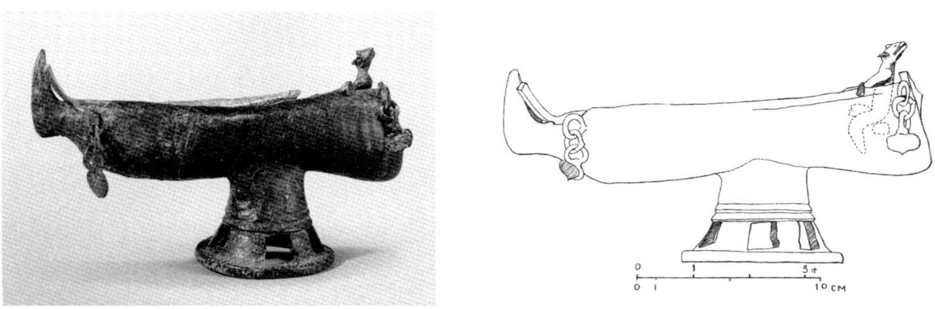

〈그림 86〉 금령총 유적 출토 주형토기-1

주형토기-2크기는 높이 14.9㎝, 길이 20.1㎝이다〈그림 87〉. 형태는 주형토기-1과 같은 굽다리 위에 배가 얹힌 형태로 선미에서 보판에 앉아 좌 · 우의 '양날 노'를 젓는 형상이다. 단면 형태는 'V'자 형태를 갖춘다.

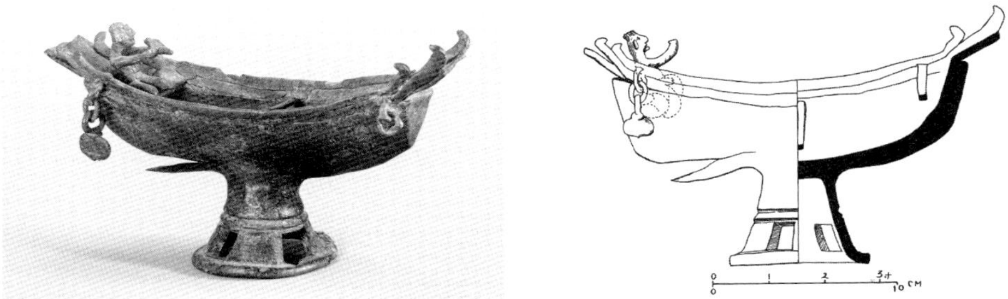

〈그림 87〉 금령총 유적 출토 주형토기-2

이와 같은 구조는 14세기 중국 신안선의 단면 선형과 역삼각형 형태의 선수 구조와 일치한다. 선내는 좌우 선측에 가駕가 걸쳐져 횡강력을 보강하는 구조라 할 수 있다. 뱃전은 외만外灣된 형태의 현측재를 올리고, 현측재 선수 · 선미 현호를 크게 하여 피칭Pitching 시 너울과 파도로부터 보호하기 위해 수판을 설치하였다. 선미 선측 바깥에 귀걸이 형태의 고리가 확인되며, 선수 우측에도 같은 귀걸이 고리가 확인된다. 주형 토기-1, 2는 소형 준구조선으로 추정되며 각기 다른 구조를 갖추고 있다.

② 합천 옥전 99호

합천 옥전 99호 고분에서 출토된 주형토기는 2점으로 그 크기가 각각 길이 14.6㎝, 높이 7.2㎝〈그림 88〉, 길이 14.4㎝, 높이 7.2㎝〈그림 89〉이다. 2점 모두 형태는 굽다리 위에 배가 얹힌 형태이며 내면이 접시처럼 옴푹 패인 타원형에 가깝다. 옥전 고분 주형 토제품은 여타의 주형토기와 달리 가장 전형적인 통나무배 형태를 띠고 있다. 선수와 선미 부분이 방형에 가깝고 속을 파내어 하나의 통나무로 이루어진 소형 통나무배에 가깝다.

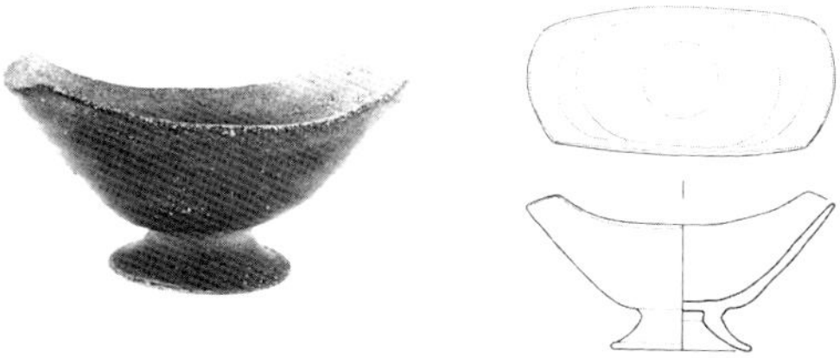

〈그림 88〉 옥전 고분군 출토 주형토기-1

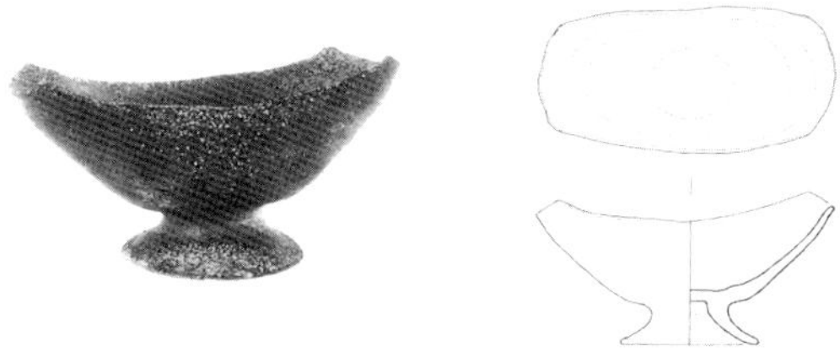

〈그림 89〉 옥전 고분군 출토 주형토기-2

③ 산청 평촌리 252호

산청 평촌리 252호 고분 유적에서 출토된 주형토기는 길이 13.5㎝이다. 단면 형태는 반원에 가깝고 평면 형태는 유선형 형태이나 선수와 선미가 뭉툭한 편이다. 측면에서 봤을 때 선수 · 선미가 치켜 올라가 통나무배의 특징을 잘 보여주고 있으며 한 재로 이뤄진 통나무배의 기본을 갖추고 있다〈그림 90〉.

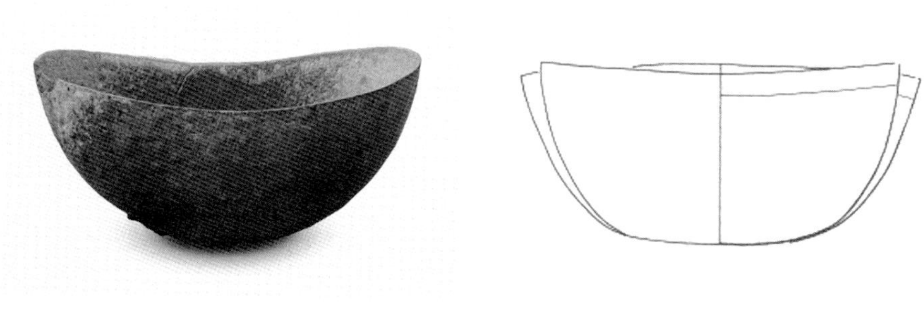

〈그림 90〉 산청 평촌리 유적 출토 주형토기

④ 달성 평촌리 12호

대구 달성 평촌리 12호 수혈 유적에서 출토된 주형토기의 크기는 길이 25.6㎝, 너비 6.9㎝, 높이 7.7㎝이다〈그림 91〉.[140]

140 경상북도문화재연구원, 『달성 평촌리 · 예현리 유적』, 학술보고서 제147책, 2010, 252쪽.

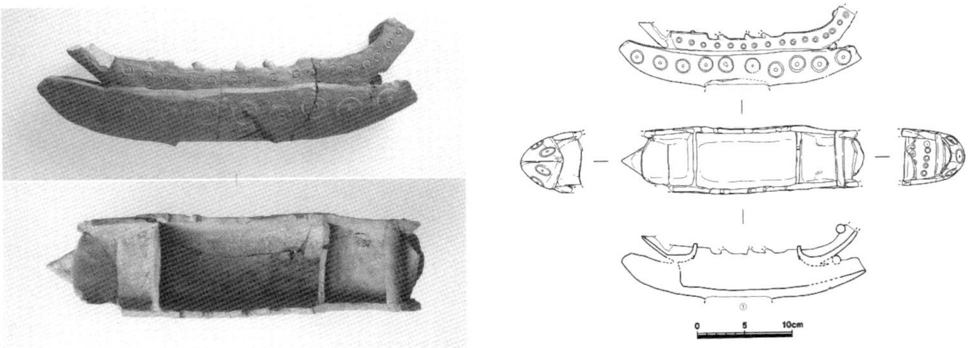

〈그림 91〉 대구 달성 평촌리 12호 수혈 유적 출토 주형토기

본체 선측면에는 원점문을 시문하여 장식하고 있다. 보고서에는 원점문이 배의 횡강력을 보강하기 위해 가로지른 가룡 또는 멍에의 모습을 표현한 것으로 추정하였다. 원점문은 본체 저부면과 현측재에도 동일하게 시문되어 있기 때문에 가룡과 멍에로 판단하기에는 무리가 있고 장식을 위한 것으로 보는 것이 타당하다. 본체 좌측의 형태를 보면 삼각형으로 뾰족한 유선형이고, 단면 형태는 'V'자 형에 가깝다. 선저부 선형이 위로 치켜 올라가 곡이 큰 것으로 보아 선수에 해당한다고 볼 수 있다. 선미의 단면 형태는 'U'자 형태를 갖추고 선저부 선형이 선수보다는 낮게 올라간 선형을 갖추고 있다.

선수에는 너울과 파도로부터 보호하기 위해 수판을 현측재와 연결하고 1/3지점에 칸막이를 설치한 구조를 갖추고 있다. 선미 현측재에는 좌 · 우 횡강력을 보강하기 위한 가駕가 가로질러 설치되어 있고, 선미에서부터 1/3지점에 칸막이가 설치되어 있다. 본체 중앙의 좌우 뱃전에는 노를 걸기 위한 노철이 각각 3개씩 모두 6개를 갖추고 있다.

⑤ 마산 현동 106호

마산 현동 106호 수혈에서 출토된 주형토기는 길이 26.6㎝, 너비 10㎝, 높이 14.6㎝ 크기이다〈그림 92〉. 선형은 앞뒤가 들어 올려진 호상형弧狀形으로 굽다리 위에 배가 얹힌 형태이다. 단면 형태는 'U'자 형태를 갖추고 있으며, 평면 형태의 경우 선수와 선미로 가면서 좁아지는 세장형으로 바깥쪽으로 길게 뻗고 끝부분을 주구 모양으로 처리하였다. 선측 상부 면에 점토를 덧댄 후 사격자문 장식하고, 선수 뱃전 위에도 사격자문을 시문하였다. 본체 좌 · 우현 상부에 현측재가 덧대어진 형태이며, 현측재 위에 파랑막이 구조를 갖추고 있다. 선미에는 너울과 파도로부터 선체를 보호하는 수판의 구조를 갖추고 있다. 한편 창원 현동 399호 고분의 주형토기에는 노철의 구조가 현측재 상부 면에 각각 2개를 갖추고 있다.

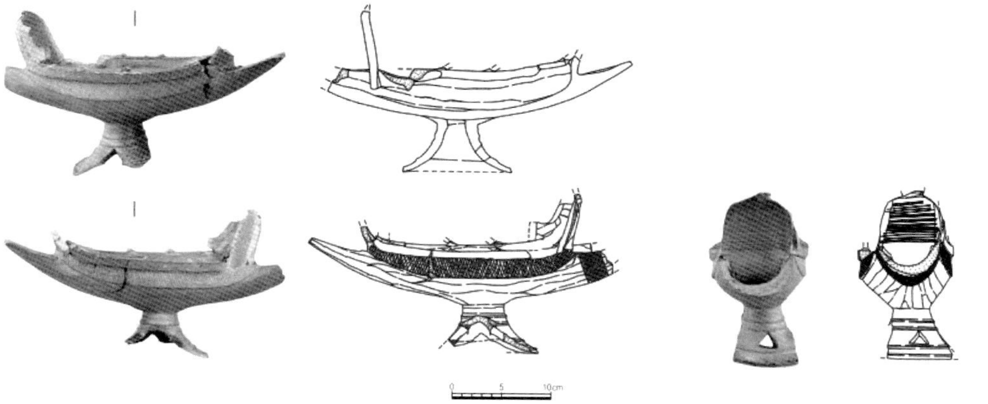

〈그림 92〉 마산 현동 106호 수혈 유적 출토 주형토기

⑥ 김해 여래리 24호

김해 여래리 24호 고분에서 1점의 출토된 주형토기 1점의 크기는 길이 22.7㎝, 너비 10.4㎝, 높이 4.5㎝이다.[141] 주형토기는 도질토기로 소성 상태가 양호하며 태토는 세사립이 혼입된 정선된 점토를 사용하고 있다. 색조는 흑색이며 속심은 암적회색이다. 전면에 자연유가 얇은 막을 형성하였으며 밑판 외면에는 소성 시 받쳤던 짚흔이 잔존하고 있다. 단면 형태는 'U'자 형태를 갖추며, 본체 위 상부 좌 · 우현에 낮은 현측재가 연결된 구조이다. 좌 ·

141 한국문화재보호재단, 『金海 本山里 · 餘來里 遺蹟 Ⅰ』, 김해 진영2지구 택지개발사업지구 내 유적 발굴조사 보고서, 학술조사보고 제274책, 2014.

우현 선측이 선미 쪽으로 돌출되어 있고 그사이에 선미 판을 끼운 구조이다.

선형은 선수가 약간 들어 올린 형태이며 선수 쪽으로 약간 치우쳐있다. 선수 방향으로 본체와 현측재 사이에 횡강력 부재인 가駕의 구조를 갖추고 있다. 선미는 좌 · 우현 선측까지 평평한 판재를 끼워 막아 놓은 구조를 갖추고 있으며, 선미재 외면에는 삼각형 내 수지문과 그 사이에 원문이 시문되어 있다. 선수와 선미의 상단 양 측면에는 각 1개씩 구멍이 뚫려 있으며, 가駕의 구조 앞쪽 좌 · 우현의 외면에는 대구 달성 평촌리 12호 수혈 주형토기와 비슷한 원문점이 각 2개씩 시문되어 장식하고 있다. 중앙부 좌 · 우현 상단 뱃전에는 노를 걸기 위한 노철 구조가 각 2개씩 설치되어 있고 횡강력 부재와 연결된 좌 · 우현 외면과 선미 쪽에 치우친 현측 한 곳에는 고리형태로 돌출된 구멍이 뚫려 있는 구조를 갖추고 있다〈그림 93〉.

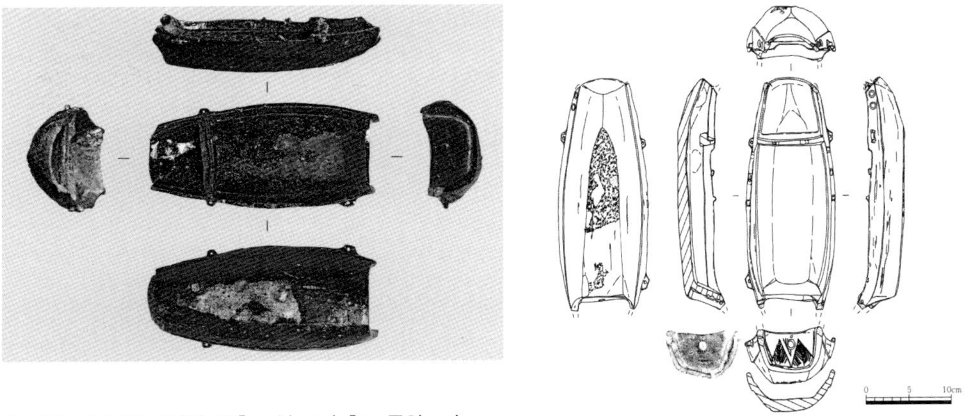

〈그림 93〉 김해 여래리 24호 고분 유적 출토 주형토기

⑦ 창원 현동 399호

창원 현동 399호 고분 유적에서 주형토기 1점이 출토되었다. 본체, 현측재, 수판 등의 구조에 새김무늬沈線文가 장식되어 있다. 선수 방향 본체 선측면에는 사격자문과 삼각집선문이 새겨져 있으며, 중앙부 본체 선측면 상면과 현측재, 칸막이에도 삼각집선문을 시문하

여 장식하고 있다. 또한 선수 수판 외면에도 고사리 모양과 제형집선문이 2단으로 정교하게 새겨져 있다.

단면 형태는 'V'자 형의 첨저형이 아닌 'U'자 형태의 유선형에 속한다. 선수 · 미 선저부 선형은 위로 들어 올리는 호상형弧狀形을 갖추고 바깥쪽으로 길게 뻗어 끝부분은 주구 모양으로 처리하였다. 뱃전은 비교적 수평하며, 중앙부에 비해 선수 · 미가 좁고 충각과 같은 돌출부가 부착된 것과 같은 형상을 하였다. 본체의 뱃전과 현측재가 연결되는 지점에 파도를 막을 수 있는 '파랑막이' 구조를 갖추고 있으며 상부의 현측재 선형은 호상형으로 위로 치솟은 형태이다. 선수부 좌 · 우 현측재에는 수판을 설치하고 선미에는 낮은 수판과 현측재 높이에 맞추어 횡강력 구조인 가駕 위, 아래에 걸치고 있다. 선미 현측재 좌 · 우 1, 3지점에 칸막이 구조를 설치하고, 선수보다 선미 현측재를 높게 하였다. 현동 Ⅱ유적의 수혈 106호 고분에서 출토된 주형토기의 경우와 형태는 유사한 반면에 노철이 없는 구조이다〈그림 94〉.

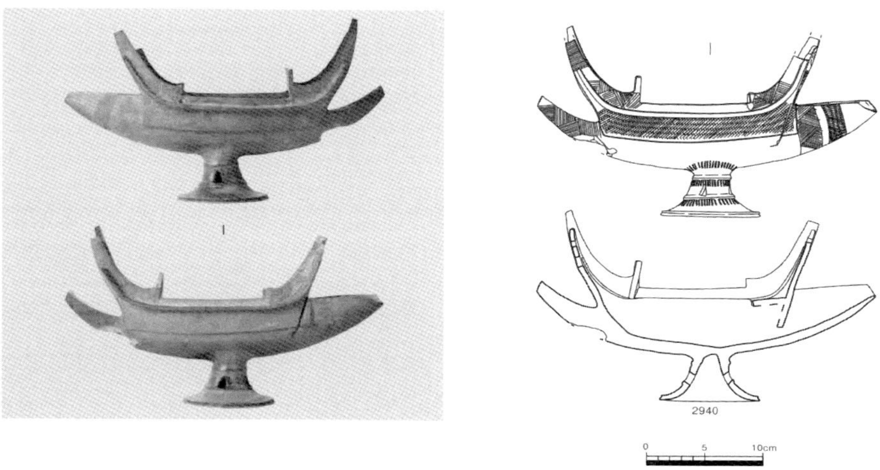

〈그림 94〉 창원 현동 유적 399호 출토 주형토기

⑧ 함안 말이산 45호

함안 말이산 45호 고분에서 주형토기 1점이 출토되었다.[142] 주형토기 외면의 색조는 전체적으로 회청색 띠고 있으며, 일부는 저화도 소성으로 인해 회백색을 띤다. 본체와 좌 · 우 현측재, 가駕, 칸막이, 노철 등의 구조를 갖추고 있다. 본 주형토기는 굽다리가 없는 유형으로 본체의 단면 형태는 'U'자 형태이다. 선수 · 미 선저부 선형은 위로 들어 올린 호상형이며, 뱃전은 비교적 수평적이다. 중앙부보다 선수 · 미를 좁게한 타원형 형태이다.

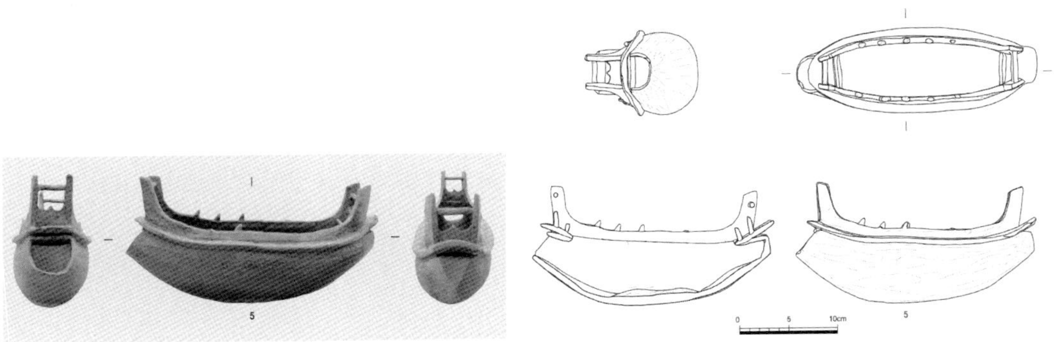

〈그림 95〉 함안 말이산 45호 고분 유적 출토 주형토기

구조를 살펴보면 첫 번째, 본체의 뱃전과 현측재가 연결되는 지점에는 선형에 맞추어 '방현재'를 덧붙였다. 이 구조는 파랑막이 구조와 유사하지만 창원 현동 399호 고분 주형토기와 같이 현측재와 같은 선형을 갖추지 않고 전후좌우 전체를 둘러 연결하였다. 두 번째, 선수와 선미에 현측재를 높이 설치하고 횡강력을 보강하기 위해 가駕 구조를 가로질러 설치하고 있다. 세 번째, 본체의 선수 · 선미 내면에 칸막이 구조도 확인된다. 네 번째, 선수와 선미의 형태는 경주 금령총의 주형토기와 비교하였을 때 선수는 사다리꼴 형태를 갖추고 있는 반면에 선미는 주구의 형태로 원형으로 막지 않고 통나무 속을 깎아 놓은 듯하다. 다

142 (재)두류문화연구원, 『함안 말이산 고분군』 발굴조사보고서 제50집, 2021.

섯 번째, 노철은 좌 · 우현 현측재 상면에 중앙부터 선미 방향으로 설치되고 선수 방향으로 기울어진 형태로 각각 3개가 확인된다. 중앙에서 선수 방향으로도 노철이 3개 정도 설치되었을 것으로 추정된다<그림 95>.

(2) 출토지 불명 주형토기의 구조

고고학적 발굴유적이 확실하지 않은 주형토기는 20점으로 대부분 5~6세기 가야, 신라시대로 추정된다. <표 11>과 같이 20점에 대한 소장처와 구조적 특징을 간략하게 정리하였다.

〈표 11〉 출토지 불명 주형토기 현황 및 구조적 특징

연번	소장처	주형토기	구조적 특징
1	프랑스 기메 박물관		- 단면은 반원형이며, 장방향은 타원형 형태 - 선미부에 사공이 앉아 좌 · 우 '양날 노'를 양손에 잡고 젓는 형상 - 선수와 선미, 좌 · 우현 선측에 원형의 귀걸이 고리와 선수에 귀걸이 장식 - 양현 뱃전에 노철이 4개씩 있으나 그 형태는 사각형과 원형으로 원형 형태 노철은 비교적 낮음 - 길이 14.3㎝, 높이 11.8㎝
2	국립중앙 박물관		- 단면은 'U'자 형이며 장방향은 방형 형태 - 선수에 말머리 장식 - 선미에 사공이 노 또는 삿대를 끌어안고 있는 형상 - 높이 16.5㎝
3			- 단면 형태는 '∪'자 형 - 선수는 주구 모양으로 길게 돌출된 구조이며, 폭이 좁아지는 세장형인 반면에 선미는 방형의 형태를 갖춤 - 상부면에 점토판을 덧댄 후 사격자문으로 장식 - 본체 위에 설치되는 현측재는 선수 부분을 높게 치솟게 하여 수판과 가(駕) 구조를 추가하였음 - 선미현측재를 선수보다 낮게하여 수판으로 막음 - 현측재에 롤링(roling) 시 파도를 막아주는 파랑막이 구조가 설치됨 - 현측재가 높게 솟아 있는 부분에는 본체 뱃전 위로 판재를 깔아 놓음 - 선미 앞쪽으로 칸막이 구조가 확인됨 - 길이 28.2cm, 너비 7.6cm, 바닥지름 10.4cm, 높이 20.0cm

연번	소장처	주형토기	구조적 특징
4			- 형태는 호상형(弧狀形)이며 단면 형태는'∪'자 형 - 선수는 코뿔소와 같은 돌기(突起) 형태 - 선미는 방형 형태를 갖춤 - 본체 선측과 현측재에 원점문을 시문하여 장식 - 현측재는 호상형으로 선수와 선미부를 올리고 수판을 막는 구조 - 선수 부분에 기둥을 세워 위에 지붕을 설치 - 구연부가 외만된 원형의 대형토기를 올려놓았음 - 선미에는 사공이 노를 잡고 있는 형상 - 현측재 뱃전에 각각 2개의 노철이 설치되어 있음 - 길이 23.9cm, 너비 8.1cm, 높이 18.5cm, 바닥지름 10.1cm
5	국립중앙 박물관		- 굽다리에 원점문이 시문됨, 단면 형태는 '∪'자 형 - 선수는 코뿔소와 같은 뾰족한 돌기(突起) 형태의 구조 - 선수 측면에 귀걸이 형태의 고리로 장식하였음 - 선수에는 비와 햇빛으로부터 보호하기 위한 구조 또는 무언가를 덮어 놓은 형태의 구조가 확인됨 - 돛대와 횡강력을 보강하기 위한 가(駕)의 구조를 갖춤 - 선미의 사공은 유실된 것으로 보이나 좌 · 우로 '양날 노'를 젓기 위한 원형의 홈 턱이 확인됨 - 선수부는 세장형이며, 선미는 타원형임 - 높이 23.7㎝, 바닥지름 15.5㎝, 너비 12.6㎝, 길이 34.5㎝
6	호암 미술관		- 본체 단면 형태는 '∪'자 형태이며, 선수 · 미 선저부 선형은 위로 들어 올린 호상형임 - 뱃전은 비교적 평평며, 중앙부에 비해 선수 · 미를 좁게 한 타원형 형태를 갖춤 - 본체 뱃전과 현측재가 연결되는 지점에 선형에 맞추어 방형재를 덧붙인 구조 - 선수와 선미에 현측재를 높이 설치하고 현측재의 횡강력을 보강하기 위해 가(駕)를 가로질러 걸친 구조 - 선미 내면에 칸막이 구조도 확인되며 칸막이 중앙부에 반원형 홈 턱이 있음 - 좌 · 우현 현측재 뱃전에는 선미 방향으로 기울어진 형태의 노철이 중앙부터 선미 방향으로 4개씩 확인됨 - 길이 22.4㎝
7		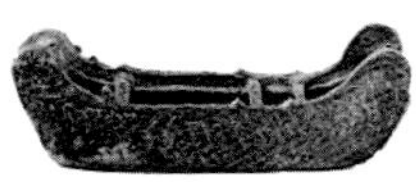	- 통나무보다 판재를 사용한 것으로 추정 - 전체적으로 '凵'자 형태의 평저형 구조 - 선수와 선미를 들어 올려 높이 치솟은 선형 - 뱃전은 여타의 주형토기의 타원형과 세장형보다 비교적 낮고, 선측면은 평평함 - 양쪽 선측면에는 어골문양(魚骨紋樣)이 점열로 음각됨

연번	소장처	주형토기	구조적 특징
			- 뱃전 위로 5개의 횡강력 부재가 현측재와 연결됨 - 현측재 뱃전에는 각각 3개의 노철이 있는데 1개를 제외하고 모두 결실됨 - 5개의 횡강력 부재 중 선수와 선미의 2개를 제외한 나머지 3개는 노철 위치와 합치되는 것으로 횡강력 구조와 함께 앉아서 노를 저을 수 있도록 한 좌석의 구조로 추정 - 내면에서 현측재의 구조가 확인됨 - 선수와 선미에 각각 2개의 구멍이 뚫어져 있음 - 길이 27.9㎝, 너비 4.5㎝
8	성신여대 박물관	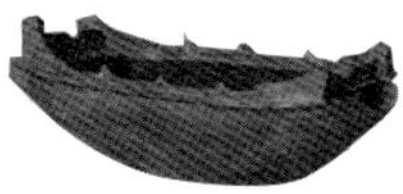	- 단면은 '∪'자 형이며, 선수·미를 위로 들어 올린 선형 - 뱃전은 비교적 평평하며, 중앙부에 비해 선수·미를 좁게 한 타원형 형태를 갖춤 - 본체의 뱃전과 현측재가 연결되는 지점에 선형에 맞추어 '방현재'를 덧붙인 구조 - 선수와 선미에 현측재를 높이 설치하고 현측재의 횡강력을 보강하기 위해 가(駕)를 가로질러 걸친 구조 - 선미 내면에 칸막이 구조도 확인되며 칸막이 중앙부에 반원형 홈 턱이 있음 - 좌·우현 현측재 뱃전에는 선미 방향으로 기울어진 형태의 노철이 중앙부터 선미 방향으로 3개씩 확인됨 - 함안 말이산 45호 고분 주형토기와 유사함 - 길이 22.4㎝, 높이 10.5㎝
9	이화여대 박물관		- 단면은 '∪'자 형이며, 선수·미를 위로 들어 올린 선형 - 뱃전은 비교적 평평하며, 중앙부에 비해 선수·미를 좁 - 중앙부에 비해 선수·미를 좁게 한 타원형 형태 - 본체의 뱃전과 현측재가 연결되는 지점에 선형에 맞추어 '방현재'를 덧붙인 구조 - 선수와 선미에 현측재를 높이 설치하고 현측재의 횡강력을 보강하기 위해 가(駕)를 가로질러 걸친 구조 - 선미 내면의 칸막이 구조 - 좌·우현 현측재 뱃전에는 선미 방향으로 기울어진 형태의 노철 3개 확인됨. 좌현 선미쪽 노철은 결실됨 - 길이 21.6㎝, 너비 9.2㎝, 높이 8.7㎝
10	태평양 박물관		- 선수·미를 위로 들어 올린 호상형 선형 - 중앙부에 비해 선수·미를 좁게 한 타원형 형태 - 배의 특징만 간략하게 표현한 주배(酒杯) 형태임 - 길이 12.9㎝, 높이 10.2㎝

연번	소장처	주형토기	구조적 특징
11			– 단면은 'V'자 형이며 선수 · 미를 위로 들어 올린 선형 – 선수와 선미를 길게 돌출시킨 주구 모양의 구조이며 선수와 선미가 좁아지는 세장형 형태를 갖춤 – 본체 선측면은 사격자문으로 장식 – 본체 상부의 선수 · 미는 여타의 주형토기 보다 높이 치솟은 현측재를 설치 – 전면에는 현측재보다 낮게 수판을 덧대고 현측재 상부 측면에 횡강력 구조인 가(駕)를 추가로 설치 – 선수와 선미 안쪽으로 좌 · 우로 돌출된 칸막이 구조 – 길이 24.6㎝, 너비 5.8㎝, 높이 17.7㎝
12			– 단면은 '∪'자 형이며, 선수 · 미를 위로 들어 올린 선형 – 중앙부보다 선수 · 미를 좁게한 유선형 형태 – 선수와 선미에 현측재를 높이 설치 – 본체 뱃전 위에 횡강력 구조인 가(駕)를 2개 설치 – 좌 · 우현 현측재 뱃전에 각각 6개의 노철이 확인되나 좌측 노철은 결실됨 – 본체의 선수 · 미는 현측재와 수판의 간격이 크지 않고 고래의 입 모양과 같은 형태를 갖추고 있음 – 길이 28㎝, 너비 10.2㎝
13			– 단면은 '∪'자 형이며, 타원형의 측면형태와 선수 · 미는 방형에 가까움 – 선수 · 미를 위로 들어 올린 호상형 선형 – 좌 · 우측 뱃전 각 3곳에 귀걸이 형태의 장식 – 선수 · 미와 좌 · 우 모서리 끝부분에 소뿔과 같은 형상 – 길이 15.9㎝, 높이 11.3㎝
14	호림 박물관		– 단면은 '∪'자 형이며, 형태는 타원형에 가까움 – 선형은 선수와 선미를 위로 들어 올린 호상형 – 뱃전은 외만되며 형태는 조잡함 – 선수와 선미 구별이 되지 않고 파도와 너울로부터 보호하기 위해 수판 형태의 판을 덧댄 형태 – 길이 18.3㎝, 높이 11.4㎝
15 16			① 유형 – 선형은 선수와 선미를 위로 들어 올린 호상형 – 중앙부보다 선수 · 미를 좁게한 타원형 형태 – 전체적으로 배의 형태를 간략하게 표현한 형태의 토기 – 길이 16.7㎝ ② 유형 – ① 유형과 동일한 구조 및 선형을 갖추고 있으며 중앙부 뱃전에 노를 걸기 위한 'V'자 형 구조가 추가되었음

연번	소장처	주형토기	구조적 특징
17			- 선수와 선미는 뾰족한 'V'자 형태임 - 본체 형태는 매우 날렵한 현대식 선형을 갖추고 있음 - 본체 위의 파랑막이 구조는 선수와 선미의 현측재 보다 넓혀 파도로부터 보호하기 위한 구조 - 현측재는 선수와 선미를 높이 치솟게 한 형태를 갖춤 - 선수와 선미 현측재 사이에 수판구조를 추가 하였고, 선수와 선미 안쪽에 칸막이를 설치하였음 - 현측재 뱃전에는 좌 · 우 각각 4개의 노철이 확인되며, 그중 1개는 유실됨 - 길이 32.6, 높이 11㎝
18	한양대 박물관		- 단면 형태는 'U'자 형 - 선수는 코뿔소와 같이 뾰족한 돌기(突起) 형태의 구조를 갖추고 있음 - 본체 전면에 3선으로 삼각문이 시문 됨 - 선수 좌 · 우 측면에 귀걸이 형태의 고리 장식과 갈고리 형태를 설치함 - 선수에는 비와 햇빛으로부터 보호하기 위한 것으로 보이는 구조물 형태가 확인됨 - 중앙에는 2개의 가(駕) 구조를 갖춤 - 선미에는 사공이 좌 · 우로 젓는 '양날 노'로 추정되는 두꺼운 원통목을 잡고 있음 - 선미에 좌 · 우측에 귀걸이 형태의 고리로 장식하고 있음. - 선수부는 세장형이며 선미는 방형임 - 길이 46㎝
19	국립경주 박물관		- 선형은 선수와 선미를 위로 들어 올린 호상형 - 중앙부보다 선수 · 미를 좁게 한 타원형 형태 - 전체적으로 배의 형태를 간략하게 형상화하여 표현한 토기 - 길이 15.3㎝. 너비 6㎝
20	개인소장		- 통나무배보다는 판재를 사용한 'ㅂ'자 형태 - 선형은 선수와 선미를 들어 올려 높이 치솟은 형태 - 선저부는 평저형 구조를 갖춤 - 선측면과 선수 · 미 모두 평평한 형태를 갖춤 - 좌 · 우측면에 어골문양(魚骨紋樣)이 점열로 음각됨 - 뱃전 위로 4개의 횡강력 부재가 현측재와 연결되며 1개는 결실됨 - 현측재 뱃전 좌 · 우에는 각각 노철이 4개씩 있는데, 그 중 4개는 결실됨 - 내면에서 현측재 구조가 확인됨 - 선수와 선미에 각각 2개의 구멍이 뚫려 있음 - 길이 31.1㎝, 너비 8.6㎝, 높이 8.3㎝

이와 같이 발굴조사를 통하지 않고 수집된 주형토기는 20점으로 대부분 5~6세기 가야, 신라시대로 추정할 수 있다.

간접자료로서 위에서 정리한 발굴유적이 명확한 주형토기 10점과 출토지가 불명확한 주형토기 20점을 구조적 특징에 따라 형식을 분류하면 다음 <표 12>와 같이 나눌 수 있다.

〈표 12〉 주형토기 구조적 특징별 형식분류

형식 / 유형	A형				B형		
	ⓐ	ⓑ	ⓒ	ⓓ	ⓐ	ⓑ	ⓒ
통나무배							
	1	2	3	4			

	5	6	7	8			

	9		10	11			

	12		13				
준구조선							
					14	15	16

					17	18	19

					20	21	22

					23	24	25

1. 호암미술관
2. 호림박물관
3. 합천 옥전 99호 고분①
4. 기메박물관
5. 개인소장
6. 산청 평촌리 252호 고분
7. 합천 옥전 99호 고분②
8. 호림박물관
9. 사천 늑도 C지구
10. 태평양 박물관
11. 호림박물관
16. 국립중앙박물관
17. 호암미술관
18. 국립중앙박물관
19. 태평양박물관
20. 호림박물관
21. 한양대박물관
22. 마산 현동 106호
23. 호림박물관
24. 경주 금령총①
25. 마산 현동 399호
26. 함안 말이산 45호

	12. 부산대학교박물관 13. 국립경주박물관 14. 김해 여래리 24호 15. 대구 달성 평촌리 12호	27. 국립중앙박물관 28. 국립중앙박물관 29. 함안 말이산 45호 30. 경주 금령총② 31. 이화여대박물관			
			26	27	28

			29	30	

			31		

- A-ⓐ형 : 하나의 통나무를 사용하여 단면이 '凵'자 또는 'U'자 형태이며, 선수와 선미가 방형 형태인 유형
- A-ⓑ형 : 하나의 통나무를 사용하여 단면 형태가 '반원형이고, 선수와 선미가 타원형 형태를 갖춘 유형
- A-ⓒ형 : 굽다리 위에 배가 얹혀지고 단면은 '반원형'이며 선수와 선미가 타원형과 방형 형태인 유형
- A-ⓓ형 : 굽다리 위에 배가 얹혀지고 단면이 '반원형'이며 선수 · 선미가 타원형, 방형 형태인 유형으로 현측판, 수판, 노철을 갖춘 유형
- B-ⓐ형 : 굽다리가 없는 형태로 단면이 'U'자 형태이며 선수 · 선미가 타원형인 유형으로 현측판, 수판, 노철을 갖춘 유형
- B-ⓑ형 : 굽다리 위에 배가 얹힌 형태로 길이가 길쭉하고 단면이 'U'자 형태이며, 선수는 세장형, 선미는 방형인 유형으로 현측판, 수판을 갖추고 노철이 없는 유형
- B-ⓒ형 : 굽다리 위에 배가 얹힌 형태로 주구가 길게 돌출되고 단면이 'U'자 또는 'V'자 형태이며 선수는 세장형 · 선미는 방형 또는 세장형 인 유형으로 현측판이 높이 치솟아 있고 수판과 가駕를 갖추고 노철이 없거나 있는 유형

간접자료로서 주형토기의 수량이 많지 않고 가야와 신라시대에 국한되어 있으나 주형토기의 유형을 분류했을 때 통나무배와 준구조선에서 나타나는 구조적 특징을 확인할 수 있으

며, 이를 통해 A형 통나무배에서 B형 준구조선으로 변화하는 양상으로 파악할 수 있다.

(3) 주형 목제품의 구조

안압지 유적에서 안압지선과 노뿐만 아니라 주형 목제품도 출토되었다. 우리나라에서는 처음으로 목재로 만들어진 주형 목제품이 출토된 사례라고 할 수 있다. 크기는 길이 8.1㎝, 너비 2.45㎝, 높이 1.5㎝로 매우 작다 <그림 96>. 보고서에는 도면과는 다르게 길이 3㎝ 폭 3㎝로 정리하고 있으며 송목피松木皮로 만든 선형 목제품으로 기록하고 있다.

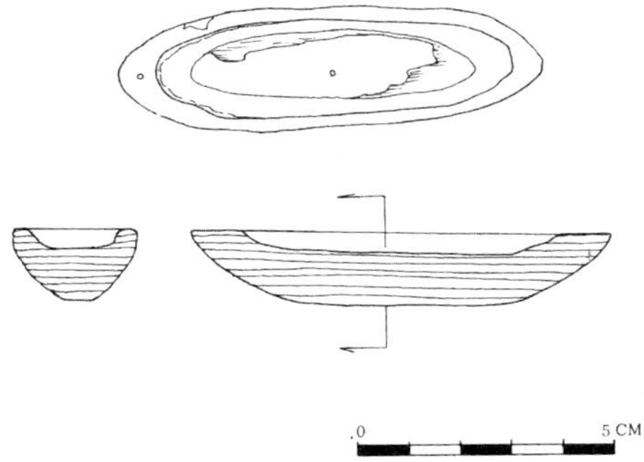

〈그림 96〉 주형 목제품

선저에 해당하는 부분에는 불에 탄 흔적이 명확하게 남아있다. 그러나 유사품이 전혀 출토되지 않아 '줄불놀이', '달걀불'용으로 추정하거나 방선防船놀이용으로 추정하고 있다. 필자 또한 소형주가 너무 작아 현대적 관점으로 추론하면 아이들의 놀이용 주형 목제품으로 추정이 가능하다.

3. 고려시대 한선의 구조

우리나라 강과 바다에서 고려시대로 추정되는 한선 고고학적 자료는 2023년 현재 총 11척이 확인되었다. 고려시대 선박은 대부분 상부구조가 유실되고 저판, 만곡부종통재, 외판, 차가룡,[143] 가룡, 기타 구조부재 등 일부 구조만 남아있다. 이들 선박은 많은 적재품을

143 필자는 차가룡을 『軒聖遺稿』의 使遣船 설명에서 멍에를 대가룡(大駕龍), 그다음 굵기를 차가룡(次駕龍), 차가룡보다 얇은 것을 가룡(加龍)으로 정리하고 있어 멍에와 가룡 중간의 횡강력 부재 멍에 계룡을 차가룡으로 정리하고자 함.

싣고 항해 하거나 피항지에서 정박 중에 불어 닥친 바람이나 높은 파도로 풍랑을 이기지 못해 침몰하거나, 암초(여)에 부딪혀서 파선되었는데 바닷속에 침몰해 갯벌 속에 침적되지 않고 해저면 위로 선체가 노출된 상태에서 조류나 바다의 해충(소)으로부터 공격받아 훼손된다. 때문에 상부구조는 남아있지 않고, 갯벌 속에 침적된 구조만 남아 출토된다고 볼 수 있다.

우리나라 연안 수중에서 출토된 고려시대 한선의 고고학적 실증자료인 11척을 가지고 각각의 구조를 주요 기능별로 분류하여 구조적 특징과 성격을 살펴보겠다.

1) 고려시대 한선의 구조

수중발굴조사를 통해 확인된 고려시대 선박 11척을 각 선박의 구조를 형태와 선형, 이음, 연결, 결속, 추진 등의 형식에 따라 분류하여 정리하였다<표 13>.

〈표 13〉 고려시대 한선의 구조(수중 출토 선박)

유물명	구조	형식						
		형태(단면)	선형(측면)	이음	연결	결속	추진	기타
나주선	저판(1열)	평저형	만곡형	–	맞댄쪽매	장삭, 산지	단범선	–
	만곡부종통재(1단)	‘L’형	만곡형	반턱	턱붙이 클링커식	피삭, 산지	–	–
	외판	–	–	반턱	턱붙이 클링커식	피삭	–	–
십이동 파도선	저판(3열)	평저형	만곡형	장부, 세로형 반턱, 맞댄	맞댄쪽매	장삭, 산지	단범선	–
	만곡부종통재(2단)	‘ㄴ’형	만곡형	세로형 반턱	턱붙이 클링커식	피삭, 산지	–	–
	외판	판목형	–	세로형 반턱	턱붙이 클링커식	피삭	–	–
	선수(3열)	방형	세로형	–	맞댄쪽매 선수–외판(톱날형) 선수–저판(통맞춤형)	은살대꽂기	–	호롱
완도선	저판(5열)	평저형	만곡형	장부, 세로형 반턱, 맞댄	맞댄쪽매	장삭, 산지	단범선	
	만곡부종통재(1단)	만곡부종 통재	‘ㄴ’형	만곡형	세로형 반턱	턱붙이 클링커식	피삭, 산지	–

유물명	구조	형식						
		형태(단면)	선형(측면)	이음	연결	결속	추진	기타
	외판	외판	판목형	–	세로형 반턱	턱붙이 클링커식	피삭, 산지	–
	가룡	가룡	원통형	곡선형	–	통맞춤	–	–
	차가룡	차가룡	–	–	–	주먹장맞춤	–	–
	받침대	받침대	노철형 반턱형	직선형	–	–	–	–
태안선	외판	판목 및 판재형	–	세로형 반턱	턱붙이 클링커식	피삭, 둥근 못	–	–
대부도 2호선	저판(4열)	평저형	만곡형	턱걸리장부, 가로 및 세로형 반턱, 짧은턱장부, 맞댄	맞댄쪽매	장삭	단범선	호롱, 원통목
	만곡부종통재(1단)	‘ㄴ’형	만곡형	세로형 반턱	턱붙이 클링커식	피삭, 산지	–	–
	외판	–	–	세로형 반턱	턱붙이 클링커식	–	–	–
	선수(3열)	방형	세로형	–	맞댄쪽매 선수–외판(톱날형) 선수–저판(통맞춤형)	은살대꽂기	–	–
	선미(2단)	판재형	가로형	–	통홈물림	–	–	–
	가룡	원통형	곡선형	–	통맞춤	–	–	–
	차가룡	사각형	직선형	–	빗걸침턱맞춤	–	–	당아뿔
대부도선	저판(3열)	평저형	–	맞댄, 세로형 반턱	맞댄쪽매	장삭	단범선	–
	외판	판목형	–	세로형 반턱	턱붙이 클링커식	피삭, 산지	–	–
마도 1호선	저판(7열)	평저형	만곡형	턱걸리장부, 세로형 반턱, 맞댄	맞댄쪽매	장삭	단범선	–
	외판	원통형	만곡형	세로형 반턱	턱붙이 클링커식	피삭, 산지	–	–
	선수(7열)	방형	세로형	–	맞댄쪽매 선수–외판(톱날형) 선수–저판(삼각통맞춤형)	은살대꽂기	–	–
	가룡	원통형	곡선형	–	통맞춤	–	–	–
	차가룡	사각형	직선형	–	빗걸침턱맞춤	–	–	당아뿔
	받침대	십자형, 노철형 반턱형	직선형	–	통장부맞춤, 제비촉맞춤, 장부맞춤	–	–	–
마도	저판(7열)	평저형	만곡형	장부,	맞댄쪽매	장삭, 산지	단범선	호롱,

유물명	구조	형식						
		형태 (단면)	선형 (측면)	이음	연결	결속	추진	기타
2호선				세로형 반턱, 맞댄				닻돌, 원통목
	외판	원통형	만곡형	막댄, 세로형 반턱	턱붙이 클링커식	피삭, 산지	–	–
	가룡	원통형	곡선형	–	통맞춤	–	–	–
	차가룡	사각형	직선형	–	빗걸침턱맞춤	–	–	당아뿔,
마도 3호선	저판(5열)	평저형	만곡형	장부, 가로형 반턱	맞댄쪽매	장삭, 산지	단범선	구레짝, 돛대, 원통목
	외판	원통형	만곡형	세로형 반턱, 맞댄	턱붙이 클링커식	피삭, 산지	–	–
	선수(4열)	방형	세로형	–	맞댄쪽매 선수–외판(톱날형)	은살대꽂기	–	–
	선미(7단)	판재형	가로형	–	통홈물림	–	–	–
	가룡	원통형	곡선형	–	통맞춤	–	–	–
	차가룡	사각형	직선형	–	빗걸침턱맞춤	–	–	당아뿔
달리 도선	저판(3열)	평저형	만곡형	장부, 가로형 반턱	맞댄쪽매	장삭, 산지	단범선	
	외판	판목형	만곡형	세로형 반턱	턱붙이 클링커식	피삭, 산지, 쐐기	–	
	선미(3단)	판재형	직선형		통홈물림	장쇠		
	가룡	원통형	–	–	통맞춤	–	–	–
	차가룡	사각형	직선형	–	빗걸침턱맞춤	–	–	당아뿔
안좌선	저판(3열)	평저형	만곡형	턱걸이장부, 가로형 반턱	맞댄쪽매	장삭, 산지	단범선	타, 노, 원통목
	외판	판목형	만곡형	세로형 반턱	턱붙이 클링커식	피삭, 산지	–	–
	선미(3단)	판재형	직선형	–	통홈물림	–	–	–
	가룡	사각형	직선형	–	통맞춤	–	–	–
	차가룡	사각형	직선형	–	빗걸침턱맞춤	–	–	당아뿔

2) 고려시대 한선의 기능별 구조

위에서 살펴 본 고려시대 선박 11척에서 확인된 선체 구조를 가지고 기능별로 분류하여 고려시대 한선의 구조적 성격을 살펴보겠다.

분류 방식은 배의 몸통을 이루는 저판, 만곡부종통재 · 외판 · 선수 · 선미 구조를 '본체구조'로 분류하고, 항해 시 바람을 이용하는 돛(돛대 등) · 구레짝과 당아뿔, 방향을 조종하는 타 · 추진구인 노의 구조를 '추진구조'로 분류하였다. 또한 좌 · 우 횡강력을 보강하는 가룡 · 돛대를 잡아주고 외압을 지지하는 차가룡 · 배의 대들보 역할과 상장의 구조를 받쳐주는 멍에 · 선내 적재품을 보호하는 받침대 구조를 '내부구조'로 분류하고, 두 부재를 서로 이어주는 이음 · 부재를 서로 붙이는 구조를 '연결구조'로 분류하였다. 그리고 고착(장삭, 피삭, 산지, 쐐기) 구조를 '결속구조'로 분류하고, 그 외 정박에 필요한 '부속구'등으로 분류하였다. 또한 각각의 구조에 따라 어떠한 선재의 수종을 선재로 사용하였는지 살펴보겠다.

(1) 본체구조

저판 구조는 배의 기초가 되는 구조로서 배의 크기와 선형을 결정짓는 가장 중요한 구조라 할 수 있다. 저판 선재는 대경재大徑材라고 하는 직경이 큰 아름드리 원목 사용하고 있으며, 선재는 정사각형이나 직사각형으로 두껍고 넓게 가공하거나 부재를 서로 연결하여 붙이고 물이 스며들지 못하도록 좌우 측면 일부만 반듯하게 깎아낸 형태를 보이고 있다. 적게는 3열에서 많게는 7열로 구성하여 서로 연결하고 있다.

저판의 단면 형태는 좌우가 평평한 평저형 구조이며, 측단면 형태는 항해성과 복원성, 회전성에 적합하도록 선수 · 미 양쪽을 위로 치켜 올린 만곡형 선형을 갖춘 구조이다. 저판 선수 부분에는 선수재와 연결하기 위해 '凵'자 형의 홈을 파내고 중앙에는 돛대를 지지하는 구레짝 홈 두 개가 있으며, 선미 부분은 선미재와 연결하기 위해 '∨'자 형의 홈턱을 갖춘 구조와 형태가 고려시대 전형적인 저판의 구조라 할 수 있다<그림 97>.

만곡부종통재 또한 직경이 큰 아름드리 원목(70~100㎝ 이상)을 사용한다. 통나무 안쪽을 구유처럼 파내고 반을 갈라 펼쳐 놓은 것처럼 밑변이 좁은 알파벳 'L'자 형과 밑변이 넓은 'ㄴ'자 형태의 구조를 갖춘다. 선수와 선미 쪽은 저판 선형에 맞추어 좁아지는 형태이다. 특히 선미부분에는 선미판을 끼우기 'ㄷ'자 형 '통홈물림' 방식의 구조를 갖추고 있다. 알파벳 'L'자 형태의 만곡부종통재는 직경이 100㎝ 이상 큰 나무를 사용하여 밑변의 너비보다 측면의 높이가 더 큰 형태이다<그림 98>.

만곡형 저판

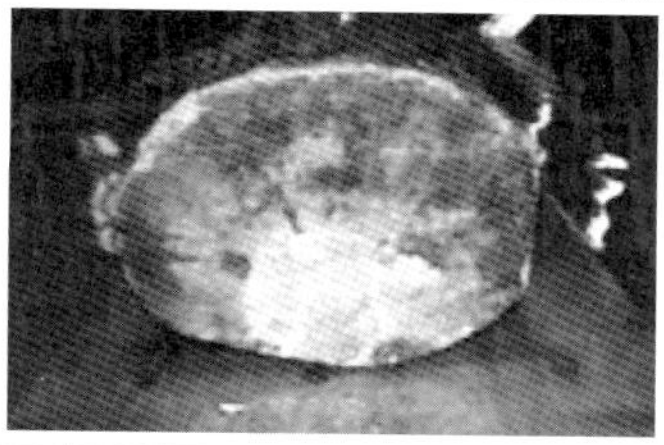

원통형 저판

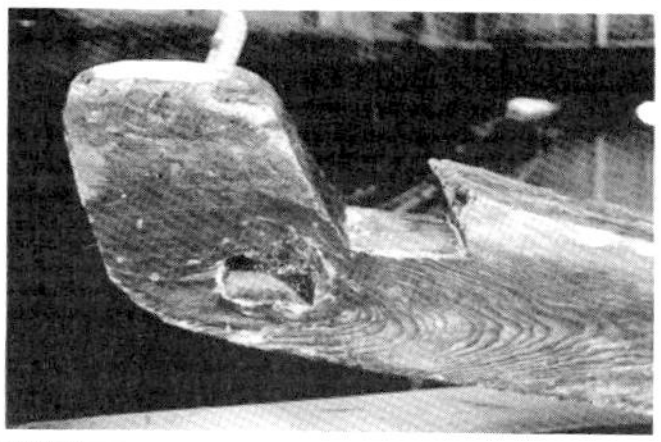

선수부 '⊔'자 형 홈턱

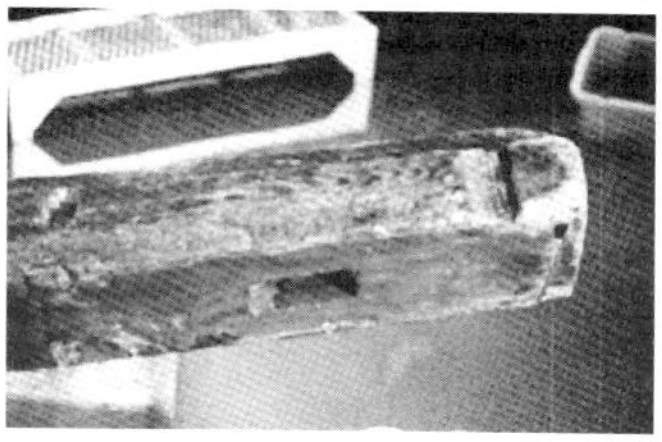

선미부 '∨'자 형 홈턱

구레짝 홈

〈그림 97〉 저판의 구조

10세기(나주선)

11세기 중 · 후(십이동파도선)

12세기 초(완도선)

13세시 초(대부도 2호선)

〈그림 98〉 만곡부종통재의 구조

외판은 선체의 외곽을 이루는 구조로써 인체에 비유하자면 몸통이라고 할 수 있다. 자연적으로 휘어 있는 통나무 원목을 사용하여 일부만 다듬어 원통 그대로 사용하거나, 판목 형태로 가공하여 사용하는 양상을 보인다. 각 단을 올린 형태는 계단을 거꾸로 보는 것과 같은 형태이다. 대체적으로 선수부가 선미부보다 넓은 형태의 선형을 보인다. 외판에는 가룡을 끼우기 위한 작은 사각 홈이 있으며 차가룡이 설치되는 외판은 상단에 'ㅁ'자 형의 홈턱을 만들어 차가룡이 걸친다. 상연 외측에는 상단 외판을 올리기 위한 'ㄴ'자 형 턱을 만들어 외판을 '턱붙이 클링커식'으로 연결하게 되어 있다. 아랫단과 연결하기 위해 상부 'ㄴ'자 형 턱에서 하부 밑면까지 직사각형의 관통 구멍을 내고 윗단과 연결하기 위하여 직사각형의 반관통 구멍을 내어 피삭으로 고정한다. 피삭이 빠지지 않도록 외판 외면에서 피삭까지 산지를 박아 넣는 구조를 갖추고 있다〈그림 99〉.

시대 / 구분	12세기 초 (완도선)	13세기 중 · 후 (마도 1호선)	13~14세기 (안좌선)
유물	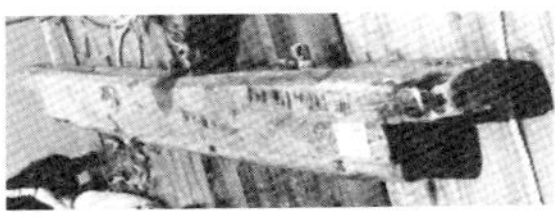		
실측도	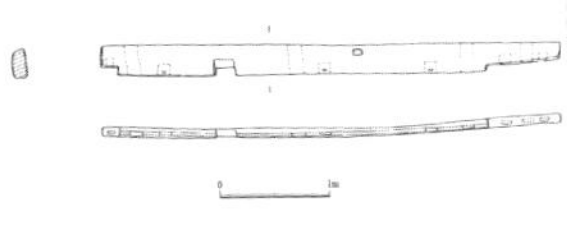	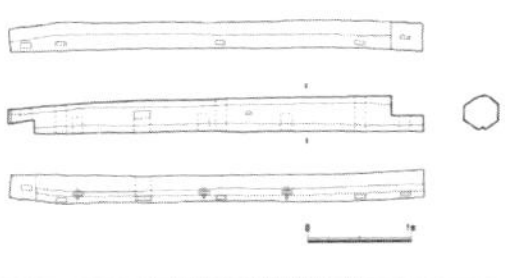	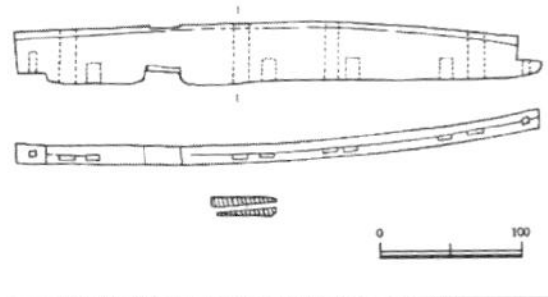

〈그림 99〉 외판의 구조

선수는 두꺼운 직사각형의 판목을 작게는 3열에서 많게는 7열을 세로 방향으로 세우며 전체적으로 직사각형에 가까운 '방형方形' 형태를 갖춘 구조이다. 선수재 양쪽 측면 부재에는 외판과 연결하기 위해 톱날 형태의 홈턱 구조를 갖추고 있다. 부재를 서로 붙이기 위해 '은살대꽂기' 연결구조를 갖추고 있다〈그림 100〉.

구조 \ 유물명	십이동파도선	마도 1호선	대부도 2호선	마도 3호선
유물				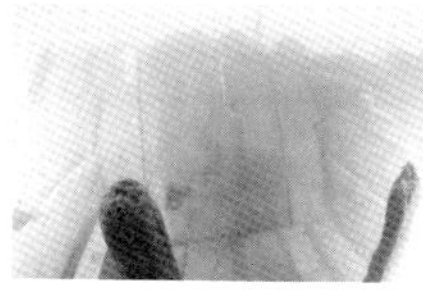
실측도	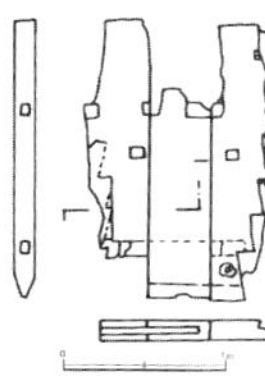	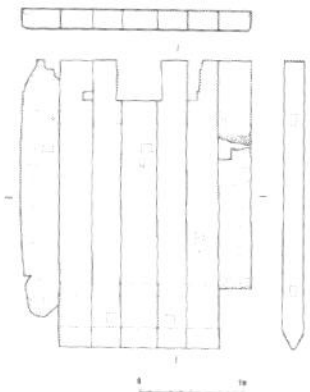	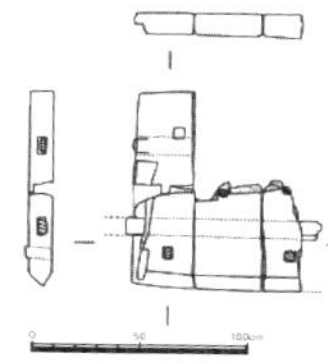	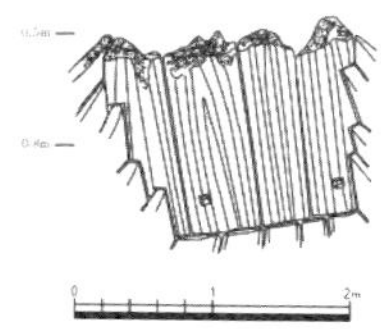

〈그림 100〉 선수의 구조

선미는 선수재에 비해 두께가 매우 얇은 판재를 사용하며 만곡부종통재와 외판 내면 '凹'자 형을 내어 끼우는 '통홈물림' 방식으로 연결된다. 외판이 외반되지 못하도록 하단 선미재와 선미재 사이에 선미재와 두께는 같지만 폭이 좁은 판재를 양현 외판을 관통시켜 '장쇠방식'으로 박고 양쪽 끝에 장쇠가 움직이지 못하도록 '방두산지'를 박아 고정하는 구조이다〈그림 101〉.

구조 \ 유물명	대부도 2호선	마도 3호선	달리도선	안좌선
유물		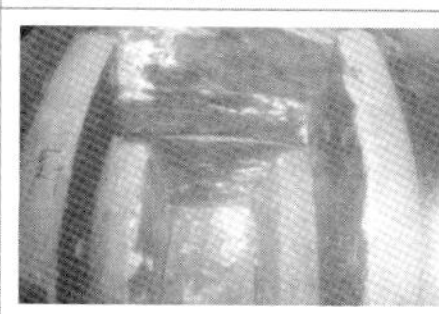		
실측도	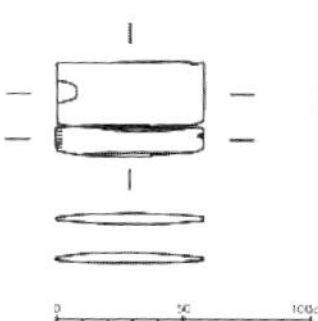	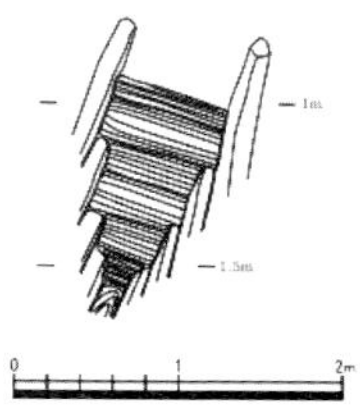	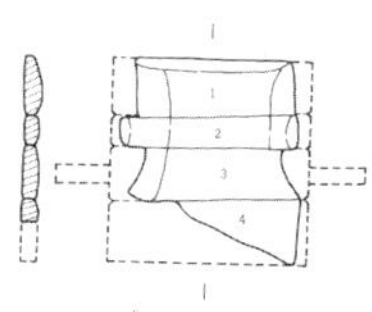	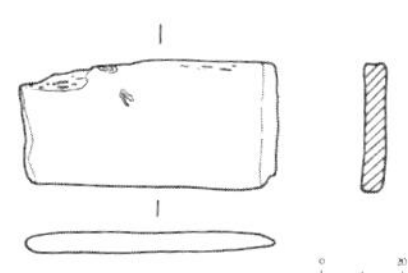

〈그림 101〉 선미의 구조

(2) 추진구조

지금까지 확인된 고려시대 선박 11척은 모두 저판 중앙에 돛대를 지지하는 두 개의 구레짝 홈이 확인되었으며, 이를 통해 한 대의 돛대와 돛을 갖춘 단범선임을 알 수 있다. 저판 중앙에 위치한 두 개의 홈은 구레짝을 끼우기 위한 것으로 구레짝 사이에 끼워진 돛대는 눕히고 세우기 편리하도록 저판 상면에서 일정한 간격을 두고 구레짝 위아래에 '빗장'을 박아 고정하는 구조이다. 추진구조에서 가장 중요한 돛대는 두껍고 곧게 자란 나무를 사용한다.

돛대의 크기는 배의 길이만큼 길고, 돛폭은 배의 너비만큼 크며 바람을 품을 수 있는 돛폭이 있고 바람을 담을 수 있도록 돛폭을 펼쳐주는 '상활' · '질활' · '활대' 등을 갖추고 있다. 또한 돛을 올리고 내리기 편리하기 위한 '용두'와 '용층줄'이 있고, 바람의 방향에 따라 돛을 조작하기 위한 '아두줄'이 있다. 그리고 가장 중요한 구조로 배가 롤링과 피칭을 할 때 돛대가 움직이지 못하도록 좌 · 우측에서 잡아주는 '엾총'의 구조를 갖추고 있다. 또한 배의 방향을 조종하는 '타(치) 구조'를 갖추고 있다<그림 102>.

〈그림 102〉 추진구조

(3) 내부구조

내부구조로서 '가룡 구조'는 제작과정에서 좌우현 외판을 올릴 때 선형을 잡아주는 뼈대 역할을 하며, 수압과 기타 외력으로부터 외판과 횡강력을 보강하는 기능을 갖춘 구조이다. 선재는 비교적 단단하고 굵기가 약 10㎝ 전후의 기다란 참나무를 사용하고 있다.

'차가룡 구조'는 멍에보다는 가늘고 가룡보다는 굵은 형태로서 돛대를 잡아주고, 외판 중 휨이 가장 큰 중심 부위에 걸쳐 보강하는 구조이다. 돛대가 세워지는 구간의 차가룡 중앙에는 구레짝과 돛대를 잡아주는 '당아뿔' 구조가 설치될 수 있도록 두 개의 직사각형의 구멍이 전후로 관통되어 뚫려있다.

유물명 / 구조	가룡	차가룡
대부도 2호선		
달리도선	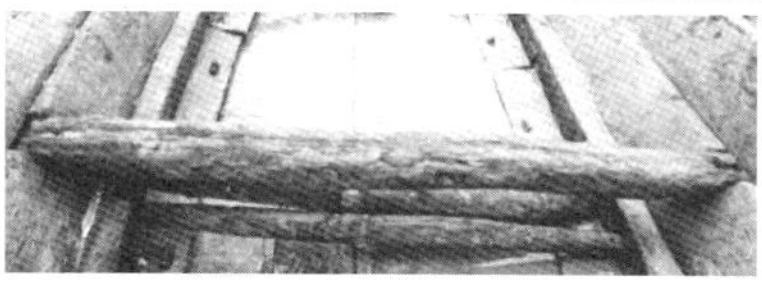	
안좌선		
가룡 구멍과 차가룡 홈턱		

〈그림 103〉 횡강력의 구조

'멍에 구조'는 배의 대들보 역할을 하며 상장구조를 받쳐주는 구조이다. 단면은 약 30㎝ 전후의 직사각형이나 정사각형으로 외판 양쪽 뱃전에 '凵'자 형 홈턱을 따내어 걸치는 구조이다<그림 103>.

'받침 구조'는 선내에 적재한 물품을 오수로부터 보호하기 위해 선저에 깔아 놓은 구조이다. 받침 구조는 '십자형 구조', '노철형凸 구조', '반턱맞춤 구조', 'ㄴ'자 형 턱 구조를 사용하여 널판을 바닥에 깐다. 기둥과 기둥을 이어주는 '통장부맞춤', '장부맞춤'을 사용하고 있다. 보와 보 사이에 받쳐주는 '제비촉맞춤' 등 구조[144]도 확인된다<그림 104>.

구조	유물	추정도
십자형 구조물		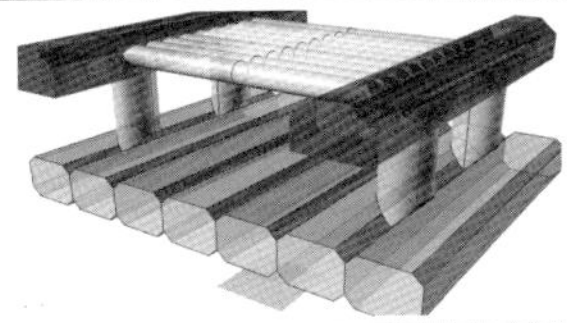
노철형 구조물	 	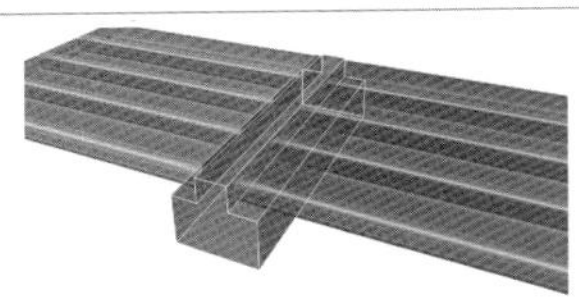
반턱맞춤 구조물	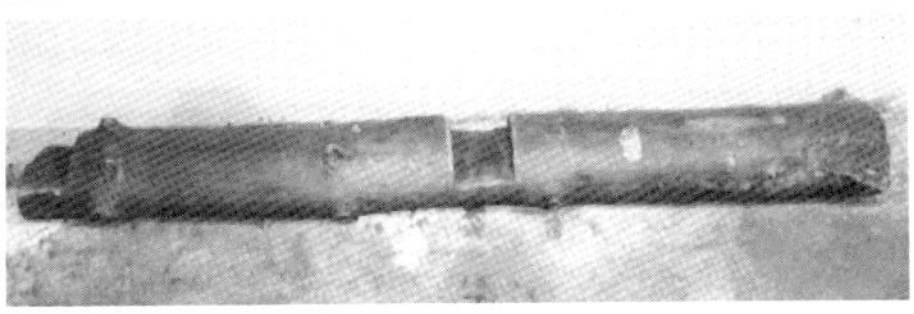	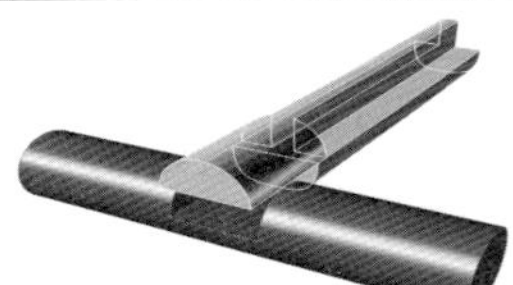
'ㄴ'자 형 구조물		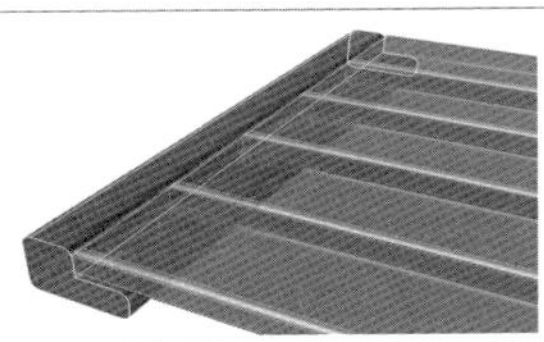

144 홍순재, 「마도 해역 출수 난파선 비교 고찰」, 『태안 마도 4호선 수중발굴조사 보고서』, 국립해양문화재연구소 학술총서 제40집, 2016, 370~391쪽.

통장부 맞춤 구조물	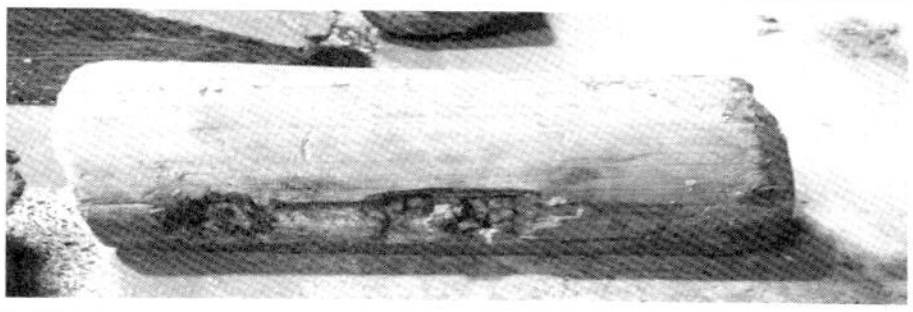	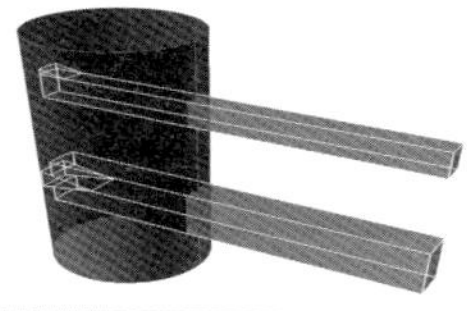
제비촉 맞춤 구조물		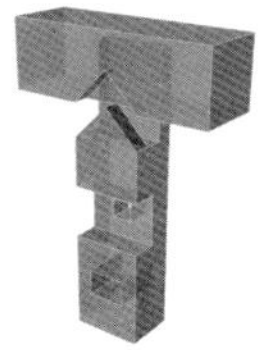

〈그림 104〉 **받침구조**

(4) 연결구조

이음 및 연결구조는 선재 각각을 서로 이음하거나 연결하는 구조이다. 저판의 이음 구조는 '장부이음' · '턱걸이 장부이음' · '맞댄이음' · '세로형과 가로형 반턱이음', '짧은턱 장부이음' 등의 구조를 갖춘다. 연결은 '쪽매방식' 구조를 통해 서로 맞대어 연결된다. 그중 저판 중앙에 위치한 이음은 장부이음 · 턱걸이 장부이음 · 짧은턱 장부이음 방식을 사용하고 있고, 좌우측 부재는 맞댄이음과 반턱이음을 사용하고 있다. 특히 맞댄이음은 좌 · 우측 저판재 선수와 선미에서 가장 많이 나타난다〈그림 105〉.

중앙 부재		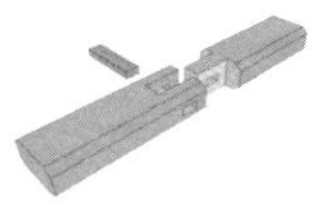			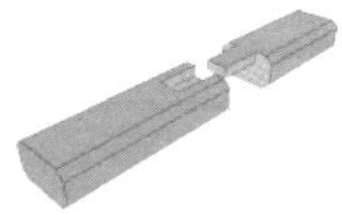
	장부이음		턱걸이 장부이음		
좌 · 우 측 부재				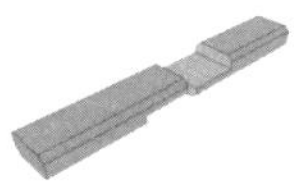	
	세로형 반턱이음		가로형 반턱이음		짧은턱 장부이음

선수 · 미 부재	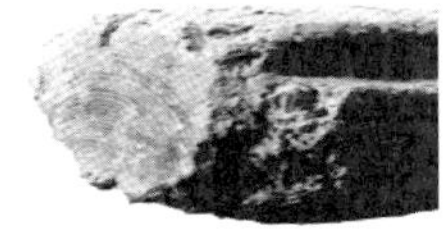		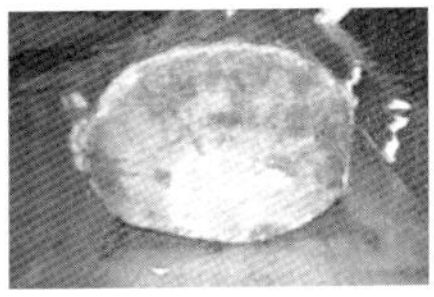	
	맞댄이음			

〈그림 105〉 저판 이음의 구조

외판의 이음구조는 세로형 반턱이음과 맞댄이음이 확인되고 있으며 각 단의 연결은 고려시대 전형적인 이음구조인 'ㄴ'자 형 턱에 올려 연결한 턱붙이 클링커식 구조가 확인되고 있다〈그림 106〉.

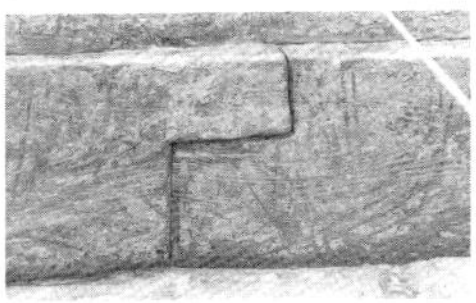			
세로형 반턱이음			맞댄이음

〈그림 106〉 외판의 구조

결속구조는 저판을 연결하는 긴 나무못인 '장삭'과 저판과 외판, 외판과 외판을 연결하기 위해 박는 나무못인 '피삭', 장삭과 피삭이 빠지지 않도록 고정하는 산지와 쐐기 등이 있다. 특히 저판의 장삭을 고정하는 구조는 세 가지 방식으로 '산지구조', '벌림쐐기구조', '쐐기구조' 등이 확인된다. 또한 선미재와 외판을 연결하기 위한 '통홈물림방식'과 방두산지(메뚜기산지)[145] 등이 확인되고 선수재 연결에는 '은살대꽂기' 방식의 구조가 확인된다〈그림 107〉.

---

145 장부를 길게 만들어 관통됨 홈에 장부를 박고 장부가 빠지지 못하도록 장부에 구멍을 뚫어 산지를 박는 맞춤 방법.

저판 장삭 결구 구조	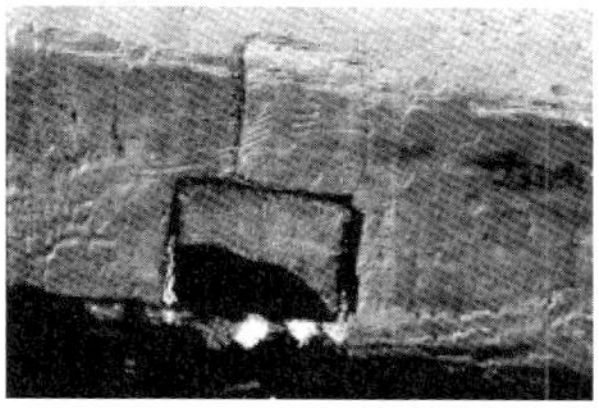		
	장삭	벌림쐐기	장삭과 산지
외판 피삭 결구 구조		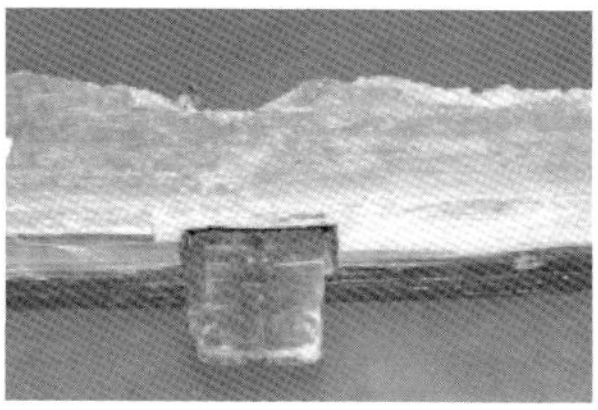	
	피삭과 산지	피삭	방두산지

〈그림 107〉 저판과 외판 결구의 구조

부속구로서 호롱 구조는 닻을 올릴 때 닻줄을 감고 정리하며 돛대를 세울 때도 사용한다. 호롱통 받침대는 호롱통이 회전할 수 있도록 상부에 구멍을 뚫고 호롱통 양쪽 끝을 구멍에 끼워 사용하는 구조이다. 호롱통을 돌리기 위해 원통형 손잡이 6개를 등 간격으로 호롱통에 박고, 손잡이 끝에 줄을 감아 서로 연결하여 닻줄을 감을 때 동일한 힘이 호롱 손잡이에 전달하여 닻을 올리기 편리하고 손잡이가 부러지지 않도록 하였다〈그림 108〉.

고려시대 고고학적 실증자료 11척을 통해 기능별로 분류하여 성격을 살펴보았다. 그 결과 출토된 고려시대 한선은 대부분은 판재板材를 사용하지 않고 아름드리 통나무의 원통형 그대로 사용하거나 사면을 다듬어 판목板木을 선재船材로 사용하고 있다. 선재 활용에 있어 사람의 휨이나 불을 사용하여 휘지 않고 자체적 곡선의 형태를 갖추며 자생한 나무(선재)를 선형에 맞추어 깎아 만들어 사용하고 있다. 또한 각각 구조를 서로 이음하거나 연결할 때 사용되는 고착 방식은 철정을 사용하지 않고, 나무못인 장삭, 은살대꽂기, 피삭, 산지, 벌림쐐기를 결구하여 고착하는 방식을 사용하고 있다. 좌 · 우 외판의 횡강력을 지지하는 중국식 격벽隔壁 구조가 아닌 가룡, 차가룡, 멍에의 구조로 서로를 지지하는 구조를 갖춘 전형적인 고려시대 한선의 구조를 알 수 있다.

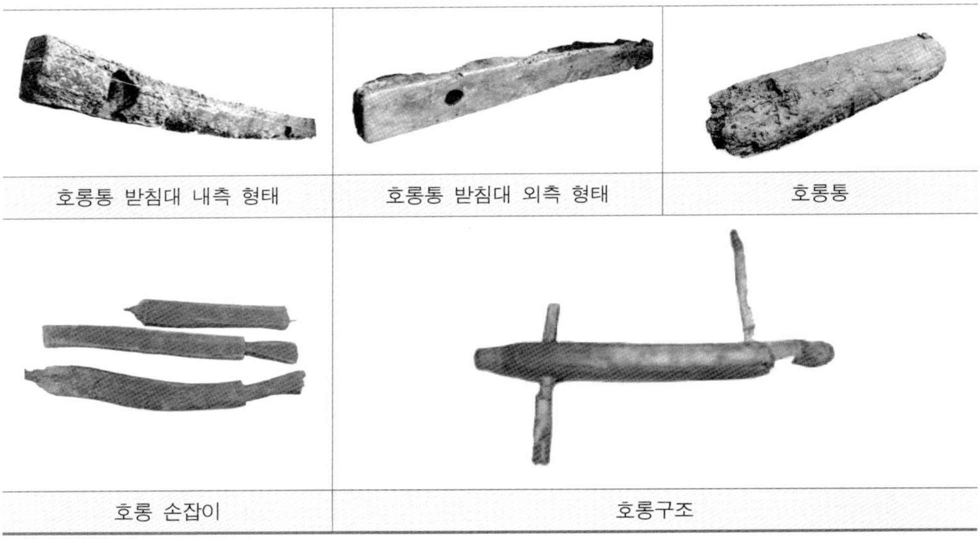

〈그림 1068〉 호롱구조

(5) 고려시대 한선의 구조별 수종[146]

고려시대 선박에서 확인된 선체의 구조별 사용된 수종은 〈표 14〉와 같다.

다음 표를 보면 본체구조인 저판, 만곡부종통재, 외판, 선수재, 선미재는 대부분 소나무과 소나무속 소나무류Pinus spp. 선재로 사용한 것을 알 수 있다. 본체구조에 소나무가 많이 사용되는 것은 한반도 전역에서 쉽게 구할 수 있는 수종이기도 하지만 상수리나무류에 비해 강도가 약해 가공이 쉬운 편이며, 저비중재이고 수축성과 흡수성은 보통이며 부력이 좋아 본체구조로 적합한 성질을 갖는 수종이기 때문이기도 하다.[147] 일부 저판과 외판, 만

146 국립해양문화재연구소, 『해양출수 고선박 보존처리』, 국립해양문화재연구소 학술총서 제63집, 2021, 130~131쪽.

147 정성호 · 박병수, 『한국산 유용수종의 목재성질』, 국립산림과학원, 2008, 30~31쪽 재인용.

〈표 14〉 고려시대 한선의 구조별 수종

구조 \ 선박명	나주선	십이동파도선	완도선	태안선	대부도 2호선
저판	소나무류	소나무류	소나무류, 비지나무		소나무류
외판	소나무		소나무류, 상수리나무류		소나무류
만곡부종통재	느티나무	소나무류, 느티나무	소나무류		소나무류
선수재		소나무류			소나무류
선미재					소나무류
가룡		굴피나무	상수리나무		밤나무속
차가룡					밤나무속
호롱					소나무류
호롱받침대		굴피나무			상수리나무류
피삭		굴피나무	굴피나무속 소나무류	상수리나무류 굴피나무	밤나무속
장삭		상수리나무	상수리나무		밤나무속 상수리나무류
산지					상수리나무류

구조 \ 선박명	마도 1호선	마도 2호선	대부도선	마도 3호선	달리도선	안좌선
저판	소나무류, 밤나무속, 상수리나무류, 이나무	소나무류	소나무류		소나무류	소나무류
외판	소나무류	소나무류	소나무류	소나무류	소나무류	소나무류
만곡부종통재						
선수재						소나무류
선미재						
가룡		상수리나무류		상수리나무류	상수리나무류	상수리나무류
차가룡					뽕나무속	소나무류
호롱						
호롱받침대						
돛대				소나무류		
타						
피삭						
장삭	상수리나무류		상수리나무류			상수리나무류
산지						상수리나무류

곡부종통재의 경우 느릅나무과 느티나무속 느티나무[Zelkova serrata (Thunberg) Makino]와 참나무과 참나무속 상수리나무류(Quercus spp.)], 주목나무과 비자나무속 비자나무Torreya nucifera S. et Z., 이나무과 이나무속 이나무Idesia polycarpa Max. 등의 선재도 확인된다. 그중 느티나무는 굵기가 크고 자생하면서 심재가 죽어가는 특징이 있기 때문에 만곡부종통재를 만들기 위해서는 매우 적합한 수종[148]이라 할 수 있다.

우리나라 소나무는 한 종류이지만 자생하는 환경에 따라 두 종류로 나누어 명칭이 사용되고 있다. 바다 가까운 인근에서 자생하는 소나무는 해송이라 하며, 내륙 깊숙이 자생하고 있는 소나무는 육송이라 한다. 이중 선박에 많이 사용되는 종류는 해송이다. 해송은 높이 20m, 지름 1m까지 자랄 수 있는 상록침엽교목과에 속한 소나무이다. 선박 건조에 해송을 많이 사용되는 것은 지리적으로 가깝고 자생환경이 적합하기 때문이다. 해송이 자생하는 곳이 바다 가까이에 있으며, 선박을 만드는 장소 또한 바다와 인접한 곳이기 때문에 선재 공급면에서 지리적 이점이 크다. 또 해송은 반듯하게 자라지 않고 자연적으로 휨을 이루면서 자생하기 때문에 곡선이 많이 요구되는 선재로서 매우 적합하다. 이러한 점은 고려시대 선박 실증자료에서도 확인할 수 있다. 고려시대 선박의 선재 대부분은 판재가 아니라 아름드리 원목에 가까운 크기이며 선형과 선재의 위치에 맞춰 자연스럽게 휘어진 나무를 사용했기 때문에 육송보다는 해송이 많이 사용[149·150·151]되었다.

---

148 수중 출토 고려시대 한선의 선체 수종별 강도 계산

수종	종압축강도 (kgf/㎠)	종인장강도 (kgf/㎠)	휨강도 (kgf/㎠)	전단강도 방사(kgf/㎠)	전단강도 접선(kgf/㎠)
해송(곰솔)	571	1139	994	132	137
소나무	430	885	747	97	104
느티나무	382	1123	959	158	151
참나무(상수리)	625	1371	1270	214	199
밤나무	339	781	852	124	116

149 『世宗實錄』 卷24, 世宗 6年 4月 17日.
傳旨于兵曹 : "兵船國家禦寇之器, 其用最重, 其材須用松木。自庚寅以後, 連年造船, 近水之地, 松木殆盡。又因田獵之徒縱火燒焚, 不得成長, 將來可慮。[병선(兵船)은 국가에서 해구(海寇)를 방어하는 기구로서 그 쓰임이 가장 중한 것이다. 선재(船材)는 꼭 송목(松木)을 사용하는데, 경인년 이후부터 해마다 배를 건조해서 물과 가까운 지방은 송목이 거의 다했고,]

150 『宣祖實錄』 卷7, 宣祖 6年 8月 1日.

선재 운송은 육로를 이용하기도 하지만 대부분 바다나 강을 통해 운반하였다. 이는 산에서 선재를 바다로 내리기 편리하고, 서로 묶어 여러 개를 한꺼번에 배에 매달아 이동할 수 있는 장점이 있기 때문이다. 운송의 편리성 뿐만 아니라 목수의 제보에 의하면 바닷물의 염분으로 인해 표피가 벗겨지고 그로인해 곰팡이 균을 박멸하며, 선재의 갈라짐과 변형이 줄어들고, 성충으로부터 선재를 보호할 수 있어서 대부분 바다나 강을 통해 운반하는 것이 일반적이었다.[152]

내부구조인 가룡과 연결구조인 장삭과 피삭 등 참나무과 참나무속 상수리나무류, 참나무과 밤나무속Castanea spp.과 같은 활엽수재가 많이 사용되었다. 이들은 비교적 단단하고 강도가 큰 수종으로 힘을 받는 구조에 적절한 것으로 판단된다.[153]

피삭은 외판의 각 단을 연결하기 위해 결구하는 나무못이다. 피삭은 보통 가로 10㎝ 정도 크기이다. 외판의 두께에 따라 피삭 두께도 다르게 적용하는데 대부분 1.5~2.9㎝ 정도의 두께이다. 나무못의 길이는 외판의 너비에 맞추어 결정되며 선수 쪽의 피삭은 약 30㎝이고 중앙부는 약 60㎝이다.

羅老浦 · 倭浦松材, 板屋船造作依憑, 百餘條至斫伐。擲奸時現捉, 泛濫無忌, 極爲駭愕。鄭淹 · 高景柳, 宜加賞罰, 以示勸懲。景柳已以臺諫所劾坐罷。上命鄭淹賞加, 拿推景柳。[나로포(羅老捕) · 왜포(倭浦)의 송재(松材)를 판옥선을 만든다는 핑계로 1백여 조(條)나 베었는데 적간(摘奸)할 때에 현착(現捉)하였으니, 꺼림 없이 외람한 것이 아주 놀랍습니다. 정엄 · 고경류는 상벌을 베풀어 권징을 보여야 합니다.]

151 『世宗實錄』卷48, 世宗 12年 5月 24日.
各浦兵船, 率以未乾松板造之, 又用木釘, 故如遇風浪, 連合之處, 易以違解。且多罅隙, 因以漏濕, 致令速朽, 不耐七八年, 又改造, 故沿邊松木殆盡, 勢將難繼。唐船則亦用松木以造, 而可經二三十年。請依唐船之制, 粧用鐵釘, 而板上塗灰, 復用槐木板疊造以試之。若槐木難得, 則櫨檜榆楸等木, 令各浦斫取沈海, 以試堅韌柔脆用之。[각 포(浦)의 병선은 모두가 마르지 아니한 송판(松板)으로 만들고 또 나무못을 썼기 때문에, 만일 풍랑을 만나면 이어 붙인 곳이 어그러지고 풀리기 쉬우며, 또 틈이 많이 생기기 때문에 새고 젖어서 빨리 썩게 되어 7, 8년을 견디지 못하고, 또 개조하기 때문에 연변의 소나무가 거의 다 없어져 장차 이어가기 어려울 형편입니다. 중국 배도 역시 소나무로 만들었으나, 2, 30년을 지날 수 있사오니, 청컨대 중국 배의 제도에 따라서 쇠못을 써서 꾸미고 판(板) 위에는 회(灰)를 바르며, 다시 괴목판(槐木板)을 써서 겹으로 만들어 시험하되, 만약 괴목을 구하기 어려우면 각 포(浦)에 명하여 노나무[櫨] · 전나무[檜] · 느릅나무[榆] · 가래나무[楸] 등을 베어다가 바다에 담가 단단하고 질긴가, 부드럽고 연한가를 시험하여 사용하게 하소서. 하니, 그대로 따랐다.]

152 홍순재, 「고려초기 나주선 구조 및 크기 재해석」, 『해양문화재』 제18호, 국립해양문화재연구소, 2023, 139~142쪽.

153 김응호 · 홍순재 · 김병근 · 한규성, 「수중 출수된 고선박의 구조와 목재수종의 변화」, 『해양문화재』 제14권, 국립해양문화재연구소, 2021.

피삭 재료는 본체구조보다 강한 나무를 사용한다. 국립산림과학원에서 한국산 유용 수종의 목재 성질 자료를 참고하면 소나무의 종압축강도는 430kgf/㎠[154]이며, 참나무(상수리나무)의 종압축강도는 625kgf/㎠[155]이다. 소나무보다 참나무의 압축강도가 높게 나타난다. 강도가 약한 소나무를 피삭으로 사용할 경우 못의 머리 부분이 깨지거나, 못 홈에 결구 시 강도가 약해 짓눌려서 찌그러지는 현상이 발생한다. 그 반면에 강도가 강한 참나무를 피삭으로 사용할 경우 종압축강도가 높아 못의 머리 부분이 깨지지 않고 못 홈에 잘 파고들며 견고해진다.

그뿐만 아니라 소나무의 성질[156]이 약하기 때문에 강도가 강한 참나무 성질[157]을 가지는 나무보다는 물의 흡수율이 높다. 즉 외판에 사용된 소나무에 참나무 못을 사용할 경우 소나무가 참나무보다 물의 흡수율이 높고 물의 함량이 높아져 세포조직이 부풀어지기 현상이 발생한다. 이에 따라 소나무 성질이 참나무 못을 압축하게 되고 참나무 또한 물을 흡수하기 때문에 서로 팽창되어 나무못이 빠지지 않게 견고히 잡아준다. 이처럼 각각의 구조에서도 선재를 활용하는 선조들의 조선기술을 엿볼 수 있다.

4. 조선시대 한선의 구조

1) 조선 전기 한선의 구조

조선시대 전기 한선의 자료는 마도 4호선 1척[158]이 발굴조사 되었다. 현재 인양되지 않은

---

154 정성호 · 박병수, 『한국산 유용수종의 목재성질』, 국립산림과학원, 2008, 213쪽.
155 앞의 책, 283쪽.
156 강도가 약한 소나무는 수축성과 흡수성이 보통이다. 압축강도 · 휨강도 · 전단강도는 보통이고 인장강도는 약하다.
157 강도가 강한 참나무는 수축성이 크고 흡수성이 보통이며, 압축강도 · 인장강도 · 휨강도 · 전단강도가 강하다.
158 홍순재, 「마도해역 출수 난파선 비교 고찰」, 『태안 마도 4호선 수중발굴조사 보고서』, 국립해양문화재연구소 학술총서 제40집, 2016, 370~391쪽; 국립해양문화재연구소, 『태안 마도 4호선 수중발굴조사 보고서』,

사항으로 수중발굴조사에서 확인된 구조를 통해 <표 15>와 같이 마도 4호선이 가지는 구조적 특징을 살펴보겠다.

<표 15> 수중 출토 조선시대 마도 4호선의 구조적 특징

구조	형식						
	형태(단면)	선형(측면)	이음	연결	결속	추진	기타
저판(5열)	평저형	만곡형	턱걸리 장부, 세로형 반턱, 맞댄	맞댄쪽매	장삭	쌍범선	구레짝 홈 4개
외판	원통형	만곡형	세로형 반턱, 맞댄	턱붙이 클링커식	피삭	–	개삭에 쇠못 사용
선수(4열)	방형	가로형	–	맞댄쪽매 선수–외판(톱날형)	은살대꽂기		–
선미(7단)	판재형	가로형	–	통홈물림	장쇠	–	–
가룡	원통형	곡선형	–	통맞춤	–	–	–
차가룡	사각형	직선형	–	걸침턱 맞춤	–	–	당아뿔
치	원통형	납작한 장방형					

2) 조선시대 선박의 기능별 구조

본체구조는 고려시대 13세기까지 나타나는 '만곡부종통재' 구조가 사라지고 '저판', '외판'. '선수', '선미'만이 확인된다. 저판, 외판, 선미의 구조적 특징은 고려시대와 동일하다. 반면에 선수 구조가 고려시대 한선에 사용된 세로형과는 다르게 가로로 쌓아 올린 가로형 구조를 갖추고 있다<그림 109>.

국립해양문화재연구소 학술총서 제40집, 2016.

가로형 선수의 구조

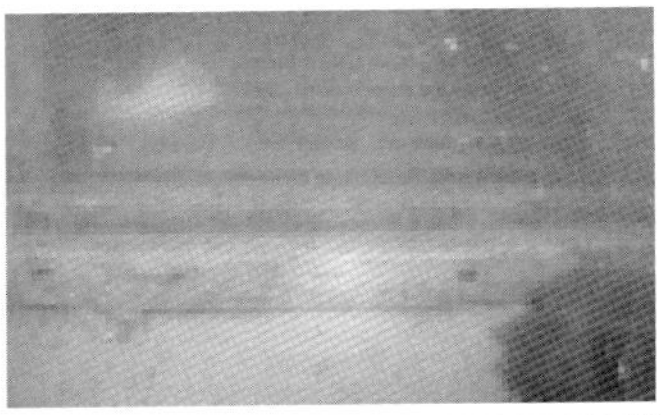

외판의 구조

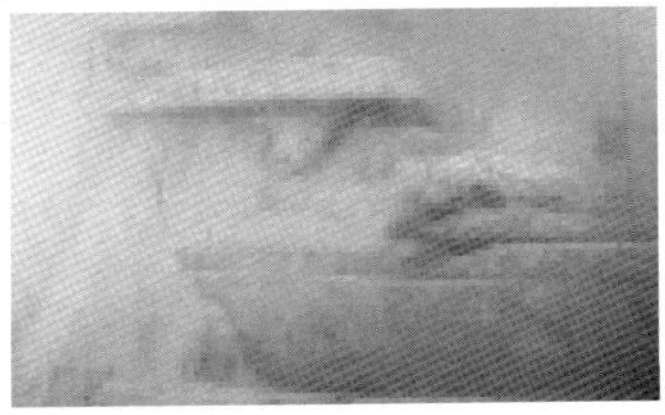

선미의 구조

〈그림 109〉 본체의 구조

추진구조에서도 '구레짝'과 '당아뿔 구조'는 고려시대와 동일하다. 반면에 돛대 구조는 고려시대처럼 한 대의 돛대가 아닌 두 대의 돛대를 갖추고 있다. '타'의 구조에서도 고려시대는 '옥치 구조'가 나타나는 반면에 조선시대에는 '벗치 구조'가 확인된다〈그림 110〉.

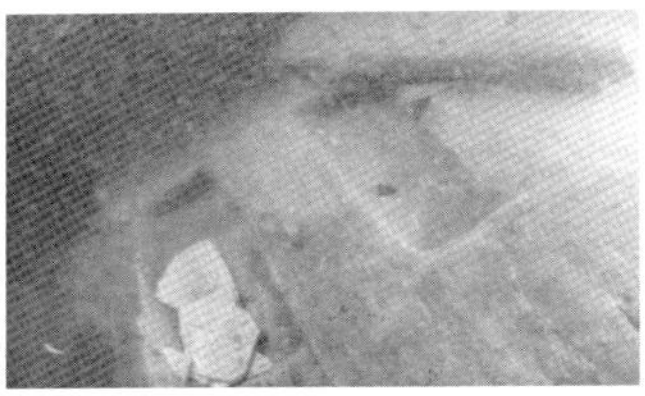

중앙부 돛대 구레짝 홈

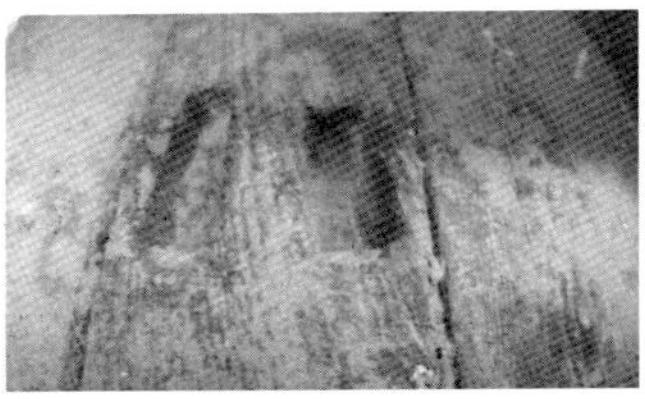

선수부 돛대 구레짝 홈

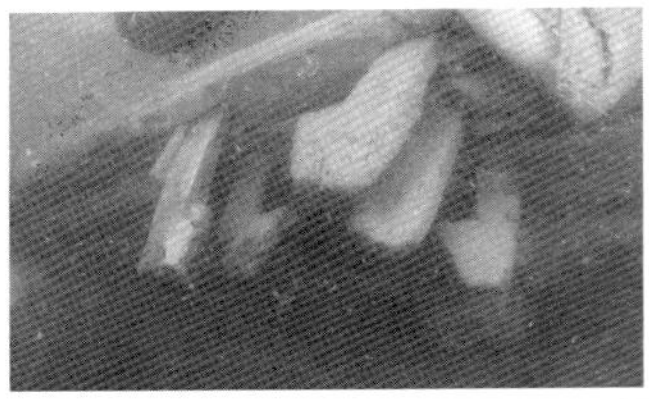

당아뿔 전면 형태

타(치체)

타의 치분

〈그림 110〉 추진구조

내부구조는 고려시대 횡강력 구조로 가룡과 차가룡 구조와 같다<그림 111>.

	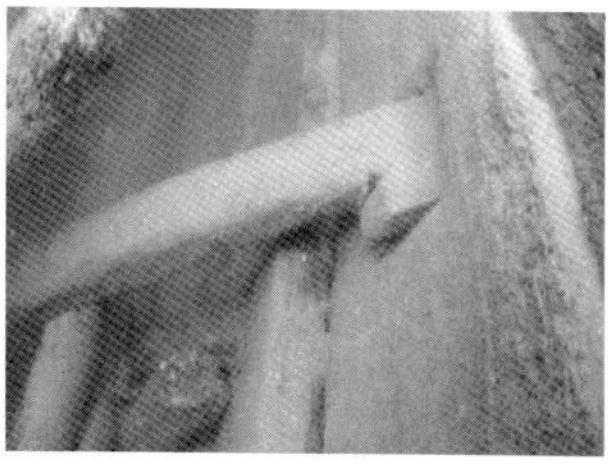 
선수부 가룡	가룡과 쐐기 형태
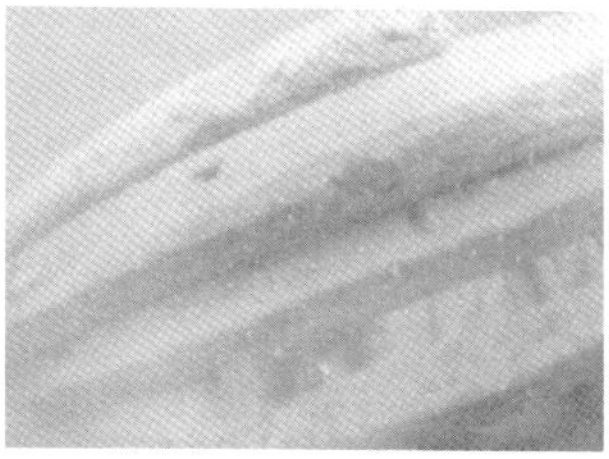	
횡강력 구조	선미부 가룡

〈그림 111〉 내부구조

연결구조 또한 고려시대 저판에 사용된 '장부이음', '세로형 반턱이음', '맞댄이음'이 사용되고 있고, 외판에도 '세로형 반턱이음'이 사용되고 있다<그림 112>.

저판			외판
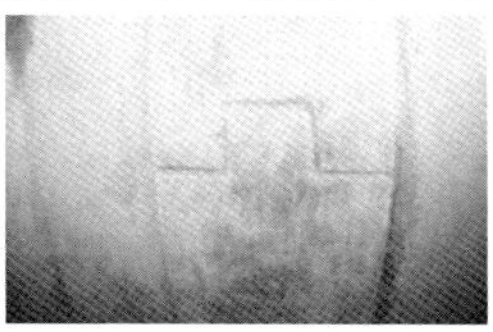	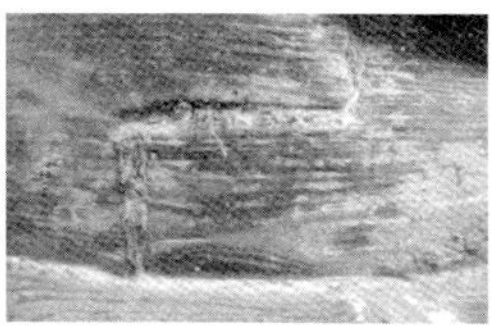	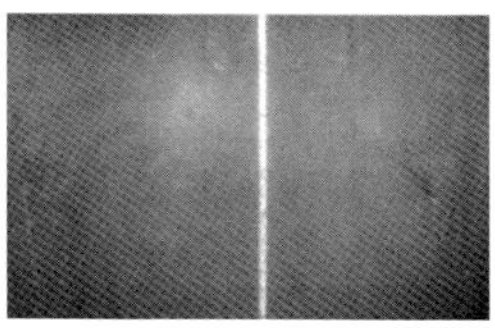	
턱걸이 장부이음	세로형 반턱이음	맞댄이음	세로형 반턱이음

〈그림 112〉 연결구조

결속구조는 고려시대와 같이 저판은 장삭을 박았으며, 외판은 피삭을 박아 연결하고 있다. 선체를 수리보수하는 개삭에 고려시대는 작은 직사각형 또는 원형의 나무못을 사용하는 반면에 조선시대 개삭에는 쇠못을 사용하고 있다〈그림 113〉.

외판 개삭 철정(쇠못)		선수 피삭구조	선미 피삭구조

〈그림 113〉 결속구조

수밀재료는 각각의 부재가 연결되어 접합된 사이에 스며드는 누수를 막기 위해 볏짚으로 보이는 초본류를 사용하고 있다. 그 외에도 조선시대는 나무껍질을 표백한 것과 혹은 대패밥 등을[159] 이용하여 부재 연결 및 이음부에 사용하였다.

조선시대 한선의 고고학적 실증자료를 통해 구조를 살펴본 결과 고려시대 한선의 구조가 그대로 이어지는 것을 알 수 있고, 고려시대에는 한 대의 돛대가 있는 반면에 조선시대에는 선수부와 중앙부에 두 대의 돛대를 갖추고 있는 것을 알 수 있다. 또한 고려시대 한선의 선수재는 세로형인 반면에 조선시대에는 가로형의 선수재 구조를 사용하고 있고, 고려시대에는 보이지 않은 철정 결속구조가 통일신라시대와 조선시대에 철정 결속구조가 확인되고 있다. 타의 구조 또한 고려시대에는 외판이 선미재 바깥으로 돌출되지 않고 사선형의 구조를 갖추고 있어 '옥치 구조'를 알 수 있고, 조선시대에는 치체와 치분을 통해 '벗치 구조'를 알 수 있다.

---

159 대불대학교 산업협력단, 『어선조사보고서』, 대불대학교 산업협력단 출판부, 2007, 24쪽.

3) 조선시대 한선의 구조별 수종

〈표 16〉 조선시대 한선의 구조별 수종

수종 \ 구조	저판	외판	선수재	선미재	가룡	차가룡	돛대	피삭	장삭	산지
수종	소나무류, 밤나무속, 상수리나무속 이나무	소나무류	소나무류	–	–	–	–	–	상수리 나무류	–

마도 4호선은 소나무과 소나무속 적송류와 참나무과 참나무속 상수리나무류 2종으로 식별되었다. 구조재와 부속구로 사용된 수종은 소나무속 적송류와 참나무속 상수리나무류로 식별되었다〈표 16〉.[160]

4) 조선 후기 한선의 구조

조선 후기에 문순득 표류기를 정리한 이강회 「운곡선설」 외국 배의 장점과 한선의 단점을 비교한 내용, 정약용이 한선의 문제점을 지적한 내용, 1900년 러시아재무성에서 펴낸 『한국』에서 한선에 대해 언급한 내용, 1845년 성 김대건 신부가 페레올 주교를 만나기 위해 제물포항에서 구입한 어선에 대해 레올 주교가 파리 바랑Barran신부에게 보낸 서한 내용과 다블뤼 신부가 리브와N. Libois 신부에게 보낸 서한 내용, 1928년 일본 조선총독부수산시험장에서 우리나라 전통 어선과 개량식 어선을 조사하여 발간한 보고서 등을 통해 조선 후기 한선의 구조를 살펴보겠다.

---

160 국립해양문화재연구소, 『태안 마도 4호선 수중발굴조사 보고서』, 국립해양문화재연구소 학술총서 제40집, 2016, 313쪽.

(1) 이강희의 「운곡선설」

1801년 12월 전남 신안군 우이도의 문순득(1777~1847)은 태사도에 홍어를 사러 갔다가 표류하여 유구, 필리핀 루손 섬, 마카오 중국 광동성 등을 전전하다 1805년 1월 8일 귀항하였고 표류하는 동안 자신이 표착 했던 유구와 필리핀, 중국 등지의 선박과 한선을 비교하는 기회를 가질 수 있었다. 정약용의 형인 정약전이 문순득의 표류담을 듣고 정리한 「표해시말漂海始末」과 정약용의 제자인 이강회가 선박에 관한 문순득의 구술을 정리한 「운곡선설雲谷船說」이 『유암총서柳菴叢書』에 수록되어 있다. 「운곡선설」은 문순득이 체재한 바 있는 유구, 필리핀, 중국 광동 등에서 목격한 배와 한선을 비교한 소 논설이다. 문순득은 주로 외국 배의 장점과 한선의 단점을 비교하였다. 그 내용을 정리하면 <표 17>과 같다.[161]

〈표 17〉「운곡선설」에 기록된 한선과 외국선박 구조 비교

구분 / 구조	한선	외선
저판	하나의 널빤지를 쓰되, 밑판 위에 3~4조각을 붙일 때에는 아주 좁게 하고 그 위로 올라갈수록 가파르면서 넓게 한다.	밑바닥을 극히 좁게하여…밑에 들어가는 것이 날카롭고 빠르며 높은 물결에도 출렁거리지 않는다. …큰 선박의 바닥에 천석의 모래를 깔아 배가 요동치는 것을 막는다.
선창	(가룡을 쓰는) 까닭에 선복(배의 내부를 말함)이 막혀 있어서 화물을 싣고 꺼내는 데 군색하고 힘이 든다.	가룡을 설치하지 않고, 기둥을 현판에 붙여 철못을 써서 고정시킨다. 이 때문에 선복이 텅비어 있어서 넓다
횡강력재	가룡을 써서 층층이 서로 견제시켜 배가 어그러짐을 방지하니 졸렬하다.	선폭의 현판에 기둥을 붙여 배가 어그러짐을 방지하고, 위에서 횡격을 설치하여 어긋나고 떨어져 나감을 방지한다.
키		하반판에 고정하여 뽑아내거나 꼽을 것도 없이 한 사람의 사공으로 키를 조정한다. …키는 배에 비하여 아주 작은 데 작아도 빠르게 회전할 수 있는 것은… 배 밑판이 협소하기 때문이다.

161 정약전 · 이강회, 『柳菴叢書』「운곡선설」, 2005, 106쪽; 김성준, 『한국항해선박사』, 국립목포해양대학교, 학술연구총서 4, 2014, 180~191쪽 재인용.

구조 \ 구분	한선	외선
닻	우리나라 전선의 쇠닻은 우리가 만든 것이 아니라 외국에서 무역한 것이다. 닻 하나도 스스로 제조하지 못하는데 배는 오히려 무슨 말을 하겠는가	닻은 쇠를 쓰는데 무게가 수백 근에 이르러 닻을 내릴 때에는 거중기를 써서 물에 떨어뜨리며 닻을 거둘 때에도 거중기를 쓴다.
수밀	우리나라에서 뱃밥을 쓰는 것은 대개 옛 법이다.	유회로 틈을 막는다.
선체		조수가 성한 때를 끌어다 비탈에 올려 놓는다. …솥안에 기름을 붓고 송지 가루 수십 말을 섞어 약한 불과 센 불로 달이어 배에 바른다. …배에 바르는 기름은 물고기, 짐승, 기름은 물론이고 날짐승의 기름도 썩어서 달인다.
취사실	선복에 있어 주방이라 이름하고 화장이라 불을 때면 연기와 그을음이 선복에 가득 차기 때문에 선복안의 검은 그을음이 눌러 붙어 비가 오면 축축하게 베어 나오고, 맑은 날이면 때가 달라 붙고, 바람이 불면 더러운 것이 떨어져 더럽고 습해지기가 망측하다.	맨 위층에 두는 데 긴 난간을 따라 좌우에 작은 벽돌로 쌓아 위에 나무상자를 이용하여 솥을 놓고 기름회로 틈을 메운다. 위에는 소가죽을 써서 덮고 가죽에는 기름을 발라 그을음으로 더럽혀지지 않게 한다.
규정	우리 배는 이러한 법이 없으니 더욱 한심하다.	배에는 법과 령이 있는데, 닻을 거두는 것, 닻줄을 당기는 것, 돛을 펴는 것…각각 주관하는 사람이 있어 감히 자기의 직분을 넘어서 남의 일에 간섭하지 못한다.
항해도구		속력 측정, 자오침, 망원경 등 사용

「운곡선설」의 기록을 살펴보면 조선 후기 한선은 연결방법이 졸렬하고, 가룡으로 횡강력을 보강하는 구조로 물품 적재 공간이 협소하다. 선체 이음 및 연결방식이 효율적이지 못해 수밀에 취약하며, 취사실 등 선내 시설이 비위생적이다. 엄격한 선박에 관한 법이나 규정이 없는 것을 알 수 있다. 특히, 문순득은 결론적으로 한선은 "전선의 등급의 높고 낮음을 가릴 것 없이 옛것의 절박함을 아직도 고수하여 거칠고 가증스러울 뿐 아니라 도리어 또한 소홀하고 엉성하기 짝이 없다"라고 하였다.

다산 정약용도 한선의 재목(나무)과 크기에 대한 비교, 운용에 따른 단점 등의 문제점에 대해 지적[162]과 1900년 러시아재무성에서 펴낸 『한국』에서 한선은 저판이 평평하고 중국식 보다 일본식과 유사한 한선의 구조는 조잡하고, 흘수가 낮은 반면에 배의 크기에 비해 키는 크고, 쇠못을 사용하지 않고 나무못을 사용하기 때문에 수밀에 취약한 구조로 지적하였다.[163 · 164]

1816년 애머스트Amherst 사절단 일행을 중국까지 수행한 알세스트호Alceste의 머리 맥스웰Murray Maxwell함장과 함께 조선의 서해안을 항해한 라이러 호Lyra의 바실 홀Basil Hall 함장은 그 견문을 출판하였는데 이 바실 홀의 항해기에는 한선의 노가 단순하지만 효율적인 추진력을 갖추고 있다고 평가하고 있다.[165]

이와 같은 내용을 정리해 보면 조선 후기의 한선은 나무못을 사용하기 때문에 수밀에 취약하고, 가룡 구조로 횡강력을 보강하고 있기 때문에 적재 공간이 부족한 것을 알 수 있으며, 두 대의 돛대와 대나무 돛을 사용하여 역풍항해가 가능하고, 노를 효율적으로 사용하고 있다는 것이다. 선수와 선미의 각도가 30°로 조파저항을 최소화하여 항해성능을 좋게 한 것을 알 수 있다. 고려 및 조선시대 고고학적 자료에서 확인되듯이 한선의 기본 구조는 동

---

162 정약용, 정해겸 역주, 2004, 『경세유표』 I , 168쪽.
"내가 배 만드는 것을 보니 자를 쓰지 않고 다만 눈어림으로 하며 재목이 또 고르지 않으므로 재목에 따라서 선체 모양이 달라졌다. 바닥은 짧으면서 뱃전은 길고 또는 바닥은 좁은데 보는 없으며 또는 선체가 작으면서 키는 크고 또는 선체는 큰데 돛대는 짧다. 뱃머리와 꼬리가 서로 영향을 받아 반응을 하지 않고 배와 등이 움직임에 따라 서로 당겨져서 더러 키를 틀어도 뱃머리가 돌려지지 않고 또는 돛을 펼쳐도 뱃머리가 앞서지 않는다."
김성준, 『한국항해선박사』, 국립목포해양대학교, 학술연구총서 4, 2014, 286쪽 재인용.

163 한국정신문화연구원, 『국역 한국지』, 1984, 453쪽.
"한인의 어선은 밑바닥이 평평하고 두 개의 돛이 달린 배로 출어한다. 그 형상은 청나라 식보다는 일본형에 유사하고, 그 구조는 심히 조잡하여 고정시키는 모든 부분이 밧줄 아니면 나무로 되어 있다."

164 앞의 책, 453쪽.
"조선 배는 나무못을 써서 만들고, 외판의 수밀이 잘 되지 않아 물이 잘 새어 들어오는 문제점을 안고 있다. 조선 배는 타가 큰 것이 특징이며, 모든 배는 평저선으로 흘수가 3미터를 넘지 않는다."

165 Basil Hall, 김석중 역, 『10일간의 조선 항해기』, 삶과꿈, 2003, 53~55쪽.
"조선의 배는 중국의 배와 비슷한 점이 많았지만, 이물과 고물은 수직이 아니라 수면에서 약 30도 각도로 내밀어져 있었다. …돛대는 가느다란 대나무 대로 수직으로 갈라져 엮여 있었다. 바람이 없거나 돛을 이용하지 않을 때는 보기에 한낱 긴 막대기에 지나지 않는 엉성항 노를 사용하여 움직였는데, 실제로는 충분히 효과적으로 나아가는 것이었다. …모든 배는 고물 쪽에 흔히는 이물 쪽에도 조타하는 것과 노 젓는 것, 두 가지 기능을 하는 긴 노가 걸쳐 있었다. 기술적으로 말하자면 큰 배에 추진력을 가하는 훌륭한 방식이었다. 어쨌든 이 방식은 문자 그대로 공간적 여유가 없는 붐비는 강에서 충분히 흉내를 내어봄직하다."
김성준, 『한국항해선박사』 증보판, 국립목포해양대학교 학술연구총서 4, 2014, 291쪽 재인용.

일하게 조선 후기까지 이어진다는 것을 알 수 있다.

(2) 라파엘Raphaël호

조선 후기 페레올 주교가 파리 바랑Barran신부에게 보낸 서한 내용[166]과 다블뤼 신부가 리브와N. Libois 신부에게 보낸 서한 내용[167]을 통해서 '라파엘Raphaël호' 크기와 일부 구조를 엿볼 수 있다. 라파엘호는 성 김대건金大建(안드레아) 신부와 일행들이 타고 간 조선 후기 어선으로 추정되는 선박이다. 앞서 언급한 서한의 내용을 바탕으로 라파엘호의 구조와 구조에 대한 설명을 <표 18, 19>와 같이 정리하였다.[168]

---

166 1845년 10월 28일자 페레올 주교의 서한 내용.
우선 신부님은 황해를 건너 조선에 우리를 데려다 준 배를 알면 매우 기쁘실 겁니다. 그 배는 길이가 25pied, 너비가 9pied, 깊이가 7pied입니다. 이 배를 짓는 데는 쇠못은 한 개도 들지 않았고, 널판은 나무못으로 서로 이어져 있습니다. 타마유도, 틈 막기도 없습니다. 조선 사람들은 이런 기술은 알지 못합니다. 엄청나게 높은 돛대 두 개에는 서로 잘 꿰매지지 않은 가마니로 된 돛 두 폭이 달려 있습니다. 뱃머리는 선창까지 열려 있는데, 그것이 배의 3분의 1을 차지합니다. 거기에 반쯤 썩은 풀로 꼰 바로 둘러 감은 권양기가 있는데, 촉촉한 날씨에는 이 풀에 버섯이 탁 덮입니다. 이 바의 끝에는 나무로 된 닻이 하나 매어져 있는데, 이것이 우리 구원의 희망입니다. 갑판의 일부분은 자리로 되어 있고 일부분은 아무런 고정 기구로도 고정되지 않고 그저 잇대어 죽 깔아 놓은 나무판자로 되어 있습니다. 거기다가 배 안으로 들어가는 구멍 셋을 보태십시오. 그래서 비가 오든지 파도가 뱃전을 넘어 쏟아져 들어오면 물은 한 방울도 버리지 않습니다. 그 물을 등에 맞아야 하고 또 팔을 걷어붙이고 밖으로 퍼내야 합니다.

167 1845년 10월 25일자 다블뤼 신부의 서한 내용.
이 배는 길이가 30pied, 너비가 12~13pied, 깊이는 모두 8pied가 넘지 않습니다. 우리들의 이 훌륭한 프레가트는 내부와 마찬가지로 외형조차 우아하지는 않습니다. 어울리지 않게 높은 돛대 2개에는 거적으로 된, 말하자면 교묘하게 짚으로 엮은 돛이 달려 있습니다. 게다가 조선 사람들은 일반적으로 배에 갑판을 만들지 않습니다. 우리는 이 점을 그냥 묵인 해야 했습니다. 뱃머리조차도 볼품이 없습니다. 그 외에 이 똑똑한 선원들은 배의 중간에 나무판자들을 깔아 놓고는 것들이 이어지지 않도록 신경을 많이 쓰고 있었습니다. 배 양옆에는 단지 막대기들을 격자로 엮어 놓고 그 위에 자리를 깔았을 뿐입니다. 그렇기 때문에 만일 바다가 조금이라도 출렁이면 물이 배 안으로 쉽게 들어옵니다. 선원들은 닻을 내리고 배 위에서 짚으로 덮개를 만들어 놓은 것만으로 비를 피할 수 있습니다. 그들은 키로 사용하기 위하여 대충 손가락 5개 정도 두께의 단단한 나무판자 한 개를 준비해서 배 밑에 그 냥 놓았습니다. 이런 키는 파도 앞에서는 아무것도 아니지요.

168 홍순재, 「라파엘호 구조와 규모에 관한 고찰」, 『교회사연구』 제59집, 2021.

〈표 18〉 페레올 주교가 보는 라파엘호 선박

구분	페레올 주교의 구조	구조 설명
추진구조	엄청나게 높은 돛 두 개에는 서로 잘 꿰매지지 않은 가마니로 된 돛 두폭이 달려 있습니다.	이물과 허리돛대를 갖춘 구조, 돛은 천을 사용하지 않고 가마니로 서로 이음
연결구조	배를 짓는 데는 쇠못은 한 개도 들지 않았고, 널판은 나무못으로 서로 이어져 있습니다.	나무못 사용 나무못을 사용하여 널판을 고착시킴
	타마유도, 틈막기도 없습니다. 조선 사람들은 이런 기술을 알지 못합니다.	타마유는 끈끈한 검은색의 고점도 액체를 말하는 것으로 당시 조선은 수밀을 기하는 조선기술로서 뱃밥(박실)이라는 수밀재료를 대끌로 박아 넣었음
정박구조	뱃머리는 선창까지 열려 있는데, 그것이 배의 3분의 1을 차지합니다. 거기에 반쯤 썩은 풀로 꼰 바로 돌려 감은 권양기가 있는데, 축축한 날씨에는 이 풀에 버섯이 탁 덮입니다.	선수부 닻멍에와 이물멍에 사이에 닻을 올리고 내리는 호롱(권양기)이 장착되어 그 부위에는 갑판을 설치하지 않음. 이와 같은 구조는 황해도, 경기도, 충청남도에서 활동한 어선에서 확인되는 구조 뿐만 아니라 닻줄을 보호하기 위한 방법으로 짚으로 역은 '덕석'을 덮음
	이 바의 끝에는 나무로 된 닻이 하나 매어져 있는데, 이것이 우리 구원의 희망입니다.	호롱통에 감긴 닻줄 끝에 매어진 닻을 선수 즉 이물비우에 걸치고 다니는 형태
본체구조	갑판의 일부분은 자리로 되어 있고 일부분은 아무런 고정기구로도 고정되지 않고 그저 잇대어 죽 깔아 놓은 나무판자로 되어 있습니다.	갑판은 대부분 개방되어 있고 일부분 서로 잇대어 깔아 놓거나 덕석 등으로 덮은 형태로 추정
공간구조	거기다가 배 안으로 들어가는 구멍 셋을 보태십시오	선창으로 들어가는 입구가 3곳을 갖춘 구조. 이는 고정된 갑판과 선내 칸막이 구조가 있다고 추정할 수 있음
	그래서 비가 오든지 파도가 뱃전을 넘어 쏟아져 들어오면 물은 한방울도 버리지 않습니다. 그 물을 등에 맞아야 하고 또 팔을 걷어붙이고 밖으로 퍼내야 합니다.	허리돛대가 위치한 곳 앞쪽에 갑판이 없고 만약 있다고 가정하면 조립식 깔판이 설치되었을 것으로 추정 가능함. 뜸의 구조가 비와 파도로부터 보호하고 선내로 물이 들어 올 경우 퍼내야하는 구조

〈표 19〉 다블뤼 신부가 보는 라파엘호 선박

구분	다블뤼 신부의 구조	구조 설명
본체구조	우리들의 이 훌륭한 프레가트는 내부와 마찬가지로 외형조차 우아하지는 않습니다.	라파엘호는 어선이기 때문에 구조가 우아하지 않고 어선으로서 기능을 갖추고 있음
	뱃머리조차도 볼품이 없습니다.	선수는 일본 및 외국(프랑스) 선박처럼 뾰족한 선형이 아니라 평평한 형태
연결구조	이 배를 짓는 데는 쇠못은 한 개도 들지 않았고...	1910년 조사된 황해남도, 경기도, 충청남도, 전라남도 등의 어선의 경우 쇠못을 사용하지 않고 나무못 사용
추진구조	어울리지 않게 높은 2개에는 거적으로 된. 말하자면 교묘하게 짚으로 엮은 돛이 달려 있습니다.	조선 후기 어선의 돛대는 1~2개의 구조, 5m 이상의 크기의 선박에는 두 개 사용, 돛은 짚이나 갈대를 엮은 돛과 광목의 돛 사용
	키로 사용하기 위하여 대충 손가락 5개 정도 두께의 단단한 나무판자 한 개를 준비해서 배 밑에 그냥 놓아두었습니다.	라파엘호는 옥치의 구조로 조선시대 작은 병선과 어선에 사용되는 치의 구조
공간구조	배의 갑판을 만들지 않습니다.	선수부 닻멍에부터 이물멍에까지 닻을 올리고 내리는 호롱이 장착되어 그 부위에는 갑판을 설치하지 않음
	선원들은 닻을 내리고 배 위에서 짚으로 덮게를 만들어 놓은 것만으로 비를 피할 수 있습니다.	비를 피하기 위해 배에 가지고 다니며 언제든지 설치할 수 있는 뜸의 구조
보강구조	배의 양옆에는 단지 막대기들을 격자로 엮어 놓고 그 위에 자리를 깔았을 뿐입니다.	배의 양옆은 멍에를 돌출하여 물창을 만드는데 아마 뱃전과 난간 사이의 물창구조를 일컫는 용어로 대나무로 엮은 자리를 깔아 놓은 구조로 추정할 수 있음

페레올 주교와 다블뤼 신부가 설명하고 있는 라파엘호 선박과 조선 후기 서해에서 활동한 어선의 구조를 서로 비교하여 라파엘호 선박의 구조를 추정하고자 한다〈표 20〉.

〈표 20〉 라파엘호 구조와 조선 후기 어선 구조

구분	라파엘호	조선 후기 어선 구조
본체구조	- 닻을 내리고 있을 때 썰물 때가 되면 배가 완전히 땅에 닿아있던 적이 여러 차례 있었는데 배 밑이 납작한 구조 즉 평평한 평저형 구조 - 갑판은 고정하지 않고 깔아 놓은 구조	- 배밑은 여러 개의 길고 두터운 선재를 평탄하게 놓은 평저형 구조, 측면에 일직선으로 구멍을 판 후 긴 나무못 결구 - 선수는 두터운 판재를 가로방향으로 무어 올리며, 맞댄이음방식으로 서로 연결 - 선미는 배밑과 외판에 비해 비교적 얇은 판재 사용, 삼판 홈턱에 선미판 연결 - 삼판은 저판의 두께보다는 얇고 각 단의 높이를 높이기 위해 넓은 판재 사용 - 외판의 윗면은'L'자 형으로 턱따기를 하여 윗 삼을 올리고, 반턱이음과 나무못을 박아 결속 - 갑판의 구조는 멍에와 보 위에 배열해서 올림 판을 이루며 수밀을 하지 않은 구조
추진구조	- 돛을 펴고 항해한 사실과 폭풍우로 돛과 키(치)가 부서진 사실을 통해 라파엘호는 돛과 키가 장착된 구조 - 키를 사용하기 위해 손가락 5개 정도 두껍고 단단한 나무판자 한 개를 준비한 사실 - 높은 두 개의 돛대(허리돛대와 이물돛대)와 가마니(거적)로 만들어진 돛(짚으로 엮은 돛) 구조	- 돛은 목면 · 범포 · 짚 · 갈대를 엮어 사용 - 앞 돛대는 바로 세우고 뒤 돛대는 뒤쪽으로 기울인 구조 - 돛 줄은 새끼줄, 칡덩굴, 면사줄 사용 - 돛대 꼭대기에 용두를 걸거나, 꼭대기에 구멍을 뚫어 돛을 올리고, 내리기 편리한 구조 - 키는 치체가 길고 치분의 너비가 좁은 센터보드형 옥치의 구조
보강구조	- 배의 좌우(양옆) 막대기를 격자로 엮어 놓고 그 위에 자리를 깔아 놓은 구조	- 덕판멍에, 동멍에, 이물멍에, 허리멍에, 막간멍에, 고물멍에를 갖추고 있는 구조 - 가목은 뱃전 위에 걸쳐지는 멍에로 반듯하고 저판보다 두터운 목재 사용, 돛대를 보강하고 현 외를 연장해서 노마루(櫓床) 청널을 배치하는 구조
정박구조	- 뱃머리는 선창까지 열려 있는데 그것이 배의 1/3를 차지한 공간에 풀로 꼰 닻줄이 호롱(권양기)에 감겨 있는 구조 - 제주도 작은 섬에 도달하여 닻을 14발이나 내렸다는 기록에서 21m 이상의 닻줄을 싣고 다녔다는 것을 확인	- 선수 덕판멍와 동멍에 사이에 호롱이 설치되는 구조 - 닻채가 긴 닻을 갖추고 있음
연결구조	- 선체 연결에 쇠못은 사용하지 않고 나무못으로 결구한 구조	- 고착 못은 나무못으로 결구한 구조

공간구조	- 배 위에 짚으로 덮개를 만들어 사용한 구조 - 선창(선내)으로 들어가는 입구는 3곳이며 별도의 선실을 갖추었음	- 이물돛대와 허리돛대 사이에 어창을 두고 그 위에 뜸으로 지붕을 엮어 빗물 · 파도 · 햇빛으로부터 보호하는 구조 - 허리돛대부터 선미 고물멍에까지 갑판이 설치되고 선실을 갖춘 구조 - 공간을 구확하고 좌우 외판을 보강하는 격벽의 구조 - 선내에 너장판이 깔아진 구조
기타구조	- 성모 마리아의 깃발을 라파엘호에 달고 항해한 사실	

라파엘호 선박의 구조와 조선 후기 서해지역 어선인 황해도 옹진군 동남면 용호도 안강망어선, 황해도 해주군 서변면 용당리 백석동 잡어연승어선, 경기도 강화군 길상면 택리 중선망어선, 충남 보령군 대천면 람곡리 중선망어선의 형태를 기준으로 본체 · 추진 · 보강 · 공간 · 연결구조를 비교해 본 결과 페레올 주교와 다블뤼 신부가 설명하고 있는 라파엘호 선박과 큰 차이를 보이지 않고 대부분 동일한 구조를 갖추고 있는 것을 알 수 있어 어선과 라파엘호 선박은 그 범주에서 벗어나지 않은 구조와 형태를 갖추고 있음을 알 수 있다.

라파엘호와 조선 후기 서해 어선에서 나타나는 동일한 구조는 아래와 같다.

- 본체구조는 여러 개의 길고 두꺼운 목재를 평탄하게 놓은 평저이며 갑판은 수밀을 하지 않고 멍에와 보에 올려진 구조
- 추진구조 중 돛은 짚 · 갈대를 엮었으며 앞돛대는 바로 세우고 뒷돛대는 뒤쪽으로 기울린 구조이며 치체가 길고 치분의 너비가 좁은 센터보드형 옥치 구조
- 정박구조는 선수덕판과 동멍에 사이에 닻줄을 감는 호롱이 설치되는 구조
- 보강구조는 뱃전 현 외를 연장해서 노마루[櫓床] 청널을 배치하는 구조
- 연결구조는 고착 못으로 나무못을 사용한 구조
- 공간구조는 이물돛대부터 허리돛대 사이에 어창을 두고 그 위에 뜸으로 지붕을 엮어 빗물 · 파도 · 햇빛으로부터 보호하는 구조와 허리돛대부터 선미 고물멍에까지 갑판이 설치되고 선실

을 갖추며 선내에 너장판을 설치한 구조를 알 수 있다.

(3) 1900년대 초 조선총독부 수산시험장 보고서

1928년 일본 조선총독부수산시험장에서 1924년 동해안 어선 조사를 시작으로 1927년까지 남해와 서해안에서 활동한 어선 447척을 조사하였다. 그중에 지역을 대표하는 어선을 중심으로 21척 어선의 설계도와 어선의 구조 및 용어, 제작 방법, 어구어법 등을 지방별로 자세히 정리하였다. 뿐만 아니라 실태조사를 통해 전통 어선에 대한 단점 14가지를 비판하면서 개량에 필요한 사항을 제시하였다. 전통 어선의 단점[169]에 관한 내용을 정리하면 다음과 같다.

- 길이에 비하여 깊이와 폭의 비율이 낮으므로 선체의 종강력이 부족하다.
- 외판 고착 상태가 불완전하고, 좌우 외판은 가룡(장쇠)으로 접합시켰을 뿐이라서 늑골구조를 사용하지 않아 횡강력이 극히 부족하다.
- 저판(선본편) 이외의 종통재 횡연 이음은 맞댄이음으로 선체 종강력은 극히 적다.
- 선수는 횡판(가로)으로 구성되어 외판이나 기타 종통재를 고착하는 데 어려움이 있고, 강도가 약해 선수 폭이 증가함에 따라 내항성이 크게 줄어든다.
- 외판은 수밀이 취약해 배 바닥에 물이 많이 고여 항상 그 배출에 신경을 써야 한다.
- 수밀 갑판이 아니기 때문에 풍랑을 만나면 침몰할 염려가 크다.
- 수밀이 취약해 선내에는 항상 바닥에 물이 고여있어 선재 및 못의 부식이 빨리 진행되기 때문에 선체를 해체해서 불량한 부분을 개선할 필요가 있다.
- 선재의 배치 및 연결이 서투르기 때문에 선체 강도가 약해 풍랑을 만나면 선체가 파손되는 일도 있다.
- 타상의 취부가 약하고, 타는 타심재가 가늘고, 타판의 고착이 약하기 때문에 항해 중에 타가 파손되어 난파하는 예도 있다.

169 朝鮮總督府水產試驗場, 『漁船調查報告書』 第三册, 1928.

- 고착 못은 나무못을 주로 하고, 그 기술이 서툴러 못 구멍에서 누수가 발생하기 때문에 나무못 및 못 구멍은 항상 물을 머금고 있어 부식이 빨라지고 선령 단축의 주된 원인이다.
- 선형 및 선재의 배치가 좋지 않기 때문에 선체의 중심이 높고, 선체의 비율에 비해 돛 면적이 너무 크고, 돛이 취약함에 따라 복원력이 약하다.
- 돛은 목면 천을 사용하고, 색구索具는 면사의 옛날식 줄이나 나무껍질 등을 꼬아 만든 것이며 강도 및 내구력이 부족하다. 또한 돛대 아랫부분의 연결이 불완전하여 풍랑을 만나면 범주 불능에 빠져 조난하는 일이 드물지 않게 발생한다.
- 닻은 목제이고, 닻줄은 새끼 · 옛날 면사 줄 · 나무껍질 등을 사용하기 때문에 강도가 약해 내구력이 부족하고 풍랑을 만나면 파손 크거나 절단되어 조난하는 일도 발생한다.
- 옛 전통에 따라 배를 육지로 끌어 올리고 내림은 여러 개의 둥근 나무토막으로 하기 때문에 선체의 고착은 이완이 빠르고 또 선체 만곡부 외판을 빠르게 손상시킨다.

일본인 시각에서 1900년대 전통 어선에 대해 새로운 어구어법을 전파하면서 그 구조에 맞추기 위해 개량이 필요한 사항[170]을 정리한 내용이다.

- 배의 깊이를 적당히 증가시켜서 주요 길이의 비례를 타당성 있게 할 것.
- 선내 적당한 개소에 늑골을 삽입해서 외판을 이에 충분히 고착할 것.
- 선체 상부에 적당한 종통재를 설치해서 종강력을 보충할 것.
- 용골을 갖추어서 종강력을 보충할 것.
- 전비우를 없애고 선수재로서 그것에 대체할 것.
- 선수부 현호(Sheer)를 증가시킬 것.
- 선수미에 수밀 갑판 및 수밀 격벽을 설치해서 그것을 부력실로 할 것.
- 외판의 수밀을 완전하게 할 것.
- 재료의 접합 방법을 완전하게 할 것.

170 대불대학교 산학협력단,『어선조사보고서』, 박근옹 옮김, 대불대학교 산학협력단 출판부, 2007.

- 타상을 견고하게 할 것.
- 재래의 각형 나무못을 없애고, 전부 동근 나무못으로 하고, 주로 외판의 고착에만 사용하고, 다른 부분은 전부 조선용 쇠못을 사용할 것.
- 돛의 모양을 개량해서 그 풍압력의 중심을 저하 시킬 것 등이다.

이와 같이 전통 어선의 단점에서 알 수 있듯이 고려 및 조선시대의 구조와 형태가 1900년대 초기까지 그대로 전승된 것을 알 수 있다.

제5장

조선시대 한선 재현

제5장

조선시대 한선 재현

앞에서 살펴본 바와 같이 조선시대 전기의 선박은 확인되고 있으나 이후의 선박에 대한 실체는 불명확하다. 따라서 이를 극복하기 위해 앞에서 정리한 고고학적 자료를 기초로 하여 조선시대 문헌 및 회화자료를 살펴 조선시대 선박을 재현하였다.

재현한 선박은 조선시대를 대표하는 선박 중 세곡 운송에 활동한 '조운선'과 한일 문화교류에 활동한 '조선통신사선'을 대상으로 하였다. 본 연구를 통해 찾은 선체의 구조, 규모, 재료, 조선기술, 유동성능평가 등을 살펴보고, 또한 임진왜란 시 주력함으로 활동한 '판옥선'에 대해서도 설계 도면을 토대로 판옥선 선체의 구조, 규모, 조선기술, 제작 시 소요되는 목재량, 톤수, 복원성 등을 살펴보겠다.

1. 재현 실험연구

1) 조운선

조운선은 고려 초기부터 조선 후기까지 시행되었던 조운제도 하에서 각 지역에 수납된

특산물이나 곡물 등의 조세를 한양까지 운송한 선박이다. 국가에서 조세를 효과적으로 관리 및 운송하려는 방편으로 각 지역에 조창을 두고 세곡을 운송하기 위해 조운선을 만들어 배치하였다. 조운선은 전선 등과 같이 국가에서 제작하고 운영한 조선시대 대표적인 세곡 운송선이다.

조선시대 세곡을 운송하는 조운선의 구조 및 형태를 알 수 있는 사료는 『각선도본』에 실린 「조선漕船」과 「북조선北漕船」이 있다. 「북조선」은 황해도 일부에서 거둬들인 조세미를 경창으로 운송하는 배이며, 「조선」은 전라, 충청, 경상도의 조세미를 경창으로 운송하는 배를 가리킨다. 일반적으로 조운선이라고 칭하는 선박은 조운제도를 시행하는 지역의 대부분을 담당했던 「조선」[171]이다.

본 장에서는 조운선을 재현하면서 참고한 『각선도본』에 실린 「조선」을 근거로 문헌[172]과 회화자료를 통해 조선시대 후기 조운선의 구조적 성격을 살펴보겠다.

(1) 선체의 구조

① 문헌

『조선왕조실록』에 기록된 조운선 선체 구조와 관련된 내용을 발췌해 정리하였다〈표 21〉.

〈표 21〉 조운선 선체 관련 문헌

출전	시기	기년	원문	내용
『조선왕조실록』 권26	1461	세조 7년 10월 2일	臣意以爲漕船、兵船不可二之。 以一船可兼二用，在制作之巧耳，請令典船色改制漕船， 隔板令可設可撤，漕則設之，戰則撤之。[173]	조선과 병선을 겸용하여 사용

171 『各船圖本』, 「漕船」, 서울대학교 규장각한국학연구원 소장.

172 『萬機要覽』, 『磻溪隧錄』, 『日省錄』, 『朝鮮王朝實錄』.

		세조 7년 11월 28일	用兵船漕轉時，撤去上粧，故致船板破毁。[174]	
『조선왕조실록』 권48	1798	정조 22년 1월 21일	而有層樓焉，有龜粧焉。 漕運時不得不撤去其上粧諸具， 則本體甚低下，故就本杉上加付同杉一立	조선의 높이가 전선보다 높고, 전선을 조선으로 사용 시 동삼을 1단을 더 올려 사용
			蓋付杉太高，而船腹深闊，則容載雖優，如操鍊時高架樓屋，而將卒旗麾，排立船上，則驚浪怒濤，必將隨風搖盪，難以相濟也。	동삼을 수시로 떼었다 붙였다 할 수 있는 구조
			今後則飛荷則皆用曲木，船尾則載其虛欄，鵃帆亦爲參量，別備以作漕時之用	곡목을 선수부재에 사용, 선미의 헌란의 구조
『승정원일기』	1866	고종 3년 8월 5일	有楫而無上裝則爲漕船，隨其改造，稍變制樣，則船制鈍捷之不侔，[175]	노가 없고 상장이 있으면 전선이고, 노가 있으나 상장이 없으면 조선임
『각선도본』 「전선」	1797		飛荷橫板十七立 荷防板十立不見 加(駕)龍木逐衶(杉)插入而佐駕木之底故不見於外	선수판 17입, 선미판 10입, 가룡목 삼판마다 시설

173 『조선왕조실록』 권26, 1461년(세조 7) 10월 2일.
신숙주와 김사우가 전라도의 전선제조와 추쇄에 관해 아뢰다
조선(漕船)과 병선(兵船)을 둘로 하는 것은 불가하다. 하나의 배로 두 가지를 겸용(兼用)하는 것은 제작하는 기교(技巧)에 있으니, 전선색(典船色)으로 하여금 조선을 고쳐 만들게 하되, 판자(板子)로 막아서 설치할 수도 있고, 철거할 수도 있게 하여, 조선으로 사용할 때에는 이를 설치하고, 전선(戰船)으로 사용할 때에는 철거하도록 하소서.

174 『조선왕조실록』 권27, 1461년(세조 7) 11월 28일.
전선색 도제조가 조선하는 사의를 조목별로 고하여 아뢰다.
- 병선(兵船)의 체제가 하체(下體)가 평직(平直)하고 빠르지 못하여 수전(水戰)에 합당하지 못하며, 적재(積載)하는 바가 적어서 조운(漕運)에도 합당치 못하였는데 이제 새로 제조한 조선(漕船)은 몸체가 매우 가볍고 빠르며 적재하는 바도 또한 많아서 전선(戰船)과 조선(漕船)에 모두 편할 것입니다. 청컨대, 지금부터 여러 포(浦)의 병선은 모두 이 체제(體制)에 의하여 개조(改造)하도록 하소서. 그러나 일시(一時)에 모두 개조하기는 어려울 것이니, 매양 후손(朽損)한 것을 개조할 때를 당하여 경선(京船)을 겨냥(見樣)하여 제조하도록 하소서.
- 이보다 앞서 병선을 조선(漕船)으로 전용(轉用)할 때에는 상장(上粧)을 철거하기 때문에 선판(船板)이 파손(破損)되었는데 지금부터는 상장을 장식(粧飾)하지 말게하고 때에 따라서 철거하여 조선으로 전용(轉用)하게 하소서. …중략…

175 『승정원일기』 1866년(고종 3) 8월 5일.
노가 없고 상장(上裝)이 있으면 전선(戰船)으로 삼고 노는 있으나 상장이 없으면 조선(漕船)으로 삼아서 그 개조한 바에 따라서 제도와 모양만 조금 바꾼다면,

『일성록』[176]에서는 전선과 조선의 다른 점으로 조선은 곡물을 적재해야 하므로 깊고 넓어야 하며 이를 위해 저판을 줄이고 외판을 높이며 이에 따라 선수 역시 첨예하게 됨으로 겹겹이 쌓이는 파도를 거슬러 헤쳐 나가는 것이 전선과 크게 다르다고 하였다. 1465년 세조世祖 11년에는 전함사제조典艦司提調 신숙주申叔舟가 대선에 갑판 상부구조인 상장上粧을 설치하여 전선으로 사용하고 상장을 떼고서는 운반선으로 사용[177]할 수 있게 하였다는 기록에서도 알 수 있듯이 세곡 운송에 전선을 비롯한 다양한 선박이 동원되어 세곡을 운송한 것으로 보인다.

② 회화자료

조운선과 관련된 회화자료는 『각선도본』에 실린 「조선」과 「북조선」 도본이 확인되며, 19세기 유운홍이 그린 「세곡운반선」[178] 그림이 있다.

〈그림 114, 115〉에는 아래 인용한 것과 같이 조선과 북조선의 크기가 기록되어 있다.

> 本板長二(五[179])十七尺五寸, 中廣十七尺五寸, 頭廣十六尺, 尾廣十五尺. 元高七尺, 頭高九尺尾高九尺. 帆竹. 碇板. 飛荷橫板十六立. 荷防板不見. 杉. 杉板九立. 加(駕)龍木逐杉插入而在駕木之底故不見於外. 本板五立不見. 碇. 鴟.

저판의 길이는 57자 5치, 중앙의 너비는 17자 5치, 선수 너비는 16자, 선미의 너비는 15자이다. 상장 중앙부분의 높이는 10자, 선수 쪽 높이는 9자, 선미쪽 높이는 9자이다. 2대의 돛대가 있다. 정륜碇輪과 선수(이물)돛대 그리고 중앙(한판)돛대를 다루기 편리하도록 뱃전 위에 널판이 걸쳐 있다. 선수재는 가로형으로 16단을 올렸고 외판은 9단이 확인된다. 선수

---

176 『日省錄』, 1798년(정조 22), 1월 25일.
"務從深廣. 故殺其本 而隆其杉. 飛荷亦隋以尖銳. 果能遡披於積浪 此其逈異於戰制".

177 『增補文獻備考』 권120, 병고(兵考) 주사(舟師).

178 국립중앙박물관 소장.

179 원문의 二는 五의 오기로 보인다. 왜냐하면 본장의 길이 27자로 본다면 뒤에 나오는 너비 17자 5치로 선박의 비율상 맞지 않기 때문으로 57자로 수정하였다.

정륜에 닻이 매달려 있다. 고물에는 벗치가 확인된다. 뱃전에 걸쳐진 멍에는 2개가 확인되고 선수돛대와 중앙돛대 전방에 보와 갑판 구조를 갖추고 있다.

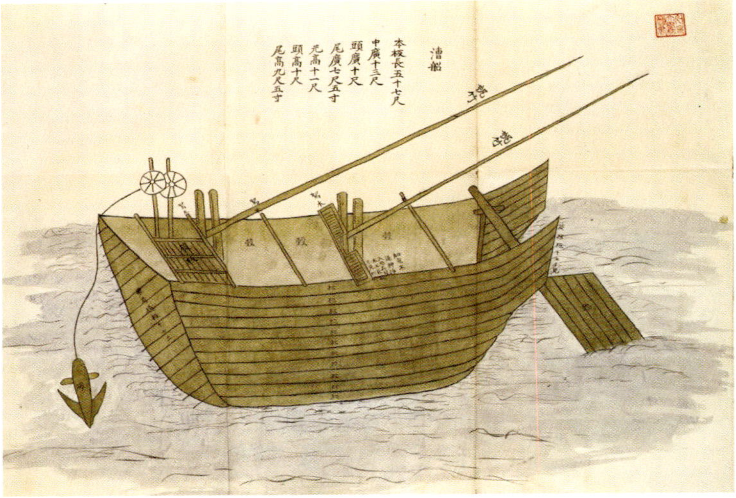

〈그림 114〉『각선도본』「조선」 규장각 한국학연구원 소장

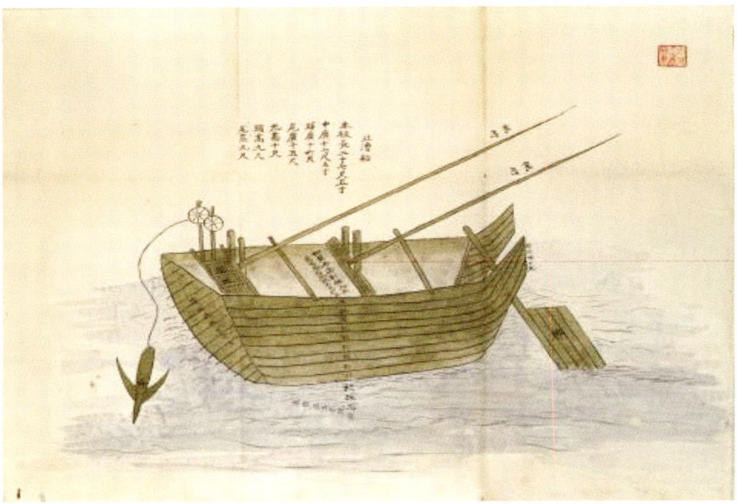

〈그림 115〉『각선도본』「북조선」 규장각 한국학연구원 소장

〈그림 116〉「세곡운반선」
국립중앙박물관 소장

「세곡운반선」<그림 116>은 곡식을 가득 싣고 출항하기 위해 돛을 올리는 모습을 그린 것으로 보이는 그림이다. 그림에서 확인되는 구조는 선수와 중앙에 두 대의 돛대를 갖추고 있고, 수면 위로 6단의 외판과 가로형의 9단 선수구조를 갖추고 있다. 전체적인 선형을 봤을 때 선수와 선미가 많이 치켜 올라간 만곡형이다. 선수에는 닻을 내리고 올리기 위한 호롱이 있으며, 갑판에는 세곡이 적재된 상태이다. 특히 선수와 외판에 피삭(나무못)을 묘사하여 조선 후기의 피삭 결구 구조를 알 수 있다.

「조선」의 규모는 저판은 길이 57자, 중앙의 너비 13자, 선수 쪽 너비 10자, 선미쪽 너비 7.5자이다. 외판 최상단 높이는 중앙부분이 11자, 선수 쪽 10척, 선미 9.5척이다. 선미판은 10쪽을 이어 붙였으나 보이지 않고, 선수판은 가로로 17단을 갖추고 있다. 외판은 11단이며, 저판은 10열을 서로 연결하였으나 보이지 않는다. 가룡목은 외판마다(11단 모두) 아가면서 양쪽 외판을 꿰뚫어 끼웠으나 멍에 바로 밑에 있기 때문에 밖에서는 보이지 않는다.

(2) 규모

〈표 22〉 조운선 규모 관련 문헌

출전	시기	기년	원문	내용
『조선왕조실록』 권48	1798	정조 22년 1월 21일	今若一循漕制, 長以十二把, 廣以四把, 高其杉闊其藏,	본판 길이 12파, 너비 4파
			略倣北漕船制, 加給材木, 以長八把, 廣三把, 高二把, 改制飭造,	본판 길이 8파, 너비 3파, 높이 2파
『경국대전』 공전 주차			海船長四十二尺, 廣十八尺九寸以上爲大船, 長三十三尺六寸, 廣十三尺六寸以上爲中船, 長十八尺九寸, 廣六尺三寸以上爲小船。	바다로 항행하는 큰 배 길이 42자, 너비 18자 9치 보통 배 길이 33자 6치, 너비 13자 6치 이상, 작은배 길이 18자 9치, 너비 6자 3치 이상.
『각선도본』 「조선」	1797		本板長五十七尺 中廣十三尺 頭廣十尺 尾廣七尺五寸 元高十一尺 頭高十尺 尾高九尺五寸	본판 길이 57자, 중간 너비 13자, 선수 너비 10자, 선미 너비 7.5자, 본선 높이 중앙 11자, 선수 10자, 선미 높이 9.5자

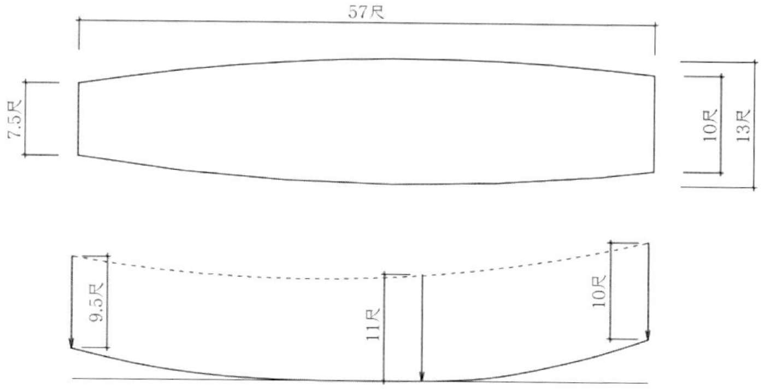

〈그림 117〉 저판 크기(上)와 외판 선형(下)

『각선도본』에 실린 「조선」의 저판 크기를 그리면 〈그림 117〉[180]과 같은 평면과 측면 선형을 보이며, 선수가 선미보다 넓은 두광미협頭廣尾狹 형태라 할 수 있다. 저판의 측면 선형은 선수와 선미부가 중앙부 보다 위로 들어 올려진 만곡형 형태를 갖춘다. 이러한 저판 선형은 선체저항을 줄이기 위한 것으로 파도를 가르고 나가기보다 선저에 경사를 주어 파도를 누르고 나가기 위한 것으로 볼 수 있다. 즉 선수에 부딪힌 물이 아래쪽으로 흐르게 만들면서 흘수면에서 선수면의 폭을 가능한 좁혀 수선을 날카롭게 만들어 조파저항을 최소화한 것이다.

선수는 가로형의 구조로 총 11단을 갖추고, 선미는 17단을 갖추고 있다. 가룡을 각 단의 외판마다 끼우는데, 뱃전에 걸쳐진 멍에 밑에 있는 외판 단까지 설치된 구조를 알 수 있다.

(3) 재료

〈표 23〉에서 정리한 바와 같이 조선造船에 쓰이는 선재는 대부분 소나무로 나타나고 있으며, 고려 및 조선시대 한선의 고고학적 실증자료에 대한 수종분석 결과 대부분의 선체를 소나무로 사용하고 있는 것을 알 수 있다.

---

180 국립해양문화재연구소, 「조운선」, 『전통선박 조선기술 IV』, 국립해양문화재연구소, 2012, 28쪽.

〈표 23〉 조운선 재료 관련 문헌

출전	시기	기년	원문	내용
『조선왕조실록』 권27	1462	세조 8년 2월 30일	漕船一艘所入材木，不過十七八條	조선 1척 선재 수량 7,8조
『조선왕조실록』 권48	1798	정조 22년 1월 21	漕船之索用葛茅，帆用草席，卽逐年改新之故	조선의 닻줄은 갈모를 쓰고, 돛은 초석을 쓴다.
『萬機要覽』 재용편 2 「漕船材 · 漕復米布 · 退船)」			湖南漕舡材。以封山許斫...중략...新造時。小松七十五株，兒松二十六株，稚松五十九株。	호남에서 조선에 쓰는 재목은 봉산에서 작벌. 배를 새로 만들 때에는 작은 소나무[小松] 75그루, 애소나무[兒松] 26그루, 어린 소나무[稚松] 59그루임
			湖西漕舡材。以安眠島松許斫...중략...新造時。中松十四株，兒松四十五株，稚松四十三株	호서(湖西)에서의 조선에 쓰는 재목은 안면도(安眠島)의 소나무를 작별. 새로 만들 때에는 중간치 소나무[中松] 14그루, 애소나무[兒松] 45그루. 어린 소나무[稚松] 43그루임
			嶺南節目。漕舡材。以封山許斫大松七十三株，改杉，二十株，或加一二株。修補。二株或三株	배를 새로 만들 때에는 큰 소나무[大松] 73그루임. 개삼(改杉)할 때에는 20그루인데 12그루를 증가[加]하는 수도 있음. 보수할 때에는 2그루 또는 3그루로 함

(4) 조운선의 구조

『각선도본』「조선」에 기록된 외판의 높이, 선수 너비, 선미 너비를 수중 출토 고려 및 조선시대 한선의 고고학적 실증자료에서 나타나는 만곡형에 적용하면 〈그림 117〉의 그림과 같은 형태를 확인할 수 있다. 반면에 외판의 높이, 선수 너비, 선미 너비를 김재근의 평저선론에 비추어 적용하면 〈그림 118〉와 같이 중앙부가 위로 볼록하고 선수와 선미가 낮아지는 역의 현호를 가지게 된다.

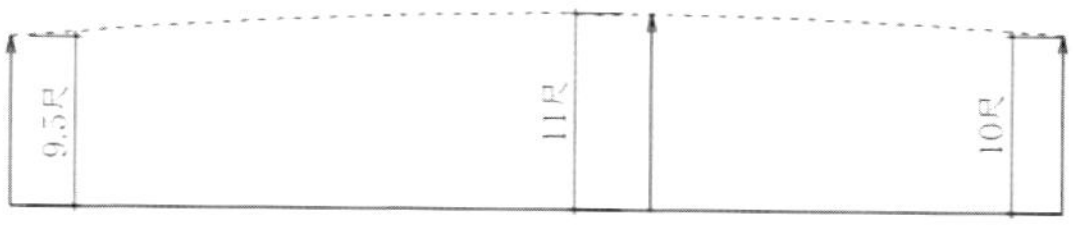

〈그림 118〉 평저선론의 저판

이와 같은 선형은 출토된 고려 및 조선시대 한선의 고고학적 실증자료와는 전혀 다른 형태를 갖추므로 적합하지 않다고 본다. 따라서 〈그림 117〉와 같은 만곡형 선형으로 현호까지 연결될 경우에만 파도가 갑판으로 올라오는 것을 방지하고, 선미는 사공이 운전하는데 시야 확보를 할 수 있어 중앙부 보다는 높은 선형이 그에 따른 기능과 성능을 갖출 수 있다.

세곡을 적재하기 위한 공간으로 선수 돛대에서 멍에 2구간, 멍에 2구간에서 중앙돛대 구간, 중앙돛대에서 멍에 4구간에 곡창穀倉이 설치되는 것을 알 수 있다. 곡창에 선적되는 선적량은 다음과 같은 『반계수록』의 내용을 통해 추정해 볼 수 있다.

> 凡漕船海運。以哨馬船. 長七十尺. 腰廣二十二尺. 以營造尺從四舷以計. 下同. 限載八百斛. 卽今五百三十三石五斗. 極載則可容千五百斛. 而從輕以載. 故定八百.

양껏 실으면 1,500석까지 실을 수 있으나 짐을 가볍게 하기 위해서 800석으로 정한다는 것은 즉 화물칸의 최대적재 석수가 1,500석 내외였으나, 실제로는 안전한 항해를 위하여 800석만 싣고 운항했다는 것이다. 이를 통해 곡창 전체 면적의 60% 이내로 적재했던 것을 알 수 있다.

『대전회통』에 따르면 1석의 체적은 가로 1척尺, 세로 2척, 높이 1.47척으로 규정하고 있어, 『각선도본』의 제작 시기와 비슷한 시기인 1780년에 작성된 『시악화성詩樂和聲』에 그려진 도본 길이(1尺=30.7Cm)[181]를 기준으로 1석의 체적을 미터법으로 환산한 결과 조세미

181 국립민속박물관, 『한국의 도량형』, 1997, 10~114쪽.

1석의 부피는 0.085067㎥로 확인할 수 있다. 그러므로 『반계수록』에 기록된 최대 적재량인 1,500석의 부피는 127.6㎥이며, 쌀가마의 부피와 적재도중에 발생하는 공간Dead Space을 조세미 체적의 20%로 가정하면 화물칸의 최소체적은 153.1㎥정도로 추측된다. 무게는 실측해 본 결과 도정하지 않은 쌀을 기준으로 52.9㎏이므로 1,000석의 중량은 52.9ton이며, 부피는 약 85㎥ 알 수 있다.

곡창 외에 선수와 선미에는 각기 취사공간과 선원실이 위치한 구조를 알 수 있다.

호롱과 이물멍에 사이에 "정판碇板"이라고 표기되어 허리멍에 앞쪽으로 상갑판의 구조를 갖추고 있는 것을 알 수 있다. 그 외 공간에는 상갑판이 없는 것으로 확인된다. 또한 두 대의 돛대를 갖추며 "범죽帆竹"으로 표기되어 있고 돛대를 잡아주는 구레짝이 좌우로 배치된 구조를 알 수 있다.

선수에 호롱 지주대가 좌우에 설치되고 닻줄을 감아올리기 편리하게 손잡이가 있으며 손잡이 끝부분에는 줄을 감아 원형의 형태를 갖추고 있다.

타는 "치鴟"로 표기되어 있다. 조선시대 한선에는 '벗치'[182]와 '옥치'[183] 두 가지 형태가 나타난다. 「조선」에 나타난 치는 벗치 형태이며, 긴 치체와 치분, 창나무를 갖춘 구조이다.

닻과 닻줄이 선수에 걸쳐 있다. 닻은 닻채와 닻가지, 닻장의 구조를 갖추고 있다.

「조선」의 내용 중 멍에의 숫자와 갑판의 범위 등 그림과 설說이 일치하지 않은 구조가 확인된다. 「조선」에 가목駕木이라고 표기되어 있는 멍에는 3개이지만 그림에 그려져 있는 것은 총 5개이다. 멍에는 호롱이나 돛대를 설치하는 등 기능에 따라 배치하거나 그림에 '곡穀'이라고 표기하였듯이 선내 적재공간을 나누기 위해 배치되었을 것으로 볼 수 있다. 멍에는 배의 종류와 용도 그리고 크기에 따라 설치되는 수량이 달라지며, 횡강력을 보강하거나 갑판에 설치된 구조물들을 받치기 위한 역할도 병행함에 따라 상장구조물이 없고 조운선처럼 세곡 적재와 운송이 주 목적인 경우 멍에를 적게 배치할 수도 있다. 다만 선수와 선미 부분에는 닻과 타의 구조가 있기 때문에 이를 지지하는 멍에가 별도로 배치되어야 하고,

---

182 벗치란 치둔이 선미에서 바깥쪽으로 꽂아지는 치를 말한다.
183 옥치란 치둔이 배 안쪽으로 찔러 들어가는 형태를 발한다.

허리멍에 부분에도 갑판을 설치하기 위해서는 최소한 8개의 멍에가 필요한 구조라고 할 수 있다.

갑판의 범위에 대해 살펴보면 『각선도본』에 그려진 갑판은 선실내부를 최대한 많이 보이고, 문자를 기록할 공간을 확보하기 위하여 최소화하여 그린 것으로 볼 수 있다.

이와 비슷한 사례를 『화성성역의궤華成城役儀軌』에 그려져 있는 몇 장의 이도裏圖에서도 찾아볼 수 있는데, 이도란 내부의 모습을 그리기 위하여 특정부분을 삭제하거나 생략하고 그린 그림으로서 『화성성역의궤』에서 나타나는 독특한 화법이다.[184] 이도에는 실내를 표현하기 위하여 벽면의 상당 부분을 삭제하고 그렸으며, 동북공심돈[185]의 기본구조를 이해하기 쉽도록 실제로 존재하는 최상층의 우진각 지붕을 생략하고 그려 놓았다.

기록화의 특성상 현실에 있는 것을 최대한 그대로 그리는 것을 원칙으로 하나 이도의 경우에는 임의로 삭제하거나 누락하여 그리는 경우가 있는데, 『각선도본』의 선박들이 갑판이 없거나 최소한으로 그려져 있는 것도 같은 맥락에서 이해할 수 있다.

「조선」의 경우 닻멍에 등 일부 멍에가 생략된 것으로 추정되고 선수 부분 일부와 허리멍에 부분에 갑판을 그려 놓았을 뿐 다른 부분은 그리지 않았지만 사공이 치를 조종해야 하는 선미부분은 항해를 위해서 갑판이 꼭 필요한 부분임에도 불구하고 표현되지 않은 점은 갑판의 일부를 생략했음을 시사한다.

또한 필요에 따라 돛대를 눕히고 세워야 함으로 돛대 뒤로 탈착식 갑판을 설치해 범주

---

184 전재영, 「화성성역의궤 도설(圖說)의 도법적 특성에 관한 연구」, 『한국건축역사학회 2008년 추계학술발표대회 발표집』, 2008, 61~68쪽.

185 『동북공심돈(華成城役儀軌)』. (국토연구원 소장)

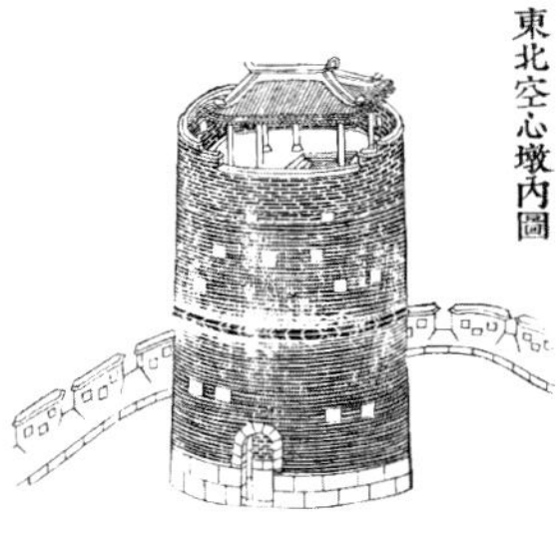

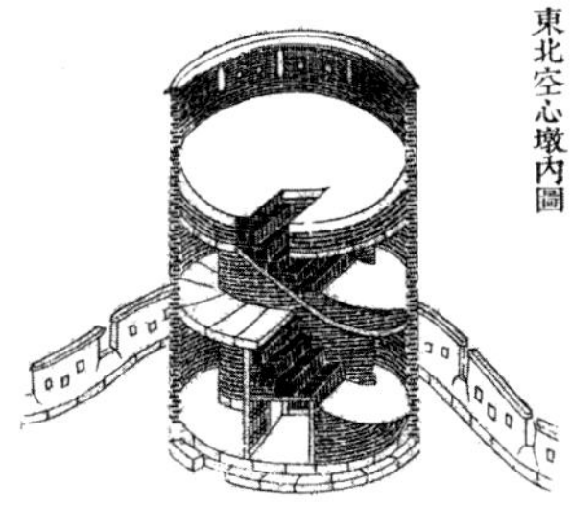

상태에서 풍압에 의해 돛대가 뒤로 밀리는 것을 방지하고, 돛대를 뉠 때는 갑판을 떼어내었을 것으로 추측된다. 이러한 점을 고려할 때 갑판은 선수와 선미, 허리멍에 부분에 설치되었을 것으로 추정된다.

횡강력 부재는 좌 · 우 외판과 수직이 되도록 설치하기 때문에 어느 한쪽이 헐거워져 빠지지 않도록 고정시키는 것이 중요하다. 조운선의 멍에는 양현 최상단 외판과 접하는 면마다 홈턱을 내고 수직으로 내려 앉혀 고정하고 그 형태는 <그림 119-①>과 같다.

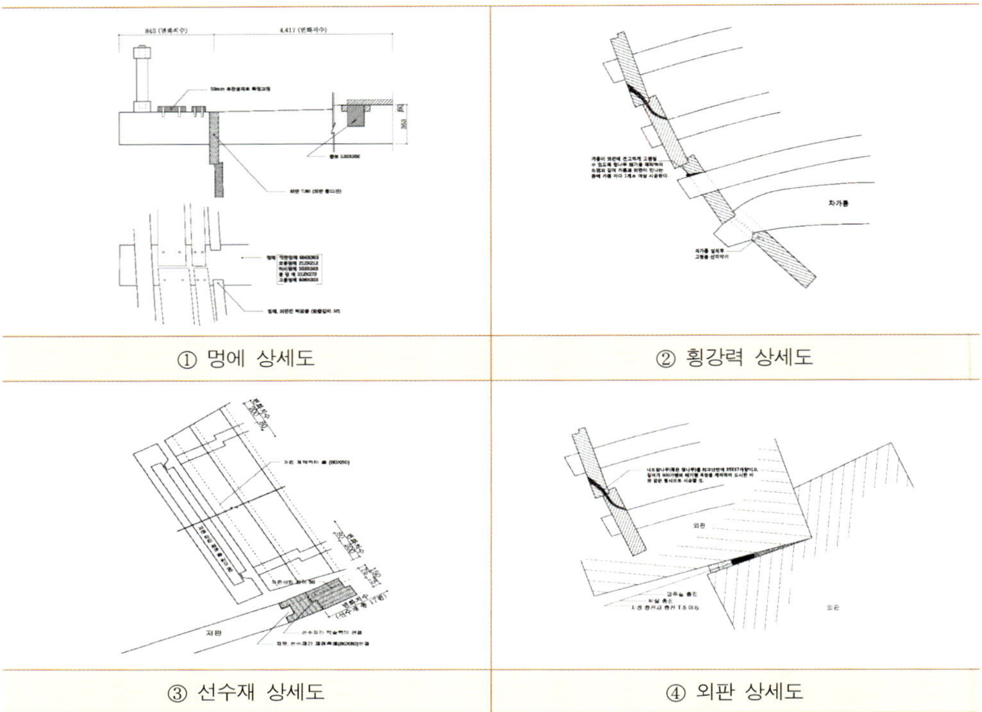

① 멍에 상세도

② 횡강력 상세도

③ 선수재 상세도

④ 외판 상세도

<그림 119> 구조 상세도

차가룡은 수중에서 발굴된 '달리도선' 사례를 통해 외판과 연결구조를 확인할 수 있다. 단면 형태는 장방형이며 말단부는 외판의 ㄴ자형 턱에 맞춰 턱을 내고 외판과 교차하는 지점에 목정을 박아 이탈을 방지한다. 가룡은 대부분 자연목을 사용하며 외판에 끼워지는

부분만 사각형으로 가공한다. 가룡 말단부로 갈수록 얇아지기 때문에 외판이 내측으로 들어올 가능성은 적은 반면에 외측으로 벌어질 가능성은 높다. 따라서 외판 외면에서 가룡과 가룡 홈 틈새에 곁쐐기를 박거나 가룡 말단 중앙에 벌림쐐기를 박아 외판이 벌어지는 것을 방지한다〈그림 119-②〉.

선수재와 저판 고착방식은 반턱쪽매 방식으로 연결되도록 하고, 각 단의 고착력을 높이고 수밀성을 확보하도록 하였다. 선수재와 외판의 연결구조는 선수재 상면에 외판 두께와 동일한 크기로 홈턱[186]을 내어 연결하고 그 형태는 〈그림 119-③〉과 같다.

외판 각 단의 연결 고착 방법은 상부외판 외측에서 하부외판 내측으로 관통하는 피삭구멍을 뚫고 참나무 피삭을 박아 고정하는 방식이며 그 형태는 〈그림 119-④〉와 같다.

지금까지 조운선의 규모와 구조에 대해 살펴보았으며 이를 설계 도면으로 옮기면 〈도면 1~3〉과 같다.

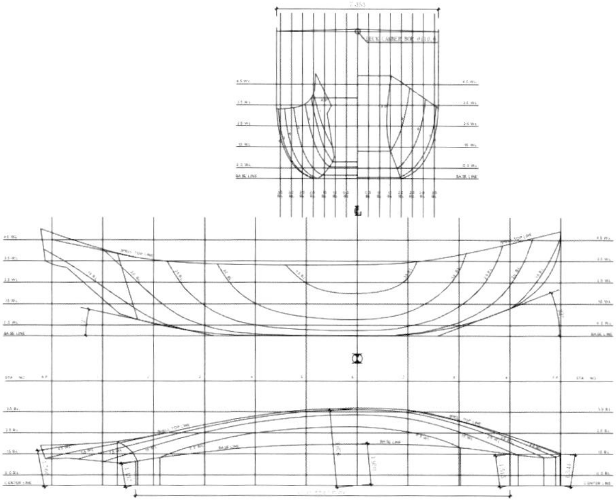

〈도면 1〉 조운선 선형

186 옆으로 경사지게 판 홈.

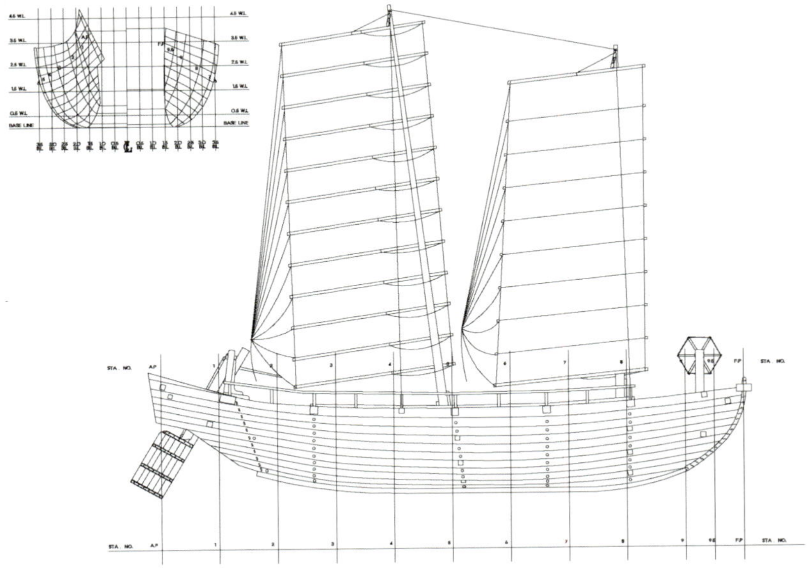

〈도면 2〉 조운선의 입면도

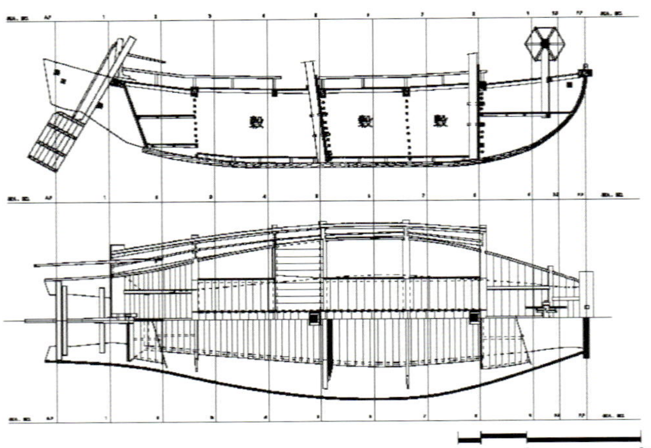

조운선의 배치도

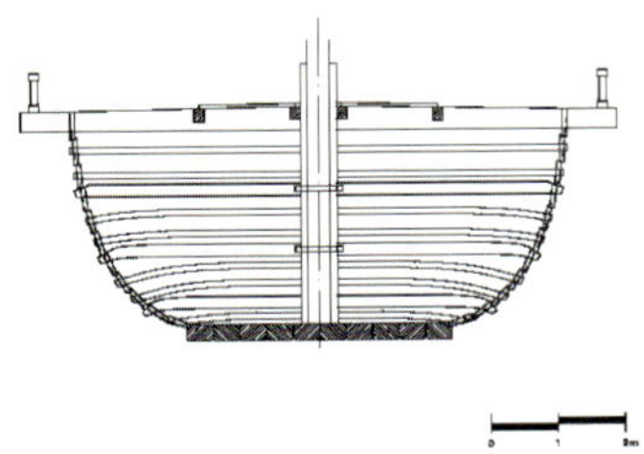

조운선의 단면도

〈도면 3〉 조운선 설계 도면

〈그림 120〉 재현한 조운선 구조

설계 도면을 바탕으로 실물크기로 복원해보면 〈그림 120〉과 같은 조운선의 원형 형태를 추정할 수 있다.

이상과 같은 결과를 통해 조선시대 조운선의 구조적 특징을 정리해 보면 단면상 평저형과 측단면상 만곡형 선형을 갖추고 있으며, 조세미를 적재하기 위해 선체 높이가 높고, 너비가 넓은 것이 특징이다. 선수와 선미를 위로 들어 올린 만곡형 선형은 조차가 심한 우리나라 연안 환경에 적합한 구조라 할 수 있고, 저판 선수부를 들어 올려 선수를 높인 구조는 항해성을 높이고, 거친 파도와 큰 너울로부터 적재품을 보호하는데 적합한 구조이다. 그 반면에 갑판의 높이가 높아 선체중심을 상향시키는데 주요하게 작용하고 있어 충분한 복원력을 기대하기 힘든 구조이다.[187]

설계자료 선체 수종에 따른 비중 및 부피, 세곡량 등을 바탕으로 경하중량과 재화중량을

187 국립해양문화재연구소, 「조운선」, 『전통선박 조선기술 Ⅳ』, 국립해양문화재연구소, 2012, 68쪽.

산출하였다. 경하중량을 추정했을 때 조운선 1척에 소요되는 목재의 부피는 약 66.754㎥로서 모두 소나무일 경우 경하중량은 약 41ton[188]이다. 적재 톤수는 앞의 글에서 추정한 1,000석을 가정하면 중량은 52.9Ton을 알 수 있고, 부피로 계산하면 약 85.067㎥이다. 이를 가마니에 담아 적재했을 때 나오는 사각 공간Dead Space과 가마니의 부피(조세미 부피의 20%로 가정)를 감안하면 1,000석의 실질 부피는 102㎥로 추정하였다. 따라서 쌀가마니, 선상생활 도구, 선원 몸무게 등 기타 중량을 2.476Ton으로 가정하고 이들을 합산한 재화중량은 약 96Ton으로 추정하였지만[189] 재현 후 측정한 결과 조운선의 경하중량은 41Ton으로 확인되었다.

2) 조선통신사선[190]

조선시대 후기 조선은 일본에 약 200년간 12차례의 외교사절단을 파견하였다. 이때 외교사절단外交使節團을 태우고 4~6척이 선단을 이루어 대한해협大韓海峡과 쓰시마해협對馬海峡을 건너 양국의 문화와 평화교류의 징검다리 역할을 담당한 국제國際 교류선交流船이 조선통신사선이다.

조선통신사선은 궁궐 건축 양식으로 국가에서 제작하고 운영한 관선이다. 부산에서 쓰시마를 거쳐 오사카까지 왕래한 11차 사행록『계미수사록』과 쓰시마까지 항해한 12차 사행기록『신미통신일록』에 따르면 정사기선과 부사기선은 통영에서 만들어지고 정사 복선 및 부사 복선은 수영에서 제작하였다. 그 외 종사관기선과 복선은 부산에서 제작되었다. 조선통신사 선단은 사행 때마다 다르지만 적게는 4척에서 많게는 6척이 선단을 꾸려 부산에서 출항하여 일본 오사카까지 왕래하였다. 그중 11차 사행은 정사 · 부사 · 종사관이 각각 탑승

188 조운선 실선을 건조하여 측정한 결과 조운선의 경하중량은 41ton으로서, 오차가 0.28ton으로서 미미한 수준임을 확인하였다.

189 국립해양문화재연구소, 「조운선」, 『전통선박 조선기술 Ⅳ』, 국립해양문화재연구소, 2012, 73쪽.

190 국립해양문화재연구소, 「조선통신사 정사기선」, 『전통선박 조선기술 Ⅵ』, 국립해양문화재연구소, 학술총서 제55집, 2019.

한 기선 3척과 선물과 필요 물자를 실은 복선 3척을 포함한 6척이 선단을 이루었다.

정사가 타고 간 기선은 조선 왕실의 위엄을 보이고, 사신의 권위와 선비의 정신이 담겨있는 선박으로 5척의 선박보다 길이를 크게 하고, 뱃전까지의 높이를 높이고 바람의 영향을 최소화하기 위해 갑판 위 상장구조인 판옥은 낮게 제작하였으며, 기둥과 가목에는 정사기선의 아름다움과 웅장함을 나타내기 위하여 붉은 석간주 칠로 장식하였다. 판옥 벽면에는 조선시대 문화상을 표현하는 것으로서 당대 유행하는 화풍을 그려 화려하게 장식하였다. 뿐만 아니라 긴 여정에 있어 맡은 바 임무를 수행하기 위한 각오, 담당자의 역할, 두려움을 이기기 위한 마음가짐 등을 담은 12개의 각 방마다 편액扁額을 걸었다.

본 장은 약 200년간 일본에 12차례 왕래하며 작성된 사행록 중 선설船說과 조선 및 일본 회원이 남긴 회화자료, 제4장에서 살펴본 한선의 고고학적 실증자료를 통해 통신사 선단 중 정사가 타고 간 정사기선의 구조를 살펴본다. 먼저 사행록 중 선설이 담긴 내용을 근거로 선체 · 규모 · 의장 · 추진구조 · 재료 · 제작지 · 조선기술로 나누어 살펴보고, 조선 및 일본 화원이 남긴 통신사선 관련 회화자료를 정리하고, 이를 근거로 회화자료에서 보이는 정사기선을 분석하여 구조와 성격을 살펴보겠다.

(1) 선체의 구조

① 문헌사료

사행록을 중심으로 조선통신사선 선체에 대한 기록을 정리하면 〈표 24〉[191]와 같다.

〈표 24〉 선설이 기록된 사행록

사행연도		사행 회차	작성자		사행록
서기	기년		직책	성명	
1643	인조 21	5차	부사(副使)	조경(趙絅)	「동사록(東槎錄)」
1719	숙종 45	9차	제술관(製述官)	신유한(申維翰)	「해유록(海遊錄)」

191 홍순재, 「조선통신사 정사기선(正使騎船)의 조선기술사적 구조 재검토」, 『文化財』 제55권 제4호, 2022.

192 『軒聖遺稿』 문헌사료는 1972년 경남 고성읍에서 거주하고 있는 개인이 소장하고 있는 사료를 처음 발견되었다. 이 자료는 순조 1822년(22) 대마도(對馬島)에 파송된 문위사선(問慰使船)의 조선기록이다.

1763	영조 39	11차	정사(正使)	조엄(趙曮)	『해행일기(海行日記)』
			자제군관(子弟軍官)	홍경해(洪景海)	『수사일록(隨槎日錄)』
			부사선 선장(副使船船匠)	변탁(卞琢)	『계미수사록(癸未隨槎錄)』
1802	순조 2		사역원당상역관(司譯院堂上譯官)	김건서(金健瑞)	『增正交隣志』
1811	순조 11	12차	정사(正使)	김이교(金履喬)	『신미통신일록(辛未通信日錄)』
			군관(軍官)	유상필(柳相弼)	『동사록(東槎錄)』「일기(日記)」
1822	순조 22				『헌성유고(軒聖遺稿)』[192]

<표 24>의 사행록에 기록된 조선통신사선 선설을 토대로 '선체 구조'에 대해 언급한 부분을 정리하면 <표 25>와 같다.

<표 25> 조선통신사선 선체의 구조

연대	근거 사료		선설	내용
	기록	출전		
1643	조경	「동사록」	二月若日陛辭，行届東萊釜山浦，有司者已治三畫船，艤于泊步而待，蓋爲三使各載一船也，不佞，遂登柁樓	타루 위치
			底板之連者六	저판 6열
			杉板之築者十，測其高，尺度者十有二	외판 10단
			洞房左右，咸亘板爲道，便舟格之往來，趨事者，且列擄於其間，幷左右數凡十六	좌 · 우 뱃전 돌출 멍에 구조, 좌 · 우 신방에 각각 8개의 노
			船頭及腰，各建高檣	선수돛대와 중앙돛대
			船尾穴置大柁，此其船制大較也，船之左	선미에 치 설치
1719	신유한	「해유록」	內設版屋十二間，庖廚廩藏坐臥寢飰之所悉備	판옥 12칸
			鑿穴藏櫓各十二	좌 · 우 현 신방 각각 12개 노
1763	홍경해	『수사일록』	上設板屋十二. 左五而右七. 屋之內，長可以卧，廣可以容二人，高不足以立. 而殺有	판옥 총 12칸(좌 5, 우7칸)

			大小之分.	
			板屋之下, 置禮單'軍糧'卜物, 而沙格及奴隷處之, 而不知其窄, 以至炊飯 供饌之所摠備焉.	갑판 밑 공간 활용
1763	변탁	『계미수사록』	板屋各房, 入統營修粧	판옥 방 구성
	조엄	『해행일기』	中立二檣, 高十餘丈, 有布席兩帆, 以風之緩疾而擄易者也.	두 개의 돛, 돛대 높이, 돛 종류, 항해 기능
			船尾搜一舵, 爲操縱而指向者也. 又載兩舵於舟中, 爲其緩急之需也. 左右有櫓, 各七. 不帆則令格卒撓之. 卽所謂櫓役也.	항해 시 치의 역할과 위급 시 비상용 치 별도 구비
			船尾穴置大柁, 此其船制大較也, 船之左,	선미 치혈 구멍과 큰 치 설치
1811	김이교	『신미통신일록』	騎船 卜船 四隻 板屋 空間	기선과 복선 판옥 배치 및 인원
	유상필	『동사록』	中層极屋十五間. 左第一間卽上房. 其上爲柁樓雕欄層梯. 丹碧輝映.	판옥 내부 공간 15칸, 좌측 제1칸 정사 사용

조경이 기록한 「동사록」[193]에는 '타루', '저판', '외판', '난간', '신방', '노', '선수돛대', '중앙돛대', '치', '판옥 공간' 등의 구조를 알 수 있다. 그중 타루는 유상필의 『동사록』과 김이교의 『신미통신일록』 제1기선의 배치(총 15칸) 및 인원수 기록에서도 확인되는 내용이다. 타루는 좌측 첫 번째 방인 '상방上房' 위에 설치되며 그곳은 정사가 사무를 보거나 입·출항 시 관망하는 공간이다. 의미를 해석하면 타루의 타柁는 타舵의 이체자로 '배의 방향을 조종하는 기구'라는 사전적 의미가 내포됨에 따라 선미에 위치하는 치를 조종하는 공간으로 오해하기 쉽다. 유상필의 『동사록』에 '중간층에는 판옥이 15칸인데, 왼편의 제1칸은 즉 상방이다. 그 위에 타루가 위치하고 조각한 난간으로 장식하였다. 층층의 계단에는 단청이 휘황하게 비친다.'라고 기록하여 상방 위에 타루가 자리 잡고 있음을 명확히 적시하고 있다. 또한 저판은 횡방향으로 총 6열을 갖추고, 외판 단의 수가 총 10단으로 구성된 것으로 알 수 있다.

193 趙絅, 「東槎錄」, 『海行摠載』 卷 3.

'동방 좌 · 우엔 모두 판자를 깔아 놓아 길을 만들어 뱃사공이 왕래하며 일보기에 편토록 했고, 또 그 사이에 노를 벌여 놓았으니 좌 · 우를 합하여 노의 수가 16이었다'라는 것은 좌 · 우 뱃전 바깥으로 멍에를 내어 뱃사공이 다닐 수 있게 판자를 설치한 구조라는 것을 알 수 있다. 좌 · 우현 신방에는 각각 8개의 노를 설치한 것도 알 수 있으며, 신유한의 『해유록』에 좌 · 우 각각 12개의 노를 설치한 기록을 통해 알 수 있듯이 사행마다 노의 수가 다르다는 것을 알 수 있다. 이는 정사기선의 규모에 따라 노의 수를 다르게 적용한 것을 알 수 있다.

돛에 대한 기록으로 '뱃머리와 허리에 각기 높은 돛대를 세웠으며'라는 내용은 두 대의 돛대인 선수돛대와 중앙돛대를 갖추고 바람을 이용하여 항해한 것을 알 수 있다.

치의 구조에 대해 '배꼬리 구멍에는 큰 치를 두었으니'라는 내용은 배의 방향을 제시하는 치[柁]가 설치된 것을 알 수 있다. 『신미통신일록』에도 가장 품질이 좋은 나무를 선택하여 충분히 견고하게 만들어야 한다[194]고 하였다. 또한 치가 부러지는 사고가 빈번하여 매회차 선박마다 치목 5, 6부部를 준비한 것을 알 수 있다.[195]

신유한이 남긴 『해유록』[196]에는 정사기선의 구조 중 판옥의 공간 구성에 대해 기록하고 있다. 판옥 12칸을 설치하여 주방과 창고, 앉는 곳, 눕는 곳, 잠자는 곳, 밥 먹는 곳이 구성되어 기능에 따라 구분하고 있는 것을 알 수 있다.

홍경해가 남긴 『수사일록』[197]에서도 판옥의 공간에 대해 기록하고 있다. 판옥은 12칸으로 나눠지며 왼쪽 5칸, 오른쪽 7칸이다. 방의 크기에 대해서는 두 사람이 나란히 누울 수 있다고 하여 약 3×3m 정도로 추정할 수 있다. 판옥 높이에 대해서는 '사람이 서 있을 수 없는 높이였다.'라고 하고 있어 높이가 매우 낮았음을 알 수 있다. 추정컨대 판옥을 낮게 설치한 것은 바람으로부터 저항을 덜 받아 항해성능을 높이기 위한 것으로 보인다. 이는 제11차 사행시 오사카항에 정박한 정사기선을 보고 일본 화원이 그린 「조선통신사정사관선도」의 본체와 판옥의 비율을 통해 알 수 있다. 정사 조엄은 판옥 내부가 총 14칸으로 나뉘

194 鴟木造成時, 各別申飭, 極擇木品, 十分堅造爲於.

195 或有每船五六部辦載之事是乃.

196 申維翰, 「海遊錄」, 『海行摠載』 卷4, 5월 20일자.

197 洪景海, 하우봉 옮김, 『隨槎日錄』, 보고사, 2018.

어 있는데 이는 내부로 들어가는 입구의 공간까지 더하여 기록한 것으로 추정된다. 이 또한 「조선통신사정사관선도」에서 입구 공간이 확인된다.

또한 상장 즉 갑판 아래의 공간과 물자에 관련된 내용을 기록으로 예단과 군량, 복물을 저장하는 공간과 사공과 격군이 거처하는 공간, 취반과 공찬 등의 공간을 나누어진 것을 알 수 있다.

조엄의 『해행일기』에는 돛과 치에 대해 확인된다. 두 개의 돛, 돛대 높이, 돛 종류, 항해 기능에 대한 내용이다. 두 대의 돛대를 갖춘 구조로 돛대의 높이를 "十餘丈"이라 하였다. 제9차 사행 제술관 신유한의 『해유록』에는 "高各十五丈以掛"로 기록하고 있어 약 23.4m의 크기를 추정할 수 있다. 돛은 초둔으로 만들어진 돗자리 형태의 돛을 사용한 것을 알 수 있다.

변탁의 『계미수사록』[198]에서는 판옥의 각 방과 정사가 머무는 방이나 국서를 보관하는 방의 구조와 내부를 화려하게 장식한 것을 알 수 있다.

김이교가 기록한 『신미통신일록』에서는 기선과 복선의 판옥 공간을 아래 <표 26~29>와 같이 구분하였다.

〈표 26〉 제1 기선의 배치(총 15칸) 및 인원수

소통사 (小通事)	검선 (檢船)	일공(日供) 공방(工房)	병방 (兵房)	제술관 (製述官) 서기(書記)	예방(禮房) 의원(醫員)	의롱방 (衣籠房) 사노자 (私奴子) 2人	상방 (上房)	
왜사공 (倭沙工)	금도왜 (禁徒倭)	전어관왜 (傳語官倭)	제방 (祭房)	제방 (祭房)	집사(執事) 선장(船將)	반인(伴人) 격군(格軍) 1人	수역 (首譯)	국서 (國書) 장무관 (掌務官)

군관(軍官) 5員, 당상관(堂上官) 1員, 제술관 1員, 서기 1員, 의원 1員 , 반인 2員, 선장 1人, 사노자 2名, 일행노자(一行奴子) 11名, 소동(小童) 7名, 소통사 3名, 급창(及唱) 2名, 도척(刀尺) 2名, 절과수(節鍋手) 2名, 형명수(形名手) 1名, 풍악수(風樂手), 使令 6名, 포수(砲手) 2名, 취수(吹手) 6名, 도사공(都沙工) 4名, 격군 50名(總 118員人名)

198 卞琢, 『癸未隨槎錄』.

〈표 27〉 제2 기선의 배치(총 15칸) 및 인원수

소통사(小通事)	서기(書記)	공방(工房)	일공(日供)	병방(兵房)	예방(禮房) 의원(醫員)	의롱방(衣籠房)(伴人, 私奴子 名 1人)	부방(副房)	
왜사공(倭沙工)	전어관왜(傳語官倭)	금도왜(禁徒倭)	제방(祭房)	제방(祭房)	집사(執事) 선장(船將)	집사(執事) 선장(船將)	검선(檢船)	부수역(副首譯)

군관 5員, 당상관 1員, 당하관(堂下官) 1員, 의원 1員, 서기 1員, 사노자 1名, 일행노자 11名, 반인 1人, 선장 1人, 도훈도(導訓導) 1인, 급창 2名, 소동 6人(名), 소통사 3名, 도척 2名, 절과수 2名, 형명수 1名, 풍악수 6名, 사령 6名, 포수 2名, 취수 6名, 도사공 4名, 격군 50名(總 113員人名)

〈표 28〉 제1 복선의 배치(총 13칸) 및 인원수

소통사(小通事)	서기(書記)	사자관(寫字官)	공실(空室)	상방(上房) 건량관(乾糧官)	상판사(上判事)	삼수역(三首譯)		
왜사공(倭沙工)	전어관왜(傳語官倭)	금도왜(禁徒倭)	제방(祭房)	반전직(盤纏直)	공실(空室)	향서기(鄉書記)	선장(船將)	

당상관 1員, 당하관(堂下官) 1員, 의원 1員, 서기 1員, 사노자 1名, 일행노자 11名, 반인 1人, 선장 1人, 도훈도(導訓導) 1人, 급창 2名, 소동 6人(名), 소통사 3名, 도척 2名, 절과수 2名, 형명수 1名, 풍악수 6名, 사령 6名, 포수 2名, 취수 6名, 도사공 4名, 격군 30名(總 55員人名)

〈표 29〉 제2 복선의 배치(총 13칸) 및 인원수

소통사(小通事)	공(空)	사노자(私奴子)	반전직(盤纏直)	공(空)	한학상판사(漢學上判事)	상판사(上判事)		
왜사공(倭沙工)	금도왜(禁徒倭)	전어관왜(傳語官倭)	제방(祭房)	공(空)	예단직(禮單直)	향서기(鄉書記)	선장(船將)	

당하관 1員, 반전직 1人, 예단직 1人, 향서기 1人, 리마(理馬) 1人, 선장 1人, 사노자 1명, 일행노자 3名, 소통사 2名, 도사공 4名, 격군 30名(總 48員人名)

② 회화자료[199]

조선 및 일본 화원이 남긴 회화자료는 〈표 30〉과 같이 정리할 수 있다.

〈표 30〉 조선 및 일본 화원이 남긴 회화자료

<table>
<tr><th rowspan="2">구분</th><th colspan="2">사행연도</th><th rowspan="2">사행
회차</th><th rowspan="2">소장처</th><th rowspan="2">명칭</th></tr>
<tr><th>서기</th><th>기년</th></tr>
<tr><td rowspan="2">조선</td><td>1748</td><td>영조 24</td><td>10차</td><td>한국 국립중앙박물관</td><td>「槎路勝區圖」</td></tr>
<tr><td>1748
1763</td><td>영조 24
영조 39</td><td>10차
11차</td><td>북한 조선미술관</td><td>「信行渡海船」</td></tr>
<tr><td rowspan="13">일본</td><td rowspan="2">1711</td><td rowspan="2">숙종
37년</td><td rowspan="2">8차</td><td>영국 잉글랜드 키플린 홀
(Kiplin Hall)</td><td>「朝鮮通信使 船團圖」</td></tr>
<tr><td>일본 히로시마현 구레시 시모카마가리쵸
일본 고치소이치반칸
(広島県 呉市 下蒲刈町 御馳走一番館)</td><td>「朝鮮通信使船大坂河口之図屛風」</td></tr>
<tr><td>1719</td><td>숙종 45</td><td>9차</td><td>일본 간나베(神辺) 역사민속자료관</td><td>「朝鮮通信使船團圖屛風」</td></tr>
<tr><td rowspan="2">1748</td><td rowspan="2">영조 24</td><td rowspan="2">10차</td><td>일본 구레시(呉市)</td><td>「朝鮮人來朝覺 備前禦馳走船行烈圖」
「朝鮮通信使行列圖」</td></tr>
<tr><td>일본 이와쿠니 징고관(岩國徵古館)</td><td>「赤間關信使屋并近邊圖」</td></tr>
<tr><td rowspan="6">1763</td><td rowspan="6">영조 39</td><td rowspan="6">11차</td><td>일본 개인 나까츠카 히로시게, 아끼히로
(中塚 廣重, 晶博)</td><td>「朝鮮通信使室津湊御船備圖屛風」</td></tr>
<tr><td>일본 오사카(大阪)역사박물관</td><td>「釜山浦 富士圖」</td></tr>
<tr><td>일본 사가현립 나고야성박물관
(佐賀県立 名護屋城博物館)</td><td>「朝鮮通信使正使官船圖」</td></tr>
<tr><td>일본 개인 난바마츠타로(南波松太郎)
동학회의 명예회장</td><td>「正使騎船」</td></tr>
<tr><td>일본 다쿠시 향토자료관
(多久市 鄕土資料館)</td><td>「韓船開帆圖」</td></tr>
<tr><td>일본 개인 이토우 모토미츠(伊藤根光)</td><td>「朝鮮船對馬入湊圖」
「朝鮮船圖」</td></tr>
<tr><td>1811</td><td>순조 11</td><td>12차</td><td>일본 신주쿠구 게이오대학교 와타나베문고
(慶應大學校 渡邊文庫)</td><td>『朝鮮船入津之圖』</td></tr>
</table>

199 홍순재, 「일본 화원이 남긴 정사기선의 구조 연구」, 국립해양문화재연구소, 『해양문화재』 제17호, 2022.

가. 조선 화원이 본 조선통신사선의 구조

「사로승구도」는 통신사선의 구조보다는 사신단이 활동하고 있는 모습과 그 당시 환경을 알 수 있는 자료이다. 「신행도해선」은 정사기선의 전체적인 구조를 알 수 있고, 「범사도」는 통신사 사행 중 귀국길에 풍랑을 만난 일화를 상상하여 그린 그림이기 때문에 구조 보다는 그 당시의 환경을 엿 볼 수 있다. 이 세 가지 회화자료 중 「신행도해선」을 중심으로 조선통신사선이 어떤 구조를 갖추고 있는지 상세히 살펴보겠다.

「신행도해선」은 그림 중앙에 '正'자 깃발이 걸려 있어 정사기선을 나타낸 그림이다〈그림 121〉.

구조를 살펴보면 선수 전면에 귀면鬼面과 닻을 걸어 놓았고 닻 주변에 호롱이 있으며, 호롱통에는 닻줄이 감아져 있다. 선수에는 4개의 창이 꽂혀 있고 정사가 앉아 있는 타루 앞쪽에도 창 5개가 꽂혀 있다. 선수와 중앙에 돛대 두 대가 세워져 있으나 돛은 보이지 않는

〈그림 121〉「**신행도해선**」 북한 조선미술관 소장

다. 뱃전에는 처음으로 확인된 '파도막이' 구조가 보이고, 궁지 윗면 난간에는 붉은 석간주 칠로 장식되었다. 갑판 위로 판옥 구조를 갖추고 있고, 판옥 위 갑판으로 올라가는 계단과 검은 베로 막을 친 타루 구조가 있다. 타루에 앉아 전방을 바라보는 정사의 모습과 수행원들이 일하는 모습이 사실적으로 묘사되어 있다. 또한 판옥의 높이보다 사람의 크기를 더 크게 묘사하고 있어, 그만큼 판옥의 높이가 낮았음을 보여준다.

선미에는 '벗치' 구조를 갖추고 있으며 선미부를 높게 들어 올린 만곡형으로 사공이 전방을 보고 타를 조종하고 있다. 또한 본 그림에서 가장 중요한 부분이라 할 수 있는데 좌 · 우현 선수에서 중앙부까지 노 7개가 확인된다. 격군이 노를 젓고 있는 모습이 표현되어 있는데 모두 앉아서 노를 젓고 있는 모습을 매우 사실적으로 그렸다. 특히 노의 구조는 이중으로 겹치는 노(현재 연구자들이 주장하고 있는 한국식 노의 형태를 말함)의 구조가 아닌 하나로 이루어진 단일제 노를 사용하고 있는 것이 확인된다.

나. 일본 화원이 본 조선통신사선의 구조

일본 화원이 남긴 조선통신사선 관련 회화자료는 조선 화원이 남긴 것보다 그 수가 많다. 다양한 그림을 통해 회차마다 다른 조선통신사선의 모습을 볼 수 있다.

그중 제11차 사행의 정사기선을 담은 「조선통신사정사관선도」와 난바마츠타로南波松太郎 명예회장이 소장하고 있는 「정사기선」 회화자료는 조선통신사선(정사기선)의 구조를 보다 세부적으로 들여다볼 수 있다.

첫 번째, 「조선통신사 선단도」는 사행 당시 통신사 선단이 오사카항에 정박해 있는 모습을 그린 것으로 일행이 에도에서 돌아올 때까지 약 100여 명의 승선자가 배에 남아 배의 훼손 부위를 보수하고 있는 상황까지 자세하게 묘사하였다<그림 122>.

본 그림을 통해 정사기선의 구조와 형태를 살펴보면, 저판 구조는 흘수 아래에 있기 때문에 정확하게 파악할 수 없다. 다만 5열로 구성된 선수 구조를 통해 저판이 5열로 구성된 평저형 구조로 짐작할 수 있다.

〈그림 122〉「조선통신사 선단도」 정사기선

외판 구조는 흘수 아래 외판 일부가 물속에 잠겨있어 알 수 없고, 그림에서 확인된 외판의 단수는 6단이다. 외판에는 각단마다 연결하는 못을 점선으로 그려 넣었고, 6단 선미 끝 부분에 물결 형태의 단청이 장식되어 있다. 횡강력을 보강하는 가룡은 총 13구간에 위치한다. 선수는 항해에 적합하도록 곡(휨)이 많고 두꺼운 통나무 원목 5열을 세워 서로 연결하고 있다. 특히 선수재가 서로 벌어지는 것을 막기 위해 꺽쇠형 못을 사용하고 있다. 선수 위쪽에는 나쁜 것이나 악한 기운을 물리치는 벽사辟邪의 의미를 부여하기 위해 험상궂은 귀면을 그려 넣었다. 선수 상단에는 횡방향으로 여러 개의 판재를 서로 겹쳐서 올렸는데 이는 선수 멍에를 보수한 것으로 판단된다. 더욱이 멍에와 선수재 상단에는 별도의 나무못을 두 곳에 박아 보정한 부분이 확인된다.

멍에는 좌 · 우 뱃전에 14개를 갖추고 있으며, 멍에 끝에 난간을 세워 장식하였다. 뱃전과 난간 사이에는 별도로 판재를 깔지 않았다. 뱃전 가까이에 붉은색 휘장을 좌 · 우현에 둘러쳤으며 휘장에는 귀면과 당초唐草무늬[200]를 그려놓은 단청이 확인된다. 선수에서부터

200 金在瑾, 『續韓國船舶史研究』, 서울대학교 출판부, 1994, 165쪽.

두 번째와 세 번째 멍에와 멍에 사이에 닻줄을 감는 호롱을 갖추고 있다. 닻은 나무닻을 사용하고 있다.

판옥 구조는 선체 중앙 좌 · 우측에 1칸, 선미 중앙 1칸 등 총 3칸이 확인된다. 또한 선미부 외판 선형은 위로 치솟는 형태이며, 사공이 기거起居하는 방문도 갖추고 있다. 좌측 첫 번째 칸은 정사가 기거하는 방으로 화려한 단청으로 벽면이 장식되어 있고, 판옥 상부 사방에 난간을 두르고 붉은 석간주 칠로 장식하여 아름다움과 위엄을 갖추게 하였다.

선수와 중앙에 돛대 두 대가 있으며, 돛대를 지지하는 구레짝 또한 두 곳에 확인된다. 구레짝 좌 · 우에 사선으로 받침 구조물을 세워놓고 그 위로 돛대를 눕힐 수 있도록 하였다. 또 돛을 올리는 용층줄이 확인되며, 돛대를 뉘었다가 세울 수 있도록 갑판에는 통로가 확인된다.

치의 형태는 '벗치'이며, 사공이 치를 조정하는 창나무(손잡이)를 잡고 있는 것이 확인된다. 그 외 좌측 판옥 뒤로 정사 깃대가 세워지고, 선미 좌 · 우 뱃전에도 두 개의 깃대가 설치되어 있다.

두 번째, 「조선인래조각 비전어치주선행렬도」는 제10차 사행 때 정사 홍계희 사행단이 일본 오카야마현 하이조[岡山縣 海城]의 세토내해[瀨戶內海]를 통과하는 모습을 그린 것이다. 통신사 선단은 토모노우라鞆の浦를 거쳐 우시마도牛窓에 기항하지만, 1748년에는 역풍이 불고 바다가 거칠어져서 현재의 타마노시아玉野市 히비日比에 정박하였다. 6척의 통신사 선단 외에 경호를 담당한 비젠한備前藩의 크고 작은 배 299척, 구경하는 사람들을 태운 배 2척 등 약 307척이 그려져 있다<그림 123>.[201]

---

201 NPO법인 조선통신사 연지연락협의회 조선통신사 유네스코 연락부회, 『유네스코 세계기록유산 조선통신사에 관한 기록 17~19세기 한 · 일간의 평화구축과 문화교류의 역사』 일본 소재 기록, 2017, 78~82쪽. 조선통신사문화사업추진위원회, 『마음의 교류 조선통신사 에도(江戶)시대로부터 21세기에 보내는 메시지』, 2004, 65쪽.

〈그림 123〉「조선인래조각 비전어치주선행렬도」 일본 呉市(공익재단법인 란토(蘭島) 문화진흥재단 관리) 소장

그림에는 통신사 선단에 포함된 각 선박의 선명과 설명이 곳곳에 남겨져 있어 이 그림을 그린 화가의 감상을 함께 느낄 수 있다. 또한 부사기선이 쓰시마對馬에서 소실되어 복선을 부사기선으로, 쓰시마 항의 배를 복선으로 대용했다는 것도 자세하게 기록하고 있다. 그림 자체는 스케치 정도의 수준이지만 전체적으로 살펴보면 사실적으로 묘사되어 그 당시의 사항을 잘 기록한 것을 알 수 있다. 그중 정사기선의 구조와 형태를 살펴보면 아래와 같다.

외판은 흘수 위쪽으로 총 6단의 외판구조를 갖추고 있다. 좌우 횡강력을 잡아주는 가룡은 2~3번 멍에 사이에 각 단마다 사각형으로 표시되었고 7번 멍에 밑에 사각형으로 표시되어 가룡이 설치된 위치를 확인할 수 있다. 멍에는 총 7개 구간으로 나누어 뱃전 위에 걸쳐진 것이 확인된다. 선수에 귀면을 크게 그려 넣었고, 나무닻이 확인된다. 판옥 위 상부로 올라가는 계단과 타루 구조가 확인되며, 판옥 상부 모서리에 높게 기둥을 세워 햇빛을 막기 위해 포장을 친 것을 알 수 있다. 이는 제9차 사행 제술관 신유한의 『해유록』과 제11차 사행 정사 조엄의 『해행일기』에서 언급한 '타루 기둥은 붉게 단청하고 사면에는 군막을 설치하고 지붕은 베로 덮은' 것과 동일한 구조이다. 치는 벗치 구조이며 사공이 치를 조정하는 창나무는 뒤쪽에서 꽂아 조정하는 구조가 확인된다.[202] 이 또한 『조선선입진지도』에 나타난 치 구조와 같다.[203] 뱃전 멍에 위에 휘장을 둘러 확인할 수는 없지만 뱃전을 따라 난간 구조가

202 又有柁樓, 施以丹艧. 樓之上設軍幕, 幕之上設布帳. 設椅而坐, 俯臨滄溟. 擧火而還客舍.

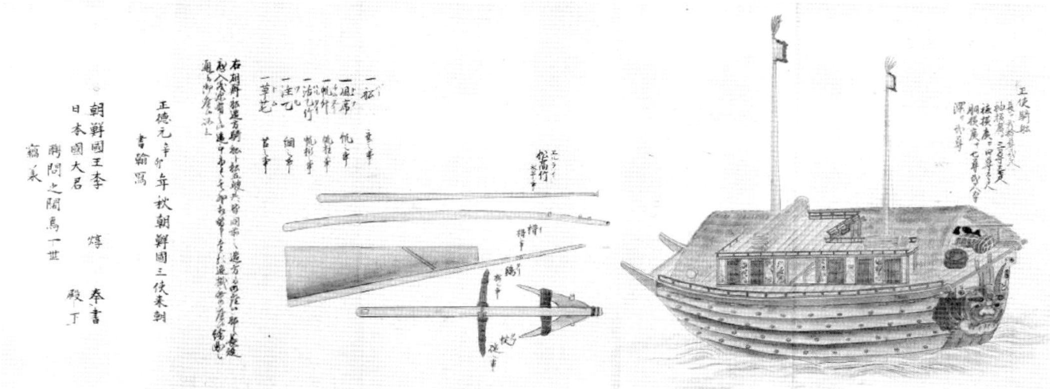

〈그림 124〉「조선통신사행렬도」 영국박물관 소장

설치되었을 것으로 추정할 수 있다.

세 번째「조선통신사행렬도」에는 사신의 행렬도 이외에 정사기선의 모습이 그림과 글로 함께 기록되어 있다〈그림 124〉.[204]

그림 오른쪽 윗면에는 정사기선의 크기에 대해 기록하였다.

正使騎船, 長 貳拾尋貳尺, 舳横廣三尋壹尺, 艫横廣四尋壹尺, 胴横廣七貳尺八寸, 深貳尋.[205]

길이 단위를 심尋으로 기록하였는데 여기서 1尋(히로ヒロ)은 물의 깊이나 새끼줄 등의 길이를 나타내는 단위로 약 1.8m[206] 정도이며 6척에 해당된다. 이에 따라 정사기선의 규모를 추정해 보면 길이는 약 38m, 선미 너비 약 5.71m, 선수 너비 약 7.58m, 중앙부 너비 13.63m, 깊이 약 3.74m 정도로 매우 큰 선박으로 추정된다. 1심의 길이를 5척(156.1㎝)[207]으로 추정

203 국립해양문화재연구소, 『조선시대 그림 속의 옛배』, 2010, 52~53쪽.

204 (사)조선통신사현창회, 『1748년 조선통신사 행렬도』, 2020.

205 정사 기선, 길이 20심 2척, 축(선미)의 횡 너비 3심 1척, 려(뱃머리) 횡 너비 4심 1척, 동(동체)의 너비 7심2척8촌, 깊이 2심.

206 https://ja.didt.naver.com.

207 김재근, 『續 韓國船舶史研究』, 韓國文化研究所 編 韓國文化研究叢書 29, 서울대학교출판부, 1994, 162쪽.

해 보면 길이는 약 32m, 선미 너비 약 4.96m, 선수 너비 약 6.56m, 중앙부 너비 11.64m, 깊이 약 3.2m 정도로 확인 할 수 있다. 이와 같은 크기는 『계미수사록』의 정사기선과 『증정교린지』의 대선의 규모와 매우 유사한 크기임을 알 수 있다.

그림에 묘사된 정사기선의 외판은 수면 위로 5단이 확인된다. 우측 외판 측면에는 나무못인 피삭이 결구된 것으로 보인다. 선수는 세로형으로 총 4열을 갖추고 있고, 전면에 귀면鬼面을 장식하였다. 선수 덕판멍에 상면에 두 개의 말뚝이 있는데, 이는 닻을 말뚝에 묶어 고정하고 육지에 배 메어 놓을 때 사용한다. 멍에는 총 11개가 일정한 간격으로 뱃전 위에 걸쳐졌으며 뱃전에 걸쳐진 멍에 우측 위에는 종방향으로 신방信防[208] 구조가 확인된다. 신방 위에는 뱃전 선형에 맞추어 난간을 설치하고 석간주칠로 장식하였다.

판옥에는 출입문 5개를 내었고 내부로 들어가는 입구까지 모두 6개 공간을 갖추고 있다. 좌측 공간은 명확하지는 않지만 우측 판옥 크기와 공간을 토대로 추정해 보면 3개 공간으로 나누어진 것으로 추정할 수 있고, 좌우를 합하면 9개 공간으로 구성되었을 것으로 추정할 수 있다. 출입문은 뇌록가칠로 장식하였으며 판옥 벽면에는 꽃, 산수화 등의 그림을 그려 넣었다. 판옥 위 옥외 난간에도 석간주칠로 장식하였다. 선수와 중앙에 돛대는 두 대가 확인되며 돛은 백면포와 청포로 추정된다. 선수 돛은 너비가 크지 않고 중앙 허리돛은 판옥의 너비만큼 크게 한 것을 알 수 있다.

돛과 관련하여 17세기 말 돛 재료를 어떻게 할 것인지에 대해 장계를 올린 기록이 있다. 1682년 2월 13일 경상우수사 민섬閔暹의 장계에 의하면, 돛[風席]을 성글고 굵은 석새삼베 즉 삼승三升으로 만들면 보기는 좋으나 전선戰船에 달아 시험해보니 폭풍이 불거나 소나기가 내릴 때 젖어 잘 오르내리지 않아 왕골로 만든 완석莞席보다 못했다. 이틀 후인 15일에는 대신들이 입시했을 때, 이전부터 완석으로 돛을 다는 전례가 있어왔고, 통제사統制使가 베로 만든 돛[布帆]이 자리로 만든 돛[席帆]보다 못하다고 올린 장계와 경상감사가 삼승을 마련할 예산이 없다고 올린 장계 등 세 가지 점을 근거로 1월 23일 완석으로 돛을 만들라고 다시 지시하였다.[209] 그러나 조선이 자리 돛이 베 돛보다 뛰어나다고 판단했던 것과 달리 일본은

---

208 李殷相譯, 『李忠武公全書 上』, 89쪽.

〈그림 125〉「조선통신사정사관선도」 일본 佐賀県立名護屋城博物館 소장

베 돛이 더 좋다고 여겼던 것 같다. 일본인들이 1711년 사행에 종사관으로 참여한 이방언을 통해 '보기 좋고 빠른 속도를 낼 수 있는 베 돛'을 만들어 주겠다고 제안했으며, 이를 수용한 조선 조정은 다시 베 돛을 만들어 자리 돛을 대체하라고 지시를 내리기도 했다.[210]

그 외 좌측에 추위와 비로부터 사신 일행과 화물 등을 보호하기 위해 초둔[211]을 엮어 초가

---

209 『國譯 通信使謄錄』(Ⅱ), 1682년 2월 13과 19일, 147~149쪽; 국립해양박물관, 『통신사 선단의 항로와 항해』, 국립해양박물관 학술총서 2, 2017, 56쪽.

210 『國譯 通信使謄錄』(Ⅲ), 1711년 1월 27일, 184쪽; 국립해양박물관, 『통신사 선단의 항로와 항해』, 2017, 56~57쪽.

집처럼 덮어 놓은 뜸집이 확인된다. 닻과 치, 노 등은 별도로 그려놓았으며 그 모양이 구체적이다. 닻은 나무닻이며 닻채, 닻 가지, 닻장으로 구성되었다. 노는 두 가지 형태가 확인된다. 위쪽에 그려진 노는 손잡이가 'T'자 형이고 전체적으로 반듯하며 노깃(노잎)은 타원형 형태를 띠고 있다. 반면에 아래에 있는 노는 전체적으로 완만하게 휘어있고 노 걸이와 놋손 2개가 확인된다. 노깃(노잎)은 반듯한 형태이다. 「조선통신사정사관선도」<그림 125>의 노와 같다.

치는 치체와 치분으로 구성되어 있다. 치분은 위쪽 너비를 아래쪽 보다 좁게 하였고 치분 위쪽 1/3지점에 치분을 고정하기 위해 덧대어진 목구조까지 자세히 표현하였다. 치체의 위쪽은 둥글게 하고 아래쪽은 치분의 두께에 맞추어 깎아 치분과 연결하였으며, 치를 조정하는 창나무는 확인되지 않지만 치체 상단에 손잡이를 끼우기 위한 구멍이 확인된다.

네 번째, 「조선통신사정사관선도」는 제11차 사행의 기선이 오사카항에 정박하고 있는 것을 보고 일본 측 수행원이 그린 그림으로 난바마츠타로 명예회장이 소장하고 있는 「정사기선」과 유사하다.

두 그림은 같아 보이지만 자세히 들여다보면 다른 점들이 몇 군데 확인된다. 「조선통신사정사관선도」에는 정사기선을 그린 그림만 있는 반면에 난바마츠타로 명예회장이 소장한 회화자료에는 정사기선의 그림과 함께 크기와 구조 등을 알 수 있는 기록이 얇은 종이에 작성되어 설명하고자 하는 구조의 위치에 따라 붙어져 있다. 특히 이 두 그림은 제11차 사행의 선장 변탁이 기록한 『계미수사록』의 구조와 제12차 사행 정사 김이교가 기록한 『신미통신일록』의 제1기선 판옥 공간 배치도와 같아 정사기선을 연구하는데 많은 정보를 제공하고 있다.

「조선통신사정사관선도」에 그려진 정사기선의 저판 구조는 배밑이 물 속에 가려 있어 확인되지 않고, 몇 열로 이루어졌는지도 정확히 알 수 없다. 다만 선수재가 총 5열을 갖추고 있어 저판의 구조는 평저형 형태를 갖추고 있는 것을 짐작할 수 있다. 또한 저판의 선형은

---

211 초둔은 짚, 띠, 부들 등으로 엮어 만든 뜸을 말한다.
국립해양박물관, 『통신사 선단의 항로와 항해』, 국립해양박물관 학술총서 2, 2017, 54쪽.

외판 뱃전 선형을 따라가기 때문에 선수와 선미가 위로 들어 올려진 형태로 짐작할 수 있다.

외판은 8단이 확인된다. 각 단마다 나무못인 피삭을 결구한 표현으로 점선으로 표시하고 있다. 가룡은 멍에 밑으로 총 16개 구간에 일정한 간격으로 나눠져 있다. 또한 4단 중앙부에 선내로 스며든 물을 퍼내는 수혈水穴 구멍이 확인된다. 선미 끝부분 5~6단과 6~7단 가룡 측(마무리 부분)에 서로 연결한 쐐기 구조가 확인된다. 이는 서로 바라짐을 막기 위한 구조로 해석할 수 있다. 8단 선미 끝에는 '좌포佐脬'[212]라고 추정되는 한자가 적혀있다.

선수는 세로로 5열을 갖추고 있다. 특히 중앙에 위치한 부재는 윗부분이 삼각형태로 그려져 있어 여타의 부재보다 더 두껍고 넓은 나무를 사용한 것을 알 수 있다. 또한 선수 전면에 귀면鬼面을 꽉 차게 그려 넣었는데, 이는 거친 바다를 항해하는데 두려움을 이기고자 한 부분과 안전을 기원하기 위해 그려 넣은 것으로 보인다. 또한 덕판 멍에에도 선안船眼을 그려 뱃길을 열고 무사항해를 기원한 것을 알 수 있다. 그만큼 사행을 위한 항해가 험난한 것을 '좌포', '귀면', '선안'을 통해 짐작해 볼 수 있다.

그뿐 아니라 선수 구조 위쪽과 아래쪽 1/3지점에 나무 봉처럼 생긴 구조가 각 열 마다 두 줄로 박혀있는 것이 확인된다.

선수멍에는 외판 7 · 8단과 연결되는 선수 부재 위쪽에 횡방향으로 올려져 있다. 보통 선수멍에는 선수 부재 상면과 외판 상단 뱃전이 서로 만나는 지점에 올리지만 본 그림에는 높고 넓은 부재가 선수 부재 위에 올라가고 여기에 좌우 외판 7단과 8단이 연결되는 구조를 갖추고 있다. 또 선수멍에 위로 원통형 부재가 얹혀져 있는데, 이 부재는 칡넝쿨이나 볏짚, 갈대를 여러 가닥으로 비벼서 꼬아 만든 줄을 닻줄로 사용하기 때문에 선수멍에를 보호하기 위한 것으로 추정할 수 있다.

선수 덕판 멍에를 제외하고 총 15개의 멍에가 일정한 간격으로 뱃전 위에 걸쳐져 있다. 뱃전 갑판 밑에 신방은 확인되지 않는다. 좌우로 돌출된 멍에 끝부분에는 뱃전 선형에 맞추어 길이 방향으로 설치된 궁지弓枝[213]가 확인된다. 석간주칠이 된 난간 안쪽에는 난간의 높

---

212 '좌포(佐脬)' 돼지 오줌통을 이용해 도움을 준다는 것으로 이 당시 물에 빠진 사람을 구조하기 위한 구명기구.
213 『軒聖遺稿』問慰使船의 上粧式圖.

이만큼 판자를 붙여 뱃전으로 넘어오는 파도를 막아 선내로 바닷물이 들어오지 않도록 했다. 제5차 사행 부사 조경의 『동사록』 동방 좌우엔 모두 판자를 깔아 놓아 길을 만들어 뱃사공이 왕래하며 일 보기에 편리하도록 했다.[214]라는 기록에서 보듯이 서로의 구조를 연결해 보면 충분히 유추할 수 있는 구조이다.

좌우 뱃전 바깥으로 돌출된 멍에와 연결된 궁지 위에 기둥을 박아 난간대를 올렸으며, 석간주칠로 장식하였다. 선수에서부터 두 번째 멍에 가운데에 닻줄을 감아올리는 호롱이 확인된다.

판옥은 좌측에 내부로 들어가는 입구까지 포함하여 6개 공간으로 나뉘어 있다. 우측은 명확하지 않지만, 좌측 6개 공간과 선수 방향에 한 칸이 더 있는 것으로 보아 7개 공간으로 구성된 것으로 추정된다. 기둥과 창방에는 아름다움과 웅장함을 보여주기 위하여 석간주칠로 장식하였다. 판옥 벽면에는 조선시대 문화상을 알 수 있는 당대 유행한 화풍 등을 그려 화려하게 장식하였다. 뿐만 아니라 12개의 각 방마다 편액扁額[215]을 걸어 놓은 것을 알 수 있다. 이는 『신미통신일록』에 기록된 선실과 배치도와 정확히 일치한다.

타루는 타루 난간에 석간주칠을 하였고 지붕은 검은 베로 막을 친 것이 확인된다. 정사가 사무를 볼 수 있도록 호피가 깔린 의자를 타루 중앙에 놓았다.

선수와 중앙에 돛대 두 대가 세워져 있고 좌우로 돛대를 잡아주기 위한 '옆총줄'과 돛을

---

214 『東槎錄』 洞房左右, 咸亘板爲道, 便舟格之往來, 趨事者.

215 1763년(영조 39) 11차 통신사 자제군관(子弟軍官) 홍경해(洪景海)가 남긴 『수사일록(隨槎日錄)』.
왼쪽 첫 번째 상방에는 '여산재(如山齋; 험한 바다를 건너 큰 임무를 수행하는 자세로서 고요한 山齋에 앉아 있는 것 같은 마음을 갖다.)', 두 번째 국서를 봉안하는 방은 '호서각(護書閣; 국서를 잘 지키고 보관하다.)', 세 번째 재술관 방은 '목여합(穆如閤; 임무를 수행해 왜와의 수호를 맺으면, 나라와 백성이 편안히 잠들 수 있다.)', 네 번째 별배 및 별파진 방은 '관규당(管窺堂; 겸손한 마음으로 자신을 낮추고 막중한 임무에 대하겠다.)', 다섯 번째 압물통사 장무관 방인 '구사재(勾事齋; 배의 운항과 외교에 관련된 온갖 일을 처리하며 임무를 수행하다.)', 오른쪽 첫 번째 서기 방인 '부용재(芙蓉齋; 물 위에 떠 있는 아름다운 연꽃처럼 바다 건너 나아가다.)', 두 번째 방인 '불가부지와(不可不知窩; 조그만 일이라도 제대로 알고서 소홀히 하지 않는다.)', 세 번째 방인 변치당(辯淄堂; 물맛의 차이 같은 조그만 조짐을 통해 앞 일을 처리해 나간다.), 네 번째 방인 동심재(同心齋; 상하 모든 관원이 한마음으로 나아간다.), 다섯 번째 방인 완벽재(完璧齋; 완벽하게 임무를 수행하고 돌아가겠다.), 여섯 번째 방인 지사각(趾槎閣; 한나라 장건처럼 같은 배를 타고 먼 곳으로 가서), 일곱 번째 방인 유공재(有功齋; 큰 공을 세우고 돌아오겠다.)

올리고 내릴 때 사용하는 '용층줄'이 확인된다. 선수 돛대 옆에 돛이 말아져 있으며, 중앙 돛대 우측에 놓은 돛은 지그재그 방식으로 겹쳐 있다. 돛의 재질은 두 개 모두 면으로 보이지만 선수 돛은 활대를 끼워 넣지 않았고 중앙 돛은 대나무 활대를 끼워 넣어 만든 돛으로 보여진다. 중앙 돛대 좌측으로 깃대가 세워져 있으며 '正'자가 새겨진 깃발이 확인된다.

〈그림 126〉「정사기선」
일본 南波松太郎 동학회의 명예회장 소장

판옥과 선미 구간 사이에는 식사를 준비하는 취사 공간이 확인된다. 갑판보다 아래쪽에 두었는데, 이는 취사 시 바람으로부터 보호하기 위한 것으로 보인다.

선미부에 비교적 낮은 판옥이 확인된다. 좌우 2칸 구조이며, 『신미통신일록』에 기록된 선실과 배치도에 의하면 좌측에는 소통사小通事가 우측에는 왜사공倭沙工이 기거하는 방으로 추정할 수 있다. 선미 판옥 위에도 난간을 설치하고 붉은 석간주칠로 장식하였다.

치는 따로 떨어져 있으며, 치체와 치분의 형태를 알 수 있다. 그 외 선미 좌우에 두 대의 깃발이 뱃전에 확인된다.

다섯 번째, 「정사기선」은 김재근의 『속한국선박사연구』에서 처음으로 소개된 회화자료로 난바 마츠타로 명예회장이 소장하고 있는 자료이다〈그림 126〉.

김재근은 1993년 6월 난바 명예회장의 집에 방문하여 「정사기선」을 사진으로 기록하고 그림 요소요소에 덧붙여진 아주 얇은 종이쪽지의 여러 가지 유익한 정보를 "마츠타로 선의 부전문"으로 정리하여 설명하였다.[216] 하지만 그 내용을 명확히 해석하기 보다는 흐름을 정리하는데 그치고 있어 그 내용을 재검토하고 내용을 덧붙여 정사 기선의 규모와 구조를 알기 쉽게 정리하였다〈표 31〉.

216 金在瑾, 『續韓國船舶史硏究』, 서울대학교 출판부, 1994, 175~176쪽.

〈표 31〉 난바마츠타로 선의 부전문

위치	부전문	필자의 구조해석
우측 상부	長 二十尋 二尺　　一. 船 船ノ事	길이 20심 2척, 선박, 선박 관련(ノ事 : ~에 대한, ~ 관련된 것.)
	舳横広サ 三尋一尺　一.風席 帆ノ事	선미 너비 3심 1척, 풍석-돛대에 거는 돛자리, 바람을 받는 천의 대용. 돛 관련
	艫横廣サ 四尋　　一.帆外 帆柱ノ事	선수 너비 4심, 돛 외, 돛대 관련
	胴横廣サ 七尋　　一.活乙代 帆桁ノ事	동체 가로 너비 7심, 활대는 우리말을 표기한 것임. 돛의 가로대 관련
	深サ 二尋　　一.注乙 綱ノ事 一.草苫 苫ノ事	깊이 2심, '줄'의 한자 표기, 벼릿줄 관련 이엉, 거적, 돗자리 등 지붕이나 돗자리 관련
우측 상부	右朝鮮船騎船 ト五艘共造方同前船 之長短底入淺深有之バカリナリ	조선의 기선과 복선 5척은 함께 만들어 규모, 규격이 같은데, 앞의 배는 장단과 깊이가 얕고 깊음이 있음
선수부 외판 닻	椗 碇ノ事	선수부에 위치한 닻(椗 : 나무닻, 碇 : 돌 닻), 닻 관련
선수부 갑판 상부	綱等碇ヲククリル縄 朝鮮萩ノカハナリ 日本蕨縄ノルイ	선수 갑판 위의 호롱에 감긴 닻줄을 가리키는 것으로 일본에서 사용하는 닻줄과 어떻게 다른지 비교하는 내용
선수 수선 부근	櫓 櫓の事	선수부 좌측에 위치하는 노를 설명, '노(櫓)'는 일본어로 야구라(やぐら)
선수 천막 위	日覆ナリ 船掛ルトキ惣體エ 苫ヲカリル此日覆ハタタム	판옥(板屋) 위 타루(柁樓) 지붕의 천막을 설명하고 있는 내용이다. 천막은 햇빛 가리개로 이해하고 있으며, 항해 시 천막을 거둬 접어놓고 항해한다는 것을 언급
판옥 위 타루 내부	バル 豹の皮 敷物也	표범 가죽을 일본어로 깔개(시키모노(しきもの))라고 함
정사깃대 앞쪽에 갓	カツ 上官笠 ホンコチ 下官笠	갓은 상위 관료가 쓰는 것을 삿갓으로 벙거지를 하위관료가 쓰는 삿갓으로 구분
판옥 왼쪽 세 번째와 네 번째 방 사이 입구	此所ヨリ 荷物ヲ入ル 又 下官ノ座モ有ト聞	이곳으로부터 화물을 들인다. 또는 하위관료들이 드나드는 문이 있다는 내용
외판 중앙부 4단에 원형 홈	船ノアカヲカヱ出ス穴	배 바닥에 고인 물을 밖으로 내보내는 구멍을 말함
판옥 위 타루와 중앙부 갓 사이	席 ゴザノ事	'자리'를 설명하고 있음. 자리를 일본어로 고자(でざ(御座))

위치	부전문	필자의 구조해석
판옥 위 중앙부 갓과 정사깃대 사이	花席 日本ノ花ゴザ	화석(花席)을 일본의 꽃 모양의 고자(ござ(御座))로 묘사
뱃전과 판옥 사이에 타원형 노 구멍	櫓 ヲタツル穴	노를 꽂아 저을 수 있도록 타원형 형태의 구멍
판옥 좌측 다섯 번째 압물통사 장무관방 옆 신방과 궁지 사이	瓢ノ杓ナリ	반으로 갈라진 표주막에 긴 자루가 달린 구조로 물을 퍼 올리는 나무 손잡이가 달린 바가지
판옥 뒤편과 선미 판옥 사이	鑊 船バリノ間ヲ直ニ土ニテヌル	가마솥이 갑판 아래층에 토방(土間)을 두고 솥을 걸어 놓음
판옥과 선미 판옥 사이 갑판 위에 타원형 구멍	楫ノ穴	노의 구멍
선미 판옥	櫃也 セシメルト云	괘야(櫃也)는 물건을 넣어두기 위해 만든 공간. 즉 선미에 물건을 넣어두는 창고
선미 판옥 위	將棊盤	선미 판옥 위 장기판
선미 갑판 위	此所ニ右邊卜書付有	이곳의 오른쪽에는 항해 시 안전에 관련된 점금(卜書)글이 붙여져 있다는 내용
선미 갑판 위	此所ニ??卜書付有	이곳의 왼쪽에는 항해 시 안전에 관련된 점금(卜書)글이 붙여져 있다는 내용
선미 끝에 매달아 놓은 표주박	瓢也 難船ノ時ウケニ用ユ 常ニニツニ割器ニ用ユ	난선 시에 좌우현에 표주박 달아서 부력을 맞추기 위해 매달아 놓은 것을 설명하고 있음
선미부에 위치하는 치	鴟 楫ノ事	'치(鴟)'자와 '즙(楫)'자가 확인된다. '鴟'자는 조선에서 사용하고 있는 '舵'용어로 해석이 가능하다. '楫'자는 일본 화공이 알기 쉽게 일본어로 楫ノ事(かじ)로 풀이하여 표기해 놓은 것임
중앙에 위치한 깃대 꼭대기	山梁ノ羽	정사 기선 중앙에 위치한 깃대 꼭대기에 달린 꿩의 깃털

'椗'과 '碇'은 닻을 가리키는 이체자異體字로 조선시대 문헌에서 찾아보면 수군진영에 배치되어 닻을 관리하는 수군을 정수椗手 또는 정수碇手라고 부르듯이 두 한자를 모두 사용하고 있다. 1808년(순조 8) 호조판서 서영보徐榮輔와 부제학副提學 심상규沈象奎가 왕명을 받아

찬진撰進한 『만기요람』에 전라좌우수영, 경상좌수영 군정편에 전선 3척, 거북선 1척, 병선 5척, 탐선 1, 사후선 1척 등에 배치되는 수군 배치 현황을 기록한 내용이 있는데 그 중 '椗手八名'이라고 기록하고 있다. 정수椗手는 수군 중 닻을 관리하는 수군을 뜻한다.

또 『충청병영계록忠清兵營啓錄』을 살피면 1818년(순조 18)에 중국 사선私船이 표류하여 태안 소근진所斤鎭 가야항加也項에 정박하였고 첨사僉使 차인봉車仁鳳과 태안 군수泰安郡守 송철문宋哲文이 사선에 관해 취조取調하는 내용이 있다. 취조 내용 중 닻에 대하여 '椗 三介'라고 기록하고 있으며, 이를 통해 나무닻일 경우 '椗'[217]으로 표기하고 있는 것을 알 수 있다. 뿐만 아니라 『조선왕조실록』 기록에 닻 관리하는 수군을 정수碇手라고 기록하기도 하였고, 전선이 정박碇泊 할 때 한자를 '碇'[218]자를 사용하고 있다. 이 그림에 기록된 나무 목木변의 '椗'자는 조선에서 나무닻을 가리킬 때 사용하는 용어로 해석이 가능하며, '碇'은 일본 화공이 '椗'을 일본어로 풀이하기 위하여 '碇ノ事'(이카리)로 표기해 놓은 것이라 할 수 있다.

조선은 싸리Lespedeza bicolor 줄기로 닻줄을 만들어 사용하고 있는데 일본의 고사리과 Pteridium aquilinum(L 2.) Kuhn 식물과 비슷한 것으로 알려져 있다. 여기서 말하는 싸리는 갈대의 경북지역 방언이기도 하다. 『신미통신일록』 2책 선척 재선군기의 기록을 보면 기선과 복선 4척의 집물 목록 중 닻줄의 재료는 숙마熟麻로 기록[219]하고 있다. 여기서 말하는 숙마는 잿물에 담갔다가 솥에 찐 삼껍질로 꼬아 만든 밧줄을 일컫는다. 닻줄[維纜]을 만들기 위한 함경도에서 나는 숙마 527근 6냥이 납품되지 않아 시기를 놓치게 되자 각 도에 공문을 보내 납품을 재촉하는 내용이다. 따라서 싸리 줄기로 묘사한 부분은 아마도 삼껍질을 비유

---

217 '정(椗)'자의 경우 부수를 木(나무 목)部와 음(音)을 나타내는 글자 정(定)이 합(合)하여 나무로 구성되며 갈고리가 달린 나무 닻을 알 수 있다.

218 '정(碇)'자의 경우 부수를 石(돌 석)部와 음(音)을 나타내는 글자 정(定)이 합(合)한 '碇'자로 용어를 사용한 것을 알 수 있다.

219 『辛未通信日錄』 二地 船隻, 載船軍器 地167.
"維纜物種, 分定各道, 而咸境道卜定, 熟麻五百二十七斤六兩, 尙不輸送, 以致需用之愆期, 誠甚渴悶, 以其相距截遠, 無路催促. 自貴行依癸未年例, 移文該道, 以爲罔夜輸送之地, 幸甚向事".
[닻줄[維纜]과 물종을 각 도에 나누어 정하였으니, 함경도에 복정한 숙마 527근 6냥을 아직도 실어 나르지 않아서 제대로 사용할 시기를 놓쳤으니 진실로 매우 애타고 걱정되지만 거리가 매우 멀어서 재촉할 길이 없습니다. 귀 사행(使行)은 계미년의 사례에 따라서 각 도에 공문을 보내 밤낮을 잊고 실어 나르라고 한다면 매우 다행스러운 일입니다.]

하는 말로 추정된다.

17세기 말 선박에 사용되는 밧줄에 대한 기록[220]을 통해서도 엿볼 수 있다. 17세기 말 이전에는 선박에 사용된 밧줄은 산마山麻와 숙마로 꼬아 만든 줄을 사용하였다. 닻줄[碇注乙]은 한지韓紙와 숙마를 꼬아 만든 지갑줄[地甲注乙]을 사용하고 그물을 당기는 줄은 칡넝쿨로 꼬아 만든 벼리줄[伐伊注乙]을 사용하였다. 하지만 17세기 말에는 삼껍질을 잿물에 삶아 희고 부드럽게 하여 꼬아 만든 밧줄로 사용한 것을 알 수 있다.[221]

「조선통신사정사관선도」와 「정사 기선」은 같아 보이지만 다른 점들이 몇 곳에서 관찰된다. '타舵'의 위치, 정사 기선을 나타내는 '정正'자 깃발, 귀면鬼面 모양, 선미 우측면에 바람막이와 난간이 생략된 모양, 선미 좌현 외판 8단 좌포佐脬 표기 유무, 닻의 위치, 중앙 허리돛의 형태 등이 다르게 묘사되어 있다.

(2) 규모

조선통신사선의 선설 중 규모를 기록한 사행록은 「동사록」, 「해유록」, 『해행일기』, 『수사일록』에서 찾을 수 있다〈표 32〉.

〈표 32〉 사행록의 선설 중 규모

연대	근거 사료		선설	내용
	기록	출전		
1643	조경	「동사록」	考其制度物, 船長四十尺有奇, 廣十五尺有奇,	통신사선 전체 규모 (길이 40尺,[222] 너비 15尺)
1719	신유한	「해유록」	模後建木竿二, 高各十五丈以掛, 竿上豎標旗.	선수돛대와 중앙돛대가 위치
1763	조엄	『해행일기』	上粧長十九把半, 上腰廣六把二尺, 上設廳房十四間. 房之上	상장 길이 19파 반, 너비 6파 2척, 판옥 14칸
	홍경해	『수사일록』	一行往觀渡海船. 長十四把, 廣六把.	도해선 길이 14파, 너비 6파

---

220 『國譯 通信使謄錄』(Ⅲ), 1681년 11월 21일, 126쪽.

221 국립해양박물관, 『통신사 선단의 항로와 항해』, 2017, 57쪽.

222 척(尺)의 크기 기준을 세조 12년(1466년) 개혁 시 사용한 31.22㎝ 단위와 2019년 안성 청룡사 대웅전 해체 보수 과정에서 발견된 목재곡자의 용척 크기인 31.22㎝로 분석 결과 확인되기 때문에 1척의 기준을 31.22㎝ 크기로 적용하여 검토하였다.

그중 신유한이 기록한 「해유록」[223]에서 정사기선의 선수돛대와 중앙돛대가 타루 뒤에 위치하는 것을 확인할 수 있고, 돛대의 높이를 15장으로 기록하고 있다. 18세기 초 1장의 크기는 10척에 해당한다. 10척은 세조 12년 개혁 시 사용한 영조척을 기준으로 한다면 1척 기준 31.22㎝이다. 따라서 10척은 약 3.12m가 된다. 그렇다면 15장의 경우 약 48m정도 추정이 가능하다. 이는 정사기선의 전체 길이보다 돛대 높이가 2배 이상 크게 나타난다. 따라서 이 돛대 크기는 정사기선의 구조와는 맞지 않는다.

『경세유표經世遺表』의 1파把(156.1㎝)로 이를 계산하면 약 23.4m로 나타남을 알 수 있고, 문화재청(현 국가유산청)에서 실시한 용역보고서[224]의 1파 단위를 기준으로 추정하면 약 26.5m로 나타난다. 이 크기는 『신미통신일록』에 기록된 통신사선의 규모 중 제1기선과 제2기선의 돛대 높이(23m)와 약간의 차이는 있다. 따라서 본 기록은 파를 장으로 오기하였다고 볼 수 있다.

조엄의 『해행일기』와 홍경해의 『수사일록』[225]에는 기선과 복선의 크기를 확인할 수 있다. 기선 상장의 길이는 19파 반(30.43m)이고, 너비는 6파 2척(9.67m)이며, 판옥은 총 14칸으로 나눠진 것을 확인할 수 있다.

홍경해가 남긴 『수사일록』에서는 도해선의 길이가 14파이고, 너비는 6파인 것을 알 수 있다. 『계미수사록』의 정사기선과 『증정교린지』의 대선 상장 크기(길이 19파 반, 너비 6파 2척)와 비교해 보면 길이에서 차이가 크게 보인다. 홍경해가 기록한 도해선의 길이 14파는 저판 크기에 해당한다. 그 반면에 너비 6파는 상장 중앙 너비에 해당하는 크기이다. 미터 단위로 환산하면 길이 21.8m, 너비 9.36m로 『계미수사록』과 『증정교린지』에 나타난 장폭비와 비교했을 때 많은 차이를 보인다.

조선시대 문헌사료에 기록된 선박의 규모를 <표 33>과 같이 정리하고, 저판과 상장 장폭비를 확인하기 위해 <표 34>와 같이 비교해 보면 선박마다 가지는 비율을 통해 구조상 적합

223 申維翰, 「海遊錄」, 『海行摠載』 권4, 5월 20일자.
224 문화재청, 조선통신사 기록물 용역보고서.
225 趙曮, 『海行日記』; 洪景海, 『隨槎日錄』.

도를 알 수 있다.

〈표 33〉 문헌에 나타난 각선의 치수 일람표

(단위 : 1把=156.1㎝, 1尺=31.22㎝)

구분	구조	『증정교린지』	『계미수사록』	『각선도본』	『헌성유고』	『반계수록』	『수사일록』
		대선	정사 기선	판옥선	사견선	초마선	기선
저판	장	14파2척5촌 (22.24m)	14파2촌5촌[226] (22.24m)	70척 (21.85m)	66척 (20.60m)		
	두광	2파1척 (3.27m)	2파1척 (3.27m)	12척7촌 (3.96m)	11척5촌 (3.59m)		
	요광	2파4척5촌 (3.82m)	2파4척5촌 (3.82m)	15척4촌 (4.80m)	16척 (4.99m)		
	미광	2파 (3.1m)	2파 (3.1m)	9.8척 (3.05m)	10척5촌 (3.27m)		
	조수[227]	9장	9장	10장	11장		
곡목장		3파1척5촌 (4.91m)	3파1척5촌 (4.91m)		22척5촌 (7.02m)		
상장	장	19파반 (30,43m)	19파반 (30,43m)	103척 (32.15m)	91척 (28.41m)	70척 (21.85m)	14파 (23.1m)
	두광	3파반 (5.46m)	3파반 (5.46m)	25척6촌 (7.99m)			
	요광	6파2척 (9.67m)	6파2척 (9.67m)	34척 (10.61m)	22척5촌 (7.24m)	22척 (6.86m)	6파 (9.9m)
	미광	4파 (6.24m)	4파 (6.24m)	19척4촌 (3.2m)			
외판	고	2파 (3.12m)	2파 (3.12m)	18척4촌 (5.74m)			
	조수	8장	8장	7장			
병추		2파1척 (3.27m)	2파1척 (3.27m)				

226 『癸未隨槎錄』에서는 '十四把二寸五寸'으로 기록되어 있으나, '十四把二尺五寸'의 誤記가 분명하다.
227 저판(本板)의 수량.

〈표 34〉 문헌에 나타난 저판과 상장의 장폭비

구분	저판 장폭비			상장 장폭비		
	장	요광	비율	장	요광	비율
『증정교린지』	22.24m	3.82m	5.82	30,43m	10.23m	3.14
『계미수사록』	22.24m	3.82m	5.82	30,43m	10.23m	3.14
『각선도본』	21.85m	4.8m	4.55	32.15m	10.61m	3.03
『헌성유고』	20.6m	4.99m	4.13	28.41m	7.02m	4.05
『반계수록』				21.85m	6.86m	3.19
『수사일록』				23.1m	9.9m	2.33

그 결과 저판의 장폭비는 평균 5.08이고, 상장 장폭비는 평균 3.31 정도이다. 반면에 『수사일록』의 장폭비는 2.33으로 상장의 평균 장폭비와 비교했을 때 1.4배 정도 작게 나타나므로 비율이 맞지 않는다. 『수사일록』의 저판 장폭비는 평균에 근사한 값이 나타나지만, 상장 비율은 1.4배 정도 차이가 발생함으로서 상장의 장폭비는 비대칭이라 할 수 있다. 이는 조엄이 남긴 『해행일기』에 나타난 상장의 길이는 19파 반이고, 너비는 6파 2척으로 기록하고 있어 앞에서 정리한 『증정교린지』·『계미수사록』 상장 크기를 비교해 보면 동일한 것을 알 수 있다. 따라서 홍경해가 남긴 『수사일록』에 기록된 도해선의 크기는 상장구조 비율이 비대칭함에 따라 오기로 판단된다.

『계미수사록』에 기록된 정사·부사·종사관 기선과 정사 복선의 구조에 따라 각 선박의 구조별 크기를 정리하여 비교하였다〈표 35〉.

〈표 35〉 『계미수사록』에 기록된 통신사 선단의 제원

(단위 : 1把=156.1㎝, 1尺=31.22㎝)

구분	구조	정사 기선	부사 기선	종사관 기선	정사 복선
저판	장	14파2척5촌	13파반 (21.07m)	13파1척5촌 (20.52m)	12파1척5촌 (18.96m)
	두광	2파1척	2파1척(3.27m)	2파(3.1m)	1파4척(2.18m)

	요광	2파4척5촌	2파3척5촌(3.66m)	2파3척(3.59m)	2파3척(3.59m)
	미광	2파	1파9척5촌(3m)	1파4척5촌(2.26m)	1파4척(2.18m)
	조수	9장	9장	9장	8장
곡목장		3파1척5촌	3파1척5촌(4.91m)	3파7촌(4.79)	3파7촌(4.79)
상갑판	장	19파반	18파4척(28,72m)	17파3촌(27m)	17파3촌(27m)
	두광	3파반	3파반(5.46m)	3파2척3촌(5.04m)	3파2척3촌(5.04m)
	요광	6파2척	6파1척(9.52m)	5파3척(8.27m)	5파3척(8.27m)
	미광	4파	4파(6.24m)	3파4촌(4.74m)	3파4촌(4.74m)
삼판	고	2파	2파(3.12m)	1파5척(2.34m)	1파5촌(2.34m)
	조수	8장	8장	8장	8장
병추		2파1척	2파1척(3.27m)	2파7촌(3.23m)	2파7촌(3.23m)

김건서金健瑞 등이 편찬한 『증정교린지』「도해선척식」에 기록된 대선, 중선, 소선의 구조별 크기를 아래 <표 36>과 같이 정리하여 비교하였다.

<표 35>와 <표 36>을 비교해 보면 정사기선과 대선의 규모는 길이와 중앙 너비에서 약간의 차이가 있으나 비교적 유사하다. 부사기선과 중선의 상갑판 너비에서 요광(중앙 너비)을 3파 1척으로 잘못 기록한 『증정교린지』의 중선과 길이와 중앙의 너비에서 약간의 차이가 있으나 규모는 비교적 유사한 것을 알 수 있다.

<표 36> 『증정교린지』에 기록된 도해선의 주요요목

구분	구조	대선	중선	소선	비 고
저판	장	14파2척5촌	13파반(21.07m)	12파1척5촌(18.96m)	
	두광	2파1척	2파1척(3.27m)	1파4척(2.18m)	
	요광	2파4척5촌	2파3척5촌(3.66m)	2파3척(3.59m)	
	미광	2파	1파9척5촌(3m)	1파4척(2.18m)	
	조수	9장	9장	8장	
곡목장		3파1척5촌	3파1척5촌(4.91m)	3파7촌(4.79)	
상갑판	장	19파반	18파4척(28,72m)	17파3촌(27m)	

	두광	3파반	3파반(5.46m)	3파2척3촌(5.04m)	
	요광	6파2척	3파1척[228] 6파1척(9.52m)	5파3척(8.27m)	
	미광	4파	4파(6.24m)	3파4촌(4.74m)	
삼판	고	2파	2파(3.12m)	1파5촌(2.34m)	
	조수	8장	8장	8장	
병추		2파1척	2파1척(3.27m)	2파7촌(3.23m)	

(3) 재료

조선통신사선 건조에 필요한 선재에 대한 기록은 『계미수사록』, 『신미통신일록』에서 확인할 수 있다. 선재 및 선재 수량, 돛(명주, 왕골, 줄), 고착 못(나무, 쇠), 선재 벌목 시기, 치목, 정증 등이 확인되며, 재료는 아니지만 밥을 짓거나 불을 피울 때 사용되는 '풍로'도 확인된다<표 37>.

<표 37> 사행록의 선설 중 재료

연대	근거 사료		선설	내용
	기록	출전		
1763	변탁	『계미수사록』	渡海船隻例用白木綿、風席, 又以莞風席準備, 則騎・卜船宜無異同是如乎.	기선과 복선 돛의 재료로 흰 명주와 왕골 사용
			各船長廣文巷, 雖如右, 必在工匠之臨時所見.	선재의 크기, 생김새, 수량 결정
			着釘相間, 爲木尺七八寸, 而釘之大小, 自初衫至八衫, 從其厚薄, 自有大小, 開聞會前,則初二三衫以皮槊間釘, 而其堅固, 猶勝於純用鐵釘云, 而今番除皮架, 全着鐵釘, 則鐵物多有不足, 差員船將, 私自變通, 畢役後, 入統營, 鐵價僅僅受出, 未免無利, 誠甚可駭.	고착 못[정(釘)]의 간격
			執材於巨濟古多大境, 癸未正月初三日伐木	선재 벌목 시기(1~3월), 벌목된 선재

228 '三把一尺'은 아마도 오기(誤記)로 판단되며 '六把一尺'으로 추정.

연대	근거 사료		선설	내용
	기록	출전		
			始役, 三月十五日下莊畢役下海, 同念日涉進統營,而到登山外洋, 卒遇逆風怒濤, 進退不得, 一晝夜下碇洋中, 所謂登山, 素稱險海, 島嶼碁布, 水勢若沸, 萬分危急矣, 翌日行賴天佑, 豊靜波晏, 經過此險.	이동 방법
			本船楫物, 自營門, 今方措備, 同船隻, 自造船所, 進入營門之際, 鴟木風席掟榴等物, 借用於各鎭戰船楫物, 故非但不完,船與楫, 不甚相通, 若値風濤, 則製船無路, 狼很必矣, 不可放心處也.	치목 · 풍석 · 정증 등 재료
			鐵釘打造風爐, 則自前, 每船設二爐矣, 今年亦減一爐, 每船只一爐, 而每爐, 各打造監官一人, 冶匠一名, 奉足四名, 自營門依例定送, 炊飯僧, 本府各寺輪廻.	쇠를 두들겨 만든 풍로로 밥을 짓거나 불을 피울 때 사용
1811	김이교	『신미통신일록』	船具中最屬關緊者, 鴟木是也, 凡於越海之役, 必以預備鴟木添載船中者, 自古完全之道是如乎。今此信行所用船隻, 毋論騎船 · 卜船, 預備鴟木, 每隻各以一坐, 趁今加造, 添載各船, 以爲渡海時, 完全之備爲乎矣。鴟木造成時, 各別申飭, 極擇木品, 十分堅造爲旀, 或有每船五六部辦載之事是乃,	치목의 중요성, 예비 치목 준비, 치목 선종의 품질 등
			騎船二隻汴物秩統營新備所入材木各一百三十八株. 一騎船本板長十四把廣高四七尺, 二騎船本板長十三把半廣三把七尺五寸高六尺五寸	기선과 두 척의 집물 목록과 저판을 제작하는데 소요되는 량

변탁의 『계미수사록』를 살펴보면 기선과 복선의 돛은 흰 명주로 만든 것과 왕골로 만든 것을 사용하였다. 복선의 돛을 무명으로 만드는 일을 통신사 등록에 취해서 살펴보니 1711년(숙종 37) 통신사 사행 때 기선과 복선의 돛을 모두 무명으로 만든 일이 있어서 통신사가 전달하여 윤허 받았다는 내용이 있다. 이를 통해 보면 제8차 사행에도 기선과 복선에 초둔 돛을 사용하지 않고 무명천으로 돛을 사용했음을 알 수 있다.

통제영에서 통신사선의 크기를 지정하여도 확보된 선재의 크기(굵기, 길이), 생김새(곡선, 직선), 수량(전체 수량) 등에 따라 선공이 통신사선의 크기를 결정하였다는 것을 알 수 있다.

외판 상하단을 연결하고 고착하기 위한 고착 못[釘]은 7~8촌寸간격으로 박도록 기록하고 있다. 이를 영조척에 맞추어 센티미터로 변환하면 21.85~24.98㎝로 못과 못 사이는 일정한 간격을 두어 박고 그 간격은 일제강점기에 일본총독부에서 조사한 우리나라 재래형(전통) 어선의 외판 고착 결구 못의 간격인 8″~14″(20~35㎝)와 매우 유사하다.

못의 크기는 "1단~8단 외판의 두텁고 얇은 것에 따라서 저절로 크고 작음이 있다."고 기록하고 있어 외판의 두께에 따라 못의 크기를 달리 사용함을 알 수 있다. 고려시대 한선의 고고학적 실증자료를 봤을 때 저판과 연결되는 외판 1단 선재는 매우 두껍고 넓은 것이 특징이다. 조선 후기 또한 저판과 외판을 연결하기 위해 외판보다 두껍고 넓은 '부자리삼'을 중간에 추가하고 있어 못의 크기에 대해 대략적 추정이 가능하다. 또 선수 부분은 선수재의 형태와 구조에서 알 수 있듯이 각각의 단이 선수 방향으로 갈수록 너비가 좁아지기 때문에 못의 크기가 작고, 그 반면에 선미부분은 각 외판의 너비가 넓기 때문에 못의 크기가 크다.

나무못과 쇠못을 비교하는 내용도 보인다. "첫 번째, 두 번째, 세 번째 외판의 피삭 사이만 나무못을 사용하여 그 견고하기가 순전히 쇠못을 사용한 것보다 더 좋았다"고 기록하여 배못으로 '피삭', '나무못[釘]', '쇠못[鐵釘]' 등 세 가지 종류를 사용하고 있음을 알 수 있다. 피삭은 외판의 'ㄴ' 자형 상부면 안쪽 턱에서 아랫부분 내측 끝 모서리 부분까지 사각형[약 두께 1.5㎝×너비 10㎝×길이(상단 너비의 크기와 하단의 너비 1/2 크기를 합한 크기)] 구멍을 사선 방향으로 관통하도록 뚫어 윗단과 아랫단을 결속하고, 아랫단 외측면에서 산지를 박아 고착하고 있다.

나무못은 외판 각 단의 외면 중앙에서 아랫단 내면 중앙으로 네모난 구멍을 뚫어 나무못을 윗단에서 아랫단으로 'S'자 형태[229]로 박아 넣어 고착한다. 쇠못은 외판 내면 중앙에서 아랫단 중앙까지 끌로 구멍을 판 후, ')'자 형태의 쇠못을 윗단에서 아랫단으로 박아 넣어 고착한다. 따라서 11차 사행의 정사기선은 나무못인 '피삭'과 쇠못인 '철정'으로 결구한 것을 알 수 있다.

---

229 못의 두(頭)와 촉(鏃)의 부분이 크기가 일률적이지 않고 다르다. 이는 홈에 나무못이 잘 파고들 수 있도록 끝을 가늘게 깎아 사용하기 위해 '두'는 정사각형이며, '촉'은 직사각형의 단면 형태이다.

선재의 벌목 시기에 대해 기록하여 1~3월에 선재를 벌목하고 이를 바다로 끌어 내려 뗏목과 같은 형태로 엮어 이동하는 등의 과정을 확인할 수 있다. 선재를 바다로 이동할 때 많은 양을 한꺼번에 운반이 가능한 장점이 있다. 만약 육로로 이동한다면 많은 시간과 인원이 동원해야 한다. 특히, 소나무는 벌목 후 건조과정에서 비로 인해 습도가 높은 경우 곰팡이가 생겨 검게 변하고 그 후 곰팡이 균이 나무에 침투해 파란 청물이 들어 그 부위가 부식된다. 때문에 선재를 바닷물에 담가 놓거나 바다를 통해 선재를 운반하여 곰팡이 균이나 소나무 속에 남아있는 유충 등을 박멸하기도 한다.[230]

치목 · 풍석 · 정증 등 주요 재료에 대해서도 기록하고 있다. 치목은 치를 만들 때 사용하는 나무를 말하고 풍석은 돛을 만드는 데 쓰는 돗자리를 뜻한다. 정증은 짚, 띠, 부들 따위로 거적처럼 엮어 만든 초둔草芚으로 비, 바람, 햇볕을 막는 뜸집이다.

김이교가 남긴 『신미통신일록』에 기록된 기선과 복선 4척의 짐물 목록에서 이들을 확인할 수 있다.[231] 뿐만 아니라 치목의 중요성, 예비 치목 준비, 치목 선종의 품질 등도 확인된다. 돛을 사용하여 항해하는 것은 지형과 해양환경, 바람과 조류, 물 때, 기상 상황 등에 매우 민감하다. 통신사 사행기록을 살펴보더라도 대부분 계절과 바다 환경을 고려하고 있으나 바람과 돛으로 항해하다 보니 대한해협을 도해渡海하는데 크고 작은 해난사고가 잦았으며, 부산과 대마도 간 거리는 불과 49.5㎞이지만 건너지 못하고 8차례나 회항한 사례가 있다.[232]

그뿐만 아니라 기선과 복선의 짐물 목록[233]을 기록한 내용으로 기선과 복선의 크기를 저

---

230 정사기선 재현 시 벌목장과 도목수가 제보한 내용임.

231 金同圭, 『辛未通信日錄』, 通文館, 1980, 396~403쪽; 金在瑾, 『續韓國船舶史硏究』, 서울대학교 출판부, 1994, 159~160쪽; 문경호, 「1811년 신미통신사선과 사행록」, 공주시 · 무령왕국제네트워크협의회, 공주지역 문화콘텐츠로서의 통신 정사 김이교와 『신미통신일록』 조선통신사 국제학술세미나, 2021, 70 ~71쪽.

232 숭실대학교, 『조선통신사 사행록 연구총서 12』, 學古房, 2010, 169쪽.
1607년 10월 18일 부산포 회항, 1643년 10월 29일 부산포 회항, 1656년 2월 10일 부산포 회항, 1682년 10월 30일 부산포 회항, 1712년 2월 25일 부산포 회항, 1748년 윤7월 13일 부산포 회항, 1764년 6월 22일 부산포 회항, 1811년 7월 2일 부산포 회항.

233 前風席 : 每船二件內【一件白綿布, 四面青邊, 兩貼二十九幅, 長三十九尺。一件莞席十幅, 各十一 立式付, 長三十七尺.】/앞 풍석[前風席] : 매 배마다 2건 안에서 1건은 백면포(白綿布), 사면의 가 장자리에 푸른색(青邊), 두 첩(貼)은 29폭, 길이는 39척이다. 다른 1건은 완석(莞席) 10폭으로 각 11립 씩 붙이고, 길이는 37척이다.

판을 제작하는데 들어간 선재가 138그루 량을 길이 · 너비 · 높이로 정리하였다<표 38>.

<표 38> 『신미통신일록』에 기록된 통신사선 재목 수량

구분	길이 [長]	너비 [幅]	높이 [高]	이물돛대 높이 [船首帆 高]	허리돛대 높이 [中央帆 高]	상장길이 (추정)
제1기선	14파 (21.49m)	4파 (6.14m)	7척 (2.14m)	15파 (23m)	15파 (23m)	29.47m
제2기선	13파 (19.95m)	3파7척5촌 (5.75m)	6척5촌 (1.99m)	15파 (23m)	15파 (23m)	28.85m
제1복선	65척 (19.95m)	15척5촌 (4.8m)	10척5촌 (3.22m)	14파 (21.5m)	14파 (21.5m)	28.85m
제2복선	59척 (18.11m)	12척6촌 (3.87m)	8척5촌 (2.6m)	14파 (21.5m)	14파 (21.5m)	26.1m

위의 기록은 복선의 돛대와 돛에 들어가는 백면포와 청포, 완석, 활대, 돛폭을 올리고 내리는데 사용되는 '용층줄', 돛에 사용되는 줄 등의 목록을 통해 재료와 크기, 수량 등을 알 수 있다.

(4) 의장

의장에 대한 사행기록은 조경의 「동사록」, 신유한의 「해유록」, 조엄의 『해행일기』, 홍경해의 『수사일록』, 변탁의 『계미수사록』, 유상필의 『동사록』에서 찾을 수 있다<표 39>.

後風席 : 每船二件內【一件白綿布, 一件莞席】/뒷 풍석 : 매 배마다 2건 안에서 1건은 백면포, 1건은 완석.
前檣竹 : 每船一箇【長十五把】/앞 돛대[檣竹] : 매 배마다 1개 길이는 15파.
後檣竹 : 每船一箇【長十五把】/뒷 돛대 : 매 배마다 1개 길이는 15파.
熟麻/숙마(熟麻) : 잿물에 담갔다가 솥에 찐 삼껍질로 꼬아 만든 밧줄.
龍層乼 : 每船四張內【一船三張, 各長五十把, 一張長三十九把, 二船一張, 長五十把, 二張各長四十三把, 一張長三十五把】/숙마 용층줄(龍層乼) : 매 배마다 4장 안에서 일선(一船)은 3장, 각 길이 50파, 1장의 길이는 39파, 이선은 1장은 길이 50파, 2장은 각 길이 43파, 1장은 길이 35파.
旨乼 : 每船八張內【一船各長四十把, 二船四張, 各長四十把, 四張各長三十四把.】/지줄(旨乼) : 매 배마다 8장 안에서 일선은 각 장마다 40파, 이선은 4장, 각 장마다 40파, 4장은 각각 길이 34파.

〈표 39〉 사행록의 선설 중 의장

연대	근거 사료		선설	내용
	기록	출전		
1643	조경	「동사록」	中容二席, 以板爲壁, 塗以菱花, 四壁皆有戶, 赤白爲漆, 乃余寢臥處也	판옥 벽면 연꽃 장식과 각각의 문 설치, 기둥 석간주 칠과 벽면 흰 칠 장식
			板屋上制如平勝樓, 周施欄檻, 卽使臣廳事也	타루에 난간 설치
			樹旗幟畫龍者一, 繡字者四, 船之右, 建纛及節鉞	선수 깃발 종류
1719	신유한	「해유록」	船如龍驤戰艦, 外垂紅羅帳	임금이 탄 전함과 같은 붉은 비단 장막 치장
			屋上層設軒, 彩畫浮柱, 黑褐爲幙, 四面垂帷, 可容七八人坐, 置屛椅諸具, 可以褰帷眺遠	타루 기둥 채색, 검은 베 지붕에 막을 치고, 타루 사면에 바람막이 장막 설치
			東西檻頭, 立旗纛節旄劍創, 檻下兩傍	정사기선에는 '정(正)' 깃발을 달고 꿩 꼬리 털로 장식, 칼과 창을 세워 위엄을 갖춤
			軒前設高簾, 置一大鼓, 以令軍報衙. 三乘船外, 又各有從船, 載糗粻禮物, 制如乘船而差小	선수에 신호를 알리는 큰 북 설치
1763	조엄	『해행일기』	又有柁樓, 施以丹雘. 樓之上設軍幕, 幕之上設布帳. 設椅而坐, 俯臨滄溟. 擧火而還客舍.	타루 기둥 채색, 검은 베 지붕에 막을 치고, 타루 사면에 바람막이 장막 설치
	홍경해	『수사일록』	左之第一爲上房, 如一間屋, 其上餙柁樓, 有彩梯用以陞降焉. 樓下有數間空地, 爲行中人拜跪所. 樓傍甚廣, 可坐數十人.	정사 방 크기, 계단과 난간 단청 장식
			船頭置大鼓, 爲令軍而報衙者也	선수에 신호를 알리는 큰 북 설치
			上房左傍, 立一木懸色旗, 書正字. 副船黃旗, 徒船紅旗, 各書副 從字以識之. 又各有卜船而亦如之抄騎船. 船制差小. 副從船比上船亦差小.	정사기선(正), 부산기선(副), 종사관기선(從), 복선(卜船) 3척을 구별하는 깃발 설치
	변탁	『계미수사록』	塗排丹青, 則楫物差員, 監察, 而統營監色輩, 每稱依膽錄, 凡諸責應, 已極樣鄙.	판옥 내부 벽면 도배와 단청 장식
1811	유상필	『동사록』	騎船船上左右有畫欄. 欄外垂紅紬帳.	판옥 벽면 연화 · 모란 · 매화 · 난 · 국화 · 죽 · 폭포 · 산수 · 매 · 백로 등 장식
			又設遮日軍幕屛椅 爲使相賭遠之樓.	타루에 차일, 군막, 병풍, 의자 설치
			前後兩帆高各十五丈餘. 豎標旗. 又建木竿. 揭船號正副字. 卜船則不設軍幕. 帆席則以白木靑邊爲之. 各揭正卜副卜字船號.	타루 전후 돛대 위치, 돛대 높이 15여장, 장대에 '正' · '副' · '正卜' · '副卜' 구별 깃발 설치, 복선에 천막을 치지 않고, 돛은 백목에 청색 테두리

조경의 『동사록』에 기록된 '판자로 벽을 삼아 연꽃을 칠했으며 사면 벽에도 다 문이 있고 붉은 칠과 흰 칠을 하였으니,'라는 내용을 보면 판옥 벽면에는 판자를 세웠고, 연꽃으로 장식한 것으로 보인다. 또 각 방마다 문을 설치하고, 기둥은 붉은 칠로 벽면은 흰 칠로 장식한 것을 알 수 있다.

'판옥板屋 위의 제도制度는 보통 다락과 같은데, 둘레에 난간을 쳤으니 곧 사신이 시무視務할 대청이다.'라는 내용은 판옥 위에 타루가 있고 타루 사방에 난간을 설치한 것을 가리킨다. 뿐만 아니라 타루는 정사가 사무를 보던 공간임을 알 수 있다.

'배 왼편에 기치旗幟를 세웠는데 용을 그린 것이 하나요, 글자를 수놓은 것이 넷이었으며,'라는 내용은 선수에 각종 깃발과 독纛(꿩의 꼬리털로 장식한 깃발), 절월節鉞(임금을 상징하는 도끼), 용기龍旗, 문자기文子旗 등의 기를 달고 간 것을 알 수 있다.[234]

'배에는 채색한 휘장을 둘러쳤으니, 이상이 그 의물儀物의 대강이었다.'라는 내용은 배의 난간에 채색한 휘장을 화려하게 보이도록 한 것을 알 수 있다.

신유한이 기록한 『해유록』에서도 의장에 대해 확인할 수 있다. '배는 용양전함龍驤戰艦과 같이 밖에는 붉은 비단 장막을 쳤고,'라는 내용에서 정사기선이 임금이 탄 전함과 같이 붉은 비단 장막으로 치장되었음을 알 수 있다. 이는 임금의 국서를 싣고 일본 장군에게 전달하기 위한 역할을 수행하기 때문에 임금이 탄 용양전함과 같이 의장하여 상징성과 위엄을 보여주는 것으로 판단된다.

또한 '옥상에는 층간을 설치하였는데, 기둥에 채색 그림을 그리고 검은 베로 막을 설치하였으며, 사면에 장막을 드리워 7~8인이 앉을 만한데, 병풍, 의자 등 모든 용구가 비치되어 장막을 걷고 멀리 조망할 만하다.'라고 하였다. 이 내용은 판옥 위에 타루가 설치되는데 기둥은 단청으로 칠하고 지붕은 검은 베로 막을 친 것과 사면에 바람막이 장막을 친 것을 알 수 있다. 또한 정사가 사무를 볼 수 있도록 의자와 뒷면에 병풍을 놓고 입 · 출항 시 정사가 관망할 수 있도록 한 것을 알 수 있다.

'동서 양쪽 난간머리에는 기독旗纛, 절모節旄, 칼, 창을 세웠다'는 내용이다. 이는 판옥 위

---

234 문경호, 앞의 글, 70쪽.

에 정사가 탄 기선을 뜻하는 '정正' 깃발을 달고 여기에 꿩 꼬리털로 장식한 것으로 보여진다. 절모는 바다를 관장하는 신에게 무사항해를 염원하기 위하여 매다는 깃발로 추정되며, 칼과 창을 세웠다는 것은 군사적 위엄도 함께 보여주기 위함으로 추정할 수 있다.

'헌軒 앞에는 높은 북걸이를 설치하여 큰 북을 장치하고 군사에게 신호도 하고 집무와 휴무시각을 알리게 되어 있다.'라는 내용은 선수에 북을 설치하여 신호에 사용한 것을 알 수 있다.

조엄의 『해행일기』에서도 상방 위에 설치된 타루를 설명하고 있다. 타루의 기둥은 붉은 칠로 장식하고, 사면에 군막을 둘렀으며, 지붕에는 베로 된 포장을 쳤다는 부분은 신유한의 『해유록』 내용과도 동일하다.

홍경해가 남긴 『수사일록』에서도 의장에 대해 확인할 수 있다. 정사가 머물렀던 방의 크기와 타루, 단청, 판옥 갑판에 대해 설명하고 있다. 1칸짜리라는 것은 사방 1자 크기(3×3m)로 추정된다. 판옥 상방 위에 설치된 타루까지 올라가기 위해 계단과 계단 난간에 단청으로 장식하였고 신유한의 『해유록』과 같이 해상에서 신호를 전달하기 위해 북을 이용하고 있다. 북은 선루 위 선수에 두고 군관이 신호를 전달하는 체계이다.

정사기선, 부사기선, 종사관기선, 복선 3척을 구별하기 위해 정사기선에는 상방上房 왼편에 장대를 세워 청색 깃발을 매달아 '정正'을 써서 알리고, 부사기선은 홍색 깃발에 '부副'를 쓰고, 종사관기선은 황색 깃발에 '종從'을 써서 식별하게 하였다. 또 각각 '복선卜船'이라고 쓴 것을 알 수 있다.

변탁의 『계미수사록』에서도 의장에 대해 확인할 수 있다. 판옥 내부 벽면은 도배와 단청으로 장식한 것을 알 수 있다. 또한 '즙물차원이 감찰하는데, 통영감색의 무리가 늘 등록에 의거한다.'에 대해 '등록'이란 통제영 선박건조 규정인 '건조절목建造節目'이 있으면서도 제대로 규정을 지키지 않음을 알 수 있다.

긴 여정에 찢어지거나 더럽혀지면 새롭게 단장한 것을 알 수 있다.

유상필은 『동사록』[235]에서 도해선에 대한 의장을 확인할 수 있다. 판옥 벽면에는 조선시

---

235 『東槎錄』, 「日記」, 3月 3日.

대 문화상을 표현하는 것으로서 당대 유행하는 연화 · 모란 · 매화 · 난 · 국화 · 죽 · 폭포 · 산수 · 매 · 백로 등을 그려 화려하게 장식하고 있는 것을 알 수 있다. 또한 차일과 군막, 병풍과 의자를 설치하여 정사가 멀리 바라볼 수 있는 타루를 설치하였고, 타루 전후로 돛대를 세웠는데 높이는 각각 15여 장이며 위에는 표기를 달았다. 장대를 세워 '정正' · '부副'자를 달아 구별하였다. 복선에는 천막을 치지 않고, 돛은 백목을 사용하고 테두리는 청색으로 한 것을 알 수 있다.

(5) 제작지역

조선통신사선 제작지역은 신유한의 『수사일록』, 김이교의 『신미통신일록』에서 확인된다〈표 40〉.

〈표 40〉 사행록의 선설 중 제작지역

연대	근거 사료		선설	내용
	기록	출전		
1719	신유한	「해유록」	皆自統營造來. 而只副卜 從卜兩船自左水營造來矣.	경상 좌수영에서 부사의 복선과 종사관의 복선을 만듬
1811	김이교	『신미통신일록』	騎船二隻, 則自統營新造, 卜船二隻, 則以昨年渡海船二隻, 自左水營修補入用爲有矣.	통영에서 기선 2척을 제작하고, 좌수영에서 작년에 사용한 도해선(복선 2척)을 수리

(6) 조선기술

1972년 경남 고성에서 발견된 『헌성유고』는 1822년(순조 22) 때 대마도에 파송된 문위사선의 기록[236]이다. 비록 조선통신사 12차 사행보다 10년이 늦은 기록이지만 동시기에 활동한 교류선으로 1822년 3월 25일부터 윤3월을 지나 4월 26일까지 61일간에 걸친 사공의 기

金在瑾, 『續韓國船舶史硏究』, 서울대학교 출판부, 1994, 154쪽.

236 金在瑾, 「渡海船造船式圖攷」, 『학술원논문집』 인문사회과학편 제14집, 1975, 65~90쪽; 『韓國의 배』, 서울대학교 출판부, 1978, 37쪽; 숭실대학교, 『조선통신사 사행록 연구총서 12』, 學古房, 2010, 91쪽.

록이다. 문위사선의 본체와 상장의 구조를 알 수 있는 '조선식도'와 '상장식도'가 수록되어 있어 선박 제작에 필요한 못의 종류 및 수량, 구조별 부재의 크기 등을 알 수 있다〈그림 127〉.

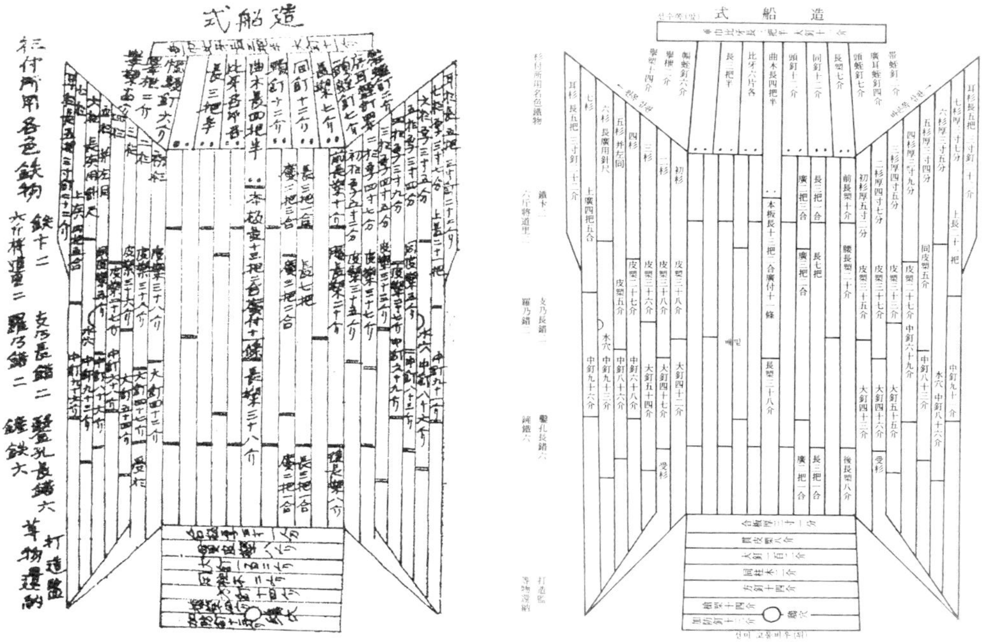

〈그림 127〉 문위사선의 조선식도 개인 소장

문위사선의 조선식도[237]에 나타난 내용을 정리하기에 앞서 1파의 기준을 영조척 5척으로 적용하고자 한다. 문위사선의 조선식도의 기록된 내용과 치수를 저판, 선수, 우측 외판(좌측 외판은 우측 외판과 유사하여 생략함), 선미 순으로 나누어 살펴보겠다〈표 41〉.

237 이원식, 『한국의 배』, 대원사, 1990, 60~61쪽.

〈표 41〉 문위사선의 조선식도 분석

구분	발췌문	필자의 구조해석
저판	廣二把一合 長三把一合, 後長槊八介	· 저판 선미부 너비 2파 1홉(약 10.5尺) · 저판 선미부재 길이 3파 1홉(약 15.5尺) · 선미부 연결에 장삭 8개 사용
	本板長十三把二合[238] 廣付十一條, 長槊三十八介	· 저판 길이 13파 2홉(약 64.3尺) · 저판 열의 수는 11조를 서로 덧붙임 · 저판 연결에 장삭 38개 사용
	廣二把三合 長三把一合, 前長槊十介	· 저판 선수부 너비 2파 3홉(약 11.5尺) · 저판 선수재 길이 3파 1홉(약 15.5尺) · 저판 선수 쪽 연결에 장삭 10개 사용
	廣三把二合 長七把, 腰長槊二十介	· 저판 중앙부 너비 3파 2홉(약 16尺) · 저판 중앙부재 길이 7파(약 34.11尺) · 중앙부 연결에 장삭 20개 사용
	廣二把一合 長三把一合, 後長槊八介	· 저판 선미부 너비 2파 1홉(약 10.5尺) · 저판 선미부재 길이 3파 1홉(약 15.5尺) · 선미부 연결에 장삭 8개 사용
선수	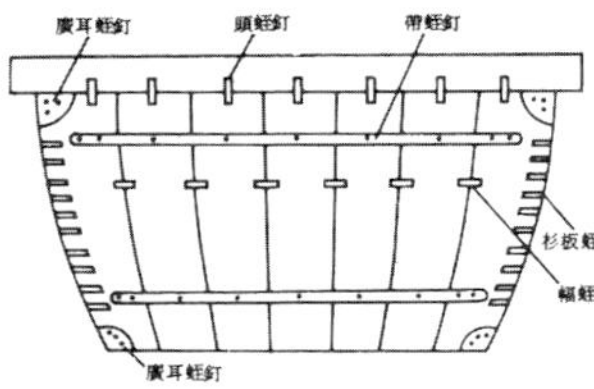 曲木長四把半 擧槊十四介 擧栍二介 幅栓(蛭)釘六介 長三把半 比牙六片各 頭釘十二介 同釘十二介 長槊七介 頭蛭釘七介 廣耳蛭釘四介 帶蛭釘二介	· 휘어있는 나무 사용, 크기 4파반 · 둥글고 뾰족한 나무못 14개 · 모양이 네모난 거삭의 형태 2개 · 두 부재를 서로 잡아주는 꺽쇠형 못 · 선수부재의 길이 3파 반(약 5.4m) · 중앙 선수부재를 제외한 좌 · 우의 부재 · 선수부재 연결 두정 12개 · 선수부재 연결 동정 12개 · 선수부재 연결 장삭 7개 · 선수부재와 멍에 연결 두질정 7개 · 선수부재 좌 · 우 철판 질정 4개 · 위쪽과 아래쪽 가로바 연결 대질정 2개
덕판 멍에	垂巾比牙長三把半', '大釘十一介	· 덕판멍에 길이 3파 반(약 5.4m) · 큰 못(쇠못) 10개 결구
외판	初杉厚五寸二分', '皮槊三十五介', '大釘四十三介	· 외판 1단 선체 두께 5치 2푼(16.2㎝) · 피삭 35개, 큰 철못 43개로 저판과 연결
	二杉厚四寸七分', '皮槊三十七介', '大釘四十六介	· 외판 2단 선체 두께 4치 7푼(14.6㎝) · 피삭 37개, 큰 철못 46개로 외판 1단과 연결
	三杉厚四寸五分', '皮槊三十三介', '大釘五十五介	· 외판 우현 3단 선체 두께 4치 5푼(14.0㎝) · 피삭 33개, 큰 철못 55개로 외판 2단과 연결

구분	발췌문	필자의 구조해석
외판	四杉厚三寸九分', '皮槊二十七介', '中釘六十九介	· 외판 4단 선체 두께 3치 9푼(12.1㎝) · 피삭 27개, 중간 크기 철못 69개로 외판 3단과 연결
	五杉厚三寸四分', '同皮槊五介', '中釘八十三介	· 외판 5단 선체 두께 3치 4푼(10.6㎝) · 피삭 5개, 중간 크기 철못 83개로 외판 4단과 연결
	六杉厚三寸五分', '水穴', 中釘八十六介	· 외판 6단 선체 두께 3치 5푼(10.9㎝) · 중간에 물을 빼내는 구멍(水穴) 있음 · 중간 크기 철못 86개로 외판 5단과 연결
	七杉厚三寸七分', '上長二十一把', '中釘九十一介	· 외판 7단 선체 두께 3치 7푼(11.5㎝) · 7단 첫 번째 부재 길이 21파(약 6.55m) · 중간 크기 철못 91개로 외판 6단과 연결
	耳杉 長五把三寸 釘二十二介	· 선수 쪽 7단 위 이삼 길이 5파 3치(약 8.58m) · 철못 22개로 외판 7단과 연결
	合板厚三寸一分', '貫皮槊八介', '大釘一百二介', '同柱木二介', '方釘十四介','槍槊十四介', '加防釘十三介', '鵄穴'	· 선미 판재 두께 3치 1푼, 피삭 8개, 대정 102개, 동주목 2개, 창삭 14개, 가방정 13개 결구

문위사선의 상장식도는 뱃전 위로 올려진 상장구조를 설계한 자료이다〈그림 128〉. 이 자료를 통해 선수 덕판의 크기와 각 구조별 배치 · 멍에, 신방, 궁지, 판옥의 구획, 노의 위치, 갑판의 크기, 치의 위치 등을 알 수 있다.

문위사선 상장식도에 나타난 구조를 살펴보면 첫 번째 뱃전 위에 멍에 15개가 횡방향으로 걸쳐져 있으며, 좌 · 우 멍에 끝이 뱃전 바깥쪽으로 돌출되어 신방과 궁지가 멍에 위에 얹어진 구조이다. 신방과 궁지는 뱃전 선형을 따라 종방향으로 얹혀진 형태이며, 궁지는 상장식도에서 처음으로 확인되는 구조이다. 『이충무공전서』에서 신방이라는 구조가 등장하지만 궁지는 언급되지 않았다. 이러한 차이는 전선과 국제 교류선이 다른 구조를 갖추고 있다는 것을 알 수 있다.

판옥은 총 13개의 공간으로 나누어져 있으나 그중 1개 공간은 출입구通間로 사용되어

238 合 : 홉은 원래 '升(되)'의 10분 1을 의미하지만, 여기서는 '把'의 10분의 1 단위로 쓰인 것을 알 수 있다.

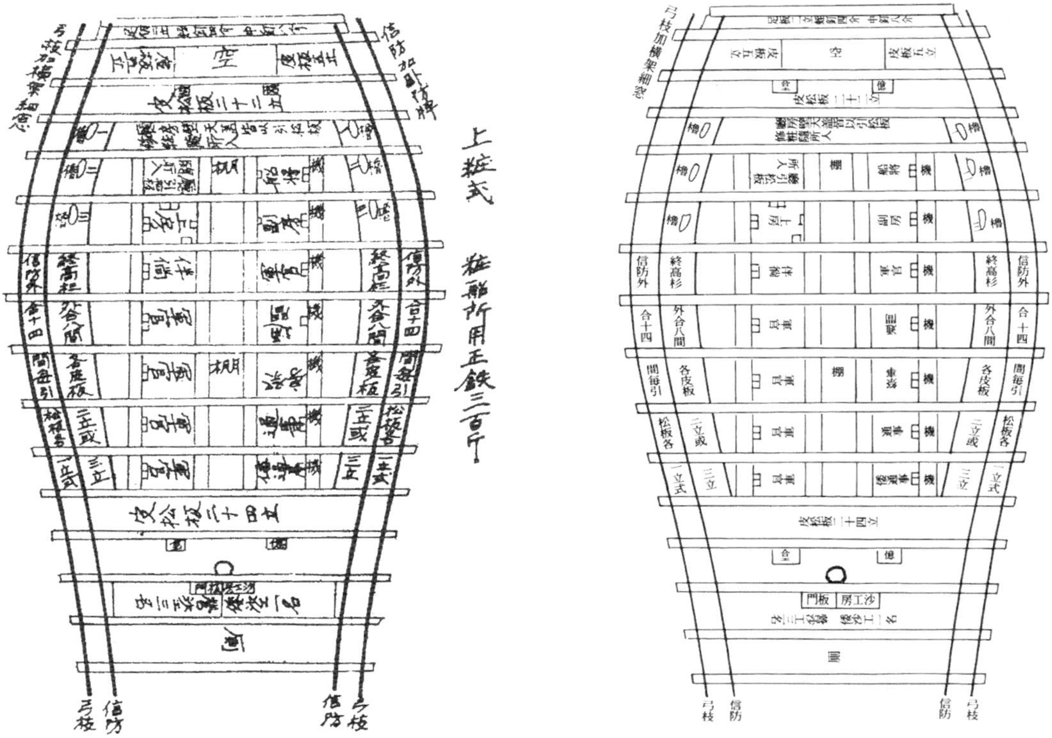

〈그림 128〉 문위사선의 상장식도(이원식, 『한국의 배』)

선실은 총 12개이다. 우측에는 선장 · 부방 · 군관 · 통간 · 제사 · 통사 · 왜통사가 위치하고, 좌측에는 상방 · 반상 · 군관 · 군관 · 군관 · 군관이 위치한다. 뱃전 안쪽으로 세 번째 여섯 번째 멍에 사이에 타원형 노구멍이 확인되며, 특히 우측에는 구멍 위치에 一, 二, 三이 기록되어 있다. 노가 걸어지는 위치에 대해 대부분의 거북선 및 판옥선 연구자는 뱃전 바깥으로 돌출된 멍에와 멍에 사이에 노를 저을 수 있도록 멍에에 노전지(櫓柔)를 박아 노를 거는 구조로 주장하고 있다. 하지만 문위사선 상장식도에는 판옥과 뱃전 사이에 노 위치가 명확하게 확인된다. 판문과 사공방이 위치한 곳 앞쪽에 원형 구멍이 표시된 것은 문위사선의 조선식도에 '치혈鴟穴'로 기록되어 있어 치 구멍에 해당된다.

(7) 재현된 통신사선의 구조

통신사선의 주요 구조는 사행기록과 회화자료 그리고 제4장에서 밝힌 고려 및 조선시대 한선의 실증자료에서 나타나는 구조와 성격을 통해서 설명할 수 있다.

저판은 『동사록』·『헌성유고』와 고려 및 조선시대 한선의 저판구조를 접목하여 추정하였다. 여러 개의 아름드리 원목을 저판재의 형태에 맞게 직사각형으로 다듬어 서로를 연결하여 붙여 평저형의 형태를 갖추는데 그 형태는 단면상 평평한 형태이며, 측단면상 만곡형이다〈그림 129〉.

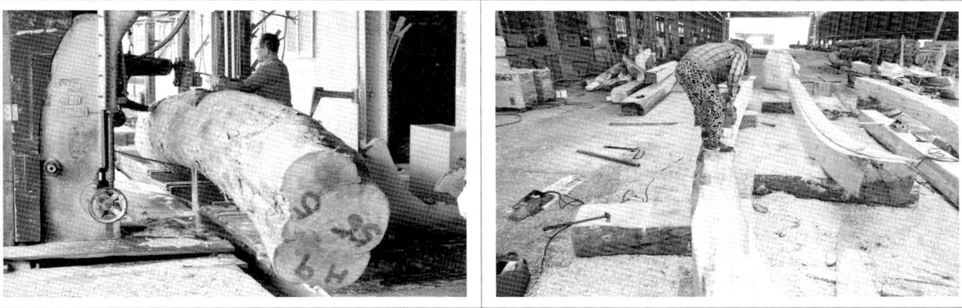

저판 선재 | 만곡 저판

〈그림 129〉 저판부재 구조의 형태

선수는 문헌과 회화자료에서 확인된 것과 같이 휨이 크고 두께가 큰 여러 개의 나무를 다듬어 세로로 세우고 서로를 연결하여 방형의 형태를 갖춘다. 선수재는 총 5열이고, 연결방식은 고려 및 조선시대 전형적인 장삭 결구방식이다. 선수재 좌우 측면에 7개의 사각 홈을 뚫어 장삭(긴 나무못)을 박아 한꺼번에 결속하는 '은살대 꽂기방식'[239]으로 연결하여 고착한다〈그림 130〉.

239 국립문화재연구소, 「전통 목조건축 결구법」, 2014, 242~243쪽.
선수 부재 측면에 은살대꽂기를 박아 연결하는 쪽매 방식.

중앙 선수재

선수재 내면 형태

선수재 외면 형태

〈그림 130〉 선수재의 구조와 형태

외판은 8단을 갖추고 있다. 외판 상 · 하단 연결구조와 고착방식은 고려 · 조선시대 외판 연결구조에 맞추어 '턱붙이 클링커식'[240] 방식에 피삭과 철정으로 고착한다. 피삭과 철정이 사용되는 수량을 『헌성유고』 문위사선의 조선식도에서 살펴보면 피삭은 약 264개 정도가 사용되며, 철정 990개, 동정 10개 정도가 사용된다〈그림 131〉.

240 '턱붙이 클링커식'은 외판의 윗면을 'L'자형으로 2/3정도 홈턱을 파고 상단의 외판 올려 피삭을 박아서 고정시키는 구조이다.

외판 형태

외판 수밀작업

〈그림 131〉 외판 재현 과정

횡강력 구조에는『헌성유고』와 고려 및 조선시대 전형적인 횡강력 구조와 동일한 가룡과 멍에 구조를 갖추고 있다. 가룡은 외판과 함께 제작되어 선체 내부에 설치되고, 멍에는 외판이 마무리되면 상장구조를 올리기 위해 좌우 뱃전에 올려진다〈그림 132〉.

〈그림 132〉 횡강력의 구조와 형태

선수와 중앙에 돛대 두 대가 세워져 항해 시 사용된다. 돛은 초둔으로 만든 석범席帆과 베로 만든 포범布帆 두 가지를 사용했다. 돛대를 보호하기 위해 돛대 끝에서 양현으로 두 줄의 옆총줄을 걸어 보강하고 있다. 돛대와 구레짝 구조는 사행록과 회화자료 마도3호선 발굴조사에서 확인된 돛대 · 구레짝 실증자료를 통해 확인할 수 있다. 두 돛대 높이는 『수사일록』에서 "十餘丈"으로 기록하고 있고, 『해유록』에는 "高各十五丈以掛"로 기록하고 있어 약 21~23m의 정도 크기를 알 수 있다. 「조선통신사정사관선도」를 보면 돛대에 여러 가닥의 줄이 관찰된다. 이 줄들은 돛대가 움직이지 않도록 고정하고 돛대를 눕히고 세우는 데 필요한 줄이다. 항해 시 롤링과 피칭에 대비하여 돛대를 보호하기 위해 '옆총' · '먼총', '앞총' 등을 걸어 보강한다. 또한 '앞총'은 선수 쪽에 설치된 호롱과 연결하여 돛대를 눕히고 세울 때 사용할 수 있다. 돛은 불어오는 바람을 담아 추진하거나 바람을 이용하여 방향을 제시한다. 돛은 백목에 청색 테두리를 갖춘 돛과 초둔으로 이루어진 돛을 사용한 것을 알 수 있다〈그림 133〉.

돛대 선재

구레짝

돛 폭

〈그림 133〉 돛대, 구레짝, 돛, 옆총의 구조

치는 선미에 설치되며 배 방향을 조정하는 구조로 타舵 또는 '키'라고도 한다. 회화자료에서 확인되는 '벗치'의 구조를 갖춘다. 벗치는 선미판 6~7단 사이에 치혈鴟穴을 내어 치체를 꽂아 치분이 바깥으로 위치하게 하여 방향조정을 향상시킨 구조이다. 현대 요트의 센터보

〈그림 134〉 치의 구조

〈그림 135〉 판옥의 구조

드와 같이 바깥에서 선체 중앙으로 깊숙이 꽂혀 복원성을 갖추게 하는 옥치 구조와는 다르다. 치분은 아랫부분이 넓고 윗부분이 좁은 형태를 갖추고 있다. 사공이 치를 조정하는 창나무(치 손잡이)는 앞쪽과 뒤쪽에 꽂아 조정하는 것을 알 수 있다<그림 134>.

노의 위치는 판옥과 뱃전 구조 사이이다. 노는 2가지 종류로 노손이 'T'자 형태와 노손이 'ㅛ'자 형태의 노를 사용하였다. 'T'자 형태 노는 방향 전환용이며, 'ㅛ'자 형태는 추진용으로 사용되었을 것으로 추정할 수 있다.

판옥은 긴 여정에 쉴 곳과 일행을 보호하기 위해 갑판 위에 방을 설치한 것이다. 판옥을 사행록과 회화자료 등을 통해 공통으로 나타나는 구조이다. 판옥은 회차마다 다르게 나타나지만 12~15개의 방으로 구성된다. 선미부에도 작은 판옥을 설치했다<그림 135>.

타루는 국제 교류선으로서 정사기선에서 확인되는 구조라 할 수 있다. 『해유록』에는 판옥 위에 타루가 설치되었는데, 그 기둥은 석간주칠로 의장하고 지붕은 검은 베로 막을 쳤으며, 사면에 바람을 막는 장막을 쳤다. 정사가 사무를 볼 수 있도록 의자를 놓고 병풍 뒷면에 두었다. 입 · 출항 시 정사가 관망하기도 하고 사무도 보았던 곳이다. 사방에 난간을 두른 것도 알 수 있다. 선미 판옥은 중앙에 위치한 판옥과 같은 구조와 형태를 갖추며, 옥외공간에도 난간을 두르고 중앙의 판옥과 서로 조화를 이루게 하였다.

취사공간은 판옥과 선미 판옥 사이에 100여명 이상의 식사를 준비하는 공간이다. 이 또한 「조선통신사정사관선도」 · 「정사기선」에서 확인된 구조이다. 현재까지 연안에서 항해하는 목선박(고려와 조선시대 조운선 등)으로 대부분 중앙 돛대 앞쪽에 취사공간을 두었다. 하지만 한 · 일간 문화교류를 위해 외해外海로 나가는 통신사선 경우는 선미부 갑판 하부에 별도로 취사공간을 둔 구조를 알 수 있다.

사행록과 회화자료, 고려 및 조선시대 한선의 고고학적 실증자료를 통해 조선통신사선(정사기선)의 구조와 형태를 설계에 옮겨보면 <도면 4>와 같은 형태를 찾을 수 있다.

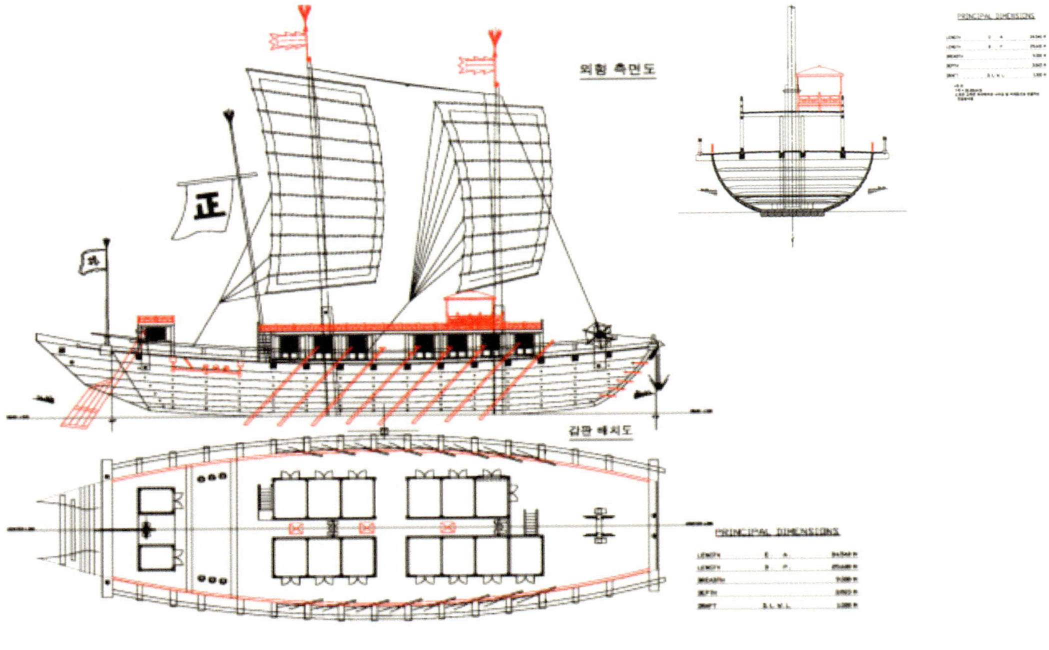

〈도면 4〉 조선통신사선(정사기선) 일반 배치도

〈도면 4〉의 선형은 여러 개 저판부재를 연결하여 편평하게 하고, 항해성과 회전성을 높이기 위해 선수 쪽을 위로 들어 올려 조파저항을 최소화하였다. 선미 쪽은 항해 시 물의 흐름이 잘 빠져 나가도록 선수보다는 선호를 작게 들어 올린 선형이라 할 수 있다. 형태는 곡이 큰 선재를 선수에 세로방향으로 세워 파도가 선내를 덮치지 못하도록 높게 설계하고, 외판은 곡이 많은 선재를 판목板木으로 깎아 만들어진 형태로 한단 한단 올려붙여 타원형의 선형을 갖춘다. 선미는 치를 보호하기 위해 외판을 길게 하고, 판옥은 높이를 낮게 하여 황천荒天에 따른 항해 시 복원성능과 항해성능을 갖출 수 있게 했다〈도면 5~7〉.

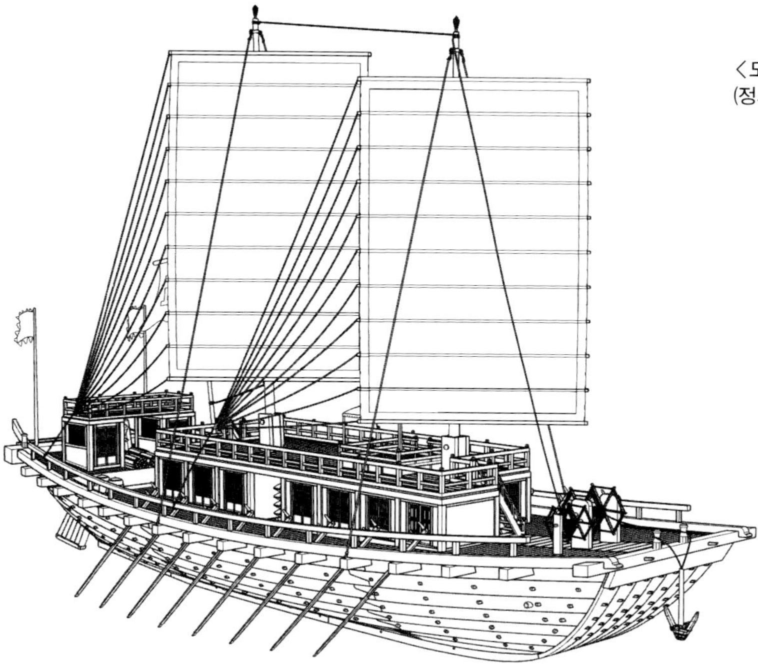

〈도면 5〉 조선통신사선
(정사기선) 입체도

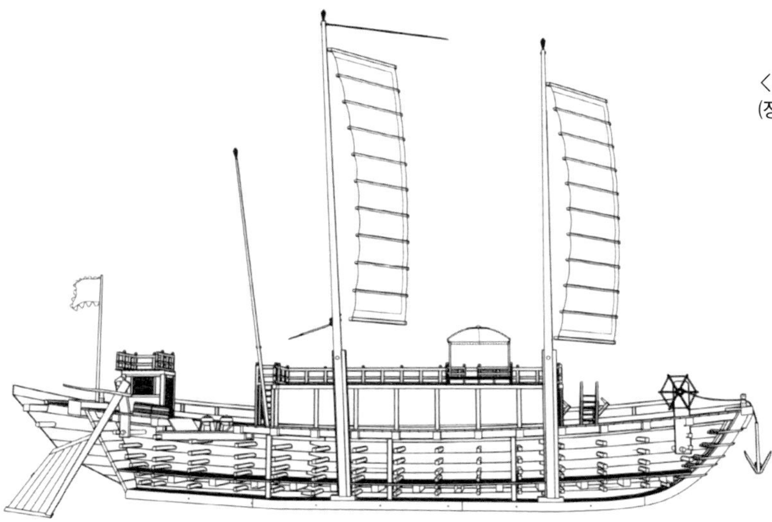

〈도면 6〉 조선통신사선
(정사기선) 측단면도

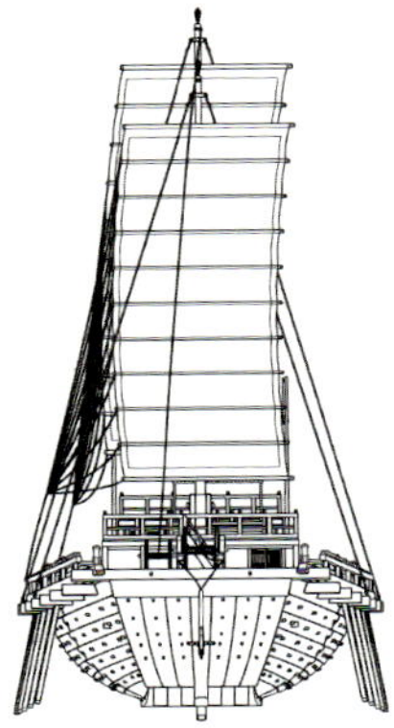

정면도

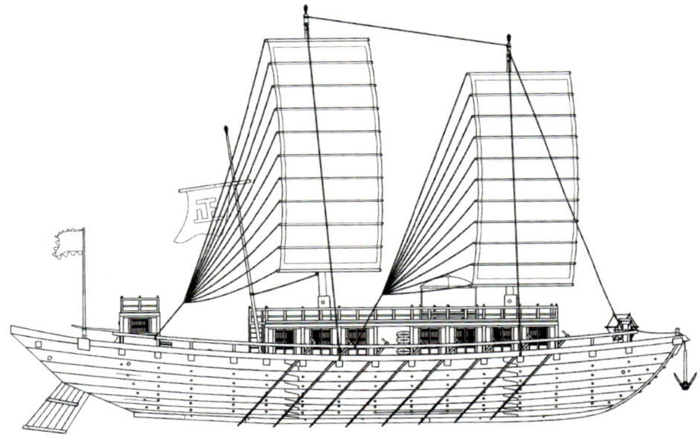

측면도

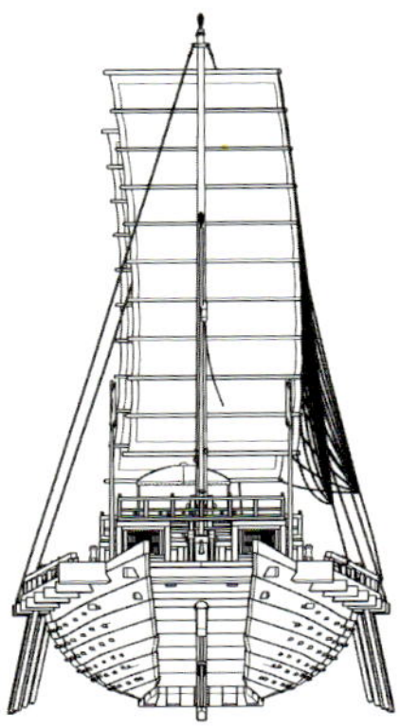

후면도

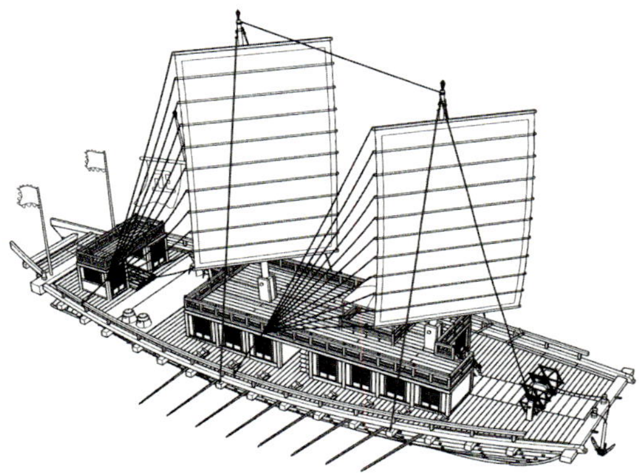

배면도

〈도면 7〉 조선통신사선(정사기선) 도면

(8) 재현된 조선통신사선의 유동성능 비교 성능평가

① 경사시험 및 유동성능 검토

가. 유동성능 검토 기준

선측 내 · 외부 구조에 따른 유동성능을 확인하기 위해 기존 재현된 조선통신사선을 활용하여 실험을 진행하였다. 이동 중량물의 배치 위치를 아래의 두 가지 Case로 시험 및 계측을 진행하였다. 또한, 중량물의 위치에 따른 유동성능을 검토하기 위해 선수와 선미에 설치한 U형 Tube의 높이 변화를 아래의 조건으로 계측하였다. 한편 유동 성능평가는 선박의 복원성 기준(국토해양부고시 제2008-921호)에 준하여 유동 성능 검토와 유동성능 계산 결과를 비교하였다.

이동중량물은 최대한 선체 길이의 중앙에 배치하였으며 배치 위치는 최대한 정 위치에 배치하였다〈표 42〉.

〈표 42〉 시험조건

구분	CASE 1	CASE 2
이동중량물의 간격(m)	7.64	9.84

나. 경사시험

판옥선의 상장구조 위치에 따라 복원성을 검토하기 위해 경사시험을 진행하였다. 조선통신사선 좌우현의 동일 위치에 600L 규격의 물탱크 5개를 각각 배치하고, 선수와 선미에 U형 Tube를 설치하여 중량물의 좌ㆍ우 이동에 따른 물관의 높이를 각각 15회씩 계측하여 경사시험을 수행하였다〈표 43〉.

〈표 43〉 이동중량물 배치 및 시험 준비

<table>
<tr><th colspan="3">이동 중량물 이동경로</th><th rowspan="2">고무호스 설치 및 이동 중량물 위치</th></tr>
<tr><th>시험 순서</th><th>좌현</th><th>우현</th></tr>
<tr><td>1</td><td>○</td><td>○</td><td rowspan="5">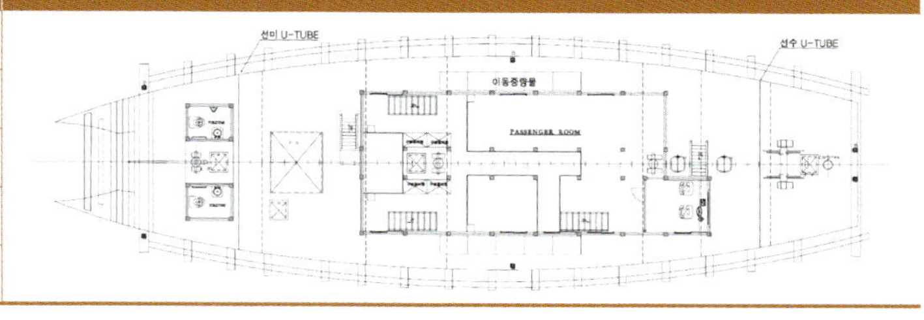
</td></tr>
<tr><td>2</td><td>○○</td><td></td></tr>
<tr><td>3</td><td>○</td><td>○</td></tr>
<tr><td>4</td><td></td><td>○○</td></tr>
<tr><td>5</td><td>○</td><td>○</td></tr>
</table>

② 유동성능 계산

<표 44> 유동성능 계산

CASE 1

TEST CONDITION

KIND OF WEIGHT :	해수통(600ℓ x 10ea)	TRANSFER MOMENT (M-T) :	14.760
ONE SIDE WEIGHT (TON) :	3.000	FORE PLUMBLINE LENGTH(M):	3.460
TRANSFER DISTANCE (M) :	4.920	APT. PLUMBLINE LENGTH(M):	3.660

TRANSFER WEIGHT			FORE PENDULUM		APT PENDULUM	
TEST NO.	PORT	STARB.	SCALE(M)	DIFFERENCE	SCALE(M)	DIFFERENCE
1. P/S	■	■	0.3110		0.2870	
				0.2410		0.2440
2. S		■■	0.0700		0.0430	
				0.2419		0.2437
3. P/S	■	■	0.3119		0.2867	
				0.2434		0.2478
4. P	■■		0.5563		0.5345	
				0.2436		0.2480
5. P/S	■	■	0.3117		0.2866	
TOTAL				0.9699		0.9836
MEAN				0.2425		0.2459
TAN θ				0.07029		0.06737
MEAN TANθ					0.06883	
GoM = w x y(M-T)/W(TON) x TANθ					1.670	

POSITION THE CENTER OF GRAVITY	
POSITION CORREC. C.G. GGo=Pi/W (M):	
TRANS.M.HEIGHT FROM G. GM=GoM+GGo :	1.670
TRANS. M. ABOVE B.L. FOR b. KM (M):	5.356
HEIGHT FROM B.L.TO THE C.G. KG (M):	3.686
K.B. (M):	0.662
DISTAN.FROM L.C.B.TO MIDSHIP (M):	-1.636
L.C.G=LCB-((KG-KB)*Tm./L) (M):	-1.548
DISTAN. FROM L.C.G. TO MIDSHIP (M):	-1.548

EFFECTIVE OF FREE SURFACE			
TANK	I (M⁴)	θ	I • θ
TOTAL			

GGo=ΣI•/W

CASE 2

TEST CONDITION

KIND OF WEIGHT :	해수통(600ℓ x 10ea)	TRANSFER MOMENT (M-T) :	11.460
ONE SIDE WEIGHT (TON) :	3.000	FORE PLUMBLINE LENGTH(M):	3.460
TRANSFER DISTANCE (M) :	3.820	APT. PLUMBLINE LENGTH(M):	3.660

TRANSFER WEIGHT			FORE PENDULUM		APT PENDULUM	
TEST NO.	PORT	STARB.	SCALE(M)	DIFFERENCE	SCALE(M)	DIFFERENCE
1. P/S	■	■	0.3560		0.3242	
				0.3013		0.3042
2. S		■■	0.0537		0.0200	
				0.2977		0.3044
3. P/S	■	■	0.3514		0.3244	
				0.3031		0.3009
4. P	■■		0.6545		0.6253	
				0.3023		0.3001
5. P/S	■	■	0.3522		0.3252	
TOTAL				1.2044		1.2096
MEAN				0.3011		0.3024
TAN θ				0.08728		0.08285
MEAN TANθ					0.08507	
GoM = w x y(M-T)/W(TON) x TANθ					1.049	

POSITION THE CENTER OF GRAVITY	
POSITION CORREC. C.G. GGo=Pi/W (M):	
TRANS.M.HEIGHT FROM G. GM=GoM+GGo :	1.049
TRANS. M. ABOVE B.L. FOR b. KM (M):	5.355
HEIGHT FROM B.L.TO THE C.G. KG (M):	4.306
K.B. (M):	0.662
DISTAN.FROM L.C.B.TO MIDSHIP (M):	-1.636
L.C.G=LCB-((KG-KB)*Tm./L) (M):	-1.630
DISTAN. FROM L.C.G. TO MIDSHIP (M):	-1.630

EFFECTIVE OF FREE SURFACE			
TANK	I (M⁴)	θ	I • θ
TOTAL			

GGo=ΣI•/W

③ 유동성능 비교 결과

국토해양부 고시 복원성 기준과 계산 결과 값을 비교하여 완성 복원성능을 검토하였다 <표 45~47>.

〈표 45〉 GZ 곡선도 비교

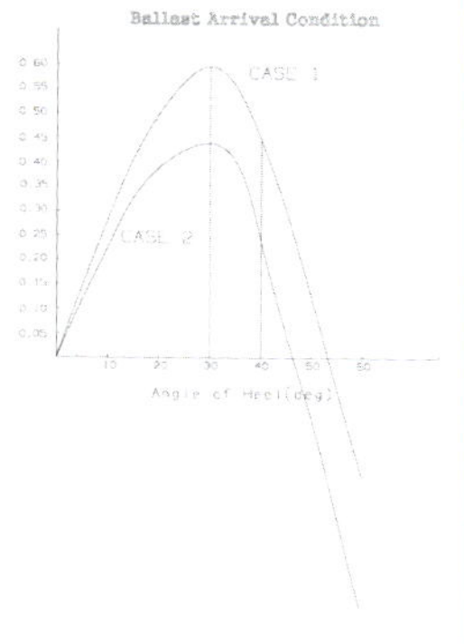	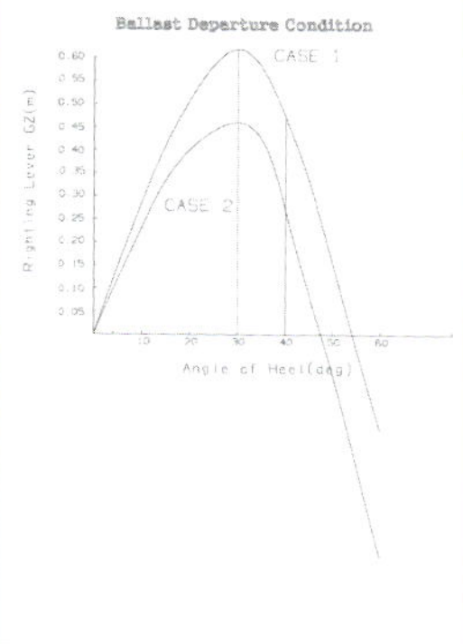	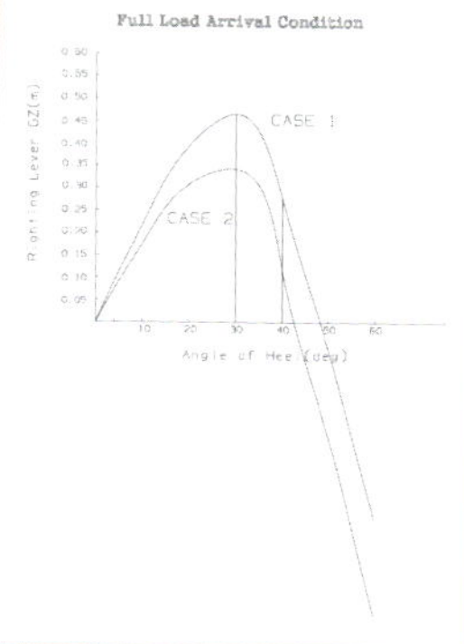	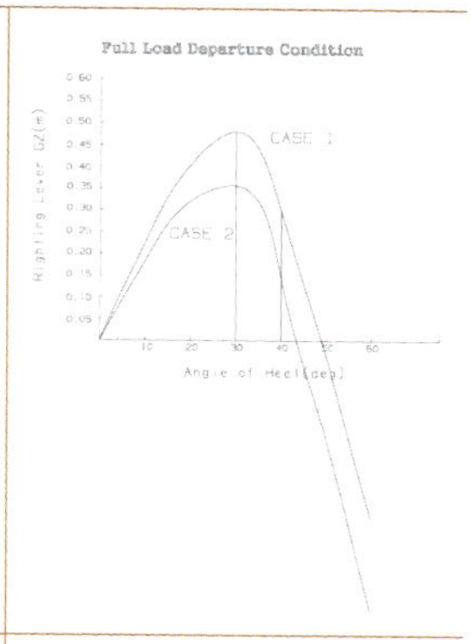
FULL LOAD DEPARTURE CONDITION	FULL LOAD ARRIVAL CONDITION	BALLAST DEPARTURE CONDITION	BALLAST ARRIVAL CONDITION

〈표 46〉 유동성능 계산 결과값 비교

구분	CASE 1 (m)	CASE 2 (m)	차이 (m)
LIGHT SHIP CONDITION (경량 선박 상태)	1.679	1.352	0.327
FULL LOAD DEPARTURE CONDITION (완전 부하 이탈 조건)	1.322	1.077	0.245
FULL LOAD ARRIVAL CONDITION (완전 부하 도착 조건)	1.299	1.050	0.249
BALLAST DEPARTURE CONDITION (밸러스트 출발 조건)	1.712	1.397	0.315
BALLAST ARRIVAL CONDITION (밸러스트 도착 조건)	1.679	1.356	0.323

〈표 47〉 유동성능 계산

CASE 1

SUMMARY TABLE(1)

ITEM		LIGHT SHIP CONDITION	FULL LOAD DEPARTURE	FULL LOAD ARRIVAL	BALLAST DEPARTURE	BALLAST ARRIVAL
DISPLACEMENT	(TON)	125.228	167.198	164.219	129.648	126.669
DRAFT(deq.)	(M)	1.355	1.600	1.583	1.382	1.363
DRAFT	(dF) (M)	0.964	1.231	1.248	0.944	0.961
	(#) (M)	0.664	0.931	0.948	0.644	0.661
	(dA) (M)	1.724	1.941	1.893	1.793	1.743
	(#) (M)	1.424	1.641	1.593	1.493	1.443
	(dM) (M)	1.344	1.586	1.571	1.369	1.352
	(#) (M)	1.044	1.286	1.271	1.069	1.052
TRIM (AFT:-)	(M)	-0.760	-0.710	-0.645	-0.849	-0.782
T.K.M	(M)	5.364	5.054	5.074	5.334	5.354
K.G	(M)	3.685	3.727	3.770	3.616	3.669
G.M	(M)	1.679	1.327	1.304	1.718	1.685
Go.M	(M)	**1.679**	**1.322**	**1.299**	**1.712**	**1.679**
AREA	횡경사각					
	0 < A < 30	-	0.168	0.165	0.215	0.211
	30 < A < 40	-	0.083	0.081	0.111	0.108
	0 < A < 40	-	0.251	0.246	0.326	0.319

CASE 2

SUMMARY TABLE(1)

ITEM		LIGHT SHIP CONDITION	FULL LOAD DEPARTURE	FULL LOAD ARRIVAL	BALLAST DEPARTURE	BALLAST ARRIVAL
DISPLACEMENT	(TON)	125.228	167.198	164.219	129.648	126.669
DRAFT(deq.)	(M)	1.355	1.600	1.583	1.382	1.363
DRAFT	(dF) (M)	0.966	1.233	1.250	0.947	0.963
	(#) (M)	0.666	0.933	0.950	0.647	0.663
	(dA) (M)	1.722	1.940	1.891	1.792	1.741
	(#) (M)	1.422	1.640	1.591	1.492	1.441
	(dM) (M)	1.344	1.587	1.571	1.370	1.352
	(#) (M)	1.044	1.287	1.271	1.070	1.052
TRIM (AFT:-)	(M)	-0.756	-0.707	-0.641	-0.845	-0.778
T.K.M	(M)	5.364	5.054	5.074	5.334	5.354
K.G	(M)	4.012	3.972	4.019	3.931	3.992
G.M	(M)	1.352	1.082	1.055	1.403	1.362
Go.M	(M)	**1.352**	**1.077**	**1.050**	**1.397**	**1.356**
AREA	횡경사각					
	0 < A < 30	-	0.168	0.165	0.215	0.211
	30 < A < 40	-	0.083	0.081	0.111	0.108
	0 < A < 40	-	0.251	0.246	0.326	0.319

④ 경사시험 및 유동성능 시험 결과

이동중량물의 위치에 따른 유동시험 결과 이동 중량물을 조선통신사선의 선측 안쪽에 배치한 CASE 1이 선측 바깥쪽에 설치한 CASE 2보다 복원성능 값인 G0M이 높은 것으로 나타났다. CASE 1은 CASE 2보다 중량물의 배치 조건에 따른 수두의 높이 차가 더 발생하고, 중량물에 의한 횡 이동이 더 발생하는 것을 알 수 있다. 두 조건에서 G0M이 차이는 LIGHT SHIP CONDITION에서 가장 많은 차이를 보이고 있으며 CASE 1이 CASE 2보다 약 19.5% 정도 높은 값을 보이고 있다. 이에 따라 조선시대 대표적인 조선통신사선의 경우, 뱃전 위에 방패판이 배치된 선형(CASE 1)이 선측 바깥쪽 가목 위에 방패판이 배치된 선형

(CASE 2)보다 복원성능이 우수한 것으로 확인되었다〈표 48〉.

〈표 48〉 경사시험 및 유동성 시험 결과

구 분	CASE 1	CASE 2
LIGHT SHIP CONDITION (m)	1.679	1.352
최대 차이 (m)	0.327	

아래 사진은 필자가 책임자가 되어 국립해양문화재연구소(현 국립해양유산연구소)가 재현한 정사기선이다〈그림 136〉. 재현한 정사기선으로 조선통시신사 사행록에 기록된 오륙도를 탐방하고 2023년 8월에는 일본 쓰시마 이즈하라항에 입항하여 항해성능과 복원성 등을 증명했다〈그림 137, 138〉.

〈그림 136〉 정사기선 진수식(2018. 10. 26.)

〈그림 137〉 오륙도 항해 모습(2020. 5. 5.)

〈그림 138〉 일본 쓰시마 이즈하라항 입항(2023. 8. 5.)

3) 판옥선[241]

판옥선은 임진왜란 당시 왜적의 침략을 막기 위한 수군의 주력 전선으로 활동하며 이순신 장군과 함께 해전을 승리로 이끈 조선시대 대표적 전선戰船이다.

1555년 명종 10년 뱃전 위에 세운 방패판의 상장구조가 방패판 위로 덮개를 덮은 판옥의 구조로 변경하게 된다. 그 이유에 대하여 1566년 『명종실록明宗實錄』의 기사에서 찾을 수 있는데 대신과 비변사가 각 진 · 포의 판옥선과 경강의 판옥선에 대해 "옛날 왜적은 모두 상장上粧이 없는 평선平船을 타고 왔기 때문에 우리도 평선을 가지고 적을 이길 수 있었다. 그런데 지금은 왜적이 모두 상장이 있는 옥선屋船을 타고 오기 때문에 우리도 부득이 판옥

241 국립해양문화재연구소, 「판옥선 학술복원 보고서」, 『전통선박 조선기술 VII』, 국립해양문화재연구소, 학술총서 제64집, 2021.

선을 쓰지 않을 수 없다"라고 하여 방패판 위에 추가로 덮개를 덮어 판옥 구조가 개발된 것을 알 수 있다.

본 장에서는 『각선도본』의 「전선」<그림 139>을 기준으로 문헌사료[242]와 회화자료,[243] 고려 및 조선시대 한선의 고고학적 실증자료, 중국 송 · 원 · 명 · 청 시대의 전선 등을 참고하여 1555년 개발된 판옥선의 구조적 특징을 간략하게 살펴보겠다. 이어서 조선시대 전선과 관련되거나 한선의 노의 구조가 확인되는 문헌과 회화자료 등을 통해 판옥선 선체의 구조, 규모, 조선기술, 조선공학적 분석 검토 등을 살펴보겠다.

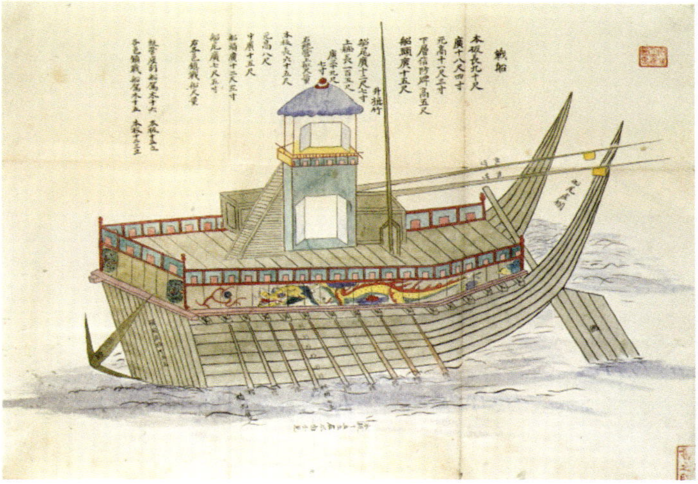

<그림 139> 『각선도본』「전선」
규장각 한국학연구원 소장

242 『朝鮮王朝實錄』·『李忠武公全書』·『經國大典』·『燕山君日記』·『海東諸國記』·『海槎錄』·『光海君日記』·『備邊司謄錄』·『慶尙道戰漕船通用條列册子』·『眉巖集』·『癸未隨槎錄』·『東槎錄』·『軒聖遺稿』·『日省錄』·『承政院日記』·『旅庵全書』.

243 조선 후기 풍속화로 중앙박물관이 소장 김홍도의 『평양감사향연도(平壤監司饗宴圖)』, 숭실대학교 한국기독교박물관 소장 김준근의 『기산풍속도첩 조선과 수상선(箕山風俗圖帖 釣船 水上船)』·『기산풍속도첩 풍선(箕山風俗圖帖 風船)』·『기산풍속도첩 선형(箕山風俗圖帖 船形)』, 북한 조선미술관 소장 문인화가 김윤겸의 『신행도해선(信行渡海船)』, 일본 화원이 그린 그림인 일본 사가현 나고야성박물관 소장 『조선통신사정사관선도(朝鮮通信使正使官船圖)』, 일본 총독부에서 일제강점기에 우리나라 삼면에서 활동한 어선 21척을 조사하여 기록한 『어선조사보고서(漁船調査報告書)』, 개항기(開港期) 대동강에서 촬영된 『화목상인의 수상선(水上船)』 사진 자료.

(1) 선체의 구조

〈표 49〉 판옥선 선체 관련 문헌

출전	시기	기년	원문	내용
『태종실록』 권5	1403	태종 3년 6월 11일	我國戰艦重大，不能追及	전함이 무겁고 커서 쫓아갈 수 없다.
『세조실록』 권26	1461	세조 7년 11월 28일	兵船之制，下體平直不快，不合水戰	저판이 평저형으로 빠르지 못함
『성종실록』 권204	1487	성종 18년 6월 10일	我國大艦，重設風颿，受風旣多，其疾如飛，倭船反不及矣	두 대의 돛을 달고 바람을 받으니 왜선보다 빠르다.
『중종실록』 권42	1521	중종 16년 5월 7일	大艦則高峻難攀，且便於俯而制之也	대함은 높고 가팔라서 기어오르기가 어렵고, 내려다 보며 제어
『명종실록』 32권	1566	명종 21년 3월 13일	今則賊倭，皆乘屋船，不得已用板屋船，然後可以相敵，今不可加減	적왜가 다 평선을 타고 왔으므로 우리나라도 평선을 사용하여 이길 수 있었다. 그런데 지금은 적왜가 다 판옥선을 이용하고 있어 부득이 판옥선을 사용해야 서로 맞설 수 있으므로 더할 수도 줄일 수도 없는 실정이다.
『영조실록』 권40	1735	영조 11년 1월 20일	臣承命與李森改造戰船與龜船，而戰船之二層上粧甚重，遇風難制，故上層防牌，別作制度，隨時偃豎。 船頭加付曲木，狀如鴨頸而稍尖，雖隨風浪，穿過甚疾，或觸巖石，曲木先破，甚便利矣	이삼과 더불어 전선과 거북선을 개조하였는데, 전선의 2층 위에 장식이 너무 무거워서 바람을 만나면 제어하기가 어렵겠으므로 위층의 방패를 별도로 제도를 만들어서 때에 따라 눕혔다 세웠다가 하고, 선두에는 곡목을 덧붙여서 그 모양이 마치 오리의 목과 같으나 조금 뾰족하여 비록 풍랑을 따라서 나가더라도 뚫고 지나가는 것이 아주 빠르며, 혹시 암석에 부딪히더라도 곡목이 먼저 파손되기 때문에 매우 편리합니다
『정조실록』 권48	1798	정조 22년 1월 21일	戰船飛荷之廣粧，船尾之虛欄，只取觀美，不利涉險。 且嶺海水深，故鴟木太長，上粧高架，故帆竹差短	전선의 비하(飛荷)의 광장(廣粧)과 선미(船尾)의 허란(虛欄)은 오직 미관(美觀)만을 취한 것이요, 험한 바다를 건너는 데는 편리하지 못합니다. 그리고 또 영해(嶺海)는 물이 깊기 때문에 치목(鴟木)을 대단히 길게 하고 상장(上粧)이 높이 걸쳐 있기 때문에 범죽(帆竹)은 약간 짧게 하므로,
			而戰兵船維纜，無非熟麻山麻之屬，	전선과 병선의 닻줄은 모두 숙마(熟麻)와 산마(山麻) 따위로 하고
『아계유고』 권5 차류			所謂戰船者，今之板屋，制度精巧，高不可攀，堅不可破，廣可容衆，衆可禦賊，誠水戰之良具也	전선이란, 판옥선을 지칭, 제도가 정교하여 더위잡고 오를 수 없을 만큼 높고 깨뜨릴 수 없을 만큼 견고하며 대중을 수용할 만큼 넓고 적을 방어할 만큼 많은 인원이 탈 수가 있으니, 참으로 수전하기에는 좋은 기구

송(宋) · 원(元) 시대	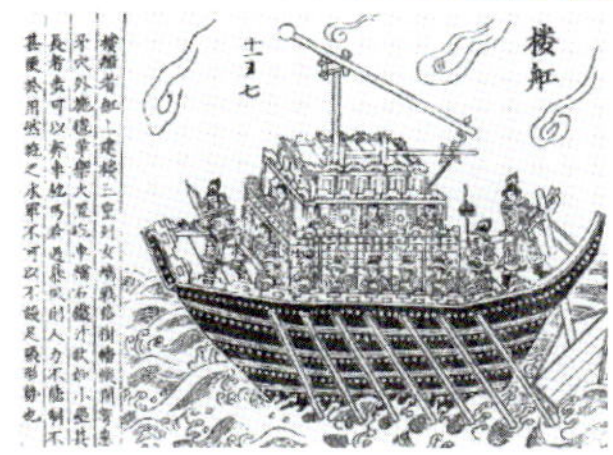	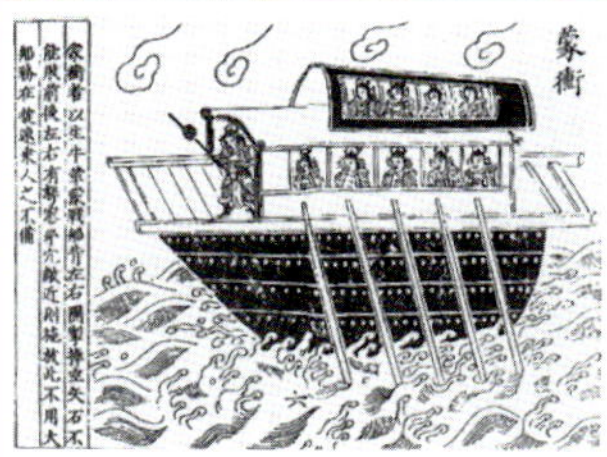	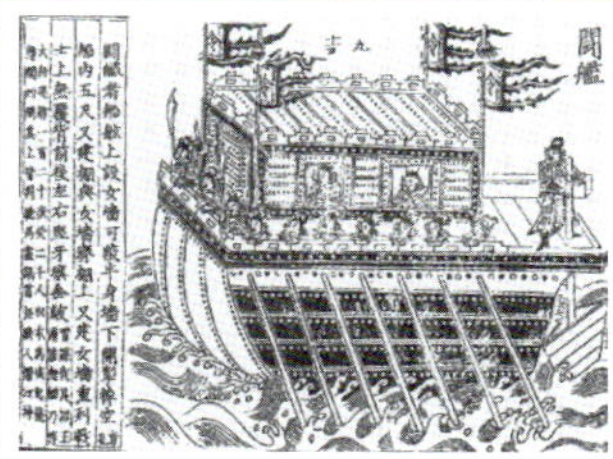
	누선	몽충	두함
	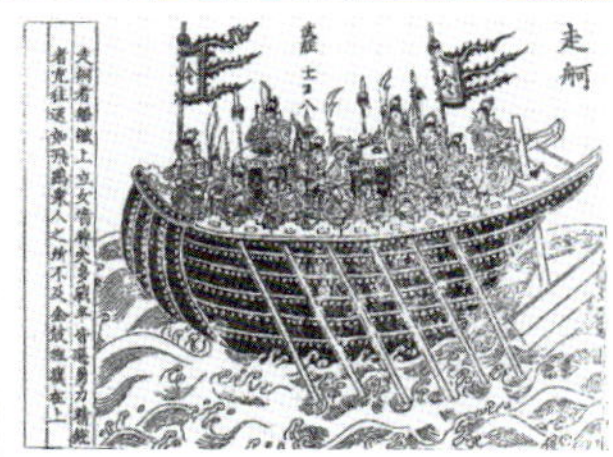	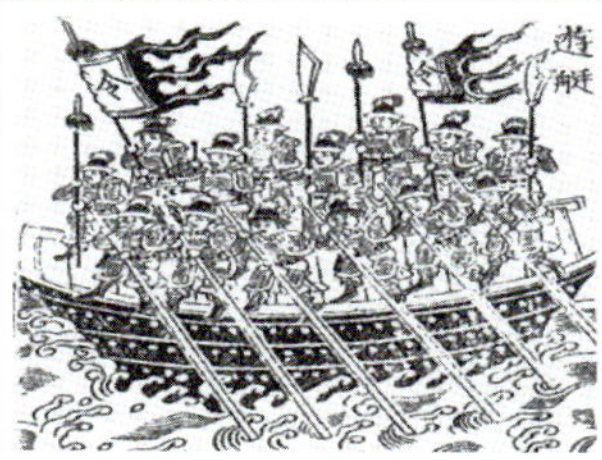	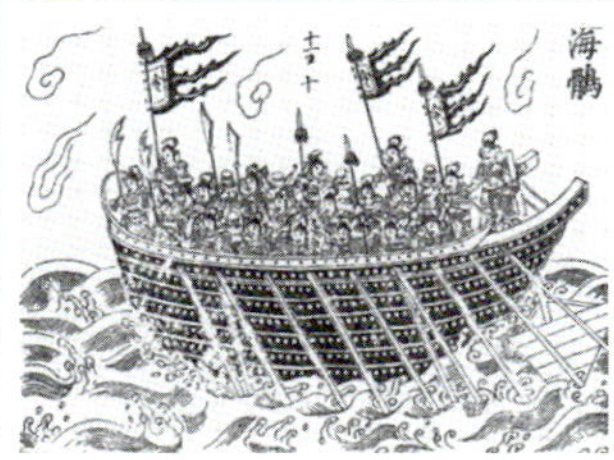
	주가	유정	해골
명 · 청 시대	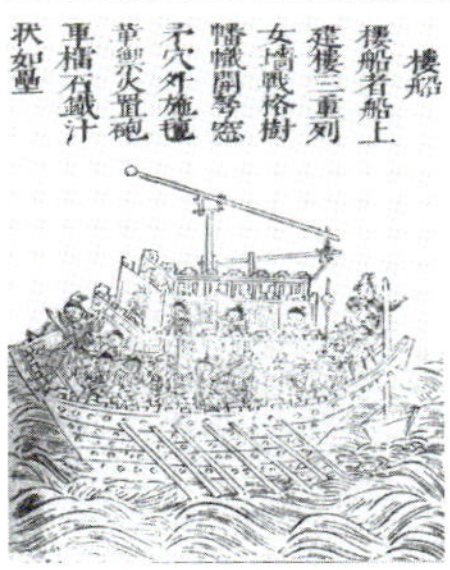	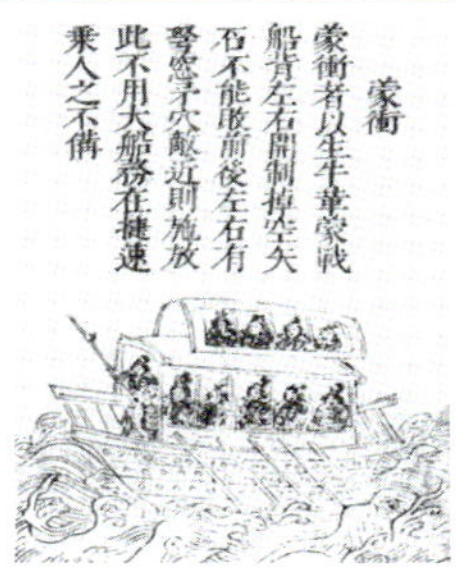	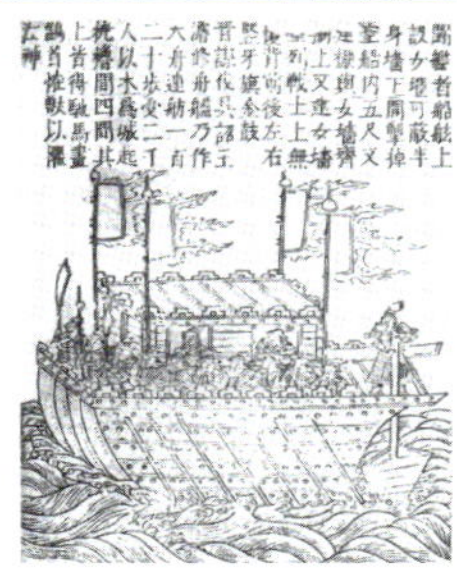
	누선	몽충	두함
	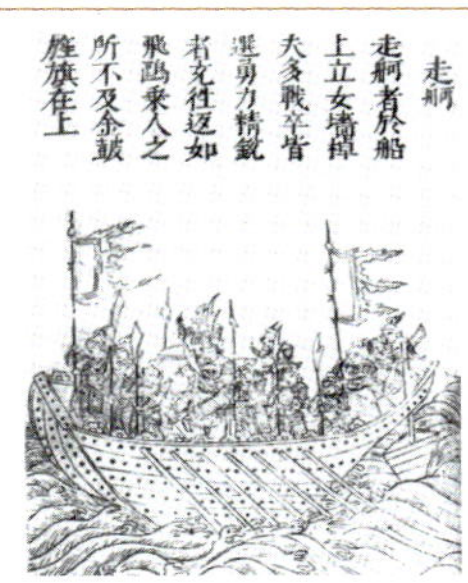	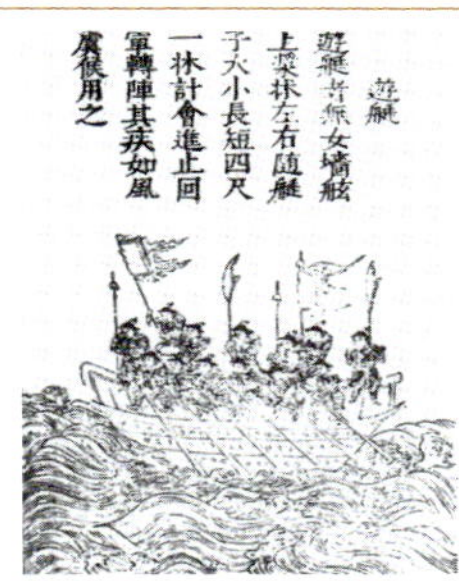	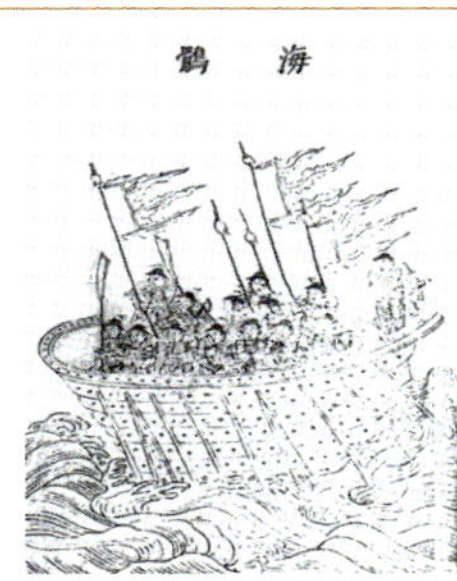
	주가	유정	해골

〈그림 140〉 송 · 원 · 명 · 청 시기의 전선

문헌<표 49>과 『각선도본』「전선」을 통해 확인할 수 있는 구조는 저판, 외판, 선수, 멍에, 신방, 방패판, 패란과 량, 여장, 장대, 돛, 노, 벗치, 닻, 깃대 등이다.

중국 『무경총요』 문헌에 기록된 송 · 원 · 명 · 청 시기에 활동한 전선인 누선 · 몽충 · 두함 · 주가 · 유정 · 해골 등의 자료<그림 140>와 일본 『회본태합기繪本太閤記』[244]에 기록된 그림 속에 보이는 구조, 조선시대 회화자료 등을 통해 판옥의 구조와 격군의 위치, 노의 구조 등을 추정할 수 있다.

누선과 몽충은 고려 및 조선시대 문헌에 자주 등장한다. 특히 고려 및 조선시대 문헌에서는 누선과 몽충에 대해 글로만 묘사되어 있으나 『무경총요』[245]에는 전선의 형태를 그림으로도 묘사하고 있어 판옥선의 상장구조와 노의 구조를 추정하는 데에 중요한 단서를 제공한다고 할 수 있다.

누선의 구조는 뱃전 노군과 병사를 보호하기 위해 성처럼 흉벽胸壁을 세운 구조를 갖추고 있으며, 외판 맨 위 상단에 원형 홈 7개를 뚫어 단일제單一制로 이루어진 긴 노를 꽂았다. 노군이 전방(선수 방향)을 주시하며 앉아서 노를 젓는 조정 경기용 노의 구조를 갖추고 있다. 뱃전 안쪽에는 상장을 탑처럼 3층으로 올렸고, 선미에 위치한 키잡이 공간은 조종과 시야 확보를 위해 상장을 갖추지 않았다.

1555년(명종 10)에 개발된 판옥선과 『각선도본』「전선」과는 상장구조에서 차이가 있다. 뱃전 위 신방에 방패판을 세우고 판옥이 설치되는 반면에 누선은 뱃전 안쪽 갑판 위에 판옥이 위치하고 3층의 구조를 갖추고 있어 형태와 구조적으로 차이를 보인다. 이와 같은 구조는 외부에서 날아오는 화살 등으로부터 노군을 보호할 수 없는 구조일 뿐만 아니라 상장의

---

244 『회본태합기(繪本太閤記)』, 진주박물관 소장자료.
18세기에 도요토미 히데요시의 일대기를 글과 그림으로 엮은 책으로 임진왜란의 주요 장면이 그림과 글로 쓰여 있다. 태합(太閤)이란 도요토미의 벼슬이름이다. 다케우치 가쿠사이가 글을 쓰고 오카다 교쿠잔이 그림을 그린 책으로 1797년부터 1802년까지 7편84책이 발행됐다.

245 북송(北宋)의 증공량(曾公亮) · 정도(丁度) 등이 찬술(撰述)하여 1044년에 완성한 군사상의 기술서(技術書)로, 40권으로 되어 있다. 당시 서하(西夏)의 반란이 일어난 뒤 인종은 병법에 뛰어난 인재를 구하여 작전 · 군사기술 등의 지식을 정리시키고, 병기류의 그림을 그리도록 하였다. 전집(前集) · 후집(後集)으로 나누어 전집은 제도 15권과 변방 5권으로, 후집은 병전(兵戰)의 고사(故事) 15권과 점후(占候) 5권으로 기술해 놓았다.

높이가 높아 풍압 면적이 넓어지고 선체 중심이 높아져 복원성이 매우 취약한 구조이다.

몽충은 작은 전선에 해당되기 때문에 흉벽이 없고, 뱃전에 세워진 판에 원형 홈 5개를 뚫어 단일제로 이루어진 긴 노를 꽂았다. 누선과 마찬가지로 노군이 전방(선수 방향)을 주시하며 앉아서 노를 젓는 조정 경기용 노의 구조를 갖추고 있다. 상장은 소가죽으로 둥글게 지붕을 덮고 있으며, 방패판을 세워 그 안에서 밖을 보면서 노를 젓는 구조를 갖추고 있다. 이와 같은 구조는 배의 무게를 최대한 줄여 민첩성을 갖추게 한 구조라고 할 수 있다. 또한 키가 없고 노의 힘으로 추진하는 구조로 민첩성은 좋으나 크기가 작아 많은 병사들이 타기에는 부족한 면이 있다.

두함은 누선과 구조가 유사하다. 다만 상장을 단층으로 구성하였으며 뱃전에 흉벽을 세우고 뱃전 안쪽에 노군이 위치한다. 외판 맨 위 상단에 원형 홈 7개를 뚫어 단일제로 이루어진 긴 노를 꽂았다. 노군이 전방(선수 방향)을 주시하며 앉아서 노를 젓는 조정 경기용 노의 구조를 갖추고 있다. 이와 같은 구조는 누선과 마찬가지로 노군을 보호하기 어려운 구조라 할 수 있다. 두함은 판옥선과 『각선도본』 전선과 매우 유사하다. 다만 전선은 뱃전 위 신방에 방패판을 세우고 판옥을 설치하였으나 두함은 뱃전 안쪽 갑판 위에 판옥을 설치하여 차이를 보인다. 이와 같은 구조는 임진왜란 이후 1607년부터 1811년까지 12차례 통신사를 태우고 대한해협을 건너 일본과 문화교류에 활동한 조선통신사 선단의 정사가 타고 간 '정사기선'의 판옥 구조와 유사하다.

주가는 본체 및 노의 구조가 두함과 동일하지만 상장이 없는 구조이다.

유정은 작은 전선에 해당하기 때문에 흉벽이 없고, 뱃전 위에서 병사들이 도棹나 장槳을 젓는 구조이다. 정예병을 태워 적진에 돌격하여 신속하게 움직이는 전선의 구조를 갖추고 있다.[246] 해골선의 구조는 주가와 구조 및 형태가 동일하다.

송 · 원 · 명 · 청 시기의 회화자료에서 확인할 수 있듯이 흉벽 및 노의 구조는 전선에만 나타나는 구조이다. 또 상장구조는 뱃전 외부로 돌출되지 않고 뱃전 안에 세워져 복원성을

---

246 국립해양문화재연구소, 「판옥선 학술복원 보고서」, 『전통선박 조선기술 VII』, 국립해양문화재연구소, 학술총서 제64집, 2021, 55~56쪽.

최대한 발휘할 수 있도록 선형과 구조를 갖추었다. 특히 노는 외판 상단에 노창을 뚫어 하나의 나무로 이루어진 단일제 노를 꼽았으며, 뱃전 안쪽에 위치하는 노군이 전방을 주시하며 앉아서 노를 젓는 조정 경기용 노의 구조 및 형태라는 것이다.

중국 송 · 원 시대부터 명 · 청 시대까지 누선 · 몽충 · 두함 · 주가 · 유정 · 해골 등 선박에서 노의 구조가 변하지 않고 전선의 주 추진 도구로 지속적으로 사용하고 있다.

일본 역사 사료인 『회본태합기』에 그려진 임진왜란의 주요 장면을 통해서 당시 판옥선의 상황을 확인할 수 있다. 이 사료 또한 임진왜란 발생 후 약 200년이 지난 후에 작성되었기 때문에 일본 전선과 조선 전선의 규모가 다를 수 있다. 기록된 그림만 살펴보더라도 중국의 『무경총요』 기록된 전선인 누선 · 몽충 · 두함의 전선을 모방하여 화가가 상상해서 표현한 그림이라 할 수 있다. 그 근거는 1555년 판옥선과 『회본태합기』에 그려진 전선의 구조가 다음과 같이 상이하고 누선 · 몽충 · 두함에 나타나는 구조와 유사하기 때문이다.

『회본태합기』에 그려진 노군과 노를 참고하고자 한다. 전선은 뱃전 안쪽에 노군이 위치하고 외판에 원형 홈을 뚫어 단일제로 이루어진 긴 노를 꽂았다. 노군 또한 전방(선수 방향)을 주시하며 앉아서 노를 젓는 조정 경기용 노의 구조임을 알 수 있다. '水軍元師' 깃발을 달고 있는 비교적 큰 전선은 판옥선의 구조와 같이 뱃전 위에 방패판을 설치했음을 알 수 있다. 이 전선을 통해 확인할 수 있는 것은 노군이 앉아서 노를 젓고 있고 외판에 구멍을 뚫어 긴 노를 설치했다<그림 141>. 또한 『헌성유고』 도해선 전개도에 노의 위치를 기록하고 있어서 이를 뒷받침하고 있다.

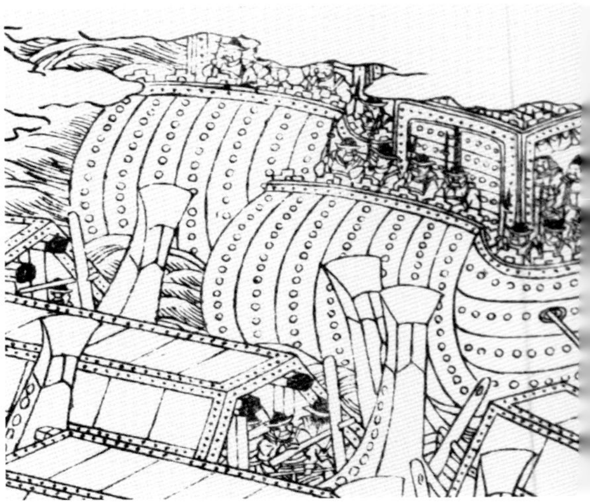

<그림 141> 『회본태합기』에 그려진 전선 모습
국립진주박물관 소장

일본 두루마리 그림인 「북야천신연기北野天神緣起」 승구본承久本에서 확인된 13세기 전기의 대형 해선海船[247]에서도 앉아서 젓는 조정 경기용 노의 형태가 확인된다<그림 142>.

노군의 위치와 자세, 노의 구조 등을 더욱 쉽게 이해를 돕고자 조선 후기의 회화자료, 조사자료, 사진 자료 등을 통해 살펴보고자 한다.

〈그림 142〉「북야천신연기회권」 일본 東京國立博物館 소장

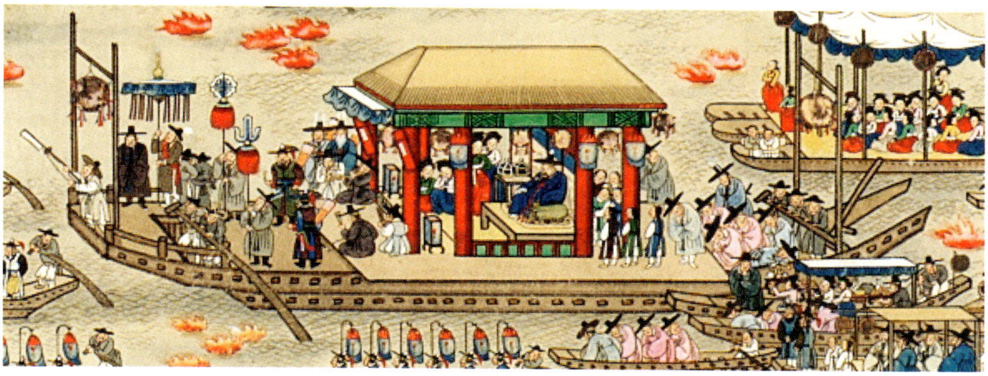

〈그림 143〉「평양감사향연도」 국립중앙박물관 소장

첫 번째, 자료는 조선 후기 풍속화 4대 화가로 꼽히는 김홍도檀園 金弘道가 평양도 관찰사 부임을 환영하기 위해 평양성에서 베푼 연회의 모습을 담은 「평양감사향연도」[248]의 세부도이다〈그림 143〉.

---

247 安達裕之, 「日本の船」(船の科學館 平成10年), 22~23쪽.

248 국립중앙박물관 소장, 전 김홍도(金弘道 : 1745~?), 18세기 종이에 채색 71.2 × 196.6㎝.

이 그림에서도 노군의 위치와 노의 구조를 알 수 있다. 선수에 노군들이 갑판보다 낮은 곳에서 서서 뱃전에 걸쳐 노를 젓고 있는 모습이 그려져 있다. 노는 'T'자 형의 단일제 구조로 전방을 주시하며 두 명의 노군이 젓고 있다.

두 번째, 개항기의 풍속화가로 세계에 가장 널리 알려진 김준근箕山 金俊根이 그린 「기산풍속도첩」에 묘사된 배를 들 수 있다. 수상선〈그림 144-①〉은 배에 실린 땔감을 봤을 때 강에서 화목火木을 운반하는 배로 노군이 노를 젓는 위치와 방향을 알 수 있다. 배의 선수 양쪽에 한 명씩 앉아 후방을 주시하며 서서 젓는 모습이 그려져 있으며 선미에는 사공이 높은 데에 올라 키를 잡고 있는 모습이 확인된다. 또 다른 그림인 풍선〈그림 144-②〉과 선형〈그림 144-③〉에서도 노군이 노를 젓는 위치와 방향을 알 수 있다. 두 번째 가목에 노를 걸어 양쪽에 한 명씩 서서 노를 젓고 있는 모습이 확인되며 선미에 사공이 키를 잡고 있는 모습이 확인된다.[249] 이와 같은 그림은 상상해서 그리는 것보다 사실적 행위를 묘사하여 그린 것이기 때문

①「기산풍속도첩 조선 수상선」	②「기산풍속도첩 풍선」	③「기산풍속도첩 선형」

〈그림 144〉 김준근, 「기산풍속도첩」 국립중앙박물관 소장

249 숭실대학교 한국기독교박물관 소장, 김준근(金俊根 : ?~?), 19세기 후반 종이에 채색 23.2×16㎝.

에 노의 구조보다는 노를 젓는 위치 및 방법 등에서는 참고하는 데 큰 문제는 없을 것으로 판단된다.[250]

세 번째, 북한 조선미술박물관에서 소장하고 있는 「신행도해선」[251]은 조선 후기 문인화가 김윤겸金允謙(1711~1775)의 그림으로 정사와 그 수행원들, 군졸, 수부 등이 배에 타고 있는 모습과 의장용 깃발이 설치된 모습을 확인할 수 있다. 이 그림에는 선수 첫 번째 가목에서 중앙부 일곱 번째 가목까지 총 7개의 노가 설치되어 있다. 노군의 수를 전체적으로 배치하지 않았다. 하지만 그림 상 노 한 개에 노군 두 명이 전후방으로 앉아서 젓고 있는 것이 확인된다. 노의 구조 또한 위에서 언급한 단일제로 이루어진 긴 노로 확인된다.

1763년(영조 39)에 통신사 조엄과 그 일행이 타고 갔던 배가 오사카大阪 항구에 정박하고 있는 것을 보고 일본 측 수행원이 그린 「조선통신사정사관선도」에는 닻과 노, 키 등이 선체와 분리되어 상세히 그려져 있다.[252] 이 그림에 대해서는 제5장 제4장 조선통신사선에서 설명하겠다.

조선 후기와 일제강점기에 사용된 4종류의 노에 대한 자료가 『어선조사보고서』[253] 제1책 제1도 (3)속구도와 제2책 제3도 속구도에 기록되어 있다<그림 145>.

그중에 조선통신사선에서 확인된 노와 동일한 'T'자 형의 형태를 갖추고 있는 노를 도櫂로 표기하고 있으며, 단일제로 이루어진 기다란 노를 노櫓로 표기하고 있다. 또한 노착과 노잎(노깃)을 겹쳐 이어붙인 것과 세 개로 이어붙인 것 등 다양한 형태의 노를 조사하여 기록하고 있다. 특히 도櫂에 대해 "대형선에서 사용하는 것으로 방향 전환에서 사용"이라는 내용도 함께 기록하고 있다.

---

250 해군사관학교 해양연구소, 『충무공 이순신과 한국 해양』 제6호, 홍순재, 「거북선 복원방법 검토 및 내부구조에 대한 소고」, 2019; 홍순재, 「거북선 노와 신방의 구조에 대한 소고」, 『전국해양학자대회』 자료집, 국립해양문화재연구소, 2019.

251 『信行渡海船』, 북한 조선미술관 소장자료; 국립해양문화재연구소, 「조선통신사 정사기선」, 『전통선박 조선기술 VI』, 2019, 25쪽.

252 『朝鮮通信使船圖』, 사가현 나고야성박물관 소장자료; 국립해양문화재연구소, 「조선통신사 정사기선」, 『전통선박 조선기술 VI』, 2019, 25쪽.

253 朝鮮總督府水產試驗場, 『漁船調查報告書』 第一册, 第二册.

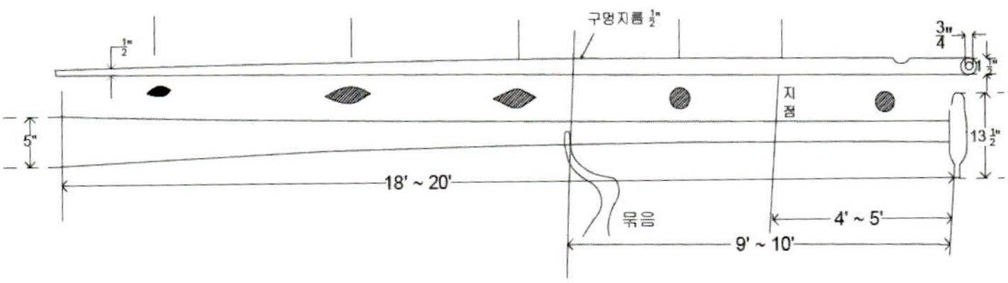

① 단일제인 도(櫂)[254]

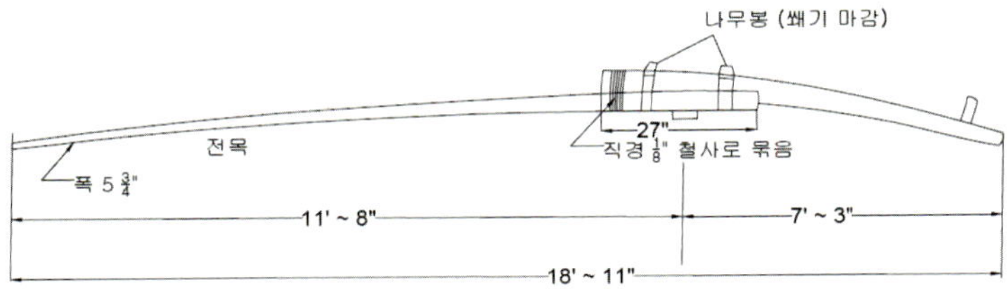

② 노착과 노잎(노깃)을 겹쳐 이어붙인 노(櫓)[255]

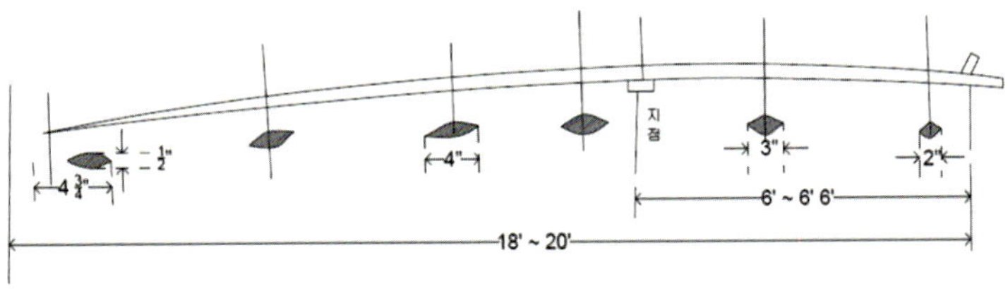

③ 단일제인 노(櫓)[256]

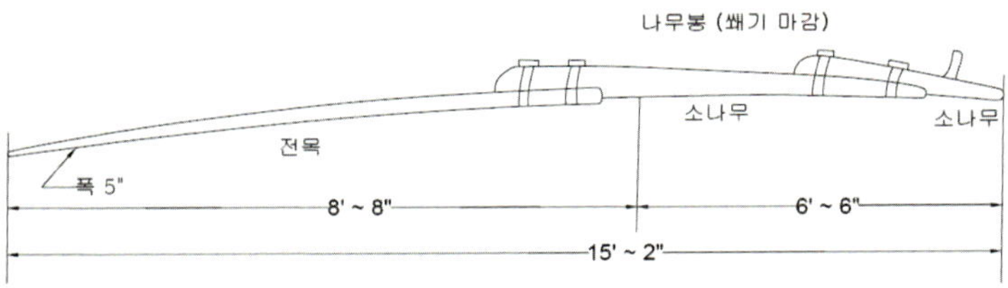

④ 세 개로 이어붙인 노(櫓)[257]

〈그림 145〉『어선조사보고서』에 수록된 노(櫓)와 도(棹)

254 단일제 도의 길이는 18′~20′(5.49~6.10m)이며, 묶음 줄까지는 9′~10′(2.74~3.05m)이다. 'T'자 형 손잡이는 약 33㎝ 정도이다. 노깃의 너비는 5″(12.7㎝) 정도 크기를 갖추고 있다.

255 노착과 노잎(노깃)을 겹쳐 이어붙인 노는 길이는 18′(5.49m)이며, 노바대 지점까지는 7′(2.13m)이다. 노깃

일제강점기에 대동강에서 나무 및 물자를 운반하는 수상선 사진[258]에서 노를 젓는 형태와 노의 구조를 추정할 수 있다. 선수에 단일제 노를 좌 · 우측에 두 명이 한 조가 되어 후방을 주시하며 앉아서 노를 젓고 있음을 알 수 있다<그림 146>.

이 사진은 앞에서 언급한 「기산풍속도첩」의 조선과 수상선의 그림과 같다. 특히, 노의 구조는 『어선조사보고서』에 조사된 도와 같다. 이같이 조선 후기까지 조정 경기용 노와 같은 형태의 노가 꾸준히 사용되었음에도 불구하고 많은 연구자 대부분은 노착과 노잎(노깃)을 겹쳐 이어붙인 노를 한국식 노로 정의하고 있다.

<그림 146>와 같은 노의 구조가 판옥선에도 사용되었을 가능성이 매우 높다. 오히려 판옥선의 선체 높이와 비교했을 때 노의 길이가 적합하고, 추진 시 항해성능이나 전투 시 즉각적인 방향 전환이나 추격, 후퇴 등이 가능하기 때문에 수상선 노의 구조가 판옥선에

<그림 146> 일제강점기 대동강에서 나무 및 물자를 운반하는 수상선(水上船) 사진자료 전주역사박물관 소장

의 너비는 5″(12.7㎝) 정도 크기를 갖추고 있다.

256 단일제 노는 길이는 18′~20′(5.49~6.10m)이며, 노바대 지점까지는 6′~6.6′(1.82~2.01m)이다. 노깃의 너비는 4″(10.92㎝) 정도 크기를 갖추고 있다.

257 여러 개로 이어붙인 노는 길이는 15′(4.57m)이며, 노깃의 너비는 5″(12.7㎝) 정도 크기를 갖추고 있다.

258 전주역사박물관 소장자료.

적합하다. 한국식 노라고 정의하는 노착과 노잎(노깃)을 겹쳐 이어붙인 노는 추진 시 항해 성능이 느리고 전투 시 즉각적인 방향 전환에 불리한 노의 구조라 할 수 있다. 뿐만 아니라 한국식 노는 추진력이 약해 조류와 바람의 영향을 많이 받는 판옥선에 맞지 않는다.

(2) 규모

판옥선의 크기를 살펴보기 위해 『각선도본』 「전선」에 기록된 설說을 바탕으로 〈표 50〉과 같이 정리하였으며, 1척尺의 기준은 영조척[259]으로 적용하였다.

〈표 50〉 판옥선 선체 관련 문헌

출전	시기	원문	내용
『각선도본』 「전선」	1795	本板長九十尺 廣十八尺四寸 元高十一尺三寸 下層信防牌高五尺 船頭廣十五尺 船尾廣十二尺七寸 上粧長一百五尺 廣三十九尺七寸 右統營上船尺量 本板長六十五尺 元高八尺 中廣十五尺 船頭廣十二尺五寸 船尾廣七尺五寸 右各邑鎭戰船尺量 統營座副船駕木十六 本板十五立	저판 길이 90척 저판 중앙 너비 18척 4촌 전선 중앙 높이 11척 3촌 방패 높이 5척 저판 선수 너비 15척 저판 선미 너비 12척 7촌 전선(상장갑판) 길이 105척 전선(상장갑판) 너비 39척 7촌 통영상선 크기 저판 길이 65척 전선 중앙 높이 8척 저판 중앙 너비 15척 저판 선수 너비 12척 5촌 저판 선미 너비 7척 5촌 수영 관읍과 진포의 전선 통영 좌선이나 부선 멍에 16개 저판 열의 수 15열

259 판옥선의 크기의 설정 근거는 조선시대 건축에 주로 사용된 영조척을 기초설계에 적용하였다. 영조척은 건축과 토목, 조선(造船) 및 조차(造車) 등 건축물이나 조형물을 만들 때 사용된 척도이다. 영조척은 명나라에서 사용되던 척도로 주척(周尺)과 함께 널리 사용되었다. 고려 및 조선시대 초기까지는 32.21cm를 1자로 사용하였으나 세조 12년(1466)에의 개혁 시 31.22cm로 바꾸어 사용하였다. 2019년 안성 청룡사 대웅전 해체 보수 과정에서 발견된 목재곡자의 용척을 분석한 결과 세조 12년(1466) 개혁 시 사용된 31.22㎝와 거의 유사함에 따라, 자문회의에서 세조 12년(1466) 개혁 시 사용된 1척(尺)의 기준을 31.22㎝로 설정하였다.

		各邑鎭戰船駕木十五	관읍이나 진포 전선 멍에 15개
		本板十二三立	저판 열의 수 12~13열
		飛荷直板十五立	선수재의 열의 수 15열
		駕. 杉. 杉板七立.	멍에, 외판, 외판 7단
		櫓. 櫓九尺.	노, 노 9개
		本板十五立在水面不見.	저판 열의 수 15열, 물속에 잠겨있어 밖에서는 안 보인다.
		帆竹. 船尾虛欄. 升旗竹. 鴟. 碇	선수와 중앙 돛데, 선미 꼬리네 널판과 난간이 비어 있음, 깃대가 있고, 선미네 치와 선수에 닻장과 닻이 있음

첫 번째에 기록된 내용은 통영에서 가장 큰 전선인 통영상선의 치수를 기록한 것이다. 배밑 구조인 저판의 길이 90자(28m), 저판 중앙부 최대 너비 18자 4치(5.75m), 저판 선수부 너비 15자(4.68m), 저판 선미부 너비 12자 7치(3.96m), 전선의 중앙부 높이 11자 3치(3.53m), 전선의 상장갑판 최대 길이 105자(32.8m), 상장갑판의 최대 너비 39자 7치(12.39m), 방패판의 높이(신방에서 언방까지) 5자(1.56m) 등으로 기록하고 있다.

두 번째 각 관읍과 진포의 전선의 치수이다. 저판의 길이 65자(20.2m), 저판 중앙부 최대 너비 15자(4.68m), 저판 선수부 너비 12자 5치(3.90m), 저판 선미부 너비 7자 5치(2.34m), 전선의 중앙부 높이 8자(2.5m) 등으로 기록하고 있다.

통영의 좌선이나 부선은 멍에 16개가 뱃전에 걸쳐지고, 평저형 구조를 갖춘 저판은 총 15개를 병렬로 배치하여 서로 연결하였다.

각 관읍이나 진포의 전선은 멍에 15개를 뱃전에 걸쳤고, 평저형 구조를 갖춘 저판은 총 12~13개를 병렬로 배치하여 서로 연결하였다.

선수재는 15개를 세로로 세워 서로 연결하였으며, 외판은 7단으로 구성하고 있다. 양쪽 뱃전에 큰 노 9개가 설치된다.

저판은 직사각형의 통나무 15개를 서로 연결한 구조이지만 물속에 잠겨있어 밖에서는 보이지 않는다. 선수와 중앙에 돛대 두 대가 설치되고, 선미부 꼬리에는 널판을 깔지 않고 난간이 없으며 비어 있다. 깃발을 올리는 깃대가 있으며, 선미부 좌우현 사이에 치가 있고, 선수부에 닻이 있다.

임진왜란 당시 판옥선의 크기에 대해서는 임진왜란 이후 1615년 순검사巡檢使 권반權盼이 수군을 재건하기 위하여 동란에 참전했던 격군들의 증언을 바탕으로 판옥선 한 척에 실을 군기와 집물, 배의 장단과 넓이를 일일이 감정하여 반포한《삼남주사전선저판장상정절목》을 참고할 수 있다. 『비변사등록』 제41책 숙종 13년(1687) 1월 1일 기사에서 판옥선의 저판장을 언급하고 있는데 통제사와 수사가 타는 배는 저판장 14파(70척)이고, 그 다음 크기의 배는 11파(55척), 또 그 다음 크기의 배는 10파(50척) 또는 9파반(47.5척)이다.

(3) 조선기술

우리나라는 오랜 세월 중국과 교류를 지속해 왔으며 조선기술 또한 중국으로부터 직·간접적으로 영향을 받아 발전해 왔다. 역사 자료를 검토한 결과 중국 송·원·명 시대의 전선인 누선·몽충·해골 등의 전선이 고려 및 조선시대 전선과 공통된 구조를 찾을 수 있고 중국의 조선기술을 도입하여 전선을 개량하고 시험하고자 하는 요소가 엿보인다. 특히 『조선왕조실록』에서는 중국의 조선기술을 도입하고 우리 방식에 맞게 적용하고자 하는 노력을 다음과 같은 기사들에서 확인할 수 있다.

1412년 안성군安城君 이숙번李叔蕃은 배를 간수하는 법을 임금에게 올리며 중국에서는 석회石灰로 배 밑을 발라서 벌레가 먹지 못하게 하므로 이 방법을 도입하여 석회를 만들어 사용하자고 하였고,[260] 1415년에는 중국 당인唐人 유사의劉思義와 이선李宣을 전라도에 보내어 당선唐船을 만들어 시험하도록 하지下旨 하였다.[261] 1430년 병조兵曹에서는 병선을 만들 때 중국 배의 제도에 따라 쇠못을 써서 꾸미고 판板 위에는 회灰를 바르며, 다시 괴목판을 써서 겹으로 만들어 시험하여 사용하도록 건의하였다.[262] 1446년 상호군上護軍 윤인보尹仁甫는 각포各浦의 병선兵船에서 사용하는 목정木碇과 돛의 문제점을 지적하며 중국과 왜인의 배에서 사용하는 것과 같이 닻은 정철正鐵을 사용하고 돛은 호초蒿草로 만들어 사용하자고

---

260 『太宗實錄』 권23, 태종 12년 5월 11일 갑진(甲辰).
261 『太宗實錄』 권30, 태종 15년 11월 19일 임자(壬子).
262 『世宗實錄』 권48, 세종 12년 5월 24일 계해(癸亥).

상소하였다.[263] 1451년 의정부議政府에서 경기도 · 충청도 · 전라도 3도의 병선에 대하여 갑조甲造와 단조單造의 편부便否를 조사하여 앞으로는 단조하여 병선을 짓도록 청하고 시행하였으며,[264] 1462년에는 전선색 도제조 등이 마포에 가서 중국 배[唐船]의 제도制度를 살피기도 하였다.[265] 1550년 영경연사領經筵事 상진尙震이 조강朝講에서 중국 윤선輪船의 제도를 이용하여 양곡을 수송할 것을 건의하였다.[266]

이 외에 임진왜란 발생 148년 후인 1740년에 전라 좌수사 전운상이 중국 증공량曾公亮 · 정도丁度 등이 작성한 『무경총요』에 등장하는 '해골선'을 참고하여 중형의 특수전선을 제작한 사례를 보더라도 조선 중기까지 중국의 조선기술이 많은 영향을 미친 것을 확인할 수 있다. 여기서 말하는 해골선은 송 · 원 전시기에 활동한 전선이다. 그뿐만 아니라 고려시대 '누선'과 중국 송 · 원 시기 '누선'의 구조가 같고 그 설명 또한 다음과 같이 동일하게 기록하고 있다.

> 배 위에는 3층 누각이 서 있고, 흉벽이 설치되어 있다. 돛대가 있고 노창이 뚫려 있으며 외벽에 가죽을 대어 불에 타는 것을 방지하였다. 포차와 뇌석, 철즙이 설치되었다. 형태는 작은 요새처럼 생겨 길이가 백 보나 되어 수레와 말이 다닐 수 있었다. 거친 바람이 불면 사람의 힘으로 통제할 수 없어 사용할 수는 없었다. 수군에게는 없어서는 안 될 것으로, 그 기세를 드러내기에 충분하였다.[267]

뿐만 아니라 조선시대 사료에서 확인되듯이 송 · 원 시대의 '전선'과 조선시대의 '전선'을 서로 비교하거나, 전선을 제작하여 시운전을 통해 항해성능을 비교한 사례, 갑조법과 단조

---

263 『世宗實錄』 권113, 세종 28년 9월 9일 갑술(甲戌).
264 『文宗實錄』 권8, 문종 1년 6월 12일 기묘(己卯).
265 『世祖實錄』 권27, 세조 8년 3월 2일 정유(丁酉).
266 『明宗實錄』 권10, 명종 5년 2월 25일 경신(庚申).
267 『武經總要全集』 제11권 전선(戰船).
船上建楼三重。列女墙战格, 树幡帜, 开弩窗矛穴, 外拍革御火。置炮车, 檑石, 铁汁。状如小垒, 其长百步, 可以奔车驰马。若遇暴风, 则人力不能制, 不甚便于用。言施之水军, 不可以不设, 足张形势也。
『高麗史』 세가(世家) 권1, 태조(太祖).
太祖增治舟舸百餘艘 大船十數 各方十六步 上起樓櫓 可以馳馬 領軍三千餘人 載粮餉往羅州

법에 따른 제작 방식을 비교한 사실[268] 등이 기록에서 나타나고 있다.

이처럼 고려 및 조선시대는 중국 송 · 원 시기 조선기술의 영향을 받아 발전하였지만, 다음의 기록에서 볼 수 있듯이 선조들의 지혜로 조선기술이 발전하고 새로운 선박들이 만들어진 것을 알 수 있다.

1430년(세종 12) 5월 24일 병조에서는 중국 배의 제도에 따라 쇠못을 사용하여 병선을 건조하고 선재의 변형을 막기 위하여 바닷물에 담가두어 사용하거나 소나무뿐만 아니라 노나무[櫨] · 전나무[檜] · 느릅나무[榆] · 가래나무[楸] 등을 시험하여 선재船材로 사용할 것을 건의하여 이를 그대로 시행하였다.[269] 또 부재와 부재를 서로 연결하는데 나무못만을 사용하던 것에서 쇠못을 함께 사용하였고 수밀水密과 삭음을 방지하기 위하여 횟가루[270]도 사용하였다. 닻은 정철正鐵을 사용하고 돛을 모초를 사용하지 말고 호초蒿草를 사용하였다.[271]

1434년(세종 16)에는 의정부와 육조에서 전함을 제작하는 데 쇠못과 나무못을 써서 빠르고 둔함을 시험하고 견본으로 삼게 하였다.[272] 1451년(문종 1)에는 그간 논의되어 온 중국식 갑조법[273]과 조선식 단조법[274]의 장단을 비교하여 앞으로는 조선식 단조법으로 통일하여 건조하도록 하였다.[275] 1461년(세조 7) 11월 28일 기사를 보면 기존 병선의 체제를 개선하여 새로운 조선을 제조하였으며, 전선과 조선에 모두 편할 것이므로 여러 포의 병선을 모두 이 체제로 개조하여야 한다고 하였다. 또 병선을 건조할 때 상장을 장식하지 않도록 하여 때에 따라 조선으로 전용할 수 있도록 해야 한다고 하였다.[276] 1465년 전함사제조 신숙주가 대선에 갑판 상부구조인 상장을 설치하여 전선으로 쓰고 상장을 떼고서는 운반선으로 사용하였다는 기록[277]도 있다.

---

268 『文宗實錄』 권7, 문종 1년 5월 25일 임술(壬戌).
269 『世宗實錄』 권48, 세종 12년 5월 24일 계해(癸亥).
270 석회석을 고온으로 가열하여 얻은 흰색의 가루.
271 『世宗實錄』 권113, 세종 28년 9월 9일 갑술(甲戌).
272 『世宗實錄』 권65, 세종 16년 9월 23일 정유(丁酉).
273 선박을 제작 할 때 외판을 보호하기 위해 이중으로 판을 덧대는 방식.
274 선박을 제작 할 때 외판을 이중으로 하지 않고 단판으로 제작하는 방식.
275 『文宗實錄』 권7, 문종 1년 5월 25일 임술(壬戌).
276 『世祖實錄』 권26, 세조 7년 11월 28일 갑자(甲子).

1487년(성종 18) 『성종실록』에는 병선兵船 제작에 왜구선과 비교하는 내용으로 "왜선은 큰 바다에 들어가더라도 오로지 노를 저어서 가는데, 우리나라 대함은 풍범風颿을 겹쳐서 설치하여 바람을 받음이 많음으로 그 빠름이 나는 듯하여 왜선이 도리어 미치지 못합니다."라고 하였다.[278] 이러한 기록은 속도를 높이기 위해 바람을 이용한 돛을 갖추고 있다는 것을 의미한다.

판옥선이 개발되기 전까지 맹선은 전선과 조운을 담당하는 겸용선으로 활동하였다. 그러나 삼포왜란 · 사량왜변 · 을묘왜변 등 변란이 속출하면서 전선으로서 아무런 구실을 하지 못하였고 특히, 1555년(명종 10) 왜구가 강진 · 진도 일대에 침입해 대규모로 약탈과 노략질을 한 사건인 을묘왜변乙卯倭變을 계기로 전선인 맹선猛船의 한계가 지적되었다. 이로인해 조선 수군은 해상 전투에 대비하기 위해 고려시대 주력 함선인 누선을 참고하여 판옥선을 개발하였고 임진왜란에서 이순신 장군과 함께 큰 역할을 담당하였다.

맹선에서 발전된 판옥선은 종래의군선이나 일본군선에 비하여 선형 · 구조 · 크기 등 모든 면에서 더욱 발전된 구조로 격군이 적에게 노출되지 않은 채 노를 저을 수 있는 공간과 사수射手 · 화포장火炮匠 · 포수砲手 등이 상갑판 위의 넓고 높은 장소에서 효율적으로 전투에 임할 수 있는 구조를 갖추고 있다. 더욱이 선현船舷이 성벽처럼 높아서 적이 배에 뛰어들기 어려운 구조이기 때문에 백병전에 능한 일본 수군의 장기長技를 막아내고, 활과 화기의 명중률을 높여서 사격을 위주로 하는 아군의 전법을 잘 살려주는 구조일 뿐만 아니라 적선과 충돌하여 충파衝破할 수 있을 만큼 두꺼운 선재를 사용하여 견고한 판옥선이 만들어진 것을 알 수 있다.

반면에 판옥선의 단점에 대해 언급하고 있는 기록도 찾아볼 수 있다. 1600년(선조 33) 기록에 판옥선이 둔중하고 느리다고 하였고[279] 이순신이 올린 장계에서는 병사들이 한쪽으로 쏠리면서 전복되었다[280]는 내용도 있어 복원성에 문제가 있었음을 보여준다. 또 조선 후기

---

277 『增補文獻備考』 권120 병고 주사, 『國朝寶鑑』 세조(世祖).
278 『成宗實錄』 권204, 성종 18년 6월 10일 무인(戊寅).
279 『宣祖實錄』 卷121, 선조 33년 1월 29일 갑술(甲戌).
280 『李忠武公全書』 券3, 장계2.

전선의 단점으로 속력이 느리다는 점, 능파성이 부족한 점, 흘수가 얕아 센 바람에 약한 점, 튼튼하지 못한 점, 상장구조가 약한 점 등을 지적하기도 하였다.[281]

판옥선은 임진왜란을 승리로 이끈 거북선과 함께 일본의 주요 해전 전술인 등선육박전술登船肉薄戰術을 무력화하기 위해 대대적으로 건조되어 맹선제猛船制에서 판옥선제로 교체되고 조선 수군의 주력함으로 조선 후기까지 전선으로 계승 발전된 한선이다.

(4) 판옥선의 구조

앞의 글에서 확인된 전선의 구조와 『각선도본』의 「전선」 도면을 통해 판옥선의 구조적 특징을 정리해 볼 수 있다.

저판 구조는 선수재 열의 수와 외판의 선형, 그리고 수중 출토 고려 및 조선시대 한선의 실증자료 통해 그 형태를 추정할 수 있다. 두꺼운 나무를 사용하여 배밑을 보호하고자 하였고, 배의 크기를 키우기 위해 병렬로 15열을 서로 대칭되게 연결하여 넓고 평평한 평저형의 형태를 갖추고 있다. 또한 선수 · 선미는 항해성과 회전성을 높이기 위해 완만하게 위로 들어 올린 만곡형의 선형을 추정할 수 있다. 동 시기의 수군진에 배치된 전선과 병선에서도 선미부 꼬리 부분이 위로 치솟은 만곡형태를 갖추고 있다. 김홍도의 18세기 「평양감사향연도」의 어선 등에서도 선미 꼬리 부분이 위로 치솟은 선형을 갖추고 있다. 특히 전선 선미 형태는 여타의 그림보다 더 높게 위로 치솟은 선형이라 할 수 있다.

선수 구조는 육중하고 위엄을 보일 수 있도록 두꺼운 곡목 15열을 세로로 넓고 높게 세운 구조를 갖추고 있다.

외판 구조는 두꺼운 나무를 사용하여 7단을 이루고 각단마다 좌 · 우 횡강력을 보강하기 위해 가룡의 구조로 연결하였을 것으로 추정할 수 있다. 이는 고려 및 조선시대 한선의 구조 중 외판(휘어 있는 상태의 나무를 외판의 선형에 맞추어 휘지 않고 깎아 만든 구조)을 무어 올릴 때 좌 · 우 외판을 지지하는 횡강력의 기본구조이기 때문이다. 만약 횡강력 구조가 없을 경우 좌우 외판이 대칭될 수 없고, 외판이 내만되거나 외만되는 경우가 발생할 수 있으며 형태가

---

281 『旅菴全書』 권18.

뒤틀리는 현상이 발생할 수 있기 때문에 한선에서는 가룡구조가 횡강력을 보강하는 기본 구조라 할 수 있다. 중국의 경우 판목 또는 판재를 사용하기 때문에 '격벽'을 통해 좌 · 우 횡강력을 보강하고 있다. 즉 선재를 어떻게 사용하느냐에 따라 구조가 다르게 사용된 것을 알 수 있다.

외판7단의 높이는 11자 3치(3.53m)로 매우 높은 편이다.

이와 같은 구조에 대해 여암 신경준은 「병선론」을 통해 당시군선의 높이와 결함을 지적하고 개혁의 필요성에 대한 주장[282]과 판옥선의 멍에를 뱃전 바깥으로 3척을 더 돌출시켜 격군이 노를 저을 수 있는 공간을 확보하고 이를 통해 속도를 더 높일 수 있다고 하였다.[283] 그렇다면 그 이전의 전선은 뱃전 바깥으로 멍에가 돌출되지 않았다는 것을 알 수 있다. 『각선도본』의 「전선」 도면은 신경준의 상소 내용[284]을 근거로 전선에 반영된 듯 멍에가 뱃전

---

282 김재근, 「旅庵의 兵船論에 대하여」, 『대한민국 학술원논문집』 제21권, 대한민국학술원, 1982, 287쪽.
"전선은 중국의 누선의 형태와 같고, 거북선은 중국의 몽충의 형상을 본떠 개발한 것을 알 수 있다. 전선 제작에는 도면, 척도 등이 없이 장인(도목수)의 머리와 손에 의존하고 있는 것을 알 수 있다. 이에 따라 선형(船型)이 잘못되어 속력(速力)이 느릴 뿐만 아니라 물에 잠기는 흘수(吃水)가 얕고 물 위에 높이 솟아 풍랑(風浪)에 견디지 못하고 전복되기 쉽고, 공기(工期)를 단축하여 공비(工費)를 절감(節減)하기 위하여 관계 관원이 무리하게 최독(催督)하는 가운데 선체가 시공(施工)되므로 선장(船匠)들이 기술을 다 발휘하지 못하고 조금만 움직이면 접합부(接合符)가 빠지기 쉽고 특히 갑판 위의 상장구조가 취약하다."

283 旅庵 申景濬(1712~1871), 「論兵船火車諸備禦之具」, 『旅菴全書』 권18권.
駕木頭出兩邊, 船舷外各三尺, 而頭截處, 必直截極精, 每頭極端留六寸, 穿孔縱三寸橫六寸, 以受柱木, 駕頭每間道理木, 厚六寸廣一尺, 而兩廣六寸, 則削去下垂, 與駕木厚齊, 餘在四寸, 作銀釘, 舌厚三寸, 穿入於柱, 仍兼中坊, 而外面留厚一寸五分, 通長刻扐廣八分深二寸, 以植傍板, 則杉外櫓窓處得廣二尺五寸, 便是人在船外而盪槳, 櫓力豈不十分得緊乎, 如此則雖減置九櫓, 其力必倍今十二櫓遠矣. [가목 머리가 양 가장자리 뱃전 밖으로 각기 3척이 나오면, 머리를 끊어낸 곳은 반드시 곧게 자르기를 아주 정밀하게 해야 한다. 매 머리의 맨 끝은 6촌을 남기고, 구멍을 세로 3촌, 가로 6촌으로 뚫어 기둥나무가 들어가게 한다. 가목머리 사이마다 도리목[道理木] 두께 6촌, 너비 1척인데, 양쪽 너비 6촌은 깎아 내려뜨려 가목 두께와 가지런하게 한다. 나머지 4촌은 은정을 만든다. 혀 두께가 3촌인데 기둥에 구멍을 뚫어 넣어 중방(中坊)을 겸하게 한다. 외면에는 두께 1촌 5푼을 남기고, 전체 길이는 너비 8푼, 깊이 2촌을 깎아 방판에 식[植]한다. 외판 외 노창을 너비 2척 5촌으로 하면, 곧 사람이 배의 밖에서 노를 젓게 되니, 노 젓는 힘이 어찌 십분 긴요함을 얻는 게 아니겠는가. 이같이 한다면 비록 노를 줄여 9개를 두더라도 그 힘은 반드시 배가 하여 지금의 12개의 노보다도 나으리라.]

284 이와 같은 내용은 신경준이 1755년(영조 31) 승정원의 대리 임시직인 가주서(假注書)로 벼슬생활을 시작하여 1759년에 예조와 병조의 좌랑에 임명되었고, 이어 사간원 정언, 사헌부 장령 등의 직을 맡게 되었다. 이후 우부승지, 동부승지에 제수되었다. 이 시기를 기점으로 판옥선의 구조 중 멍에 구조에 대해 설명하면 이전에는 뱃전 밖으로 멍에가 3척이 돌출되지 않았다는 것을 알 수 있다.

밖으로 돌출된 형태를 볼 수 있다. 신경준의 상소한 이 내용은 앞으로 우리나라 전선의 구조 연구에 매우 중요하게 적용할 것으로 판단된다.

신방의 구조는 뱃전 선형에 맞추어 최상층 외판 바깥 면에 붙는 구조를 말한다. 상면에 방패판과 패주牌柱가 세워지며 가목이 걸쳐진다. 『헌성유고』 도해선 상장식도에는 신방 바깥으로 궁지가 추가로 놓이는데 뱃전 외부로 돌출된 가목 끝에 올려진다. 신방은 『이충무공전서』에서 거북선의 제도를 설명하며 등장하는데 『헌성유고』 도해선 상장식도<그림 147>에 나타난 궁지 구조가 보이지만 판옥선과 거북선 등의 전선에는 궁지 구조는 없고 신방 구조만 나타난다.

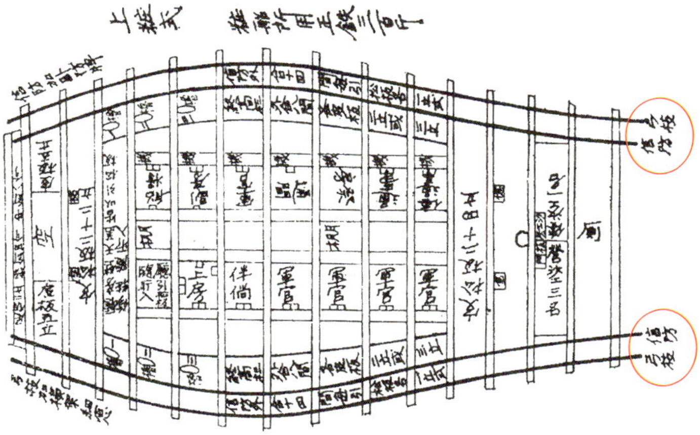

〈그림 147〉 『헌성유고』 도해선의 상장식도

『각선도본』 전선에는 외판 위 뱃전과 멍에가 반턱맞춤으로 교차하여 서로 결합되고 멍에 끝이 외부로 돌출된 구조라 할 수 있다. 신방은 외판 마지막 단의 뱃전 바깥에 덧대어져 외판과 뱃전을 보호하면서 멍에와 연결되는 구조이다.

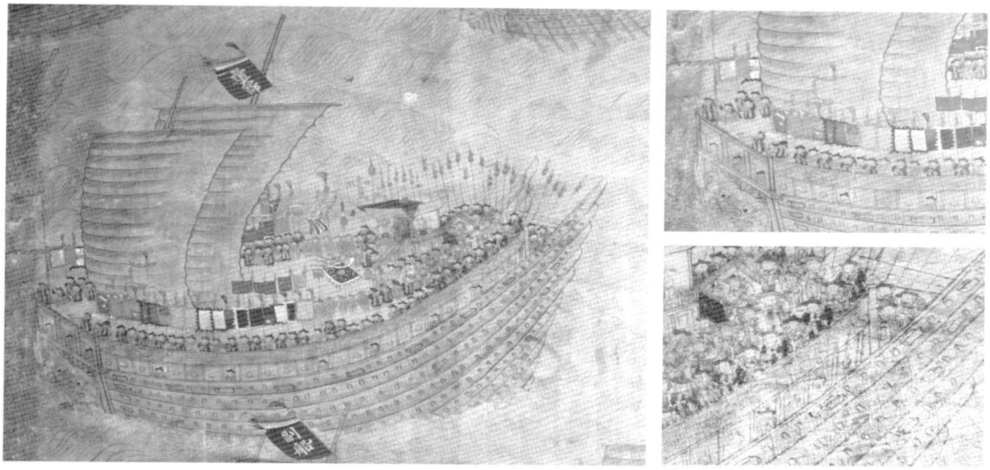

〈그림 148〉 수군조련도의 경상좌수사군선 선미 모습과 수군조련도의 통제사 좌선 선수 모습 국립중앙박물관 소장

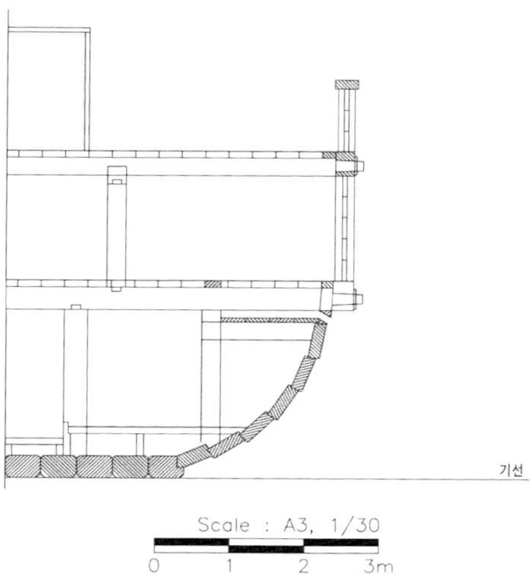

〈도면 8〉 판옥선 가목과 신방 구조

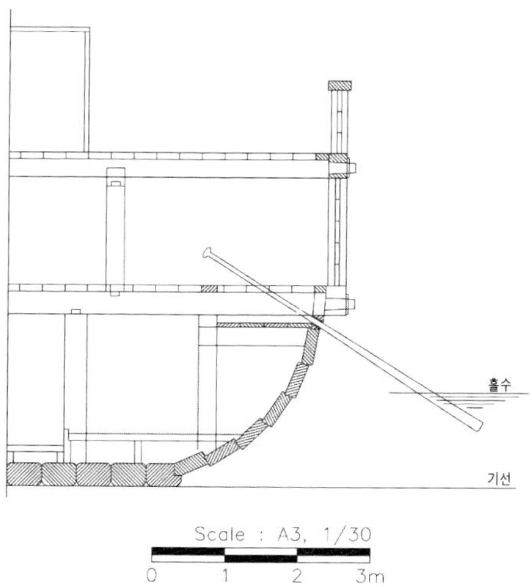

〈도면 9〉 판옥선 노의 위치 및 구조

이와 같은 구조는 「수군조련도」 경상좌수사군선<그림 148>과 같은 구조로서 멍에 끝을 장부촉으로 만들어 이 장부촉이 신방 측면에 파 놓은 관통구멍에 박혀 결합된다. 또 장부가 빠지지 않도록 신방 바깥쪽 면에서 '방두산지' 박아 고정하는 구조를 갖춘다. 뱃전 위에는 바로 방패판을 설치한 구조가 확인된다<도면 8>.

판옥선에서 노군의 위치는 『헌성유고』 도해선 상장식도와 『무경총요』에 그려진 중국 송·원·명 시기 전선, 일본 『회본태합기』에 그려진 조선 전선 등에서 확인할 수 있다. 특히 『헌성유고』 도해선 상장식도에는 노의 위치가 표시되어 있는데 선수 좌우현 뱃전 안쪽에 타원형으로 노 홈을 세 개씩 그리고 '노櫓'라고 표기하여 뱃전 안쪽의 가목과 가목 사이에 격군이 위치했음을 알 수 있다. 이러한 노의 위치는 「신행도해선」 회화자료에서도 동일하게 나타난다.

또한 「평양감사향연도」에 등장하는 선박을 통해서도 노군의 위치와 노의 구조를 알 수 있다. 평양감사가 타고 있는 배 선수에는 노군들이 갑판보다 낮은 곳에 서서 뱃전에 걸쳐진 노를 젓고 있다. 노는 'T'자 형의 단일제 구조이며 두 명의 노군이 전방을 주시하며 노를 젓고 있다. 또한 영조실록英祖實錄 동지同知 이천구李天球가 도성을 방어하는 방법을 조목별로 상서하자 비변사에 내려보내는 내용[285]이다.

> 전선의 체계가 무겁고 또 크며 높아서 혹시 얕은 물이나 큰 바람을 만나게 되면 사람의 힘으로서는 진퇴시키고 돌릴 수가 없으니, 매우 걱정스럽습니다. 별도로 비선飛船을 건조하는 것이 마땅한데, 본판 석 장[立]을 길이가 일곱 발[把] 되게 하고, 협판挾板에는 다섯 개의 도리都里를 얹은 다음, 배 위에 기둥을 세우고 들보를 걸쳐서 판옥板屋을 만들고 판옥 안에는 열 개의 노櫓를 설치하여 배를

---

285 영조실록 95권 36년 1월 22일 무진 1번째기사 1760년 청 건룡(乾龍) 25년
戊辰/同知李天球上書, 略曰:
一, 戰船制, 重且大, 高或當淺水値大風, 則不可以人力進退斡旋, 甚可憂也。又宜別造**飛船**, 而本板三立, 長則七把, 挾板加五都里, 船上立柱上樑, **作板屋, 屋中造置十櫓, 行船則十人坐而挽櫓**, 載大炮于高勿, 又間間作門, 以爲開閉放砲之地, 則此船極輕且疾, 納之大洋, 雖風濤接天, 疾如飛梭, 左右出沒, 萬無傾覆之患, 雖値淺水, 深二尺許, 則足以運行, 無窒礙之患。水軍居陸軍之堡, 陸軍居水軍之鎭者, 勿論色目, 一從其所居, 相換其役, 則水鎭近處, 全爲水軍, 陸鎭近處, 全爲陸軍, 其當緩急之際, 豈不便利於用乎?"

운행할 경우 열 사람이 앉아서 노를 젓도록 하여, 또 고물高物에는 대포를 실은 다음 칸칸이 문을 내어 여닫으면서 방포하는 곳으로 삼는다면, 이 배는 아주 가볍고 또 빨라서 큰 바다에 들어가서 하늘에 닿는 파도를 만난다 하더라도 나는 북처럼 재빨리 좌우로 출몰하여 전복될 우려가 전혀 없을 것이고, 비록 얕은 물을 만나더라도 두어 자 남짓한 깊이이면 운행하기에 충분하여 방해가 될 염려가 없습니다.

이러한 자료들을 참고하여 정리하면 노군의 위치는 뱃전보다 낮고 전·후로 마주 앉아 노를 저을 수 있는 구조라 할 수 있다.

노의 구조·형태·크기는 「조선통신사정사관선도」·「신행도해선」·『어선조사보고서』를 통해 유추할 수 있다. 『어선조사보고서』에서는 노櫓와 도櫂를 도면과 함께 수록하며 도에 대하여 "대형선에서 사용하는 것으로 방향 전환에서 사용"한다고 설명하고 있다. 「조선통신사정사관선도」에도 『어선조사보고서』의 노와 도가 동일한 구조 및 형태를 갖추고 있는 것을 확인할 수 있다. 따라서 이들 자료를 근거로 판옥선의 노군 위치와 노의 구조를 반영한 결과 <도면 9>과 같다. 노의 길이는 『어선조사보고서』의 치수를 반영하여 길이 6m로 추정할 수 있다.

가룡은 참나무와 같은 비교적 단단한 선재가 사용되고 외판을 올릴 때 지지대 역할을 하는 구조로서 인체에 비유하자면 갈비뼈에 해당한다. 『각선도본』「전선」에는 기록되지 않아 가룡이 몇 개 구간에 설치되었는지 알 수 없다. 다만, 숙종 37년(1711) 제8차 사행 때 활동한 복선卜船의 「정덕원년신사부선 복선파선지도正德元年信使副船 卜船破船之圖」[286]에는 가목이 설치된 구간만큼 가룡도 동일하게 표현되어 있고 『어선조사보고서』의 어선에도 가목이 설치된 구간만큼 가룡을 동일하게 표현하고 있다.

그러나 판옥선에서 멍에가 걸쳐지는 모든 위치에 가룡을 설치하였는지는 검토가 필요하다. 앞서 언급하였듯이 가룡은 매 외판마다 설치되기 때문에 선내 공간을 구획하는 역할

286 대마도 종가문서(中村家文書)에 있는 그림, 김재근, 『續韓國船舶史研究』, 서울대학교 출판부, 1993, 162~163쪽.

도 겸한다. 또 판옥선은 전선으로서의 기능과 역할이 무엇보다 중요하여 무기 적재와 사용, 병사의 이동과 전투 등이 고려되어야 하고 전선으로서 최소한의 구조적 안전성이 확보되어야 한다. 이러한 점들을 고려했을 때 16개의 멍에가 걸쳐진 모든 공간에 가룡이 설치되기는 어렵고 5개 구간으로 구획하여 나누면 다음 〈도면 10, 11〉과 같다.

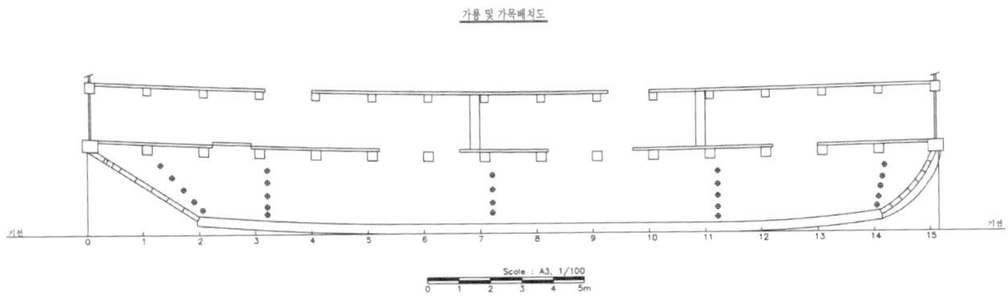

〈도면 10〉 판옥선 가룡 · 가목 배치도

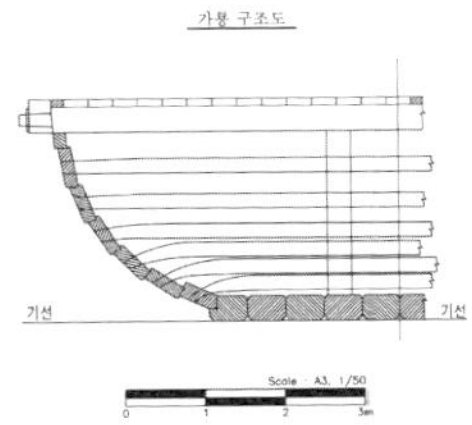

〈도면 11〉 판옥선 가룡 구조도

노의 구조는 중국의 병서兵書인 『무경총요』, 일본의 『회본태합기』, 조선 후기 기록화, 조선통신사선, 『어선조사보고서』, 수상선 등의 자료를 종합적으로 검토하여 확인할 수 있다. 판옥선 노의 위치와 구조를 살펴보면 중국과 일본의 전선에서 사용된 노의 구조와 조선시대 회화 및 사진 자료에서 사용된 노의 구조가 동일하다. 또한 조선통신사선을 연구하면서 〈표 51〉과 같이 ⓐ형과 ⓑ형 두 가지 형태의 노가 밝혀짐에 따라 판옥선과 거북선에서도 신방 구조로 인해 ⓐ형과 ⓑ형이 사용되었을 가능성이 높아 보인다. 더욱이 ⓐ형과 ⓑ형 노는 전 · 후방을 주시하며 젓는 '추진형 노'와 방향을 제시하는 '조정타 노'의 성격을 갖추고 있어 방향 전환이 자유롭고 추진력이 뛰어난 것이 특징이라 할 수 있다. 또 서로 부딪칠 때 노를 빨리 올리고 내릴 수 있으며, 노를 저을 수 있는 공간이 충분하다면 4~5명이 한 조가 되어 노를 저을 수 있기 때문이다.

〈표 51〉 우리나라에서 사용된 노의 형태 분류

구분	내용	형태
ⓐ형	전선 · 조선통신사선 · 수상선 등 비교적 큰 배 사용	
ⓑ형	조선통신사선 등 사용	
ⓒ형	전마선 · 주낙배 · 상고선 · 어선 등 사용	
ⓓ형	전마선 · 주낙배 · 상고선 · 어선 등 사용	
ⓔ형	경상남도 지역의 어선 · 운반선 등 사용	
ⓕ형	서울 한강 마포나루와 경기도 지역 조기잡이어선 사용	

우리나라 전통선박에서 사용된 노는 총 6개 종류가 확인된다.[287] 6개 노의 형태 중 ⓐ형과 ⓑ형이 판옥선에 사용되었을 가능성이 높다.

그간 우리나라 전통 한국식 노로 알려진 ⓒ형은 돛을 갖추지 않은 작은 '전마선' 등에서 주로 사용된다. 선미 좌 · 우측에서 함께 젓거나 단독으로 저어 추진력을 얻고 방향 전환을 하지만 추진력이 높지 않다. 따라서 전마선과 같이 크기가 작고 높이가 낮은 선박에서 주로 쓰이고 돛을 갖추고 있더라도 바람이 없거나 입 · 출항 시 필요에 따라 천천히 움직일 때 사용한다. ⓓ형은 기본적으로 ⓒ형과 특성이 동일하나 노의 길이를 늘리기 위하여 노착을 한 칸 더 붙인 것이다.

ⓒ형과 ⓓ형은 노착과 노잎(노깃)을 겹쳐 이어 붙여 나무못으로 서로 연결하기 때문에 나무못이 잘 빠지고 격하게 노를 저을 때 노바대와 노전지가 자주 이탈하여 기능이 저하된다. 또한 노를 저을 수 있는 인원이 2~3명 뿐이기 때문에 충분한 추진력을 얻기 힘들다.

---

287 홍순재, 「거북선 복원방법 검토 및 내부구조에 대한 소고」, 『충무공 이순신과 한국 해양』 제6호, 해군사관학교 해양연구소, 2019; 홍순재, 「거북선 노와 신방의 구조에 대한 소고」, 『전국해양문화학자대회 자료집』, 국립해양문화재연구소, 2019.

이순신 장군이 해전에서 펼친 진법陣法에서 수군이 진형을 갖추기 위해서는 순간 속도와 방향 전환이 필수적이라 할 수 있다. 따라서 ⓒ형과 ⓓ형보다 방향 전환과 추진력 확보에 유리한 ⓐ형과 ⓑ형 노의 구조로 여러 명의 노군이 앉아 전 · 후방을 주시하며 젓는 노가 판옥선에 사용되었을 것으로 판단된다.

더욱이 해전 시 바다 환경은 매우 중요하다. 즉 '밀물과 썰물로 인한 빠른 조류' · '바닷돌의 높낮이 차이로 인한 해저지형' · '다양하게 불어오는 계절풍과 지형에 따라 변하는 바람' · '여러 전선이 움직이며 일어나는 파도와 바다 조건 및 일기에 따른 파도' 등의 환경에서 높이가 높고 흘수가 낮은 판옥선 구조는 매우 큰 영향을 받는다. 특히 선체 구조가 둔중하고 흘수가 낮아 뱃전까지의 높이가 높은 판옥선은 노착과 노잎(노깃)으로 겹쳐 이어 붙여진 ⓒ형과 ⓓ형 노로 충분한 추진력을 확보하기 어렵다. 대체적으로 ⓒ형과 ⓓ형의 노는 노깃의 길이가 짧고 두께가 얇아 판옥선처럼 선체가 높은 선박에서 사용이 불가능하다. 만약 노깃의 길이를 길게 한다면 노깃 끝이 낭창낭창해져 물속에서 노깃의 기능이 상실하게 되기 때문이다. 또한 기능을 보완하기 위해 노깃의 길이를 크게 하고 두께를 두껍게 할 경우 노의 무게가 커져 노를 저을 수 없고 노전지와 노바대가 빠질 경우 결합이 어렵기 때문에 노착과 노잎으로 구성되는 노의 구조는 판옥선에 적합하지 않다.

이상으로 정리한 판옥선의 구조를 설계 도면으로 옮겨보면 〈도면 12~19〉과 같은 구조와 선형을 알 수 있고, 〈그림 149~160〉와 같은 형태를 알 수 있다.

〈도면 12〉
판옥선 선도 및 촌법도(S=1:60)

OFF-SET TABLE

HALF BREADTH FROM C.L

STA. NO.	K.L	0.5 W.L	1.0 W.L	1.5 W.L	2.0 W.L	포판 S.L	STA. NO.
A.P	-	-	-	-	-	2092	A.P
0.5	-	-	-	-	2045	2487	0.5
1	-	-	1733	2262	2636	2900	1
1.5	1620	1733	2262	2636	2900	3162	1.5
2	1809	2098	2643	3008	3257	3446	2
3	2108	2655	3217	3558	3767	3906	3
4	2304	3022	3600	3932	4120	4216	4
5	2396	3238	3802	4121	4300	4371	5
6	2393	3235	3800	4120	4297	4369	6
7	2331	3028	3584	3910	4105	4233	7
8	2215	2657	3176	3520	3754	3970	8
8.5	2137	2423	2908	3265	3522	3791	8.5
9	2046	2150	2603	2965	3251	2953	9
9.5	2128	-	2260	2626	2941	3336	9.5
F.P	-	-	-	-	-	3060	F.P

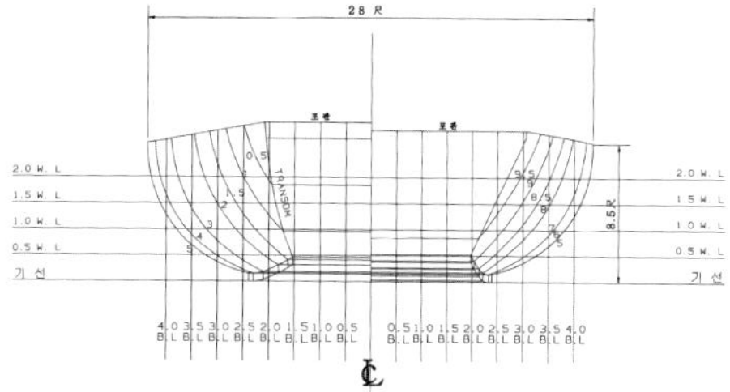

OFF-SET TABLE

HEIGHT ABOVE B.L

STA. NO.	K.L	0.5 B.L	1.0 B.L	1.5 B.L	2.0 B.L	2.5 B.L	3.0 B.L	3.5 B.L	4.0 B.L	포판	STA. NO.
A.P	-	-	-	-	-	-	-	-	-	3059	A.P
0.5	-	-	-	-	1935	-	-	-	-	2984	0.5
1	-	-	-	-	1271	2007	-	-	-	2923	1
1.5	261	261	261	261	732	1297	2248	-	-	2867	1.5
2	163	163	163	163	431	847	1487	-	-	2816	2
3	35	35	35	35	35	397	780	1395	-	2733	3
4	0	0	0	0	0	225	486	890	1648	2677	4
5						176	366	692	1286	2654	5
6						177	367	694	1286	2665	6
7	0	0	0	0	0	225	480	905	1700	2696	7
8	31	31	31	31	31	377	808	1465	-	2744	8
8.5	113	113	113	113	113	570	1113	1951		2775	8.5
9	251	251	251	251	251	875	1555	2577	-	2811	9
9.5	837	-	-	-	-	1320	2107	-	-	2851	9.5
F.P	2773	-	-	-	-	-	-	-	-	2897	F.P

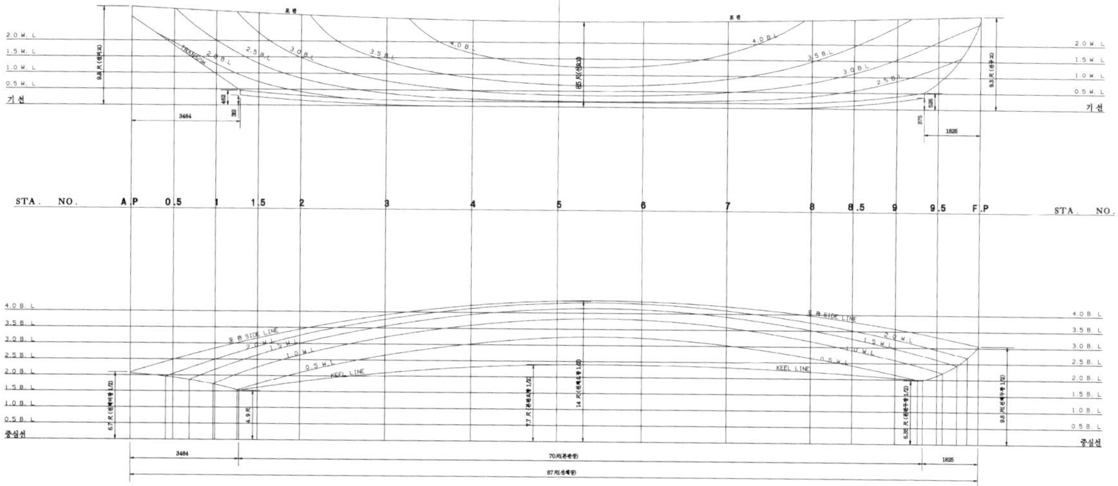

주요치수

전장 (L. O. A)	103尺
상장 (L. B. P)	87尺
상요광 (BREADTH)	28尺
선요고 (DEPTH)	8.5尺

*1 尺 = 31.22 cm 임.

〈도면 13〉
판옥선 일반 배치도(S=1:60)

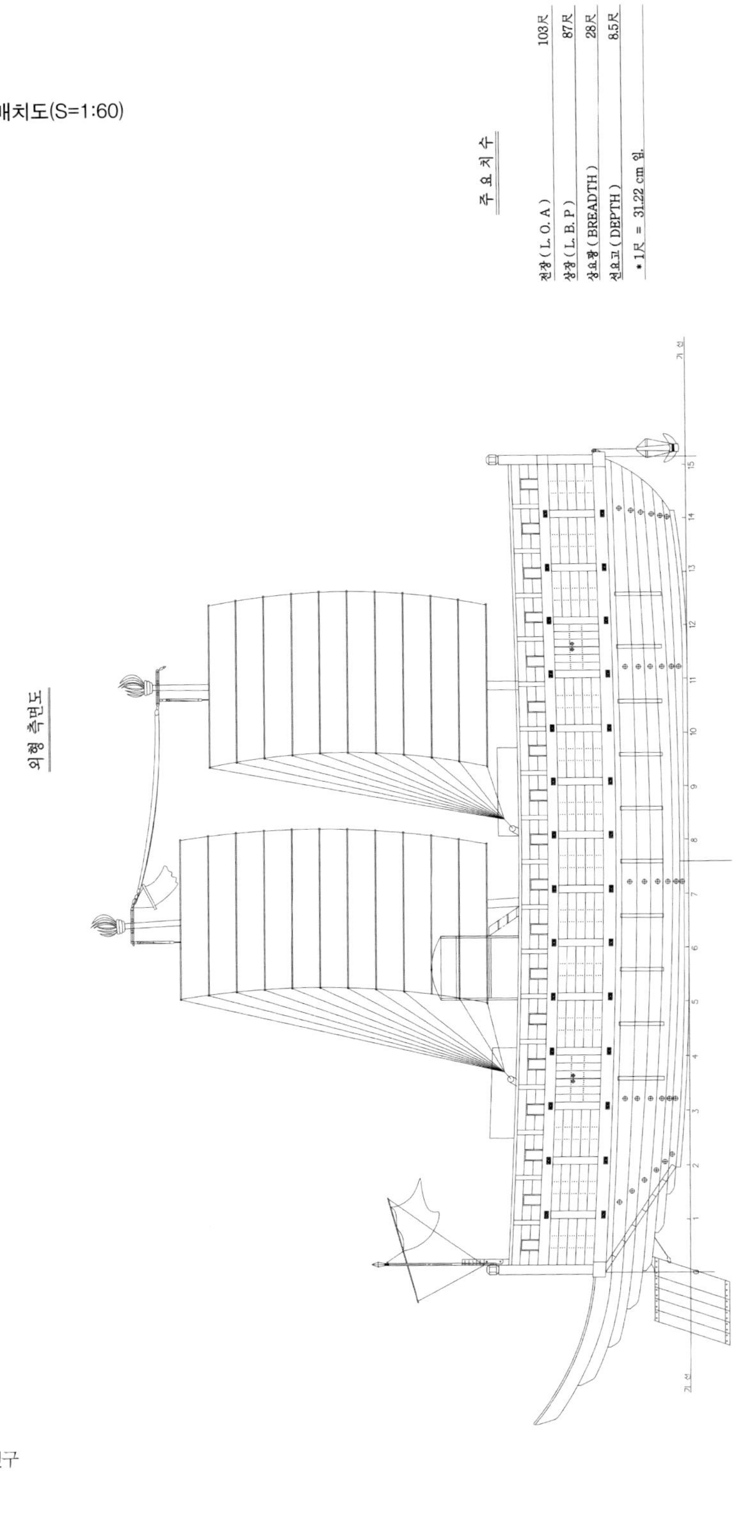

〈도면 14〉
판옥선 포판 및 저판 배치도(S=1:60)

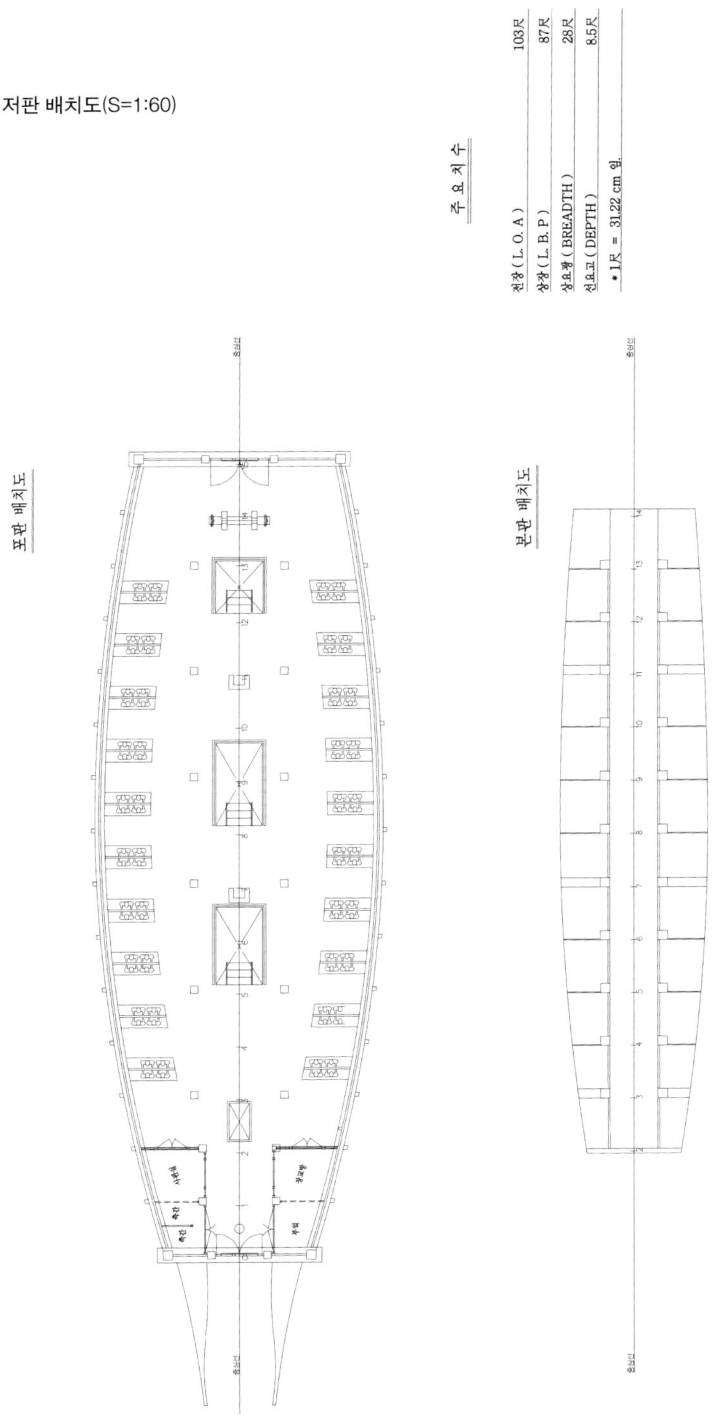

〈도면 15〉
판옥선 중앙횡단면도(S=1:30)

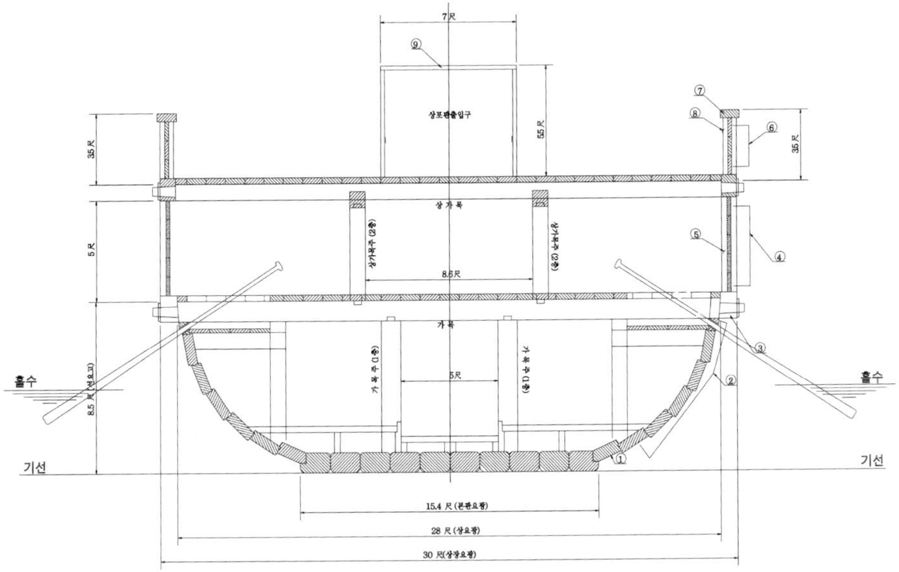

주 요 치 수

전장 (L. O. A)	103尺
상장 (L. B. P)	87尺
상요광 (BREADTH)	28尺
선요고 (DEPTH)	8.5尺

＊1尺 = 31.22 cm 임.

NO	품 명	규격 및 재질	수량	비고
⑨	상포판 출입구	0.2尺 x 1.1尺 x 2.8M, 소나무	50	
⑧	여 장 주	0.5尺 x 0.7尺 x 0.88M, 소나무	46	
⑦	여 장 판	1.0尺 x 0.4尺 x 8M, 소나무	10	
⑥	여장판(좌우현)	0.2尺 x 1.0尺 x1.6M, 소나무	108	
⑤	패주	0.8尺 x 0.8尺 x 1.6M, 소나무	40	
④	좌우현 방패판	0.2尺 x 1.0尺 x 1.6M, 소나무	130	
③	신 방	1.0尺 x 1.3尺 x 7M, 소나무	8	
②	삼 판 (2~7재)	0.5尺 x 1.6尺 x 8M, 소나무	48	
①	삼 판 (1재)	0.6尺 x 1.6尺 x 8M, 소나무	8	

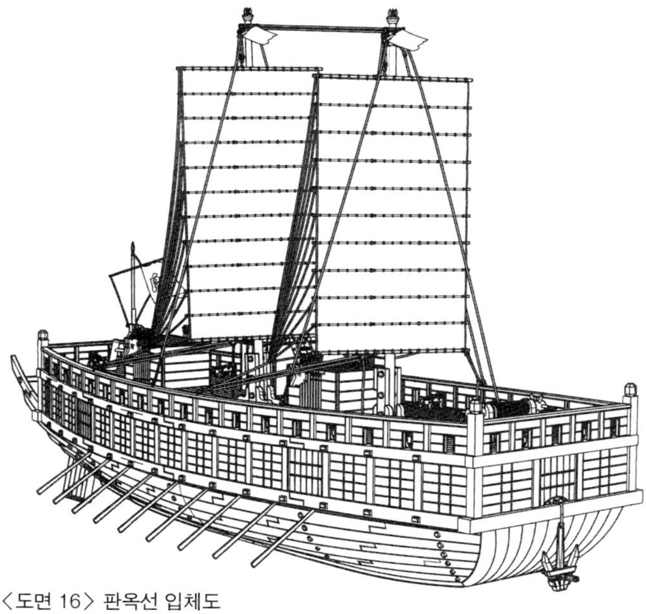

〈도면 16〉 판옥선 입체도

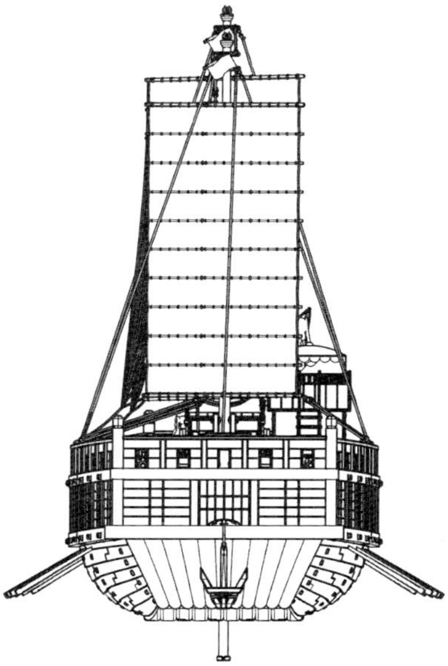

〈도면 17〉 판옥선 정면도

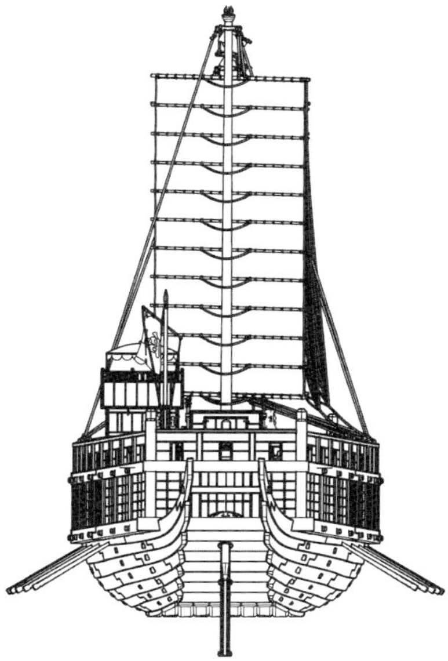

〈도면 18〉 판옥선 후면도

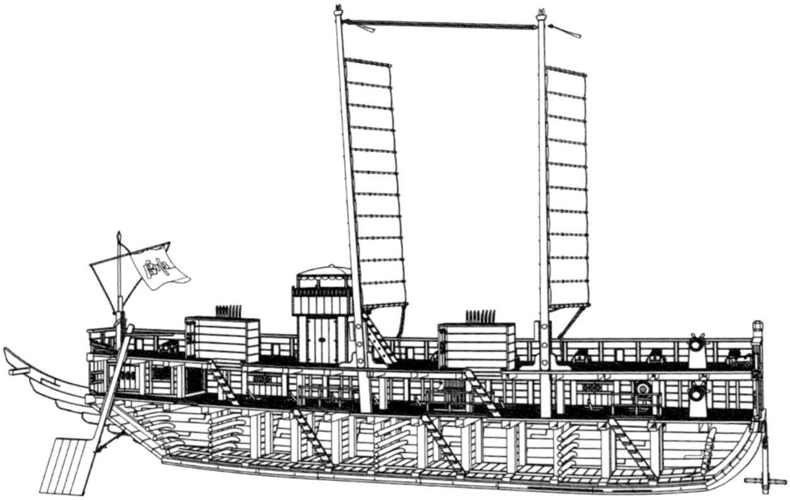

〈도면 19〉 판옥선 측단면도

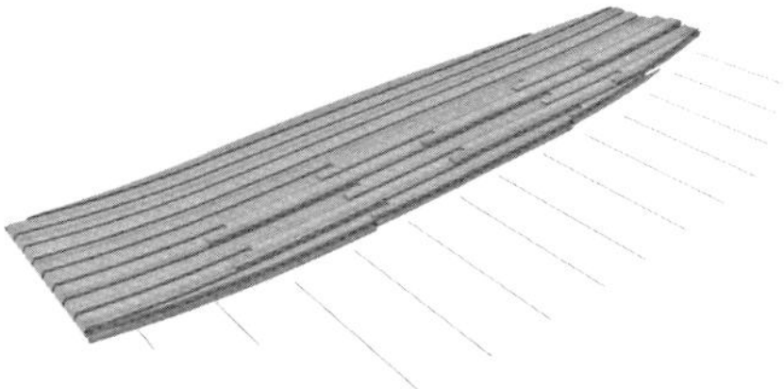

〈그림 149〉 저판 전체 선형 및 장삭 연결 조선기술

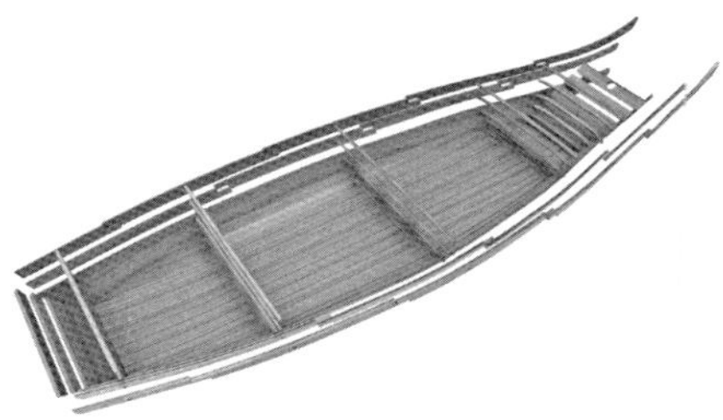

〈그림 150〉 외판 · 가룡 · 선수재 · 선미판 연결방법

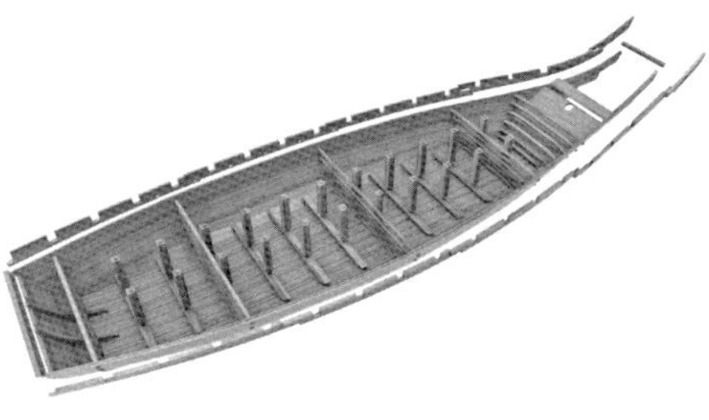

〈그림 151〉 저판 종 보강재 간답(Floor) 보강과
가목 지주목 설치

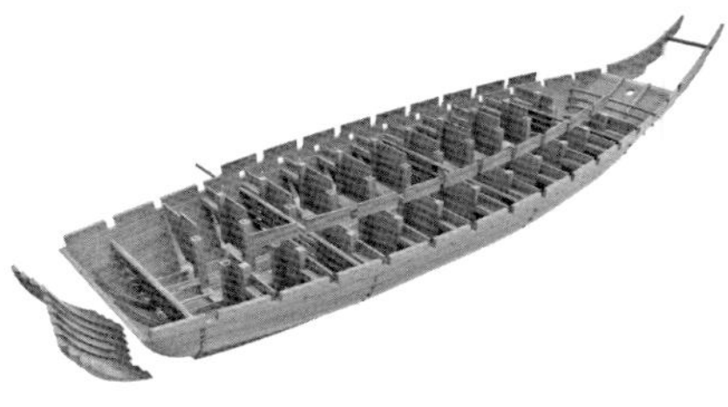

〈그림 152〉 비하진판 · 외판 가목 홈턱 ·
내무 칸막이 · 신방 · 노창 보강재 연결

〈그림 153〉 선저 내장판 및 노창포판, 가목, 신방, 경사형사다리 조립

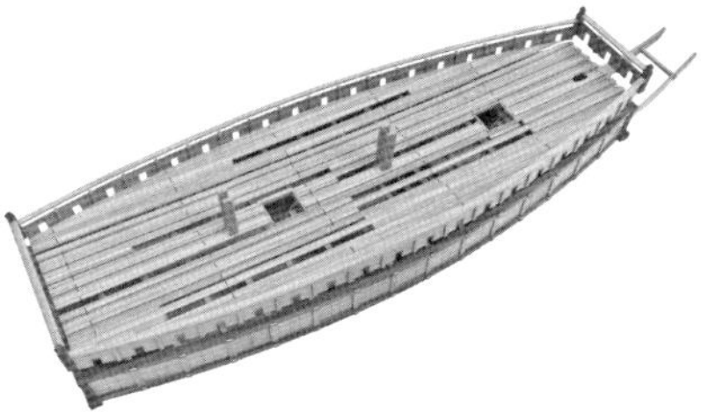

〈그림 154〉 상포판 및 여장주 · 여장판 · 구레짝 설치

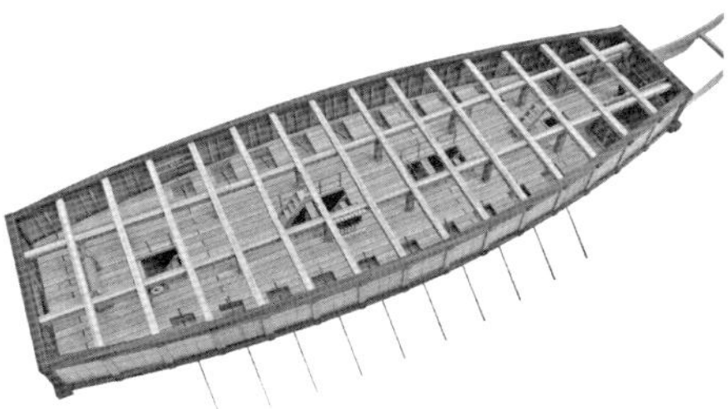

〈그림 155〉 판옥선 노군의 위치 노의 위치

〈그림 156〉 판옥선 상포판 평면도

〈그림 157〉 판옥선 내부구조도

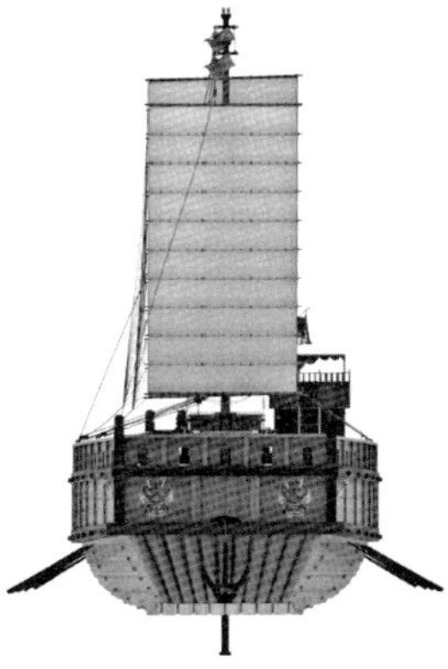

〈그림 158〉 판옥선 정면도

〈그림 159〉 판옥선 우측면도

〈그림 160〉 판옥선 후면도

이와 같은 설계 도면과 3D모델링을 통해 판옥선 구조별 크기에 맞추어 선재의 수량을 다음 표와 같이 산출할 수 있다〈표 52~55〉.[288]

〈표 52〉 판옥선의 선체구조 목재 수량

구 분	길이(尺)	폭(寸)	높이(寸)	수량	부피(m3)	목재수량(才)
저판	23.4	15.0	10.0	36	38.373	10,529
외판1~3재	25.6	6.0	16.0	8	5.984	1,642
외판4~7재	25.6	5.0	13.0	48	24.321	6,674
선수(외면)	9.9	8.0	16.0	11	4.263	1,170
선수(내면)	19.2	5.0	12.0	7	2.457	675
선미판	13.1	5.0	19.0	7	2.655	729
가목	30.8	10.0	10.0	14	13.083	3,590
동삼	23.4	16.0	13.0	2	2.964	814
신방	22.4	10.0	13.0	8	7.094	1,947

288 국립해양문화재연구소, 「판옥선 학술복원 보고서」, 『전통선박 조선기술 Ⅶ』, 국립해양문화재연구소 학술총서 제64집, 2021, 114~115쪽.

구 분	길이(尺)	폭(寸)	높이(寸)	수량	부피(m3)	목재수량(才)
궁지	28.2	5.8	5.8	35	9.979	2,739
가룡	5.1	3.0	13.0	57	3.481	956
내장판(중앙)	7.4	3.0	13.0	114	10.007	2,746
내장판(선측)	9.6	3.0	10.0	44	3.871	1,063
내장판 근태	6.4	10.0	10.0	22	4.283	1,176
가목주	21.8	3.0	10.0	112	22.336	6,129
포판	25.6	10.0	10.0	3	2.336	642
노창판					157.486	43,221재
목재 총합계					169.967	46,644재

〈표 53〉 판옥선의 상장부 목재 수량

구 분	길이(尺)	폭(寸)	높이(寸)	수량	부피(m3)	목재수량(才)
방패판(좌우현)	5.1	2.0	10.0	130	4.024	1,104
방패판(선수)	6.7	2.0	10.0	10	0.406	112
방패판(선미)	3.5	2.0	10.0	10	0.213	59
패주	5.1	8.0	8.0	44	4.400	1,208
패주(좌우현선수미)	5.1	10.0	10.0	4	0.623	171
여장판(좌우현)	5.1	2.0	10.0	108	3.343	918
여장판(선수미)	4.0	2.0	10.0	24	0.580	160
여장란	25.6	4.0	10.0	10	3.120	857
여장주	2.8	5.0	7.0	46	1.383	380
여장주 (좌우현 선수미)	4.0	10.0	10.0	4	0.491	135
언방	22.4	8.0	5.0	8	2.184	600
상가목	30.4	8.0	8.0	14	8.313	2,281
선수미 상가목	22.4	10.0	11.0	2	1.498	412
상가목주	5.0	8.0	8.0	12	1.163	319
종통재	20.2	8.0	8.0	10	3.938	1,081
상포판	22.4	3.0	10.0	112	22.993	6,309

구 분	길이(尺)	폭(寸)	높이(寸)	수량	부피(m3)	목재수량(才)
사관실, 변소	8.0	2.0	12.0	50	2.906	798
상포판출입구	9.0	2.0	11.0	50	2.977	817
장대(측면)	7.1	2.0	12.0	18	0.921	253
장대(선수미)	7.1	2.0	12.0	18	0.921	253
양문형출입문	5.6	2.0	8.0	36	0.977	268
기타	25.6	10.0	10.0	3	2.336	642
목재 총합계					69.708	20,253재

〈표 54〉 판옥선의 의장부 목재 수량

구 분	길이(尺)	폭(寸)	높이(寸)	수량	부피(m3)	목재수량(才)
돛대	46.2	10.0	10.0	2	2.804	770
돛대 하부기둥	5.8	10.0	10.0	2	0.354	98
돛대 구레통	13.1	22.0	5.0	4	1.755	482
키	26.3	10.0	10.0	1	0.798	220
키판	7.1	6.0	59.9	1	0.769	212
물레지지목	9.8	12.0	5.0	2	0.357	98
물레	5.4	3.4	3.4	1	0.019	6
닻	10.9	5.8	5.8	1	0.110	31
기타	25.6	10.0	10.0	10	7.788	2,137
목재 총합계					14.754	4,054재

〈표 55〉 판옥선 목재 수량 및 부피 계측

구 분	목재수량(才)	부피(m3)
선체부	43,221	157.486
상장부	20,253	69.708
의장부	4,054	14.754
목재 총합계	66,412	241.948

(5) 조선공학적 분석 검토[289]

판옥선은 선체 위로 상장이 더해진 구조이기 때문에 선체 중심이 높아져 선박의 안정성에 영향을 미치고 있다. 이러한 점에서 판옥선 실시설계안의 구조안전성 평가를 위해 상장부 선형분석(유체성능해석)과 구조해석(유한요소해석) 등의 조선공학적 분석과 해상 항해와 전투 수행 과정에서의 안전성 확인을 위하여 판옥선의 복원성능 평가, 판옥선의 선형도와 일반배치도를 기준으로 판옥선의 경하중량을 선행 추정한 결과 아래와 같이 돌출하였다.

- 선체부 중량 = 157.486㎥ × 580kg/㎥ = 91,341.88kg = ab 91.3 ton
- 상장 및 의장부 중량 = 84.462㎥ × 580kg/㎥ = 48,987.96kg = ab 49ton
- 판옥선 중량 = 91.3ton × 49ton = ab 140.3ton

선체부 중량에서 선체를 이루는 선재는 소나무를 기준으로 하였으며 비중은 0.61g/㎤이다. 선재 부피는 241.948m3, 선재 수량은 66,412材가 사용되는 것으로 추정되었다<표 55>.

복원성능 검토에 필요한 승선원과 그들의 소지품, 대포, 화약 등 무기류, 청수, 식료품 등 재화의 적재조건은 승선 인원에 대한 것을 우선하여 검토하였다. 승선 인원과 위치, 중량은 다음 <표 56>과 같이 산정되었으며, 대포, 화약 등 무기류는 계산조건이 복잡하여 총중량을 1.2ton으로 가정하여 복원성을 계산하면 <표 57>과 같이 나타난다.

---

289 국립해양문화재연구소, 「판옥선 학술복원 보고서」, 『전통선박 조선기술 Ⅶ』, 국립해양문화재연구소, 학술총서 제64집, 2021, 79~99쪽.

〈표 56〉 판옥선의 승선 인원과 위치

판옥선 승선 인원 (1인당 중량 기준 : 몸무게 60kg, 소지품 10kg로 가정)			
Item	Weight(ton)	LCG(m)	KG(m)
장교(5명)	0.350	-3.500	5.600
노군(35명, 포판 전부)	2.450	4.000	3.800
노군(30명, 포판 후부)	2.100	-3.600	3.800
수군(35명, 상포판 전부)	2.450	6.000	5.600
수군(35명, 상포판 후부)	2.450	-7.000	5.600

판옥선 선형은 선폭이 넓은 전통적인 평저형 선형으로서 만재 상태에서 최대 복원력은 29°에서 선체 중심과 부력 중심 간의 수평거리(GZ) 최댓값은 1.10m로 형성되고 선체 경사각 약 70°에서 복원력을 상실하는 것으로 나타났다. 복원성 계산 결과 현대 선박에 적용하는 국토해양부 고시 복원성 기준과 계산값의 비교를 통하여 초기 복원성능을 검토한 결과 〈표 57〉과 같이 복원성이 만족한 결과를 돌출할 수 있다.

〈표 57〉 「선박 복원성 기준」과 판옥선 복원성 계산값 비교

구분		기준	만재상태
GoM		0.150 이상	2.817
횡경사각	0도에서 30도까지	0.055	0.371
	30도에서 40도 또는 해수 유입값 중 작은 각도까지	0.030	0.201
	0도에서 40도 또는 해수 유입값 중 작은 각도까지	0.090	0.572
판정			만족

유한요소해석법을 이용해 판옥선 선저 종요 슬래밍 하중에 대한 구조 안정성 해석을 수행하였고 판옥선의 최대변형은 9.57㎜로 상포판 선미부 중심에서 나타나고, 최대응력은

3.39MPa로 상포판의 선수부 상가목과 종통재 사이에서 나타났다. 이는 저판에 작용하는 슬래밍 하중에 의해 종방향 부재가 부족한 상포판에서 최대변형과 최대응력이 나타난 것을 알 수 있다. 이에 따라 판옥선의 최대 발생 응력이 소나무의 항복강도 90MPa에 약 3.76% 정도이기 때문에 구조적으로 안전하다.

2. 재현으로 밝혀진 한선의 조선기술

고려 및 조선시대 자료에서 확인된 구조적 특징과 성격을 통해 각 선체부재에 대한 기능과 구조적 특징을 어떠한 방식과 기술로 구현하고 형태를 만들어 내는지 또 만들어진 각 선체 부재가 어떠한 방법으로 서로 연결되는지 등을 확인하기 위하여 우리나라 전통 조선기술을 보유한 무형문화재 조선장, 배목수들과 함께 필자가 재현 실험을 진행하였다. 고려시대 마도 1호선을 대상으로 하여 구조별 조선기술을 정리하였다.[290]

1) 저판의 제작

저판의 제작 순서는 아래와 같이 살펴볼 수 있다.

① 저판에 사용될 선재를 선별하고 부재 크기에 맞추어 톱으로 자른다.

② '도끼', '자귀', '낫', '거피 칼'을 사용하여 나무의 나무껍질을 벗겨낸다. 나무껍질을 벗기는 이유는 비가 오거나 습한 날씨에 표피(껍질)와 변재 사이에 곰팡이균이 발생하고 그 부분이 썩기 때문이다<그림 161>.

290 필자가 2013~2014년 마도 1호선을 실물크기로 복원하면서 정리한 보고서의 내용을 편집하였다.

〈그림 161〉 나무 껍질 제거

③ 각 선형에 맞추어 '먹칼'[291]로 상부 면과 밑면의 선형을 표시한다〈그림 162〉.

〈그림 162〉 저판 선형 확인 과정

④ 그려진 선을 따라 상부 면부터 선형에 맞추어 제재한 후 밑면을 제재한다. 나무를 제재할 때 쓰이는 연장은 '내림톱'이 사용된다. 저판 부재는 대부분 곡(휨)을 이루고 있어 선형을 제재할 때 높은 숙련도의 고난이도 기술이 요구된다. 따라서 목수 중에서도 가장 유능한 도목수가 선형을 그리고 형태에 따라 제재를 도맡아 한다.

⑤ 제재된 상하좌우 면을 다듬는다. 다듬는 연장은 거

291 먹칼은 먹물을 찍어 글씨를 쓰거나 선을 그을 때 사용되는 도구이다. 먹칼 길이는 22~25㎝ 이며, 댓개비(날이 형성된 곳)의 한쪽을 칼날처럼 얇게 깎아 만들며 날의 수를 35쪽으로 쪼갠다. 이는 35쪽에 촘촘히 먹물이 스며들어 선을 그을 때 먹선이 번지지 않고 일률적으로 그어지기 때문이다. 또한 뒤쪽은 뜨개질바늘처럼 둥글게 깎아 약간 뾰족하게 하여 먹을 찍어 글씨를 쓸 수 있도록 만든 연장임.

친 면을 다듬기 위해 '옥자귀'가 사용되며, 옥자귀로 다듬어진 면은 '대패'를 사용하여 매끈하게 다듬는다. 대패는 단대패와 반원대패를 사용한다. 측면 외부에 휨이 많은 부재의 경우 단대패로 깎는 반면에 부재의 상부 면(내부면)의 경우는 안쪽으로 곡이 있어 반원대패를 사용하여 면을 깎아 다듬는다. 그 외 상부 모서리 부분을 깎고 밑부분을 원형으로 깎는다. 특히 수밀을 기하기 위해 서로 맞대어 붙는 면이 12㎝ 이상의 너비가 나올 수 있도록 한다 〈그림 163〉.

〈그림 163〉 저판 직사각형의 면 다듬기 과정

⑥ 앞쪽과 뒤쪽 이음부를 만든다. 이때는 아주 정교하고 치밀하게 하여 빈틈이 없게 하는 것이 관건이다. 수밀Water Tight에서 가장 취약한 부위는 이음부이기 때문에 정밀하게 만들어 연결해야 한다. '켜는 톱'과 '자르는 톱' 두 종류를 주로 사용하고 틈이 발생하지 않도록 '쥐꼬리 톱'과 '세 톱'을 함께 사용하여 이음부를 만든다〈그림 164〉.

⑦ 만들어진 저판 부재를 괘에 올려 움직이지 않도록 '꺽쇠', '조임쇠'를 사용하여 고정한 후, 상부 면에 장삭의 위치를 관통 홈과 반관통 홈을 나누어 저판 상부 면에 표시하는 선을 그려 놓는다.

〈그림 164〉 장부이음 및 세로형 반턱이음 제작과정

⑧ 좌 · 우 마지막 열 외측 면에 장삭이 위치하는 곳에 홈을 그린다. 이때 목수들은 좌 · 우 장삭 홈을 일정하게 표시하는 목수들만의 계산법이 있다. 먼저 장삭이 위치한 곳 상부 면에서 직각자를 대고 90°에 맞추어 직각선을 위에서 아래로 긋는다. 그 후 두께의 중앙을 표시와 장삭 너비의 1/2씩 나누어 표시하고 장삭의 두께를 너비와 동일하게 절반씩 나누어 표시한다. 그 후 선을 연결하면 장삭 홈 사각면이 나타난다. 사각면의 중심에 '타래송곳(진도리)'[292]을 사용하여 홈을 뚫는다. 뚫어진 홈을 기준으로 추를 사용하여 수직을 확인한 후 상부 모서리에 각도를 표시하고 선을 그어 각도를 확인한다. 각도 표시는 반대편 장삭 홈 위치를 알 수 있는 기준이 된다.

이와 같은 과정은 한쪽 면에서 이루어진 과정이며, 그 후 반대편에 장삭 홈 위치와 홈 표시 방법이 이루어지는데 순서가 다르게 적용된다. 중앙에 뚫어진 홈을 중심으로 직각과 수직각이 그려진 면에 각도자를 대고 각도를 맞춘다. 그 후 반대편 홈을 중심으로 수직각을 그린다. 이때 각도자를 같이 대고 직각선을 그으면 직각과 수직각을 동시에 알 수 있다. 그다음 직각에 맞추어 장삭의 크기에 맞추어 사각홈을 그려주는 기술을 엿 볼 수 있다〈그림 165〉.

---

292 국립해양문화재연구소, 『근대한선과 조선도구』, 2008, 52쪽.

〈그림 165〉 장삭 구멍 파기 위한 전 과정

〈그림 166〉 장삭 구멍 파기 과정

⑨ 사각홈에 맞추어 관통 홈과 반관통 구멍을 판다. 이때 사용되는 연장은 끌과 망치를 주로 사용한다. 끌은 3㎝ 너비의 '한치끌'을 사용하고 장삭 홈에 맞추어 끌 손잡이를 길게 하여 사용한다. 장삭 구멍을 파는 방법에도 순서가 있다. 먼저 장삭의 크기에 맞추어 그려진 Line을 따라 끌날을 갖다 대고 망치로 가볍게 쳐서 끌날이 장삭 Line에 3㎜ 가량 찍히게 한다. 이는 장삭 구멍 크기를 보다 정확하게 파기 위한 방법과 장삭 Line을 기준으로 외부표면이 떨어지지 못하도록 하는 방법이다. 그 후 장삭 Line 안쪽으로 3㎜ 정도 남겨두고 구멍을 판다. 구멍이 어느 정도 파여지면 나머지 3㎜를 따 내는데 이때 장삭 구멍 보다 안쪽으로 1~2mm 정도의 여유를 두고 판다〈그림 166〉.

이는 장삭을 박을 때 잘 들어가고 비교적 힘을 덜 들이며 박기 위한 방법이라 할 수 있다. 또한 홈을 크게 파면 그 틈으로 물이 스며들어 선체와 장삭이 동시에 부식되는 상항이 발생하기 때문에 최대한 정교하게 파는 것이 관건이다.

이와 같이 9단계를 걸쳐 저판부재가 만들어지며, 저판의 구조를 갖추기 위해 연결과정을 살펴보면 다음과 같다.

① 저판을 올려놓을 수 있는 받침목의 사면을 다듬고, 저판의 너비에 맞추어 크기별로 마름질 한 후 잘라진 받침목을 5개 구간에 맞추어 놓는다. 이때 받침목의 높이는 사람이 누워서 저판 밑부분 연결면 틈에 박을 칠 수 있을 정도의 높이로 설정하고 그 높이에 맞추어 만들어진 받침목을 놓는다.

② 중앙저판 중 가장 긴 저판(중앙저판 1-2)을 중심에 맞추어 받침대에 올린 것부터 시작된다〈그림 167〉.

③ 중앙저판 앞쪽에 위치한 저판(중앙저판 1-1)을 선수 쪽 방향에 있는 장부턱이음부에 끼워 선형에 맞추어 세운다. 이때 가장 중요한 것은 선미에서 선수 길이 방향으로 수직되게 맞추는 것이다. 도목수가 선미 쪽에서 추를 늘어뜨려 중앙 저판 중심선과 일치하는지 확인한다. 오차범위는 없을 정도로 정확하다. 대부분 이음부에서 중심선과 틀어지는 경우가

〈그림 167〉 저판 연결과정

〈그림 168〉 저판 3열 연결과정

종종 있다고 한다. 이때 틀어지지 않고 연결하는 방법은 장부촉과 두께를 약간 크게 하고 높이에 맞추기 위해서 장부 상부 면을 깎지 않고 원형의 형태를 유지하면서 장부 밑부분과 측면을 조금씩 깎아 맞추어 연결하면 수직과 높이를 맞출 수 있다.

④ 좌 · 우 2열 부재를 연결한다. 2열 부재는 3개의 부재가 서로 이음되어 1열을 이룬다. 복원을 위해 선수 쪽부터 임의적으로 2-1, 2-2, 2-3 번호를 부여하여 만들어진 부재를 연결하는데 그 연결순서는 2-1부재가 첫 번째로 연결되는 것이 아니라 2-2부재가 첫 번째로 연결된다〈그림 168〉.

이는 중앙저판에서 가장 취약한 부분의 이음부를 보강하는 역할도 있으며, 특히 선형의 변화가 가장 많은 곳을 기준으로 하면 다음 연결되는 부재의 연결이 보다 쉽기 때문이다. 위치는 중앙저판 1-1, 1-2부재 이음부 사이에 중앙저판 선형과 먼저 뚫어 놓은 장삭 구멍 위치에 맞추어 서로 붙인다. 이때 서로 연결되는 측면에 물이 스며들지 않도록 붙이는 방법이 저판 연결하는 기술에서 많은 비중을 차지한다. 서로 연결되는 측면은 아무리 잘 다듬었다고 해도 두 부재 사이에는 간격이 생긴다. 특히 저판부재는 휘어져 자생한 원목 선재를 선형에 맞추어 약간씩만 다듬어 사용하여 연결되기 때문에 사이의 간격이 매우 크다. 예를 들면 지금까지 발굴된 고려 및 조선시대 선박의 경우 저판부재 사이사이에 물이 들어오지 못하도록 박아 놓은 뱃밥(나무껍질)이 확인된다. 뱃밥은 나무껍질, 대나무, 짚, 갈대 등을 꼬아 부재 사이에 대끌로 박아 넣어 물이 스며들지 못하게 하는 재료로서 우리나라 한선의 수밀기법이라고 할 수 있다. 이 재료는 지금까지 출토된 고려 및 조선시대 고고학적 실증자료에서 동일하게 확인되며, 많은 양이 부재 사이에 충진되어 있는 것이 확인된다. 이는 두 부재 사이 간격이 크기 때문에 많은 양을 사용하여 수밀을 하였다는 결정적인 증거이다.

연결하는 방법은 간격이 벌어진 곳에 톱을 깊숙이 넣어 톱날이 반대편으로 나오게 하여 나무를 켜는 방식으로 닫는 면에 톱질을 하여 사이의 간격을 좁힌다. 톱질이 끝나면 반대편 측면에서 망치를 쳐서 더욱 견고하게 간격을 줄인다. 이와 같은 방법을 여러 번 반복하면 두 부재 사이 간격이 점점 좁아지면서 서로 붙는다. 또한 망치로 측면을 칠 때 동시에 조임쇠를 걸어 같이 조여주면 두 부재 사이간격이 더 빨리 좁아진다.

조임쇠는 부재와 부재를 연결할 때 많이 사용하는 연장이다. 또한 길이가 작거나 구조가 다를 때는 조임쇠와 같이 사용되는 갈고리 모양의 꺽쇠가 함께 사용된다. 조임쇠의 최고 길이는 목수들에 따라 다르지만 보통 1m 정도이며 너비에 맞추어 사용하고자 할 때는 특수 제작하여 사용되기도 한다. 본 복원에는 1m의 조임쇠가 사용되었다. 조임쇠는 쇠로 이루어진 도구이다. 따라서 크기가 1m 이상 되면 무게가 무거워 작업의 효율성이 떨어진다.

⑤ 선수 방향의 부재를 연결한다. 연결하는 방법은 이전 방식과 동일하다. 다만 이음부 방식에 약간의 차이가 있다. 좌 · 우 2열의 선수 방향에 위치한 부재는 '맞댄이음' 방식으로 이음한다. 이는 기준이 되는 중앙저판의 선형에 맞추어 연결되는 것으로 중앙저판 이음부 위치보다 선수 방향에 이음부가 오도록 위치시켜 서로 이음부가 겹치지 않게 하면서 좌 · 우 이 중앙저판 이음부를 보호하는 역할도 겸한다고 할 수 있다. 또 좌 · 우저판의 이음부가 선수 방향에 위치함으로써 가장 앞에 위치한 저판 부재는 길이가 짧거나 곡이 없는 선재를 사용할 수 있다. 맞댄이음은 서로 이음 되는 부분을 반듯하게 자르고 붙이면 되는데 이때 잘리는 면이 일정하지 않으면 틈이 있는 곳으로 물이 스며들기 때문에 톱으로 여러 번 톱질하여 틈이 생기지 않게 하는 것이 기술이라 할 수 있다.

〈그림 169〉 저판 연결 장삭구조

⑥ 선미방향 부재를 연결한다. 연결방법과 이음방식은 동일하다.

⑦ 장삭을 박아 저판 3열의 형태를 갖춘다〈그림 169〉. 저판 좌 · 우 3열의 형태를 갖추기 위해서 제작된 저판을 각 위치에 올려놓고 좌 · 우에서 조임쇠를 걸어 서로 움직이지 않도록 고정한다. 그 다음 장삭 홈 크기에 맞추어 제작해 놓은 '장삭'을 장삭 홈에 박는다. 이때 중요한 점은 장삭 머리 부분을 망치로 타격할 때 쪼개지지 않도록 머리 부분에 줄을 감아준다. 또한 장삭 뿌리 부분에는 기름을 발라 파고들지 않고 가급적 잘 박힐 수 있도록 한다. 장삭이 홈에 결속되면 장삭이 박혀있는 저판 상부 면에 장삭이 빠지지 않도록 고정용 '산지' 홈을 파고 산지를 박아 결속하면 저판 3열이 완성된다. 이때 산지 홈 크기는 가로세로 3㎝의 홈을 파고 산지 홈 깊이는 장삭 밑 부분보다 2~3㎝ 정도 더 깊게 판다. 이는 박혀있는 장삭을 위아래로 홈을 통해 걸쳐지게 하는 방법이다.

⑧ 좌 · 우 4열의 형태를 갖춘다. 연결방법과 작업과정은 동일하다. 다만, 중앙저판과 좌 · 우 2열과 같이 3개의 부재가 사용되는 것이 아니라 총 4개의 부재가 사용된다. 이러한 이유는 여러 가지 원인이 있겠지만 마도 1호선에서 나타나는 경우는 두 가지로 추정해 볼 수 있다. 크게 부재 활용 측면과 구조 측면으로 나눌 수 있다. 활용 측면의 경우는 선재의

크기 · 굵기 · 형태에서 찾을 수 있다. 즉 좌 · 우 3열에 위치한 부재는 여타의 부재보다 굵기 · 휨이 매우 크다. 이는 굵기가 작은 부재로 선형을 만들 수 없기 때문이며 또한 마도 1호선의 굵기가 크고 길이가 작은 나무가 사용되기 때문에 길이를 맞추기 위해서 한 편의 부재가 더 추가된 구조로 추정된다. 구조의 경우는 이음 · 선형 · 외판과의 연결에서 찾을 수 있다.

사용된 이음 구조는 '맞댄이음'과 '세로형 반턱이음' 두 가지로 이음 된다. 선수와 선미 쪽 방향은 세로형 반턱 구조가 사용되고 중앙에는 맞댄이음 구조가 사용된다. 이와 같은 이음 구조는 선형을 맞추고 선재 연결 순서를 쉽게 하기 위함이다. 4개 부재 중 선수와 선미 방향 부재를 선형에 맞추어 가장 먼저 연결하고 중앙에 위치한 부재를 서로 맞댄이음으로 연결한다. 또한 선수와 선미는 위로 치켜 올라간 선형을 보이고 있어 이러한 선형을 쉽게 맞출 수 있는 연결구조로서 세로형 반턱이음 방식이 많이 쓰이고 수평한 곳은 맞댄이음 방식을 많이 사용한다. 이러한 연결 구조는 수중발굴 고선박에서도 많이 확인된다.

연결구조는 저판을 연결하는 '장삭'과 박혀 있는 장삭이 빠지지 못하도록 고정하는 '산지' 결속구조와 방식은 동일하다. 다만 장삭 홈과 장삭의 크기가 맞아떨어지지 않을 때는 '쐐기' 구조가 추가되는데 쐐기구조는 틈 부위에 박아 장삭이 빠지지 않도록 하고 물이 스며들지 못하게 하는 구조로 두 가지 유형이 사용된다. 측면 틈에 쐐기를 박는 방법과 장삭 중간에 끌로 틈을 만들어 그 틈에 쐐기를 박는 두 가지 유형이 수중에서 발굴된 고려시대 선박 대부분에서 나타나는 구조이다.

2) 선수재(이물비우)의 제작

선수의 제작 순서는 아래와 같이 살펴볼 수 있다.

① 선수재는 길이에 맞추어 자르고, 두께와 너비에 맞추어 다듬는다<그림 170>.

▲〈그림 170〉 선수재
◀〈그림 171〉 선수재 은살대꽂이 구멍

② 각각의 거친 면을 다듬기 한다.

③ 면이 다듬어진 선수재를 괘에 올려놓고 서로 연결되는 면을 다듬어 맞춘다. 면을 맞추기 위해서는 저판을 연결하는 방법과는 다르게 대부분 대패를 통해 서로의 면을 다듬어 맞춘다. 이는 선수재 각 부재의 형태에서 찾을 수 있는데 대부분 사각형으로 이루어져 있기 때문에 톱을 틈새로 넣어 면을 맞추기 보다는 대패를 통해 면을 맞추는 것이 세밀한 부분까지 붙일 수 있고 더욱더 수밀을 기할 수 있기 때문이다.

④ 맞닿는 면이 서로 맞추어지면 결속을 위해 '은살대꽂이'를 박을 곳에 크기에 맞추어 먹줄을 놓는다. 그 후 서로 분리하여 측면에 두께에 맞추어 좌 · 우 수직선을 그어 표시한다 〈그림 171〉.

⑤ 측면에 은살대꽂이 구멍이 표시된 면을 위쪽으로 향하게 하고 사각면의 중심에 관통되게 뚫는다. 이후 과정은 저판 장삭 구멍을 파는 방법과 동일하다.[293]

⑥ 참나무로 '은살대꽂이' 크기에 맞추어 만든다.

이와 같이 총 여섯 가지 단계를 통해 구조와 형태가 만들어지면 서로 연결하는데 이때도 몇 가지 과정을 거쳐 연결된다.

① 은살대꽂이 구멍 위치에 맞추어 괘에 올려놓는다.

② 은살대꽂이를 박기 위해 조임쇠와 꺽쇠를 걸거나 상부 면에 고정용 각재를 대고 각 열마다 못을 박아 움직이지 못하게 한다<그림 172>.

〈그림 172〉 선수재 연결과정

293 은살대꽂이의 크기에 맞추어 그려진 Line을 따라 끌날을 갖다 대고 망치로 가볍게 쳐서 끌날이 은살대꽂이 Line에 3mm가량 찍히게 한다. 이는 은살대꽂이 구멍 크기를 보다 정확하게 파기 위한 방법과 은살대꽂이 Line을 기준으로 외부표면이 떨어지지 못하도록 하는 방법이다. 그 후 은살대꽂이 Line 안쪽으로 3mm정도 남겨두고 홈을 판다. 홈이 어느 정도 파여지면 나머지 3mm를 따 내는데 이 때 은살대꽂이 구멍 보다 안쪽이 1~2mm 정도 많이 판다. 이는 은살대꽂이가 박힐 때 잘 들어 갈 수 있도록 하는 방법으로 은살대꽂이를 박을 때 쉬게 박히기 위한 방법이라 할 수 있다. 또한 구멍을 크게 파면 그 틈으로 물이 스며들어 선체와 은살대꽂이가 동시에 부식되는 사항이 발생하기 때문에 최대한 정교하게 파는 것이 좋다.

③ 은살대꽂이 촉이 잘 들어갈 수 있도록 사면의 모서리를 깎아 박는다. 또한 머리 부분에는 미리 줄을 감아 깨지지 않도록 한다.

④ 박아진 은살대꽂이를 고정하기 위해 내면에 산지 홈을 파고 산지를 박아 장삭이 빠지지 못하게 결속한다.

⑤ 선수부 저판에 올려 연결한다〈그림 173〉.

⑥ 외판을 한단 씩 올리면서 홈턱을 파고 올린다. 홈턱은 바깥쪽과 안쪽의 깊이를 달리하여 외판 끝이 선수재에 파고들도록 홈턱을 판다.

〈그림 173〉 선수재와 저판 연결과정

3) 외판의 제작

외판은 저판과 연결될 뿐만 아니라 선수와 선미판과도 연결된다. 또한 가룡 · 차가룡 · 멍에와도 연결되는 복잡한 과정을 통해 몸통을 이룬다. 외판 선재는 직재直材보다는 곡재曲材를 사용하고 특히 굵기가 굵은 선재를 사용하였다. 외판 제작 순서를 간략하게 정리하면 아래와 같이 살펴볼 수 있다.

① 외판을 올릴 때는 선수 방향부터 시작하기 때문에 부재 선별이 매우 중요하다. 선수와 선미에 위치하는 외판재들은 동일하게 곡이 많고 굵은 것을 선별하여 사용하는데 선수 쪽에 위치한 부재는 보다 굵은 쪽이 선미를 향하도록 하고 반대로 선미쪽에 위치한 부재는 굵은 쪽이 선수를 향하도록 배치한다. 중앙에 사용되는 부재의 경우는 두께가 가장 큰 부재들을 선별하여 사용한다.

② 외판 너비에 맞추어 선형 Line자를 각 구간의 외판 너비에 맞추어 설치한다. 선형 Line자를 설치할 때는 위아래로 자유로이 움직일 수 있도록 집게 형식의 받침대를 프레임에 설치하여 선형 Line자를 걸어 고정한다.

〈그림 174〉 외판재 제작과정

③ 저판 선형에 맞추어 저판과 연결되는 외판 밑면의 선형을 옮길 얇은 판을 만들어 본을 뜬다. 본뜨기에는 네 가지의 본뜨기가 이루어진다. 첫째, 외판 밑면 본뜨기, 둘째 외판 상부면 본뜨기, 셋째 외판 내면 각 본뜨기, 넷째 연결면('L'자 홈턱) 본뜨기 등이다. 그 중 첫 번째로 저판 및 외판과 연결되는 외판 밑면의 선형을 본뜨기 한다. 이때는 선형 판을 저판이나 외판 상부 면에 대고 선형에 따라 먹칼로 옮겨 그으면 된다. 이후 두 번째와 세 번째는 첫 번째 작업을 마무리한 후 이루어진다.

④ 첫 번째 외판 밑면을 본뜬 선형 판의 선을 따라 잘라내어 선형을 갖춘다.

⑤ 선형 판을 부재에 올려 선을 옮겨 긋고 그 선 따라 제재한 후 면을 대패로 다듬는다<그림 174>.

⑥ 두 번째 외판 상부면을 본뜬 도면의 너비에 맞추어 각 구간에 설치된 선형 Line자를 따라 선형 판에 옮겨 표시한 후, 선형 판을 옮겨서 톱으로 선을 따라 잘라내어 선형을 갖추게 한다.

⑦ 두 번째 외판 상부면을 본뜬 선형을 부재에 올려 너비와 휨 등을 맞추어 선을 옮겨 긋고, 선 따라 잘라낸 후 면을 대패로 다듬는다.

⑧ 외판 내면 곡曲과 각도 · 기울기 · 뒤틀림 등을 확인하기 위해 선형 판을 프레임에 부

착시킨 후 각도자를 통해 구역별로 표시하여 부재에 옮겨 표시한다.

⑨ 내면 곡과 각이 표시된 선을 따라 톱으로 따낸다. 이때 중요한 것은 뒤틀림 때문에 밑면을 잘라낼 수도 있고 윗면을 잘라낼 수도 있다는 점이다. 따라서 각도를 잘 맞춰 잘라내는 것이 주요한 관건이며 만약 잘못 잘라내면 부재를 처음부터 순서에 맞추어 다시 제작해야 할 뿐만 아니라 부재들을 연결하기 위한 시간이 많이 소요된다. 또한 수밀에도 매우 취약해진다.

⑩ 연결면에 'ㄴ'자 홈턱 너비와 높이에 맞추어 연결되는 각도를 본뜨기한다.

⑫ 상단 외판과 연결되는 'ㄴ'자형 홈턱을 각도와 기울기에 맞추어 따낸다.

⑬ 두께에 맞추어 외면을 따낸 후 원형 형태로 다듬는다.

⑭ 피삭 홈 위치를 간격에 맞추어 관통 구멍과 반관통 홈을 표시한다.

⑮ 피삭 구멍을 판다. 피삭 구멍을 팔 때 주의해야 할 부분은 내면 아랫부분으로 구멍이 뚫리면 안되기 때문에 정확한 구멍을 파기 위해서는 기준이 되는 자를 설치하여 끌을 사용하여 판다. 기준이 되는 자는 피삭 구멍 중앙을 기준으로 안쪽 내면에 외판의 너비보다 30㎝ 긴 각재(2×2㎝)를 대고 눈으로 각도를 주시하면서 구멍을 판다. 이후 피삭 구멍 좌 · 우 측면 마지막 지점에 기준이 되는 자를 설치하고 동일하게 구멍을 판다. 홈이 완료되면 끌을 사용하여 피삭 구멍 속을 파내어 박을 수 있도록 한다<그림 175>.

〈그림 175〉 피삭구조 과정

〈그림 176〉 외판 세로형 반턱구조

⑯ 서로 연결하기 위해 세로형 반턱 이음부를 만든다. 이음부를 만들 때 길이는 가급적 정확하게 치수에 맞추어 자르고, 너비를 맞추기 위해서는 두께를 3㎝ 이상 남겨두어 두 부재를 서로 이음 할 때 각도에 맞추어 따낸다〈그림 176〉.

이와 같이 열여섯 가지의 과정을 통해 하나의 부재가 형태를 갖추게 된다. 이 후 이 부재들을 연결하기 위해서도 여러 가지 과정을 걸친다.

① 외판부재를 들어 올릴 수 있는 장치와 지주대를 설치한다. 외판 무게를 지탱할 수 있는 정도 각재와 무거운 부재를 들어 올리거나 내릴 때 사용되는 장치인 도르래를 선수 · 미 방향으로 각재에 걸어 외판 연결 시 사용되도록 한다.

② 만들어진 부재를 조립되는 위치에 놓는다. 무거운 부재를 들어서 옮기지 않고 간단하게 옮기는 방법으로 선재 밑에 직경 10~15㎝ 되는 원형목을 깔고 그 위로 선재를 놓고 부재를 밀면 원형목이 굴리면서 선재를 원하는 위치에 쉽게 옮길 수 있다.

〈그림 177〉 외판재 연결과정

〈그림 178〉 외판재 피삭과 산지 결속과정

③ 선수부터 조립을 진행하며, 조립되는 부재를 위로 올리기 위해서 설치된 도르래에 밧줄을 걸어 밑에서 끌어당기며 부재를 정확한 위치에 안착시킨다〈그림 177〉.

④ 올려진 선재를 조임쇠로 걸어 1차 고정한다. 선수 방향에 위치한 부분부터 피삭의 위치와 연결되는 구간의 위치에 맞추어 조임쇠로 2차 고정한다. 그 다음 로프를 벗기고 선미방향 위치에 조임쇠를 걸어 고정한다.

⑤ 올려진 위쪽 부재와 아래 부재가 서로 연결되는 면을 확인한다. 서로 연결되는 면에 틈이 있을 경우 위에서 아래로 죄임쇠를 걸어 조이지는 않고 가볍게 잡고 있는 것처럼 조여 잡아준다. 그 후 틈 사이에 톱을 넣어 서로 닫는 면을 틈의 너비만큼 긁어내면서 서로 틈이 연결되도록 여러 번 반복하여 진행하며 이때 조임쇠를 같이 조여주면서 틈이 없어지도록 한다.

<그림 179>
외판 이음부 연결과정

⑥ 미리 제작된 피삭 구멍에 맞추어 박고 아래 부재에 피삭을 고정하는 산지 홈을 파고 난 후 산지를 박아 결속한다<그림 178>.

⑦ 이음부를 연결한다. 이음부는 외판 선형 및 각도에 맞추어 따내면서 서로 이음된다. 이음부 또한 틈이 발생할 경우 동일한 방법으로 틈사이에 톱을 넣어 서로 면을 닿게 한다<그림 179>.

⑧ 외판에 가룡홈과 차가룡 홈턱이 있는 외판은 피삭을 박기 이전에 가룡홈을 뚫고 차가룡의 홈턱은 외판 조립이 완료된 후에 차가룡의 홈턱을 따내어 그곳에 차가룡을 건다. 다만, 가룡과 차가룡이 연결되는 외판은 피삭을 먼저 박지 않고 가룡을 좌 · 우 외판에 결구한 후 아랫단 외판과 결속한다. 이 때 가룡 홈을 약간 크게 하면 작업이 편리하지만 수밀부분에서 취약하기 때문에 가급적 정확한 치수에 홈을 파는 것이 중요 기술이라 할 수 있다. 차가룡의 경우는 외판이 밀려 들어오지 못하고 벗어나지 못하도록 외판과 차가룡에 홈턱 구조를 잘 접목하는 것 또한 중요한 조선기술이라 할 수 있다.

4) 선미재의 제작

선미재의 제작 순서는 아래와 같이 살펴볼 수 있다〈그림 180〉.

〈그림 180〉 선미재 제작과정

① 선미재의 길이, 너비, 두께에 맞추어 제재한 후, 사면을 다듬는다.

② 선미재가 쪼개지거나 벌어지는 것을 방지하기 위해 절단된 면에 두께와 너비를 맞춘 각목을 대고 못을 박아 3주일간 보관한다. 이는 수분과 나이테에 따라 벌어지거나 쪼개짐을 방지하는 것으로 약 3주간 건조로 인해 21~23%인 수분 함수량을 10% 정도 낮추면 위에서 언급한 현상이 발생하지 않는다. 단, 비가 내릴 경우 건조 기간을 더 늘린다. 이는 나무 특성상 비가 오면 수분을 빨아들이는 성질이 있기 때문에 비가 갠 후 다시 건조하여야 한다.

③ 선미재가 올려질 저판 상부 면에 'V'자형 턱따기 한다. 이때 가장 중요한 것은 수밀에 취약하기 때문에 매우 정교하게 턱을 따야 하며, 선미재가 올리진 저판 연결부에 충분히 박을 치고 난 후에 선미재를 올려 결속한다.

④ 건조가 완료되면 외판에 한단 씩 올린다. 그 중간 사이에 긴 참나무를 끼워 바라짐을 보강한다. 긴 참나무가 빠지지 못하게 방두(메뚜기) 산지를 박아 결속한다.

5) 횡강력 부재(가룡, 차가룡, 멍에)의 제작

가룡의 제작과 연결과정은 아래와 같이 정리할 수 있다<그림 181>.

〈그림 181〉 가룡 연결구조

① 각 구간마다 설치되는 가룡은 길이에 따라 30㎝ 더 길게 자른다.

② 인위적인 휘기 보다 자연 상태의 휨을 갖추도록 두께에 맞추어 깎는다. 원통형 보다 사각으로 깎고 난 후 모서리는 많이 깎아 원형에 가깝게 만든다.

③ 좌 · 우 외판과 연결되는 가룡 촉 부분을 외판 가룡 홈에 맞추어 사각으로 만든다. 외판은 원통형으로 형성되기 때문에 내면과 외면의 홈 크기가 다르게 나타난다. 따라서 가룡을 깎을 때 이 점을 주의하여 내면은 두껍게 하고 외면은 얇게 하여 연결될 수 있도록 한다.

④ 연결은 먼저 우측이든 좌측이든 어느 한 곳에 가룡을 끼워 연결한 후 반대 측 외판을 올리면서 가룡도 함께 끼워 연결한다. 특히 가룡은 휘어있어 홈 각도를 잘 맞추어 뚫어야 하며, 가룡 촉 또한 각도를 맞추어 깎아야만 연결이 편리하며 수밀에도 뛰어나다. 만약 홈 크기가 가룡 촉보다 크면 빈공간에 쐐기를 박아 메워준다.

⑤ 외부로 돌출된 가룡 촉을 5~7㎝ 정도 남겨두고 나머지 부분을 자른 후 사면 모서리와

면을 다듬는다.

차가룡의 구조 제작 및 연결과정을 정리하면 아래와 같다<그림 182>.

① 차가룡은 가룡과는 다르게 본 길이에 맞추어 자른다. 이는 외판과 연결되는 턱에 맞추어 끝부분을 가공하고 상단 외판을 얹기 위한 'ㄴ'자형 턱도 가공해야 하기 때문이다.

〈그림 182〉 차가룡 외판 홈턱 연결구조

② 면을 깎아 다듬는다. 외판과 연결되는 연결 턱을 따낸다.

③ 연결면이 만들어지면 연결되는 위치 올려 끼워 결속한다.

④ 가룡과 같이 돌출된 촉을 5㎝ 정도 남겨두고 나머지 부분을 자른 후 사면 모서리와 면을 다듬는다.

멍에의 구조 제작 및 연결과정을 정리하면 아래와 같다<그림 183>.

① 각 구간의 길이에 맞추어 자르고, 두께와 너비에 맞추어 사면을 깎는다.

② 빗물 및 바닷물 등이 한 곳으로 모이지 않고 흐를 수 있도록 물매를 깎아 형태를 만드는데 멍에 중앙부분이 좌 · 우 끝보다 10㎝ 정도 높게 한다.

③ 중앙 멍에(허리멍에)를 올리는 상가고사를 지내는데 상가대 밑 부분에 일시, 공역 등의 글을 적어 놓는다.[294]

④ 올려진 멍에에 갑판을 설치하기 위한 받침 구조재인 보를 걸기 위해 홈턱을 따내고 보를 홈턱에 끼운다.

294 상가고사의 의례 내용 및 상가문등은 조선의례에 정리하였다.

〈그림 183〉 횡강력 부재 연결과정

6) 돛의 제작

고려시대 한선의 고고학적 실증자료는 중앙에 돛대 한 대가 있다. 돛대의 길이는 선체 크기에 따라 다르기 때문에 마도 1호선의 제원에 따라 제작하였다. 마도 1호선의 돛대 높이는 13.7m로서 선미방향으로 3°가량 누운 형태이다. 돛폭은 대나무를 얇게 쪼개어 서로 촘촘히 엮어 9단으로 구성하였다. 또한 돛폭이 접힐 수 있도록 활대를 사이사이에 두어 유동성 있게 하였다. 돛폭의 형태는 위가 좁고 아래가 넓은 사다리꼴 모양을 갖추게 하였으며, 위쪽에 두꺼운 상활을 두고 아래쪽도 두꺼운 질활을 두었다.

돛대를 지탱하는 구레짝은 중앙저판의 두 개의 홈에 끼워 돛대를 좌 · 우측에서 감싸주고, 차가룡에 구레짝을 고정하는 홈에 버팀목(당아뿔) 구조를 박아 서로 연결하였다.

돛의 구조를 제작 순서별로 간략하게 정리하면 아래와 같이 살펴볼 수 있다.

① 돛의 크기와 너비에 맞추어 설계된 돛폭을 제작하기 위한 가장 중요한 부분은 상활과 질활은 복원 완료 3개월 전에 미리 베어 건조한다. 이후 활대와 돛폭에 들어가는 대나무를 2개월 전에는 베어 건조한다.

② 복원 완료 1개월 전 돛폭에 사용될 대나무를 얇게 쪼개 건조한다.

③ 돛대에 사용되는 통나무의 껍질을 벗겨 1차 건조한다.

④ 돛대를 원형으로 다듬기 위해 먹(선을 긋다)을 놓고 선을 따라 형태를 만든다. 그 이후 2차 건조한다.

〈그림 184〉 대나무 돛 제작과정

⑤ 구레짝을 크기에 맞추어 자르거나 제재한 후, 돛대와 연결되는 홈을 뚫어 놓는다.

⑥ 얇게 쪼개진 대나무를 서로 촘촘하게 엮어 크기에 맞추어 아홉 틀을 엮는다〈그림 184〉.

⑦ 잘 엮어진 돛폭竹簾의 상 · 하, 좌 · 우에 대나무로 테두리를 돌린다. 테두리는 일정한 너비와 두께를 갖추게 하고, 내면을 평평하게 다듬어 엮어진 틀에 밀착시킨 후 서로 틈이 보이지 않게 조임쇠로 조이고 난 후에 줄을 감아 견고하게 결속한다.

⑧ 돛폭 내부에도 강한 바람에도 버틸 수 있도록 대나무를 대고 줄을 감아 결속 한다.

⑨ 원형으로 깎아 만든 돛대 표면을 대패로 매끄럽게 다듬는다. 그 후 상부에 용두를 걸기 위한 구조를 만들고 난 후 용두를 돛대 상부 끝에 걸어 놓는다.

이와 같은 아홉 가지 과정을 거치면 돛대의 구조를 갖추게 된다. 이후 구조별로 연결을 위해 추가로 몇 가지 과정을 거친다.

① 아홉 틀을 하부부터 상부까지 펼쳐 놓는다. 그 후 각자 구조별로 연결되는 위치에 맞게 놓는다.

② 펼쳐진 돛폭을 구조별로 엮는다. 그 첫 번째는 상활과 돛폭을 연결한다. 두 번째 돛폭과 돛폭 사이에 활대를 연결한다. 세 번째 질활을 연결한다. 서로 연결할 때에는 5㎜ 줄을 감아 서로 결속한다.

③ 아홉 틀로 구성된 돛폭 상활, 활대, 질활을 돛대와 연결되도록 보듬줄을 걸어 놓고 돛을 올리고 내릴 수 있는 용층줄과 돛을 조정하는 아두줄을 묶는다.

④ 마도 1호선에 구레짝을 설치하고 돛대를 꽂아 세운다. 돛대를 세울 때는 먼저 용두에 돛을 올리고 내릴 수 있는 돛 줄을 설치한다. 그리고 돛대를 움직이지 않도록 차가룡에 두 개의 홈에 당아뿔을 박아 서로 연결하여 고정한다〈그림 185〉.

⑤ 세워진 돛대에 돛 폭을 건다. 돛 폭을 걸 때는 돛을 올리면서 한단씩 올릴 때 마다 활대에 묶어 놓은 보듬줄을 돛대를 감아 다시 활대에 묶어 완료 한다.

⑥ 돛대 좌 · 우로 옆층을 걸어 돛대를 움직이지 않게 마무리하면 완료된다.

〈그림 185〉 차가룡 당아뿔 연결과정

7) 호롱의 제작

호롱의 구조는 호롱받침대, 호롱축, 호롱손잡이로 구성된다. 호롱 제작 순서를 간략하게 정리하면 아래와 같이 살펴볼 수 있다〈그림 186〉.

① 호롱 좌 · 우 지지대를 크기에 맞추어 자른 후 면을 다듬는다.

② 호롱축과 연결되는 지지대에 홈을 파기 위해 호롱 축 크기에 맞추어 선을 긋고 홈을 판다. 이때 홈은 이중 홈으로 판다.

③ 호롱통을 만드는데 첫 번째로 육각의 면을 나누어 깎아 면을 만든다. 이는 호롱 손잡이를 끼우기 위한 홈을 만들기 위한 것이다. 육각면이 만들어지면 호롱손잡이 홈을 서로 겹치지 않게 홈을 판다.

④ 육각으로 만들어진 호롱통을 원형으로 깎아 면을 다듬는다. 이후 호롱 축을 만든다.

⑤ 호롱손잡이를 만들고 호롱통에 끼워 결속한 후 줄을 걸어 돌릴 수 있도록 장치를 한다.

⑥ 외판을 설치하기 이전에 호롱 지지대를 호롱멍에 지지대 장부촉을 박아 결속 한 후 갑판 보에 연결하여 지지대를 세운다. 이때 호롱통도 함께 결속하여 세운다.

〈그림 186〉 호롱의 제작과정

8) 닻의 제작

닻의 구조는 닻의 몸통인 닻채, 닻채 양옆으로 달리는 닻가지, 닻채 1/3 지점에 수직으로 결구되는 닻장 등으로 구성된다. 제작 순서를 간략하게 정리하면 아래와 같이 살펴볼 수 있다〈그림 187〉.

① 닻채에 사용되는 긴 참나무를 길이에 맞추어 자른다.

② 닻가지, 닻장을 자른다.

③ 닻채와 닻가지, 닻장을 형태에 맞추어 만들고 닻채에는 닻줄과 연결될 수 있도록 닻줄 홈을 뚫어 놓는다.

〈그림 187〉 닻 제작과정

④ 닻채와 닻가지를 연결하기 위해 홈을 뚫어 놓는다.

⑤ 나무못을 박아 닻가지와 닻채를 연결하고 나무못이 빠지지 못하도록 산지를 박아 결속한다. 이와 같은 과정을 거쳐 닻이 완성된다.

9) 갑판의 제작

갑판은 전체가 분리될 수 있도록 제작하였다. 각 판재는 윗면 보다 아랫면을 약간 작게하여 갑판이 쉽게 열리도록 한다. 제작과정은 아래와 같이 살펴볼 수 있다<그림 188>.

〈그림 188〉 보와 갑판 제작과정

① 뱃전에 걸쳐진 멍에에 횡방향으로 멍에와 멍에 사이에 보(너비 12㎝, 두께 20㎝) 걸기 위해 구간 멍에에 빗턱을 만든다.

② 보와 멍에에 갑판을 올리기 위해 'ㄴ'자 형 홈턱을 만든다.

③ 빗턱에 보를 끼워 연결한다, 이때 못은 박지 않는다.

④ 갑판(두께 6~9㎝, 너비 15~25㎝)을 구간에 맞추어 올린다.

10) 수밀작업

수밀작업은 이음부 및 연결부를 통해 물이 선내로 스며들지 않도록 하는 작업으로, 저판 전체와 외판, 선수판, 선미판, 가룡홈, 차가룡 홈 등에 뱃밥으로 박치기하여 수밀작업을

〈그림 189〉 수밀 과정

한다. 그 과정을 간략하게 정리하면 아래와 같이 살펴볼 수 있다〈그림 189〉.

① 박기 쉽게 길이와 두께에 맞추어 뱃밥을 새끼줄처럼 꼬았다.

② 서로 이음부와 연결된 부재 사이에 뱃밥(대끌)이 들어갈 수 있도록 '박집알기'로 틈을 만든다. 방법은 박집알기 날을 틈 사이에 대고 망치로 쳐서 틈을 만든다. 이때 틈의 깊이는 틈새 간격에 따라 다르지만 약 2~3㎜ 정도 틈을 만든다.

③ 틈 사이에 뱃밥이 잘 파고 들어갈 수 있도록 들기름을 바른다.

④ 틈 사이에 뱃밥으로 충진하는데 이때 '골밀이'로 밀어 넣는다. 방법은 틈 사이에 골밀이 날로 뱃밥을 넣고 망치로 쳐서 더 깊이 밀어 넣는다. 틈 사이에 따라 3~5회 정도 뱃밥을 충진하면 물이 스며들지 않는다.

한선의 구조별 조선기술에 대해 10가지를 살펴보았다. 조선기술이 발전한 현대적 관점에서 생각해 보면 저판 구조는 통나무로 이루어졌기 때문에 내구성은 매우 뛰어나지만 형태가 투박하고, 부재의 두께가 일률적이지 않아 이음방식 · 연결구조 · 결속 등에서 정교함이 비교적 떨어진 점을 알 수 있다. 각 열의 연결 면 너비가 일정하지 않아 견고성에서는 다소 취약하다. 또한 형태적인 측면에서는 선형이 무리하게 선수 호를 크게 들어 올려져 있는 것을 알 수 있다.

저판 홈턱에 연결되는 선수재 구조는 매우 취약하다고 할 수 있었으며, 외판과 연결되는 톱날식 구조 또한 결구하는 결속구조가 없어 견고성이 다소 취약하다고 하겠다.

선미판과 외판을 고정하는 결속구조가 없고 각 단을 결속하는 구조가 없어 구조상 매우 취약하다고 할 수 있다. 특히 이와 같은 구조는 수밀과 견고성에서도 매우 부족한 구조임을 알 수 있다. 다만 외판의 구조, 가룡, 차가룡, 멍에 구조 등에서 이를 보완하고 있으며, 방두산지 구조를 접목하여 외부로 벌어지는 것을 보완하였으며, 수밀구조에서도 틈이 발생하지 않은 결과를 가져왔다.

대나무 돛은 돛폭의 무게를 가늠할 수 없는 부분에서 복원성에 큰 문제점 있을 것으로 예상되었다. 하지만 복원 결과 오히려 가볍고 실험 항해 결과 작은 바람에도 항해가 가능하였다.

호롱 구조는 근대까지 목선박에 사용된 구조로서 닻을 올리고 내릴 때와 돛대를 세울 때 사용되는 구조물이다. 특히 호롱 받침대와 연결되는 구조에서 선조들의 지혜를 엿볼 수 있다. 즉 좌 · 우 끝부분을 1/3로 나누어 두 개의 원형 턱을 만들었다는 점이다. 첫 번째로 닻줄이 안으로 파고 들어가지 못하도록 한 점과 두 번째 나무의 성질을 파악하여 단단한 속심 부위를 바깥으로 돌출되게 하여 촉이 회전할 수 있도록 하고 받침대 내부에 한 개의 홈 턱을 더 만들어 호롱 축이 돌출되어 회전하는 구조임을 알 수 있다.

제6장

한선의 변천과 특징

1. 한선의 변천
2. 한선의 구조적 특징
3. 한선의 평저선론 검토

제6장

한선의 변천과 특징

우리나라 한선은 언제부터 어떠한 구조와 형태를 가지고 출현했는지는 정확히 알 수 없다. 다만 최근의 발굴조사로부터 선박과 관련 유물이 출토되어 초기 한선의 구조와 형태를 알 수 있다. 뿐만 아니라 삼국시대 문자 기록을 통해 한선이 발전하는 조선기술의 변천 과정을 유추해 볼 수 있고, 비록 일본인에 의해 조사되기는 했지만 조선 후기 한선의 구조를 알 수 있다.

여기에서는 제4장과 제5장에서 살펴본 것과 같이 고고학적 실증자료와 조선시대 중·후기 문헌 및 회화자료를 근거로 실물크기로 재현하면서 밝혀낸 한선의 구조적 변천과 특징을 살펴보고자 한다. 또 중국과 일본 고고학적 발굴 사례를 통해 우리나라 한선과 비교하여 동시기의 발전 양상을 살펴보고, 한선의 평저선론 정의에 대하여 검토하고자 한다.

1. 한선의 변천

1) 선사시대

우리나라에서 출토된 한선의 고고학적 직접자료로서 가장 이른 시기의 배[舟]는 기원전 7,700년경으로 추정하고 있는 경남 창녕군 부곡면 비봉리 유적에서 출토된 2편의 통나무배 선체편이다. 간접자료로서 신석기시대 유적인 울산 반구대 암각화에는 당시 사람들이 고래잡이 하는 모습이 새겨져 있고 그들이 탄 통나무배[295]도 함께 새겨져 있다. 부산 동산동 패총 유적에서는 주형 토제품이 출토되었고 이상과 같은 자료를 통해 우리나라 한선의 시초라 할 수 있는 통나무배는 신석기시대부터 활동한 것으로 추정할 수 있다.

출토된 한선의 고고학적 자료와 앞서 살펴본 베트남 중남부지역 전통 통나무배의 3가지 유형을 통해 우리나라 통나무배의 구조를 정리하면 수심이 낮은 지형보다 수심이 깊은 지형의 강이나 바다에서 사용하고 있는 ③유형의 'U'자 형의 반원형 형태에 가깝다고 할 수 있다.

통나무배의 측단면 형태는 원목의 크기에 따라 다양하게 나타난다. 반듯하고 굵은 통나무 한 그루에서 만들어지는 통나무배와 반듯하고 비교적 얇은 통나무 한 그루에서 만들어지는 통나무배는 측단면의 형태가 달라질 수밖에 없기 때문에 측단면 형태가 다양하게 나타난다. 즉, 첫 번째, 활동하는 지형의 환경, 두 번째, 제작자의 생각 및 기술 범위, 세 번째, 나무의 굵기 및 크기에 따라 다른 형태를 갖출 수 있기 때문이다. 따라서 ①유형의 '⊔'자형과 ②유형의 'U'자형도 세 가지 조건에서 서로 갖게 되기 때문에 형태만 다를 뿐이지 사용 용도는 같으므로 같은 맥락에서 보는 것이 타당하다.

중국과 일본에서도 동 시기의 주형 토제품 고고학적 자료가 확인된다. 중국의 고고학 자료 중 신석기시대 주형 토제품을 살펴보면 <그림 190>와 같다.

---

295 전호태, 『울산의 암각화 : 울산 대곡리 반구대 암각화론』, 울산대 출판부, 2005, 49쪽.

〈그림 190〉 중국의 신석기시대 유적 출토 주형토기

①1949년 랴오닝遼寧성 따롄大連시 창하이長海현 우자촌吳家村 신석기시대 유적에서 배 모양 토기가 절반 정도 결실된 상태로 출토되었다. 형태는 좁고 길쭉하며 바닥이 평평하다. 한쪽 끝은 위로 들려 있고 남아있는 부분의 크기는 길이 7cm, 최대 너비 2cm, 움푹하게 파인 부분의 깊이는 0.5cm이다. 지금으로부터 약 5500년 전의 유물이다. ②1958년 산시陜西성 바오지寶鷄시 베이서우링北首嶺 신석기시대 유적에서 배 모양 토기 주전자船形陶壺가 출토되었다. 선형은 활 모양의 호상壺狀형이다. 앞뒤를 구별하기는 어렵지만 주구 형태이며, 상부에는 두 개의 고리모양과 구연부 끝이 외반하여 밖으로 말린형태로 잔의 형상이다. 양쪽 측면에는 격자문이 시문되어 장식하고 있다. 크기는 높이 16.6cm, 입구 직경 4.2cm이다. ③1973년 후베이湖北성 홍화타오紅花套 신석기시대 유적에서 배 모양 토기가 출토되었다. 형태는 직사각형 수조처럼 생겼으며, 양끝은 사각형으로 약간 위쪽으로 들려 있다. ④1977년 저장浙江성 위야오余姚의 허무뚜河姆渡촌 신석기시대 유적에서 출토된 배 모양 토기이다. 형태는 양쪽 끝이 뾰족하고 위로 약간 들려 있으며, 선형은 호상형이고, 좌측 동체부에 작은 구멍이 뚫려있다. 크기는 길이 7.7cm, 너비 2.8cm이다. ⑤1979년 랴오닝遼寧성 단동丹東시 동꺼우東溝현 산쟈즈三家子촌 신석기시대 유적에서 출토된 배 모양 토기이다. 형태는 긴 타원형으로, 횡단면은 반원형이다. 양끝은 활처럼 구부러졌고 중앙은

약간 넓다. 크기는 길이 13cm, 최대 너비 6.6cm이다. ⑥1979년 랴오닝遼寧성 뤼순旅順시 궈자郭家촌 신석기시대 유적에서 출토된 배 모양 토기이다. 형태는 긴 타원형 모양으로 바닥이 평평하다. 크기는 길이 17.8cm, 너비 8cm이다. 그 외 동한시대로 추정되는 1951년 광저우廣州 동쟈오東郊 19로 군사 묘지에서 출토된 주형 토제품이 있다. 형태는 완전한 선박의 구조를 갖추고 있으며 갑판 위에 용도에 맞추어 선실을 시설하고 방향을 조정하는 치와 묘박용 닻을 갖추고 있다. 크기는 길이 54cm, 높이 16cm, 가운데 너비 15.5cm이다〈그림 191〉.

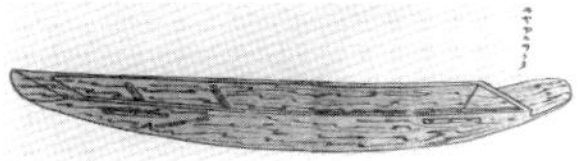

〈그림 191〉 동한시대 주형토기

일본의 죠몬繩文시대의 주형 토제품은 1994년 하코다테시函館市도코로 강 유적 TK - 73 유적常呂川河口遺跡 TK - 73遺跡조개무지에서 출토되었다〈그림 192〉. 죠몬시대 후기 약 4000~3000년 전으로 추정하고 있다. 형태는 앞뒤를 들어 올리고 주구를 돌출시켜 동체보다 작게 타원형 형태를 갖추고 있다. 측면에는 파도문으로 장식하였고 저부에는 배의 바각[296]을 연상시키는 선문을 그려 넣었다. 크기는 10.3cm이다.

〈그림 192〉 常呂川河口遺跡 TK - 73遺跡 주형 토제품

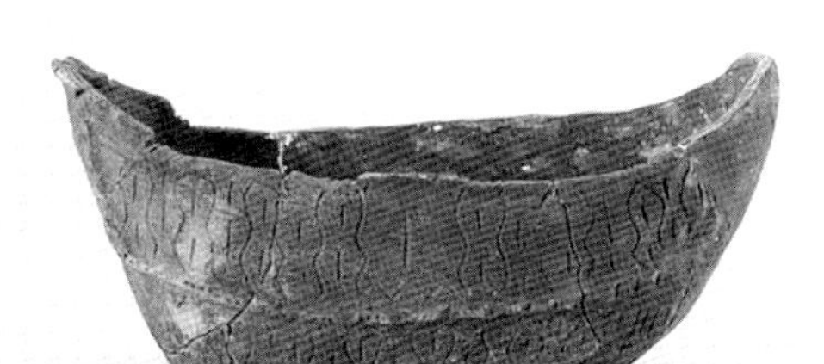

〈그림 193〉 常呂川河口遺跡 제234호 遺跡 주형 토제품

296 작고 단단한 물건이나 질기고 빳빳한 물건이 맞닿는 소리.

2008년 도코로가와 하구 유적常呂川河口遺跡 제234호 유적에서 출토된 배 모양 토기는 죠몬시대 약 2500년으로 추정하고 있다<그림 193>. 형태는 앞뒤를 들어 올린 호상형으로 단면 형태는 'U'자 형태이다. 선수와 선미를 구분하기에는 어려우나 현호를 크게 하였다. 측면에는 파도문으로 장식하였다. 크기는 길이 31cm, 높이 15cm이다.

중국과 일본에서 출토된 주형 토제품은 우리나라 주형 토제품과는 형태와 크기에서 많은 차이를 보인다. 주형 토제품 이외에 독목주도 중국과 일본에서 확인된다.

1976년 중국 광동廣東성 게양揭陽시 롱榕강 베이허北河 상류의 신형따뚜촌新亨大肚村의 서북쪽에 있는 옛 수로에서 구석기시대 말기로 추정되는 탄화된 독목주가 출토되었다.[297] 2004년 콰호고跨湖橋 유적遺蹟에서도 B.P. 8,000년으로 비정되는 독목주가 출토된 사례가 있다.

일본은 출토된 통나무배 직접자료가 무려 200척이 넘을 정도로 많다. 그중 고쿄도東京都 기카구北區의 나카자토中里 유적, 치바현千葉縣 아와군安房郡 마루야마초丸山町의 가모加茂 유적, 교토부京都府 마이즈루시舞鶴市 우라뉴浦入 유적 등에서 죠몬시대 5,000~6,000년으로 추정되는 통나무배가 출토된 사례가 있다.[298] 이와 같이 우리나라의 직·간접적 고고학적 출토 사례와 비슷한 통나무배가 중국과 일본에서도 동 시기에 활동한 것을 알 수 있다.

2) 철기시대

철기시대에는 사천 늑도 유적에서 출토된 배 모양 토제품과 주형 석제품이 유일하다. 토제품의 경우 동삼동 유적에서 출토된 주형 토제품과 구조와 형태가 유사하다. 반면에 주형 석제품은 비교적 잘 만들어진 형태로 선수와 선미의 구조 및 형태가 뚜렷하게 나타나며 삼국시대 주형 토기와도 다른 유형이라 할 수 있다. 오히려 통나무배의 형태를 더욱 사실적으로 표현하고 있다.

297 王冠倬,『中國古船图谱』, 三聯書店, 2000.
298 出口品子,『丸木舟』, ものと人間の文化史 98, 2001.

동 시기 중국의 고고학적 자료는 주형 토제품은 확인된 바 없고 춘추시대 통나무배가 확인된다. 1983년 장쑤江蘇성 이씽宜興 주탄珠潭촌 유적에서 출토된 통나무배는 앞쪽은 둥글고 끝은 사각형이며 양쪽 끝부분은 살짝 위로 들려있다. 선체는 평평하고 두께가 균일하다. 좌우 현의 뒤쪽에는 각각 10여 개의 타원형 홈이 파여 있다. 크기는 길이 850cm, 가운데 너비 33cm, 선미 너비 42cm, 깊이 32cm이다. ①1984년 장쑤江蘇성 이씽宜興 우챠오吾橋촌 유적에서 출토된 통나무배는 선수가 둥글고 선미 부분은 사각형으로 튀어나와 있는 형태이며 크기는 길이 380cm, 가운데 너비 33cm, 선미 너비 42cm, 선창 깊이 32cm이다. ② 1958년 장쑤江蘇성 우진武進현 옛 엄성奄城 유적에서 2척의 통나무배[299]가 출토되었다. 장쑤성 우진현 옛 엄성유적에서 출토된 통나무배의 구조를 살펴보면 선수는 뾰족하며 위로 들려 있고, 뒤쪽은 넓고 평평하며 선미 부분은 유실되어 알 수 없다. 크기는 길이 434cm, 너비 75cm, 깊이 56cm이다〈그림 194〉.

①장쑤성 이씽 우챠오촌 유적 출토 통나무배

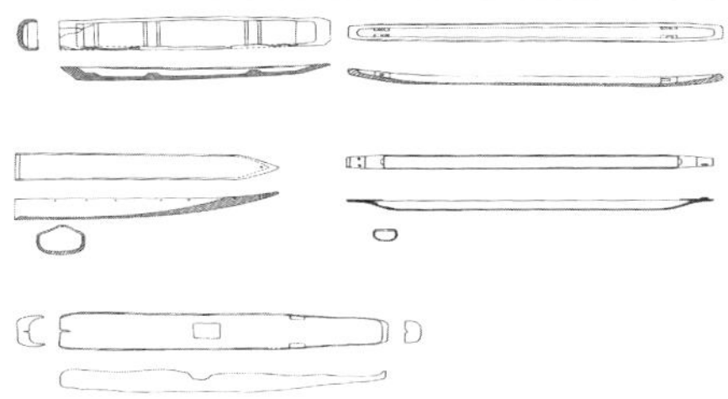

②장쑤성 우진현 옛 엄성 유적 출토 통나무배

〈그림 194〉 춘추시대 통나무배

장쑤성 이씽 우챠오촌 유적 출토 통나무배의 선미부가 평평한 형태는 사천 늑도 출토 주형 석제품의 선수부 형태와 매우 유사하다.

299 길이 1100cm, 가운데 너비 90, 바닥 내부 너비 56cm, 깊이 42cm.

3) 삼국시대

삼국시대 통나무배와 준구조선, 구조선이 동 시기에 공존하고 있다는 것을 고고학적 자료를 통해서 알 수 있다. 현재 고구려, 백제, 신라의 선박은 출토 사례가 없어 어떠한 구조와 형태를 갖추었는지 알 수 없다. 다만 고고학적 자료로서 비교적 출토 빈도가 많은 가야시기 고분 유적에서 출토된 주형토기를 통해 구조적 형태를 추정할 수 있다. 통나무배는 앞에서 정리한 것과 같이 나무의 굵기 및 크기, 자생상태에 따라 형태가 다르게 나타나기 때문에 이를 감안하여 구조와 형태를 유추할 수 있다. 주형토기는 구조적으로 원형과 타원형 형태를 갖추며, 길이가 짧고 굵은 원목으로 만들어지는 유형과, 길이가 길고 굵기도 굵은 원목으로 만들어지는 유형으로 확인된다. 반면에 준구조선은 길이가 긴 통나무배 형태를 그대로 가져가면서 뱃전 위에 현측판을 올리고 뱃전과 현측판 사이에 두꺼운 방현재를 덧붙여 보강하는 구조와 선수와 선미에는 넘치는 파도로부터 보호하기 위해 수판과 현측판을 높게 붙이는 구조적 형태로 발전한다.

일본은 우리나라와 비슷한 4~5세기경으로 고분시대의 주형토기가 출토되고 있다. 이들 주형토기의 대표 사례로는 Ⓐ 1912~1917년 미야자키현宮崎県 사이토바루西都原 고분 유적[300]에서 출토된 3세기 주형토기, Ⓑ 1954년 교토부京都府 교토시京丹後市 아미노쵸網野町 니고레ニゴレ 고분古墳 유적에서 출토된 4세기 주형토기,[301] Ⓒ 2005년 미에현三重県 마쓰사카시松阪市 다카라즈카宝塚 1호분1号墳[302] 유적에서 출토된 5세기 주형토기 1점, Ⓓ 1987년 오사카시大阪市 히라노구平野区 나가하라長原 다카스리高廻り 1호(고분 169호)와 Ⓔ 2호(고분 170호) 유적[303]에서 출토된 4세기 말 주형토기 2점, Ⓕ 1979년 가쓰라기시葛城市 테라구치와다寺口和田 제1고분 유적[304]에서 출토된 4~5세기 주형토기 1점. Ⓖ 오사카 부大阪府 후지

---

300 宮崎県教育委員会,『西都原古墳群』発掘調査・保存整備概要報告書(X), 2006.

301 弥栄町教育委員会,『京都府弥栄町文化財調査報告』第5集, 天理大学博物館学研究室編, 1988.

302 松阪市教育委員会,『三重県松阪市宝塚町・光町所在 史跡宝塚古墳 -保存整備事業に伴う宝塚1号墳・宝塚2号墳調査報告-(松阪市埋蔵文化財報告書 1)』, 2005.

303 高島徹,「長原古墳群」,『日本古墳大辞典』,株式会社東京堂出版, 1989.

304 古代オリエント博物館, <2019年秋の特別展>しきしまの大和へ 一アジア文華往来一 特別展

이 데라시藤井寺市 고분 유적[305]에서 출토된 4세기 말 주형토기 1점 등 있다<그림 195>.

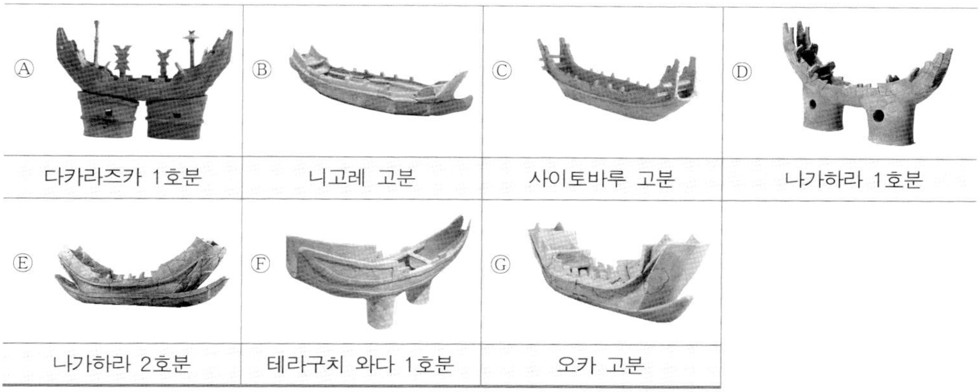

〈그림 195〉 준구조선편과 유사한 일본 주형토기

우리나라에서 출토된 유적지를 살펴볼 때 황강·낙동강·남강이나 남해 해안을 중심으로 인접한 곳에서 유적이 분포하고 있다. 특히 이 지역은 가야가 낙동강 하류지역과 규슈지역 간에 해상을 통한 문화교류가 빈번하던 지역이다. 3세기 『삼국지三國志』 위서동이전魏書東夷傳의 변진弁辰 기사에 의하면 가야지역은 철의 생산과 무역이 번성하여 삼한의 여러 나라들과 낙랑·대방군뿐만 아니라 왜인들도 모두 와서 사갔다[306]고 할 정도로 해상 교류가 번성했다.

통일신라시대 경주 안압지선과 인천 영흥도선 2척이 출토되어 구조적 발전 양상을 엿볼 수 있다. 안압지선에 대해 많은 연구자가 통나무배에서 발전된 준구조선으로 보고 있다. 필자는 안압지선의 구조를 살펴 준구조선이 아닌 구조선으로 추정하였다. 만곡부종통재와 같은 구조적 형태를 갖춘 배밑 구조로 3열을 갖추고 있고, 배밑 구조 연결에는 노철형

---

https://prtimes.jp/main/html/rd/p/000000389.000020364.html.

305 天野末喜編, 『岡古墳 - 古市古墳群の調査研究調査報告1 - 藤井寺市文化財調査報告第5集』, 藤井寺市教育委員会, 1989.

306 『三國志』 卷30, 魏書東夷傳, 弁辰條, 倭人. 정진술, 『한국 해양사』, 경인문화사, 2009, 200쪽 재인용.

凸形 장삭으로 결구하고 장삭이 빠지지 않도록 '벌림쐐기'를 박아 견고히 잡아주고 있다. 장삭 상부면에는 저판과 결속하기 위해 철정을 박아 고정하고 있다.

또한 외판 또는 현측재를 올리기 위하여 선수 쪽에 'ㄴ'자 형의 턱붙이 클링커식 구조를 갖추고 있으며, 선미부는 겹붙이 방식이 확인되고 있다. 특히 저판과 연결되는 외판이 확인되고 있으며 나무못을 사용하지 않고 철정을 사용하여 서로를 연결하고 있다. 저판 중앙재 선수 부분에는 상부 구조를 보강하는 구조로 추정되는 사각형 홈 턱도 확인되어 안압지선은 독목주식 준구조선이 아닌 완벽한 구조를 갖춘 구조선으로 보는 것이 타당하다. 이에 따라 한선은 통일신라시대에 이미 구조선으로 발전하였다고 할 수 있다.

인천 영흥도선에서도 안압지선과 같은 구조를 찾을 수 있다. 중앙저판을 중심으로 좌·우측에 'ㄴ'자 형의 만곡부종통재의 구조를 갖추고 있고 긴 나무못인 장삭으로 서로를 연결하고 있다. 다만 장삭이나 선재 연결을 위한 철정은 확인되지 않고 장삭, 피삭 등 나무못 구조가 확인된다. 중앙저판의 길이를 확보하기 위해 '긴턱걸이 장부이음' 방식으로 두 부재를 연결하였고 비록 투박하지만 구조를 갖추어 발전된 양상을 엿볼 수 있다.

통일신라시대에는 중국과 일본을 왕래하면서 해상활동이 더욱 활발해져 해사海事·견사遣使활동과 수군水軍활동 등으로 항해술과 조선술이 크게 발달한 시대이기도 하다.

동 시기 중국의 고고학적 자료는 1960년 양저우揚州 스챠오施橋진에서 출토된 당나라 말기 목선[307]과 1973년 장쑤江蘇 루가오如皐현 마항허馬港河 수로에서 출토된 당나라 초기 목선,[308] 1975년 산동山東성 핑뚜平度현 신하향新河鄕에서 출토된 수대의 쌍체독목주가 있다 〈그림 196〉.[309]

307 王冠倬, 『中國古船图谱』, 三聯書店, 2000, 인용.
308 앞의 책, 인용.
309 앞의 책, 인용.

Ⓐ 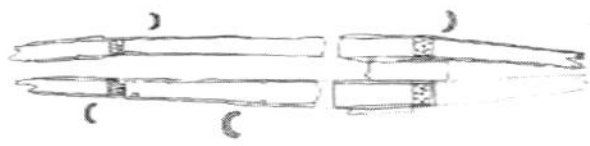	Ⓑ 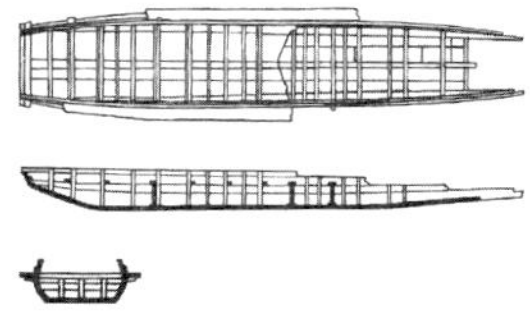	Ⓒ 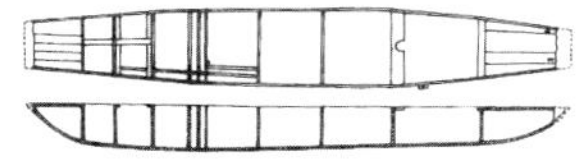
수나라 쌍체독목주 (산동성 핑뚜리 늪지 강가)	당나라 목선 (장쑤 양저우 스챠오진)	당나라 목선 (장쑤 루가오현 마항허 수로)

〈그림 196〉 중국 수 · 당나라 출토 고고학적 자료

Ⓐ산동성 평도현에서 출토된 수대(581-618)의 배는 2개의 선체를 좌우로 나란히 연결한 쌍동선 형식이다. 각 선체는 선수 · 중앙 · 선미 세 부분의 통나무로 나눠져 있으며, 20여 개가 넘는 량梁으로 두 선체를 이은 구조적 형태를 갖추고 있다. Ⓑ장쑤 양저우 스챠오진에서 출토된 당나라 목선은 길이 17.32m, 최대 너비 2.58m, 선창 깊이 1.6m. 총 9개의 선창으로 이루어진 평저형 구조를 갖춘 선박이다. 나무못을 사용하지 않고 철정을 사용하고 있으며 판재로 이루어졌다. 특히 판재의 이음새는 석회와 오동나무기름에 담근 삼실로 메꾸었고, 목판에 철못을 박은 다음 바깥쪽에 석회반죽을 발라 덮은 구조를 갖추고 있다. 당시의 조선기술에서 엿보면 상당히 진보된 기술이라 할 수 있다. Ⓒ장쑤 루가오현 마항허에서 출토된 목선은 길이 18.4m, 최대 너비 4.3m, 깊이 1.3m이며, 총 5개의 커다란 선창과 몇 개의 작은 선창으로 나누어진 구조를 엿 볼 수 있다. 배의 바닥 선실을 목판으로 분리하고, 격판과 외판의 연결 부분에는 판재를 빈틈없이 맞추어 연결하고 철정으로 고정한 다음 틈막이 등의 방법으로 물이 새지 않도록 수밀을 한 구조가 확인된다.

중국은 당시기의 고고학적 자료에서 확인되듯 판재를 만들어 사용하고 있으며, 부재와 부재를 이음하고, 여러 개의 부재를 서로 붙여 철정으로 결구하여 연결하고 있다. 또한 외판의 횡강력을 보강하기 위해 격벽의 구조를 사용하고 있어 그 당시 조선기술이 상당히 발전된 것을 알 수 있다. 특히 조선기술에서 매우 중요한 기술의 혁신이라 할 수 있는 수밀법이 확인된다는 것이다.

일본은 야마가타현山形県 후지시마쵸藤島町에서 나라奈良 · 헤이안平安 중기의 것으로

추정되는 고주(독목주)가 출토되었다. 고주는 길이 11.5m로 삼나무로 제작되었다. 일본의 경우 고고학적 자료에서도 알 수 있듯이 동시기까지 통나무가 지속해서 이어져 오는 것을 알 수 있다.

4) 고려시대

고려시대 한선의 고고학적 자료는 <표 13>에서 알 수 있듯이 구조와 형식에서 기술적 차이가 가장 두드러지게 나타난다. 선재 사용 방법과 형태, 작게는 3재에서 많게는 7열까지 여러 부재를 서로 붙여 연결한 평저형 저판(배밑), 'ㄴ'자 형태 만곡부종통재의 유무, 여러 판목을 붙여 연결한 세로형 선수재, 돛대가 한 대인 단범선이며, 소나무보다 강도가 높은 참나무로 만든 나무못(피삭) 사용, 가룡·차가룡·멍에 구조, 저판과 외판의 이음 및 연결 구조 등에서 변화양상을 확인할 수 있다.

첫 번째, 선재 사용방법과 형태를 통해 변화양상을 찾을 수 있다. 고려시대 한선의 주된 선용재는 소나무이며, 원목을 거의 그대로 사용하고 있는 것이 특징이다. 저판은 굵은 원목의 좌우 측면만을 평평하게 다듬어 사용하고 있는 형태와 비교적 대경재를 사용하여 두껍고 넓게 사면을 다듬어 사용하는 형태가 있으며 이 두 가지 형태는 고려시대 한선의 저판 선용재 사용 방법의 특징이라 할 수 있다.

외판도 고려 초기에서 13세기까지는 원목 그대로 사용하여 세 면, 즉 내면과 밑면, 윗면만 다듬어 사용하다가 이후 외면까지 포함한 사면을 깎아 '판목'으로 만들어 사용하는 기술적 변화양상을 볼 수 있다. 더불어 각 구조에 사용되는 선재는 가공 과정에서 인력이나 불 등을 사용해 인위적으로 휘지 않고, 자연적으로 휘어 있는 나무(선재)를 선별하여 구조와 선형에 맞게 가공하여 사용하고 있다는 것이다. 따라서 고려시대에는 얇고 평평하게 켜거나 다듬어진 판재를 사용하지 않는다.

두 번째, 우리나라 해안의 조차에 따른 자연환경에서 찾을 수 있다. 저판은 적게는 3열에서 많게는 7열로 두껍고 넓게 깎아 만든 곡재를 서로 붙여 연결한다. 형태는 단면상 좌우 변이 평평한 평저형과 측단면상 위로 치솟은 만곡형 선형을 갖춘다. 이는 우리나라 서해

해역의 환경은 수심이 얕고 썰물 때 드러나는 갯벌이나 모래톱 위에 배가 얹힐 때 좌우로 넘어지지 않게 균형을 갖출 수 있는 평저형 구조라 할 수 있다. 또한 배 밑이 넓어 흘수가 낮고 측단면상 만곡형으로 항해와 회전에 적합하도록 갖추어진 구조라 할 수 있다.

세 번째, 만곡부종통재 채택여부에서 찾을 수 있다. 만곡부종통재는 저판과 외판 사이에 서로를 연결하는 구조로 알파벳 'L'자 형과 'ㄴ'자 형태가 있다. 이 구조는 10세기 나주선과 11세기 중 · 후반 십이동파도선, 12세기 초 완도선, 13세기 대부도 2호선에서 나타나며, 대부도 2호선 이후 저판에서 외판으로 직결되는 구조적 변화하는 양상을 찾을 수 있다<그림 197>.

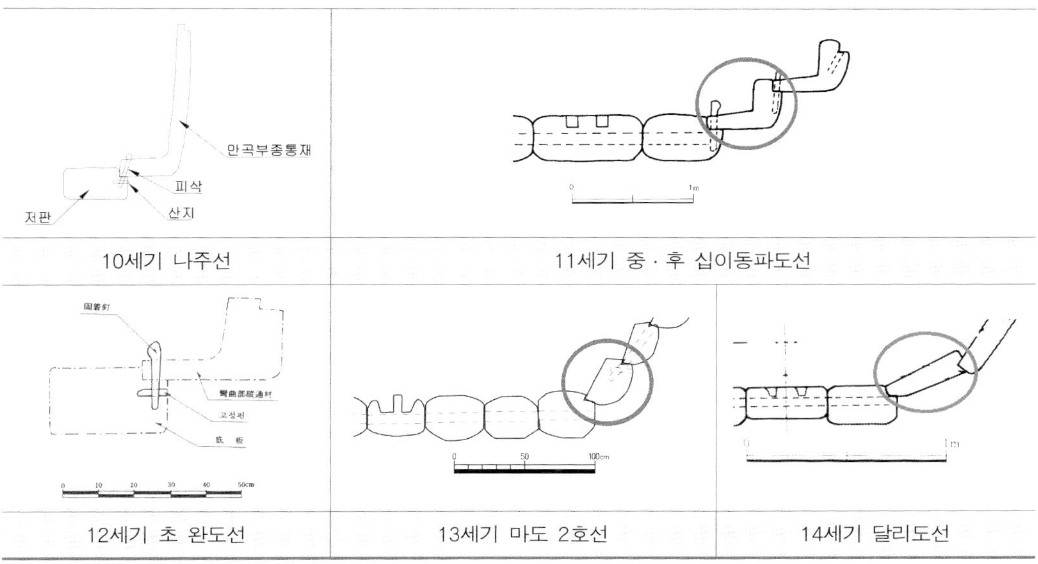

<그림 197> 만곡부종통재에서 판목 구조로 변화과정

고려시대 한선의 고고학적 실증자료를 고려했을 때 13세기 초를 기점으로 기술적 변화가 발생한 것으로 볼 수 있다. 만곡부종통재는 통나무배의 형태가 남아있는 구조적 특징을 가지고 있다. 속을 파낸 통나무배를 종방향으로 등분하면 바로 만곡부종통재의 형태와 동일하기 때문이다. 만곡부종통재는 구조선으로의 변화 초입 단계에서 선저부 폭을 늘려 배

가 안정적으로 항해하고 결과적으로 배의 크기를 늘려 보다 많은 짐을 적재하기 위한 것으로 추정하고 있다.

앞서 언급하였듯이 통일신라시대 안압지선이나 영흥도선, 13세기 고려시대 배에서까지 구조가 확인되고 있다. 만곡부종통재가 사라지고 저판과 외판이 직결되는 구조를 갖춘다. 13세기 중기에 들어 만곡부종통재 구조가 원통형 구조로 발전된 양상을 볼 수 있다. 그 이유는 마도 1호선 등 13세기 중기 이후의 고고학적 실증자료에서 외판 1단이 가공을 최소화하여 원목의 형태 그대로 사용하고 있어 만곡부종통재의 구조적 역할이 13세기 중기 까지 남아있는 것을 수 있다. 14세기에 접어들어야 사면을 깎아 판목을 만들어 완벽하게 저판과 외판이 직결되는 구조로 발전하는 양상을 볼 수 있다.

네 번째, 선수재의 구조와 형태에서 변화양상을 찾을 수 있다. 고려시대 선수재는 저판 선수부 너비에 따라 폭과 높이가 결정되고, 저판이 몇 열을 갖추는가에 따라 선수재의 수도 결정된다. 형태는 직사각형이며 부재는 두꺼운 판목 여러 개를 붙여 세로로 세워 외판과 연결한다. 이와 같은 형태는 항해성이 떨어지기 때문에 이를 보완하고자 저판 선수부 선형을 높게 치솟게 한 구조를 알 수 있다. 고고학적 자료에서는 현재까지 가로형의 선수재가 확인되지 않고 있다.

다섯 번째, 중앙저판의 구레짝 홈에서 찾을 수 있다. 중앙 저판부재에 두 개의 홈은 돛대를 지지하는 구레짝 홈으로 고려시대에는 한 곳에서 확인된다. 따라서 돛대 한 대를 설치한 단범선의 구조를 갖추고 있다.

여섯 번째, 고착 못에서 찾을 수 있다. 고려시대 한선의 고고학적 실증자료 10척에서 확인된 고착 방식은 통일신라시대 사례에서 확인된 쇠못, 철정이 아니라 나무못인 피삭을 모두 동일하게 사용하고 있다. 고착 못의 재질 변화뿐만 아니라 외판과 저판 연결을 위한 피삭과 산지 결구 구조에서도 변화양상을 엿 볼 수 있다. 11~13세기 초로 확인된 고고학적 자료의 경우 저판과 외판을 연결하기 위해 외판은 피삭 구멍을 관통시켜 홈을 파고, 저판은 저판 두께의 절반 정도만 홈을 파서 피삭을 박고 저판의 상부와 측면에서 산지를 박아 피삭이 빠지지 않도록 고정하는 방식을 사용하고 있는 반면에 13세기 중반~14세기 고고학적 자료에서는 외판은 관통 홈을 파고, 저판은 반관통 홈이 아닌 저판 밑 부분까지 관통되게 뚫은 후 피삭을 박고 쐐기를 박아 고정하는 구조로 견고성을 높이는 방식으로 발전한 양상을 볼 수 있다.

일곱 번째, 외판 보강구조에서 찾을 수 있다. 한선은 좌우 횡강력을 보강하는 구조로 가룡, 차가룡, 멍에를 양현에 걸쳐 설치하고 있다. 차가룡은 완도선, 마도1 호선, 마도 2호선, 달리도선, 안좌도선 등 비교적 잔존선체가 많은 사례에서 확인되었다. 차가룡은 좌우 외판을 지지하여 횡강력을 보강하는 것은 물론 당아뿔을 끼워 돛대와 구레짝을 잡아주는 역할도 한다. 차가룡은 13세기부터 확인되는 구조로 지금까지 보고되고 있다. 하지만 12세기 배인 완도선에서는 차가룡 부재편이 잔존하지는 않은 것으로 보고되었으나 확인 결과 외판에서 차가룡 홈 턱을 확인했다. 비록 다른 고고학적 자료에 비해 홈턱의 구조가 작고 형태는 다르지만 구조적 역할은 동일하다. 따라서 12세기에서 13세기로 넘어가면서 차가룡의 크기와 구조가 변화된 것을 볼 수 있다. 뿐만 아니라 12세기에는 차가룡의 홈턱이 작고 13~14세기에는 비교적 홈 턱이 크다. 이는 배의 외판 선형에서 나타나는 형태로 11~12세기 선박보다 13~14세기 배의 외판 기울기가 크고 선체의 부재별 뒤틀림이 크기 때문에 이를 보강하고, 지지하기 위해서는 차가룡을 크게 만들고, 차가룡 양끝에 맞춤 구조를 추가하여 배의 너비를 더 한 것으로 추정할 수 있다.

여덟 번째, 저판의 이음 구조에서도 변화되는 구조를 찾을 수가 있다. 이 또한 11~12세기와 13~14세기로 변화과정을 엿볼 수 있다. 특히 중앙부재에서 확인되는 이음 구조로 11~12세기 선박 자료는 장부이음 방식이 사용되고 있으나 13~14세기 선박 자료에서는 난이도가 한 단계 더 높은 턱걸이 장부이음의 구조 방식이 사용되고 있다. 이러한 변화는 저판의 두께 변화로 인한 것이라 할 수 있다. 턱걸이 장부이음 방식은 사면이 반듯하지 않으면 난이도가 매우 높은 이음 방식이다. 11~12세기 선박은 원통형의 원목에 가까운 부재를 사용하여 이음되는 부분의 치수가 다르기 때문에 장부이음 구조가 적합하고, 13~14세기 선박은 대경재의 사면을 다듬어 이음되는 부분의 치수가 동일하기 때문에 턱걸이 장부이음 방식이 가능하다. 최종적으로 선재 사용과 기술적 진보에서 오는 변화라고 할 수 있다. 이상과 같이 8가지 구조가 통일신라시대 구조선 보다 한층 발전된 양상을 알 수 있다.

Ⓐ

송원시기의 해선
(푸젠 취엔저우시 허우주항 유적)

Ⓑ

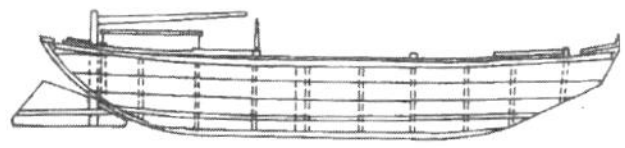

원시기 선박(5호선)
(허베이 즈씨엔 난카이허 장하고도 유적)

Ⓒ

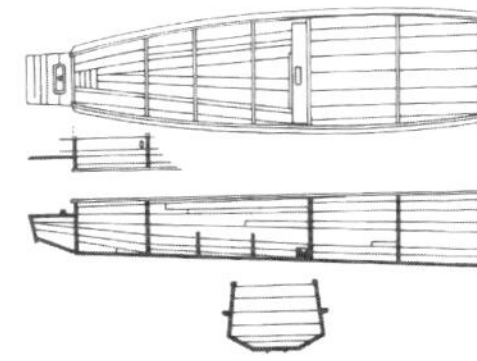

송나라 강선
(상하이 지아딩현의 오송강 유적)

Ⓓ

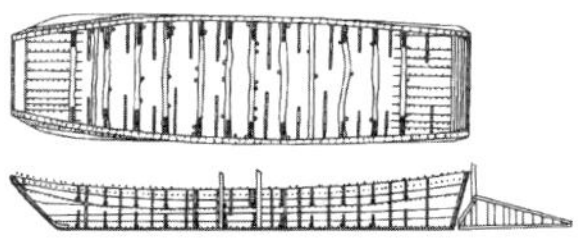

북송 말기의 강선
(티엔진 징하이현 위엔멍커우
옛 운하 유적)

Ⓔ

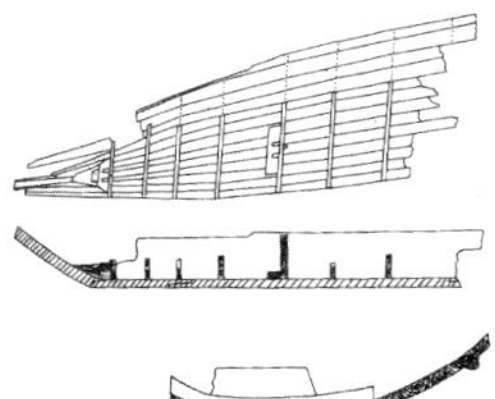

남송시기 용골해선
(저장 닝보어 동먼커우 유적)

Ⓕ

14세기 중 · 후반 목선 4
(산둥성 평라이시 봉래수성 유적)

Ⓖ

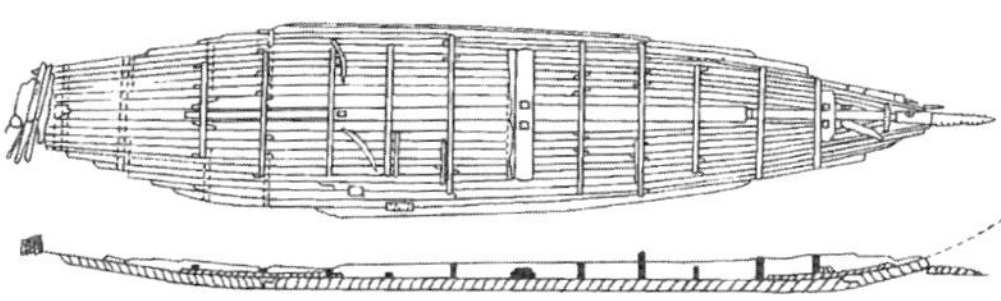

원나라 후기의 전선
(산동 평라이현 평라이수이청 유적)

Ⓗ

원나라 무역선
(전남 신안군 방축리 해역 유적)

〈그림 198〉 중국 남송 · 원나라 출토 고고학적 자료

동 시기 중국의 고고학적 자료는 Ⓐ1974년 8월, 푸젠(복건) 취엔저우泉州시 허우주後渚항 물속에서 출토된 남송 말기의 해선, Ⓑ1975년 허베이河北 즈씨엔磁縣 난카이허南開河 장하고도漳河故道의 원나라 목선 6척, Ⓒ1978년 상하이 지아딩嘉定현의 오송강吳淞江 부근에서 확인된 송나라 강선, Ⓓ1978년에는 티엔진天津 징하이靜海현 위엔멍커우元蒙口 부근의 옛 운하 유적에서 발견된 북송 말기의 강선, Ⓔ1979년에는 저장浙江 닝보어寧波시 동먼커우東門口의 봉화강奉化江 인근 고대 해운부두 유적지에서 발견된 송나라 해선, Ⓖ1984년 산동山

東 펑라이蓬萊현 펑라이수이청蓬萊水城(현지인은 '샤오하이'라고 부름) 서남쪽에서 발견된 원나라 후기의 전선, Ⓗ우리나라 1976~1984년 신안군 방축리 해역에서 발견된 원나라 무역선[310]이 있다. 1987년 광동 양강해역에서 발견된 남해1호南海I号는 남송시기의 상선으로 2007년 발굴되었고, Ⓕ2005년 중국 산둥성山東省 산둥반도 최북단인 펑라이시蓬萊市 소재 고대 항구 유적인 봉래수성蓬萊水城 해안에서 14세기 중·후반 목선 4척(중국 2척, 고려 2척)이 발굴되었다〈그림 198〉.

푸젠 취엔저우시 허우주항 남송 말기의 해선, 저장 닝보어시 동먼커우의 봉화강 송나라 해선, 신안군 방축리 해역에서 원나라 무역선, 산둥성 펑라이시 봉래수성 14세기 중·후반 목선 등은 첨저형 구조를 갖추고 있으며, 용골, 익판, 늑판, 격벽, 연결보강판, 사행늘골, 스티프너, 2대 이상의 돛대, 이중의 외판구조를 갖추고 있다. 수밀에는 오동나무 기름과 석회, 마를 반죽한 재료로 틈을 메운 다음 다시 쇠못[鐵釘]을 박아 단단히 고정하는 방식을 사용하고 있다.

그 반면에 상하이 지아딩현의 공사의 오송강 송나라 강선, 티엔진 징하이 위엔멍커우 북송 말기의 강선, 허베이 즈씨엔 난카이허 장하고도 원나라 목선은 배밑이 평평한 평저형 구조를 갖추고 있으며, 여러 개를 서로 붙인 세로형 선수재와 격벽구조를 갖추고 있고, 쇠못을 사용하고 있다.[311]

일본은 1992년 전라남도 진도군 고군면 벽파리 수로[312]에서 13~14세기 준구조선이 출토되었다. 진도선은 통나무배의 'U'자 형태를 갖춘다. 본체, 선수재, 선미재, 방현재, 격벽재, 장좌, 선미연결재, 선미늑재, 현측판의 구조를 갖추고 있으며 쇠못을 박아 고정하는 방식을 사용하고 있다〈그림 199〉.

---

310 문화재관리국, 『新安海底유물 1』, 1983.
311 王冠倬, 『中國古船圖譜』, 三聯書店, 2000.
312 국립해양유물보존처리소, 『진도 벽파리 통나무배 발굴조사 보고서』, 1993.

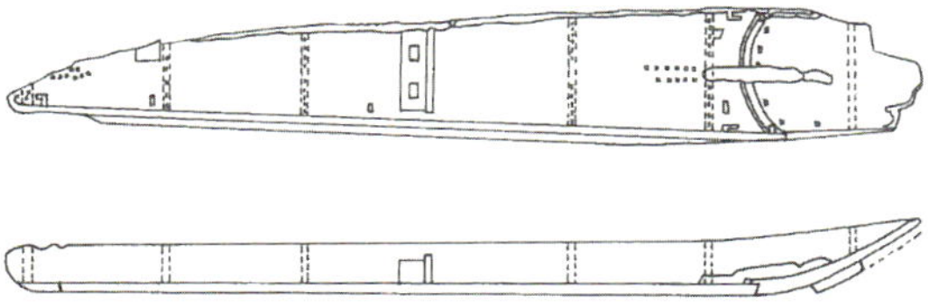

〈그림 199〉 일본 13~14세기 준구조선

동 시기의 중국과 일본 고고학적 자료는 고려시대 고고학적 자료와 비교해 볼 때 확연히 다른 구조를 갖추고 있는 것을 알 수 있다.

5) 조선시대

조선시대 고고학적 한선 자료를 통해 구조의 변천 과정을 살펴보면, 조선 초기 한선은 고려시대 한선의 선체 구조와 형태를 그대로 이어받아 구조와 형태가 동일하다. 다만 고려시대에 비해 외판 두께가 얇아지고 내외면을 다듬는 형태로 변화가 생긴다. 또한 고려시대 세로형의 선수재가 조선시대에는 가로형이 나타나며, 한 대의 돛대가 두 대의 돛대를 갖추고 있는 점, 나무못과 쇠못을 사용하고 있어 변화의 과정을 엿 볼 수 있다.

동 시기 중국의 고고학적 자료는 2015년 중국 시사군도西沙群島 산호도珊瑚島 청대 중·후기 무역선[313]과 2010~2012년 중국 광동성廣東省 산두시汕頭市 해역에서 명 시대 초기 무역선과 명 시대 후기 선박이 출토되었다. 그중 최근 출토된 나아오 1호선의 구조를 살펴보면 송대 해선 및 원대 무역선과 동일한 중국 전통 조선기술에서 나타나는 첨저형의 구조를 갖추며, 용골, 늑골, 격벽, 연결보강판, 돛대 받침인 장좌 등의 구조를 갖추고 있다.[314]

313 張治國, 「수중문화유적 보호 및 활용에 관한 논의-산호도 침몰선 유적 사례」, 『2018 수중문화유산 국제학술대회- 수중문화유산 조사 및 보존연구의 최신 성과와 향후 과제』, 국립해양문화재연구소 · 국가문물국 수하문화유산보호중심, 2018, 230~265쪽.

314 국립해양문화재연구소, · 광동성박물관, 『명나라 무역선, 나아오 1호』, 2016.

이상과 같이 동 시기의 중국 또한 송 · 원대 조선기술이 그대로 적용되어 우리나라 고려시대에서 조선시대로 전승된 구조와 같이 동일한 구조를 갖추고 있어 큰 틀에서는 변화의 과정을 찾을 수 없고, 한 · 중 · 일 간 선박의 구조는 확연히 다르게 나타나는 것을 알 수 있다.

2. 한선의 구조적 특징

우리나라에서 육상 및 해상에서 출토된 한선의 고고학적 직 · 간접자료는 출토지가 명확한 29건과 출토지가 불명확한 주형토기 20점이 해당한다. 출토된 양상은 통나무배 선편에서부터 주형 토제품, 암각화, 주형 토기와 목기, 준구조선 선편, 구조선으로 시기별 구조적 특징이 나타난 것을 알 수 있다.

이와 같은 고고학적 직 · 간접자료에서 확인된 통나무배, 준구조선, 구조선으로 구분하여 구조적 특징을 살펴보기에 앞서 구분 방식에 대해 정의하였다.

아름드리[大徑材][315] 원목 한 그루를 베어 구유처럼 속을 파내고 'U'자 형태의 단면 구조와 평저 및 만곡형의 측단면 선형을 갖춘 배[舟]를 통나무배로 구분하였다.

배밑을 통나무배 구조와 선형을 그대로 가져가면서 상장구조(현측재, 수판 등)와 형태를 갖춘 배를 준구조선으로 구분하였다.

여러 개의 원목 나무를 쓰임새에 맞게 다듬어 나무못이나 쇠못으로 서로를 연결하여 형태를 갖춘 배[316]를 구조선으로 구분하였다〈표 58〉.

---

315 말구직경이 30㎝ 이상인 원목.

316 선재를 두껍고 넓게 사면을 다듬어 3열 이상의 여러 개의 부재를 서로 연결하여 넓게 갖춘 배밑(저판) 구조와 곡(曲)이 있는 원목 선재를 내면과 상 · 하부면을 다듬거나 또는 두껍고 넓은 판목으로 만들어 저판 현측면 위로 올려 단을 이루는 외판구조, 좌 · 우 현측 외판을 뚫어 끼우거나 걸쳐진 가로목(가룡, 차가룡, 멍에)으로 횡강력을 보강하는 구조, 두꺼운 판목을 세우거나 눕혀 평평한 선수 형태의 구조, 얇은 판재를 가로로 올린 평평한 선미 형태의 구조, 용도에 따라 상장의 구조를 갖춘 구조, 나무못이나 쇠못을 박아 결구하면서 선박의 구조와 형태를 갖춘 구조선.

〈표 58〉 한선의 발전 유형별 형태

시대 / 구분	신석시시대		철기시대		삼국시대 가야 및 신라	
	유형 I	유형 II	유형 I	유형 II	유형 I	유형 II
형태						
구조	통나무배				통나무배, 준구조선	

삼국시대	고려시대		조선시대	
통일신라	초기~중기	중기~후기	초기	후기
유형 I	유형 I	유형 II	유형 I	유형 II
 	     	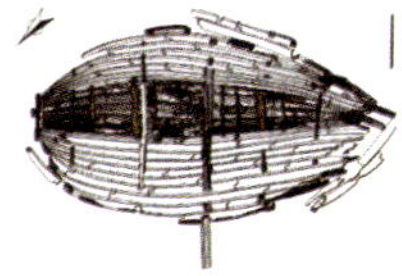  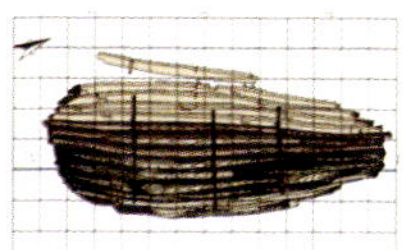  	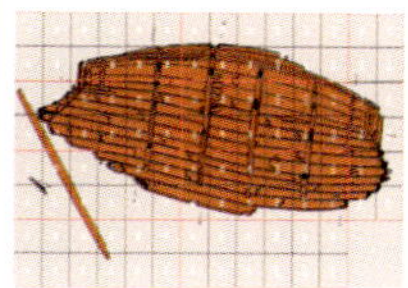	 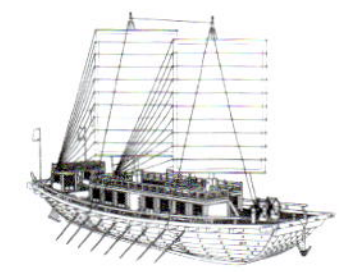   
구조선				

〈그림 200〉 11세기 십이동파도선 단면 형태

〈그림 201〉 12세기 초 완도선의 단면 형태

〈그림 202〉 13~14세기 달리도선의 단면 형태

한선의 시초는 신석기시대 비봉리 유적에서 출토된 2편의 선체를 통해 추정컨대 통나무배로부터 시작된다고 하겠다. 삼국시대에는 신석기시대와 동일한 통나무배와 통나무배의 구조를 그대로 두고 상부구조를 올린 준구조선으로 변화되고 통일신라시대에는 여러 개의 나무를 속을 파내어 서로 붙여 배밑을 이루고 현측판을 쇠못과 나무못으로 결구하여 올린 것이 구조적 특징이 나타난다. 고려시대에는 통나무배 원형이 삼국시대를 거쳐 고려시대까지 나타난다. 그 원형의 구조는 만곡부종통재라는 부재이다. 〈그림 200, 201〉에서 알 수 있듯이 만곡부종통재가 있는 구조는 박스형으로 나타나고, 13~14세기에 들어 〈그림 202〉과 같이 곡선형으로 구조 및 형태가 변화되는 양상을 살펴볼 수 있다.

고려시대 한선의 선형은 〈그림 203〉와 같이 만곡형의 선형을 알 수 있다.

고려시대 한선의 구조별 변화양상에서 나타나는 특징을 세부적으로 살펴보면, 먼저 저판은 선박의 기초로서 선형을 결정짓는 가장 중요한 구조라 할 수 있다. 선박의 사용 지역과 용도, 선박의 크기에 따라 다르게 나타나지만 고려와 조선시대 저판의 구조와 기능은 별반 다르지 않다. 다만 출발지가 어느 곳인지에 따라 저판의 구조는 약간 다른 형태가 확인되고 있다. 즉 마도 1, 2, 4호선의 경우 출발지가 해남, 나주, 장흥, 고창지역으로 이 지역은 조수간만의 차가 심하고 갯벌이 나타나는 서남해 해안으로 물이 빠지면 선박이 갯벌 위에 얹히기 때문에 저판은 좌 · 우 단면상 평저형이며, 선수와 선미의 단면상 형태가 겹치지 않고 '一'자형의 쪽매방식으로 연결된다. 마도 3호선의 경우 출발지가 남해, 여수 등으로 해안이 깊고 갯벌이 들어나지 않은 해안으로 선박이 물위에 떠 있기 때문에 좌 · 우 단면상

〈그림 203〉 고려시대 한선의 구조(마도 1호선)

평저형이지만 빠른 항해와 파고에 적합하도록 선수 쪽과 선미쪽에 연결되는 부재들을 단면 형태가 서로 겹쳐 포개지는 '凸'자 형태를 갖추고 있는 것이 특징이다.

저판의 기본구성은 배의 크기에 따라 적게는 3열에서 많게는 11열을 갖추고 있는 것이 수중에서 출토된 실증자료나 문헌과 회화자료에서 확인된다. 이음과 연결방식 또한 크게 변화되지 않은 것을 알 수 있다. 이음은 1열을 갖추기 위해 필요한 길이 만큼 부재를 이어주는 방식을 말한다. 지금까지 확인된 이음방법은 '장부이음', '턱걸이 장부이음', '반턱이음(가로형, 세로형)', '맞댄이음'이 고려와 조선시대에도 적용하고 있는 것을 알 수 있다.

연결방법으로는 저판 옆면에 사각형의 구멍을 일직선으로 수평하게 뚫은 후 장삭을 박아 좌·우 대칭되게 맞추고 상부면에서 산지로 고정하거나 측면에서 '벌림쐐기' 또는 '쐐기'를 박아 고정하는 방식으로 연결되는 것을 알 수 있다〈그림 204〉. 조선시대 1822년(순조 22) 사견선 제작과정을 기록한 『헌성유고』의 내용을 보면 동일한 구조를 갖추고 있는 것을 알 수 있다. 그 내용은 아래와 같다.

배밑은 너비가 한一자 반半이 되는 네모진 통나무를 옆으로 열한 개를 잇고 가새(장삭)를 박는다.

이와 같이 조선시대 후기에도 고려시대에 사용된 저판구조는 큰 변화 없이 이어지고 있는 것을 문헌을 통해서도 알 수 있다.

〈그림 204〉 고려 및 조선시대 한선의 저판구조

외판구조의 기술변화는 선재 사용에 있어 두께와 가공기술에서 변화과정을 엿 볼 수 있으나 기능은 동일하다. 각 열의 이음은 '반턱이음'과 '맞댄이음'방식이 동일하게 적용되고, 저판과 연결되는 방법은 '턱붙이 클링커식'과 '쪽매방식'이 사용되고 있다. 외판의 각 단의 연결구조는 '턱붙이 클링커식' 방식이 동일하게 사용되고 있어 큰 변화요인은 찾을 수 없다. 특히 이와 같은 구조는 1910~1927년 조선총독부가 조사한 우리나라 어선에서도 알 수 있듯이 '턱붙이 클링커식'과 '쪽매방식'이 확인되고 있어 판목을 사용한 외판의 연결구조는 조선기술이 그대로 전승된 것을 알 수 있다, 단 외판에 사용된 부재의 형태가 〈그림 205〉와 같이 변형된 것을 알 수 있다.

시기 구조	12~14C		15C	조선후기
외판 구조				

〈그림 205〉 고려 및 조선시대 한선의 외판구조

선수부재 경우는 확연히 다르게 나타난다. 수중에서 출토된 고려와 조선시대 선수부재는 가로형과 세로형 두 가지 유형의 구조가 확인된다. 고려시대 마도 1, 2, 3호선에는 세로형이며, 조선시대 마도 4호선에는 가로형의 형태를 갖추고 있다. 출토된 자료만을 보더라도 시대에 따라 확연히 다르게 나타나는 것을 알 수 있지만, 조선시대 문헌과 회화자료를 통해 살펴보면 가로형과 세로형이 같이 나타나기 때문에 시대별 변화과정이라 할 수 없고 같이 공존하는 방법이라 할 수 있다. 『헌성유고』에 내용을 보면 조선후기까지도 세로형의 구조가 사용되고 있는 것을 알 수 있다.

선수는 세로 방향으로 대어 막는다. 한가운데에 곡목을 세우는데 아래는 배밑 사이에 꽂아 넣는다. 양 옆으로 각각 세 개의 곡목을 세운다. 가새를 옆으로 일곱 군데에다 박아 잇는다. 쇠못, 꺾쇠, 거밀못, 대갈못, 넓적쇠 등을 함께 쓴다.

처음으로 조선시대 고고학적 한선의 실증자료가 출토되면서 선수부재의 구조가 고려시대 선수부재 구조와 비교 할 수 있어 중요한 자료가 확인됨으로써 그 의미는 매우 크다고 할 수 있다. 고려시대 세로형의 선수부재 연결구조는 우리나라 목조건축에 대문 널 연결을 위해 적용되는 '은살대꽂기' 방식이 사용되고 있다. 조선시대 가로형 선수부재 각 단의 연결방식은 '맞댄쪽매' 방식과 '반턱쪽매'[317]방식이 사용되고 있다. 선수부재가 외판부재와 연결하는 방식은 세로 및 가로형과 동일한 연결구조로 좌 · 우 측면에 '톱날형' 홈턱을 만들어 외판과 연결되는 방식을 사용하고 있다<그림 206~207>.

특히, 마도 4호선에는 우리나라 최초로 선수부재를 보강하기 위해 맨 앞에 설치되는 가룡 중앙부분 홈에 '목정'이 박혀 있는 것이 확인된다. 이 목정은 선수부재에도 확인되는데 발굴 당시 목정이 서로 연결되어 있었다. 이는 가룡이 설치된 높이의 위치만큼 선수부재 2단 중앙부분에 목정의 크기 만큼 위치에 나무못이 박혀 있으며 앞쪽에 목정이 박혀 도출된 것이 확인된다. 이는 고려시대 직접자료의 세로형 구조에서 확인되지 않은 매우 독특한 구조라 할 수 있다.

---

317 판재의 위아래를 두께의 반 만큼 턱지게 깎고 서로 반턱이 겹치게 물려 연결하는 방식을 쪽매방식이라 한다.

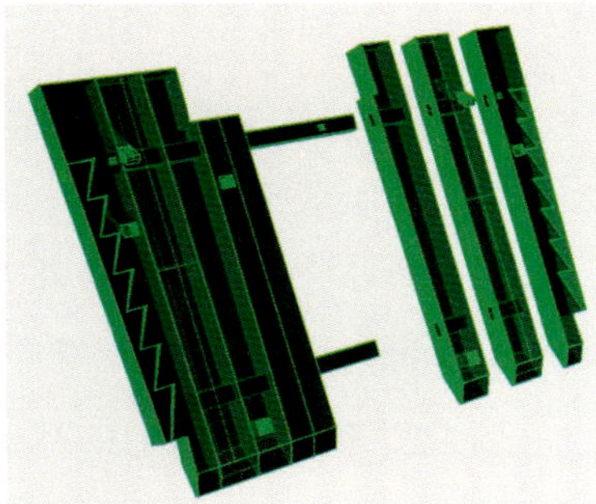

〈그림 206〉 선수의 구조

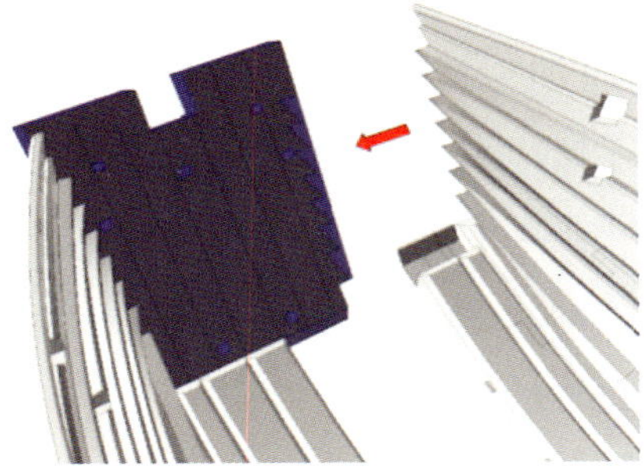

〈그림 207〉 선수재, 외판, 저판 연결구조

이 구조가 선수부재를 보강하기 위한 구조로 단정하기에는 아직 이르다. 다만, 1763년(영조 39)에 통신사 조엄趙曮 일행이 타고 간 배가 오사카大阪 항구에 정박하고 있던 것을 보고 그린 그림인 「조선통신사정사관선도」에서 선수 쪽에 일률적인 가룡과 선수부재에 일정하게 목정이 박혀 있는 구조가 확인된다. 마도 4호선의 가룡과 선수부재가 가지는 의미는 위 회화자료와 유사한 구조로 해석할 수 있지만 단정하기 이르다〈그림 208〉. 보다 명확하게 밝히기 위해서는 출수 후 확인이 가능하기 때문에 그 가능성만 시사하고자 한다.

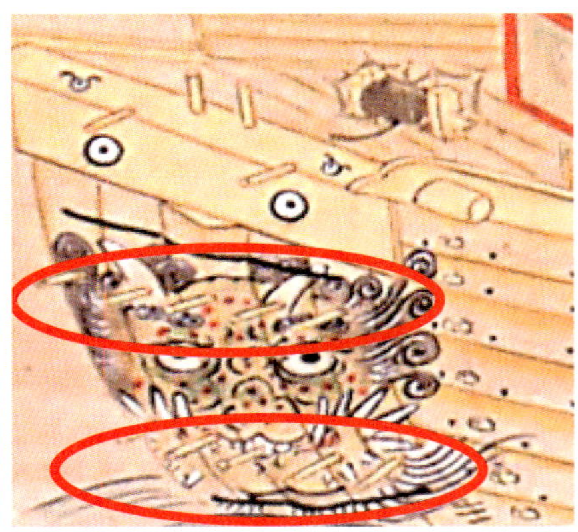

〈그림 208〉 「조선통신사정사관선도」 선수 목정 구조

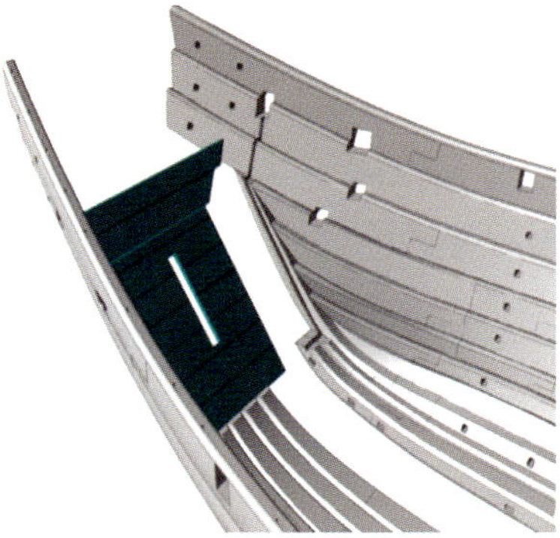

〈그림 209〉 선미재 연결구조

선미재의 구조는 비교적 얇은 판재가 가로형으로 설치된다. 연결방식은 '맞댄쪽매'로 서로 연결되며 각 단을 이룬다. 선미재 연결방식은 첫 번째 유형은 선미쪽 외판 각 단에 'ㄷ'자 형태의 홈턱을 만들어 선미판을 홈턱에 끼워 연결하는 통홈물림방식의 구조와 두 번째 외판 1단이 단일재로 구성되어 위로 휘어 올라가는 구조에 'ㄷ'자 형의 홈턱을 만들어 선미판을 홈턱에 끼워 연결되는 통홈물림방식의 구조로 나눌 수 있다〈그림 209〉.

이 두 가지 유형의 구조는 조선시대 후기까지 변화되지 않고 지속적으로 유지되면서 함께 사용되어지는 것을 알 수 있다. 이는 문헌을 통해서도 확인된다. 여몽연합군의 일본 원정 시 사용된 고려전함,[318] 조선시대 『각선도본』의 전선 등에 새꼬리 모양의 치솟는 선미가 나타난다.[319] 특히 『헌성유고』에 나타나는 사견선使遣船의 전개도에 단일재의 선미 외판 부재가 6단 끝까지 치솟는 형상을 확실히 보여준다.[320] 좌 · 우외판이 벌어지는 것과 선미판이 빠지지 않게 하기 위해 외판 'ㄷ'자 형 홈턱에 사각 구멍을 뚫어 목정의 구조물을 가로

318 『蒙古襲來繪詞』.

319 『各船圖本』의 戰船.

320 『軒聖遺稿』의 使遣船은 외판 2단이 단일재로서 외판 끝까지 치켜 올라간 모습을 볼 수 있다. 사견선은 대형 규모이고 높이가 있기 때문에 2단부터 올렸지만 그보다 소형선인 달리도선은 1단에서 올려도 충분히 선미 높이를 감당할 수 있다고 보여진다.

질러 박고 끝 부분에 좌·우로 바라지지 않도록 방두[321]산지 구조방식의 연결구조가 접목되어 사용되고 있다.

횡강력 구조로 가룡, 차가룡, 멍에의 구조가 있는데 현재까지 멍에[322]는 출토되지 않았다. 가룡은 멍에 밑에 설치되는 것으로 좌·우 외판을 고정하는 역할을 한다. 좌·우 외판의 각 단마다 사각형의 구멍에 연결되는 구조이다. 서양 배는 늑골, 중국 배의 경우는 격벽과 같은 기능·역할을 하는 구조라 할 수 있다. 하지만 우리나라 한선의 가룡 형태는 원통형 목재를 가공하지 않고 좌·우 양끝만 사각으로 가공하고, 강도가 높은 나무를 선별하여 사용되었으며, 조선기술이 발달하면서 원통형이 사각형의 구조로 변화된다. 조선시대 마도 4호선에서 확인된 차가룡은 돛대가 설치되는 구간에서 확인된다. 특히 구레짝과 돛대를 잡아주기 위해 당아뿔이 각 단마다 설치된 것이 처음으로 확인된다. 고려시대 실증자료에서도 당아뿔은 확인되지만 외판의 각 단마다 설치되는 것이 아니라 4단 이상부터 차가룡에 당아뿔이 확인된다. 당아뿔은 앞에서 설명하였지만 돛대를 눕히고 세울 때 당아뿔을 하나하나 제거와 설치해야 하는 단점이 있다 그 반면에 단단히 보강하고 있어 견고성에는 매우 뛰어난 구조라 할 수 있다. 당아뿔은 '='자형과 갈고리형 두 가지 유형의 구조가 나타나며 이 구조는 동력선이 보급되기 이전까지 전승되어 진다.

차가룡의 구조는 12세기 초 완도선에서 <그림 210-①>과 같은 구조와 형태가 확인된다. 13~14세기 달리도선과 안좌선에서 확인되는 외판에 'ㅁ'자 형태의 홈턱이라기 보다는 좌측은 일자형에 우측은 삼각형으로 차가룡을 끼워 움직이지 못하게 측면에서 고정하는 '주먹장맞춤' 구조<그림 210-②>인 반면에 조선시대 초기에는 내측 보다는 외측의 홈턱을 보다 더 깊게 파고, 밑면이 역삼각 형태의 '빗걸침턱맞춤'하는 방식과 'ㅁ'자 형태의 삼면이 동일한 평직한 홈턱을 끼워 맞추는 방식을 사용하여 차가룡을 끼워 맞춤 후 나무못으로 결속시

---

321 내민장부가 빠져 나가지 않게 옆에서 꽂는 산지.

322 멍에는 배에서 대들보 역할을 해주는 부분으로 외판 끝단 맨 위에 걸친 구조이다. 멍에는 배의 종류와 용도 그리고 배의 크기에 따라 설치되는 수가 달라진다. 즉 갑판에 다른 시설물들이 만들어지면 상부구조를 단단히 받치기 위해서 멍에 숫자를 늘리기도 하고 시설물이 없고 용도가 간단하면 멍에수가 줄어든다. 멍에의 두께 및 너비는 배의 크기와 용도에 따라 다르게 사용된다.

킨다〈그림 210-③〉. 이는 차가룡을 견고히 외판과 연결하기 위한 기능을 추가한 발전된 양상을 볼 수 있다.

① 12세기 초 완도선 | ② 13~14세기 달리도선 | ③ 조선 초기 마도 4호선

〈그림 210〉 고려 및 조선시대 한선의 차가룡 구조

나무못과 쇠못의 변화과정은 고려시대에는 내부에서 결구한 피삭(나무못)과 외부에서 결구한 피삭이 사용되었으나, 조선시대 마도 4호선은 고려시대와 동일한 내부에서 결구한 피삭과 개삭에 쇠못鐵釘이 사용되었다는 것을 알 수 있다. 쇠못은 이제껏 우리나라 연안 수중에서 출토된 실증자료에서 처음으로 확인되는 못의 구조로서 그 의미가 매우 크다. 특히 나무못과 쇠못은 조선기술면에서 가장 큰 변화이고 발전이라고 할 수 있다. 『세종실록』, 『성종실록』, 『정조실록』 등 문헌에 기록된 내용을 요약하면, 상장 부분은 모두 쇠못을 사용하고 외판 흘수지점을 기준으로 위는 쇠못을 사용하고 흘수 아래 부분은 나무못을 사용하였다. 나무못과 쇠못의 장단점에 있어 나무못은 신조한 후 일정한 기간이 지나면 그것을 모두 해체하여 부식된 부분을 개삭하고, 다시 조립하여 사용하였는데, 이 경우 나무못은 쇠못과 달라서 선재를 나무못 홈 부분을 그대로 쓸 수 있는 반면에 쇠못을 사용하게 되면 쇠못이 부식되어 기존 못구멍을 사용할 수 없고 선재로서 사용되지 않아 버려야 한다고 기록[323]되어 있다. 또한 쇠못의 사용은 개삭에는 적합하지 못하지만 견고성에서 선박의

323 備邊司謄錄 55冊 肅宗 30年 6月 3日條.

수명을 길게 할 수 있다는 장점으로 인해 사용된 것으로 기록되어 있다. 따라서 조선시대 마도 4호선의 쇠못은 위에서 언급한 내용과 일치한다.

외판의 형태 및 선체에 사용된 못의 변화 과정은 〈그림 211〉과 같이 나타난다.

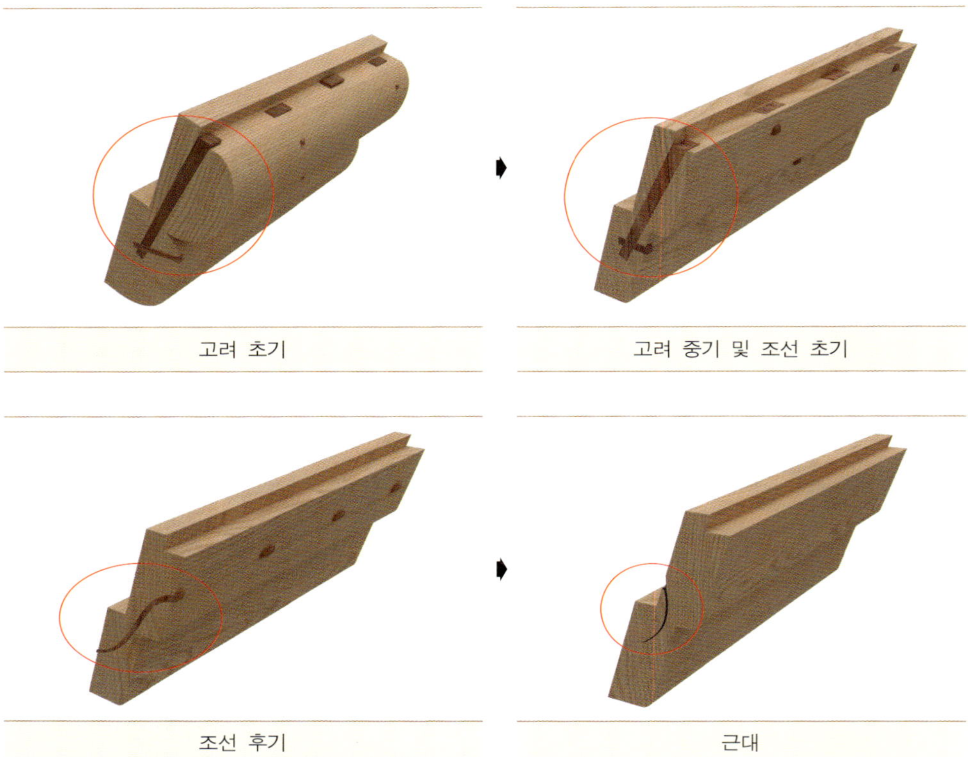

〈그림 211〉 외판의 형태 및 못의 변화 과정

「(左尹 尹)就商曰 他道造船之法 皆以眞木爲釘 改築之時 還用其舊穴 故雖頻數改造 小無所妨 而嶺南則造船之法 與地道不同 不用木釘 以鐵釘用之 改槊之時 棄其舊穴 故限滿則元無改槊之事 仍作等棄之物」
1704년(숙종 30)에 한성 좌윤 윤취상이 타도의 조선법은 모두 진목을 정으로 쓰므로, 개삭할 때는 그 구혈을 다시 쓸 수 있고, 그러므로 자주 개삭하여도 무방하지만, 영남은 조선법이 타도와 달라서 목정을 쓰지 않고 철정을 쓰는데, 개삭할 때는 구혈을 버려야 하므로 기한만 차면 개삭하지 못하고 버려야 한다.

3. 한선의 평저선론 검토

고려 및 조선시대 고고학적 한선의 자료에서 확인되듯 배밑 저판은 통나무 원목을 사면만 다듬어 평평하게 배의 크기에 따라 3열에서 15열로 배치하고 긴 나무못과 짧은 나무못인 장삭으로 결구하여 연결한 평평한 단면상 구조이기 때문에 평저선으로 보는 것은 타당하다. 이에 김재근이 주장하는 평저선론 용어에 대해 별다른 의견은 없다. 다만, 김재근이 주장하는 평저선론의 정의에 대한 문제점을 제기하고자 한다.

첫 번째, 평저선론을 주장하게된 대상자료에 대한 시기의 문제이다. 평저선론에 대상자료를 일제강점기의 서해지역에서 활동한 어선[324]에 대한 조선기술의 내용과 그림, 그리고 전라남도지역의 진도군 조도면 관매도리 석수어정선망 어선(이하 관매도어선)의 일반 배치도GENERAL ARRANGEMENT, 중앙횡단면도MIDSHIP SECTION, 평안북도 철산군 정해면 등곶동량어선[325](이하 등곶동량어선)의 일반 배치도, 중앙횡단면도 등을 통해 우리나라 한선을 통칭하여 평저선으로 해석하였다는 것이다.

뿐만 아니라 수중 출토 선박인 완도선을 통해, 저판의 만곡은 후대의 한선에서는 찾아볼 수 없다라고 하였다. 즉, 이 내용은 고려시대가 아닌 조선시대 후기에는 저판의 측단면상 만곡형은 없고, 측단면상 평저형의 구조를 갖추고 있다는 내용이다. 이렇듯 고려시대 완도선의 고고학적 자료가 존재 함에도 꼼꼼하게 살피지 못하고 평저선론의 정의를 조선시대 후기 관매도어선과 등곶동량어선의 구조와 형태를 중심으로 정의하고 있다는 것이다. 『어선조사보고서』에는 전통 어선을 재래식으로 표현하고 있고 일본인에 의해 새로 만들어진 어선을 개량식으로 표현하고 있다. 김재근은 또한 "한국의 전통적인 재래식 주선은 그 선종과 연대 여하를 막론하고 모두 동일한 구조방식, 두껍고 평탄한 저판을 밑에 깔고 외판을 붙이고 가룡을 설치한 방식으로 건조되어 있다. 그와 같은 선형 · 구조는 한마디로 평저선 구조平底船構造라 할 수 있다."라고 표현하고 있다는 것에 비추어 볼 때 조선후기 서남해지역

---

324 김재근, 『우리 배의 역사』, 서울대학교출판부, 1989, 13~15쪽.

325 김재근, 『한국선박사연구』, 서울대학교출판부, 1984, 3~5쪽.

과 평안도지역에서 활동한 어선의 구조를 통해 평저선론을 주장한 것으로 추측할 수 있다.

두 번째 평저선 정의에 대한 문제이다. 김재근이 평저선론을 주장하기 위해 참고한 자료는 진도 관매도 어선의 단면<그림 212>과 저판구조도<그림 213>를 제시하였다. 이와 같은 구조는 전후좌우 모두 평평한 평저형의 구조라 할 수 있다. 특히 이와 같은 평저형의 구조는 선수재가 세로형이 아닌 가로형 구조에 적합한 구조라 할 수 있다. 즉, 세로형은 저판에서부터 들어올린 만곡형의 선형을 갖추는 반면에 가로형은 선수재에서 곡선의 선형을 갖추는 구조이기 때문이다.

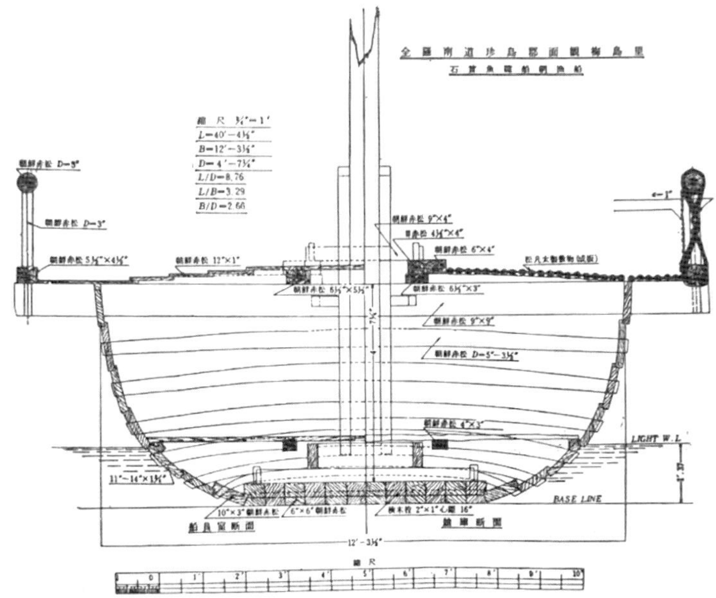

〈그림 212〉 진도 관매도 어선의 단면도

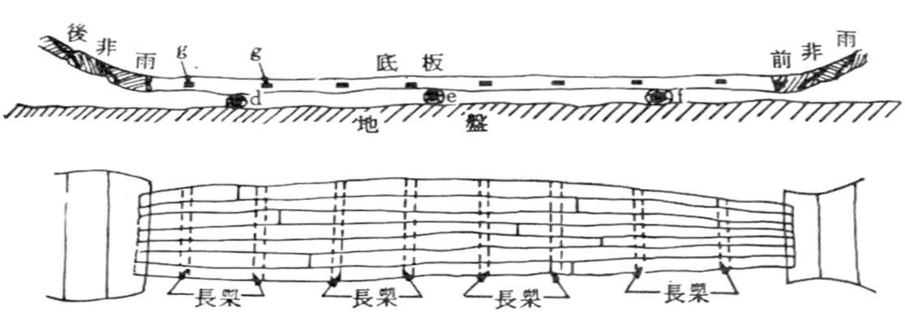

〈그림 213〉 저판구조도

이는 조선시대 후기에 어선에서 나타나는 평저형의 구조라 할 수 있다. 고고학적 실증자료에서 확인된 고려와 조선시대 저판의 경우는 좌 · 우 평저형과 전 · 후 만곡형을 갖추고 있다. 이와 같은 저판 선형은 그 당시 김재근도 충분히 이해하고 있었다는 것이다. 그런데도 불구하고 전후좌우를 모두 평저선으로 정의한 것이다. 이에 따라 우리나라 지자체에서 복원되고 있는 거북선, 판옥선 등은 모두 전후좌우 평저형으로 제작되어 박스형처럼 투박하고, 곡선의 선형이 부족하여 항해성능과 복원 성능이 부족한 유형으로 복원되고 있다는 것이다. 따라서 우리나라에서 출토된 선박인 통일신라시대 2척, 고려시대 11척, 조선시대 1척의 배에서 공통적으로 적용하고 있는 저판의 형태는 좌 · 우 단면상 평저형과 전 · 후 측단면상 만곡형이기 때문에 평저선론의 정의는 바꾸어야 된다고 본다.

저판 형태에 대해 추가적으로 부연 설명 하자면 1754~1781년 사이 여암 신경준이 상소한 『병선론』의 기록에서도 확인이 가능하다. 누선의 저판(저판) 곡직도號樓船本板曲直之圖, 저판 넓이에 대한 도면本板廣狹之圖, 누선 전체 도면樓船全體之圖 사료에서 보듯이 저판의 형태는 단면상 저판 중앙이 넓고, 선수가 선미보다 조금 넓은 평저평[326]을 갖추며 측단면상 만곡형을 갖추고 있는 것을 알 수 있다〈그림 214〉.

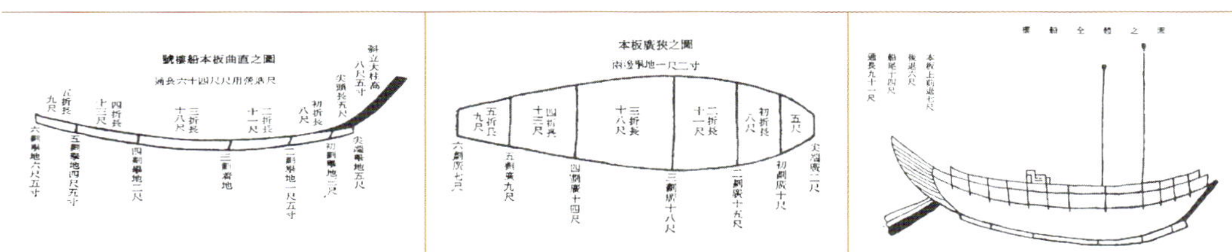

누선의 저판 곡직도 | 저판 넓이에 대한 도면 | 누선 전체 도면

〈그림 214〉 『병선론』의 누선

326 선수의 너비 初折長八尺(초절은 길이 8척), 중앙의 너비는 三劃廣十八尺(삼획은 너비 18척), 선미의 너비는 六劃廣七尺(육획은 너비 7척).

이렇듯 1750년에도 누선의 단면 형태는 좌 · 우 평저형과 전 · 후 만곡형의 저판 선형을 갖추고 있는 것을 알 수 있다.

저판 구조는 우리나라 연안 수중에서 출토된 고려 및 조선시대 한선의 고고학적 실증자료에서 공통적으로 나타나는 구조와 형태이다. 아름드리 통나무를 두껍고 넓게 사각으로 다듬어 적게는 3열에서 많게는 15열을 서로 연결하여 형태의 구조를 갖추고 있다. 조선시대 후기에 조사된 어선에서도 평저형의 구조가 나타나고 있다. 따라서 평저선론에 대해서는 부력이 중심이되는 단면상 좌 · 우 형태가 평평한 '평저형'의 구조를 갖추는 반면에 항해성능과 회전성능, 복원성능, 타의 기능을 높일 수 있는 전 · 후 만곡형의 저판 선형을 갖춘 형태로 전후좌우 평저형이 아닌 좌우 평저형과 전후 만곡형으로 보는 것이 타당하다.

조선공학적 분석[327]을 통해 전후좌우 평저형(Ⓐ형)과 전후 만곡형 및 좌우 평저형(Ⓑ형)의 두 가지 선형에 대해 항해 시 저항성능을 분석해 보더라도 Ⓑ형의 구조적 선형이 저항 성능이 좋게 나타난다.

조선시대 통신사선을 대상으로 살펴보면 Ⓐ · Ⓑ형의 3D모델링 데이터를 바탕으로 Gridgen Ver 15. 17을 활용하여 3차원 격자를 생성하고, 생성된 격자는 ANSYS Fluent Ver 15 프로그램을 이용하여 자세를 고려하지 않고 각 속도별 저항계산을 수행한 결과 수치계산을 위한 대상선박은 Ⓐ형과 Ⓑ형으로 주요요목<표 59>과 3차원 모델링 데이터는 <그림 215, 216>에 각각 나타내었다. 범장항해 선박은 속도가 빠르지 않기 때문에 만재 및 경하상태 조건에서 2Knot부터 6Knot까지 수치계산을 실선 스케일로 수행해 보았다. 수치계산 범위가 저속구간이기 때문에 자세 변화가 크지 않기 때문에 만재 및 경하상태 조건의 흘수에서 자세를 교정하여 수치계산을 수행하였다.

327 국립해양문화재연구소, 「조선통신사 정사기선」, 『전통선박 조선기술 VI』, 국립해양문화재연구소, 학술총서 제55집, 2019, 56 ~76쪽.

〈표 59〉 조선통신사선 주요요목

조선통신사 정사기선	Ⓐ형		Ⓑ형	
	만재상태	경하상태	만재상태	경하상태
수선간장[LBP(m)][328]	29.880	29.880	29.880	29.880
수선장[Lwl(m)][329]	27.695	27.455	27.189	26.960
배의 너비[B(m)]	9.500	9.500	9.500	9.500
흘수 높이[T(m)]	1.145	1.078	1.159	1.094
변위[Displacement(㎥)][330]	147.00	136.00	147.00	136.00
침수 표면적[Wetted surface area(㎡)][331]	180.6	175.6	184.8	179.8

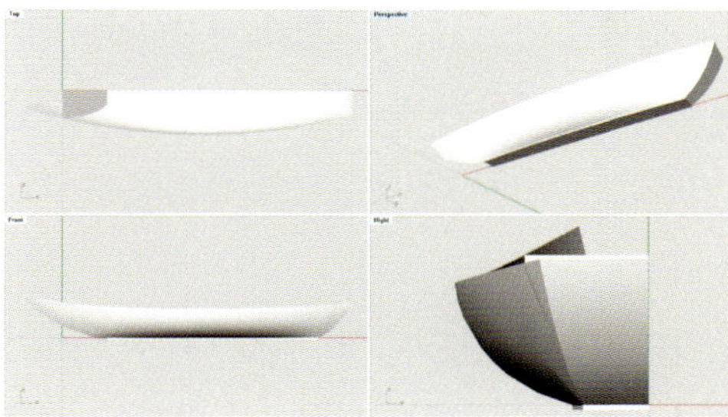

〈그림 215〉 Ⓐ형의 3차원 모델링

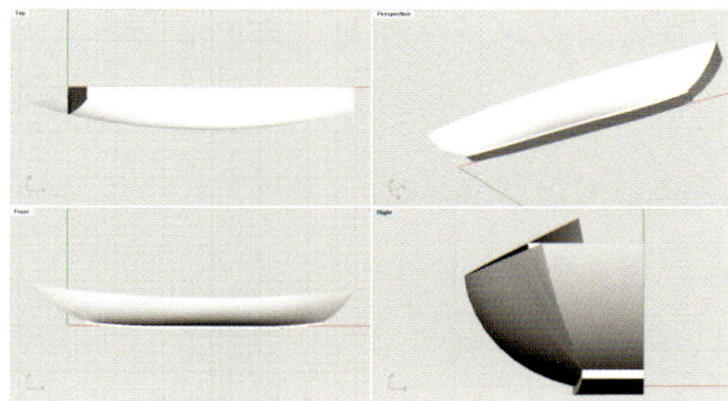

〈그림 216〉 Ⓑ형의 3차원 모델링

〈표 60〉 조선통신사선 수치계산 조건

속도	프루드수[Froude number(Fn)][332]				레이놀즈[Reynolds number(Rn)][333]			
	Ⓐ형		Ⓑ형		Ⓐ형		Ⓑ형	
Knots	만재	경하	만재	경하	만재	경하	만재	경하
2	0.062	0.063	0.063	0.063	2.398×107	2.378×107	2.355×107	2.335×107
3	0.094	0.094	0.095	0.095	3.598×107	3.566×107	3.532×107	3.502×107

328 수선간장(垂線間長, Length Between Perpendiculars) : 선수 수선과 선미 수선간의 수평거리
329 수선장(水線長, Length on the water line) : 선체가 물에 잠겨 있는 상태에서 수선의 수평거리
330 변위(變位, Displacement) : 물체가 어떤 위치에서 다른 위치로 이동한 양. 크기와 방향, 면을 갖는 벡터.
331 침수 표면적(浸水 表面的, Wetted surface area) : 수면 아래에 있는 물체의 표면적.

4	0.125	0.125	0.126	0.127	4.797×107	4.755×107	4.709×107	4.669×107
5	0.156	0.157	0.158	0.158	5.996×107	5.944×107	5.886×107	5.837×107
6	0.187	0.188	0.189	0.190	7.195×107	7.133×107	7.064×107	7.004×107

항해 시 경하상태와 만재상태에서 2Knot부터 6Knot까지 속도를 감안한 저항성능 실험한 결과 계산 구간이 저속이기 때문에 선미부 보다 선수부가 저항 성능에 큰 영향을 미치고 있는 것을 알 수 있다. 정면도를 보면 Ⓐ형이 Ⓑ형 보다 선수부 FP부터 8번 스테이션까지 볼륨의 차이로 파형과 압력분포에 영향을 미치고 있다〈그림 217〉. 먼저 조파저항(CW) 성분인 선수부의 파고높이를 보면 A형의 파고가 급격히 떨어졌다가 올라왔으나, Ⓑ형은 Ⓐ형보다 완만하게 떨어졌다 올라오는 것을 볼 수 있다〈그림 218〉. 이 영향으로 파형분포에서 조파저항Wave Making Resistance의 레벨분포가 더 크게 나타나고 있다. 그러나 저속구간이기 때문에 조파저항 성분이 저항에 크게 영향을 미치지 않을 것으로 확인되었다. 점성압력저항(CVP)의 성분의 주요 요인인 선수부의 압력분포에서도 Ⓐ형이 Ⓑ형보다 양압과 음압이 더 크게 나타나고 있다. 이 때문에 조파저항과 압력점성저항 성분의 합으로 나타나는 압력저항(CP)이 Ⓑ형보다 Ⓐ형이 크게 계산된 것을 알 수 있다〈표 62〉.

332 Froude number : 흘수 아래와 흘수 위를 나누는 기준이 된다. Froude number는 흐름의 중력에 대한 관성력의 비 혹은 흐름의 평균유속에 대한 표편전타의 전파속도의 비.

333 Reynolds number : 움직이는 유체 내에 물체를 놓거나 유체가 관 속을 흐를 때 난류(亂流)와 층류(層流)의 경계가 되는 값.

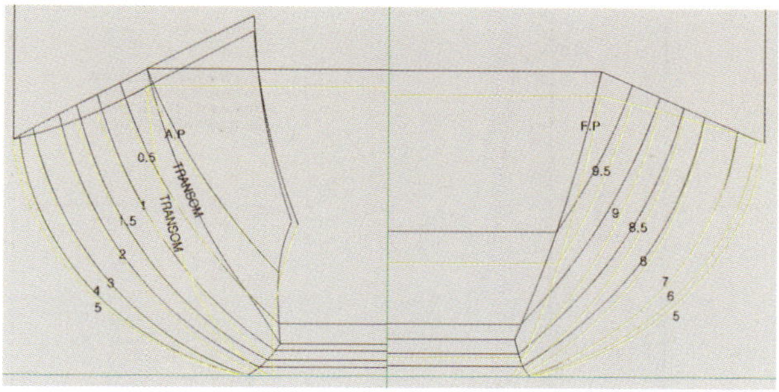

〈그림 217〉 Ⓐ · Ⓑ형 조선통신사선의 정면도 비교
(Ⓐ형 노란색, Ⓑ형 검정색)

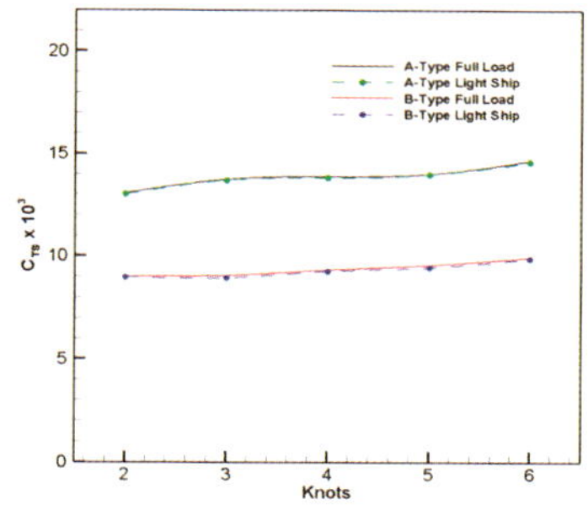

〈그림 218〉 Ⓐ · Ⓑ형 조선통신사선의 전체저항계수(CTS) 비교

〈표 61〉 조선통신사선 저항특성(만재상태)

속도		Ⓐ형			Ⓑ형		
Knots	m/s	CP (점성저항) ×103	CFs (마찰저항계수) ×103	CTs (마찰계수) ×103	CP ×103	CFs ×103	CTs ×103
2	1.029	10.594	2.460	13.054	6.521	2.460	8.981
3	1.543	11.378	2.350	13.728	6.720	2.310	9.030
4	2.058	11.601	2.270	13.871	7.163	2.140	9.303
5	2.572	11.912	2.090	14.002	7.461	2.080	9.541
6	3.086	12.631	2.030	14.661	7.820	2.090	9.910

〈표 62〉 조선통신사선 저항특성(경하상태)

속도		Ⓐ형			Ⓑ형		
Knots	m/s	CP ×103	CFs ×103	CTs ×103	CP ×103	CFs ×103	CTs ×103
2	1.029	10.517	2.480	12.997	6.481	2.480	8.961
3	1.543	11.321	2.370	13.691	6.614	2.310	8.924
4	2.058	11.534	2.270	13.804	7.121	2.120	9.241
5	2.572	11.899	2.080	13.979	7.354	2.080	9.434
6	3.086	12.567	2.020	14.587	7.782	2.090	9.872

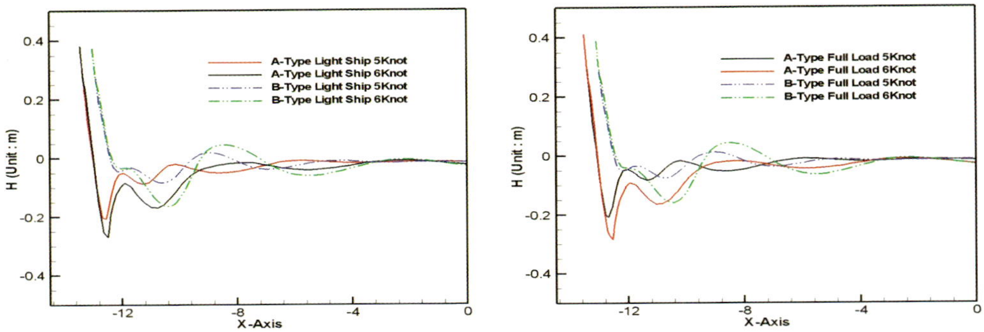

〈그림 219〉 중량에 따른 Ⓐ · Ⓑ형의 선수파고 높이 비교

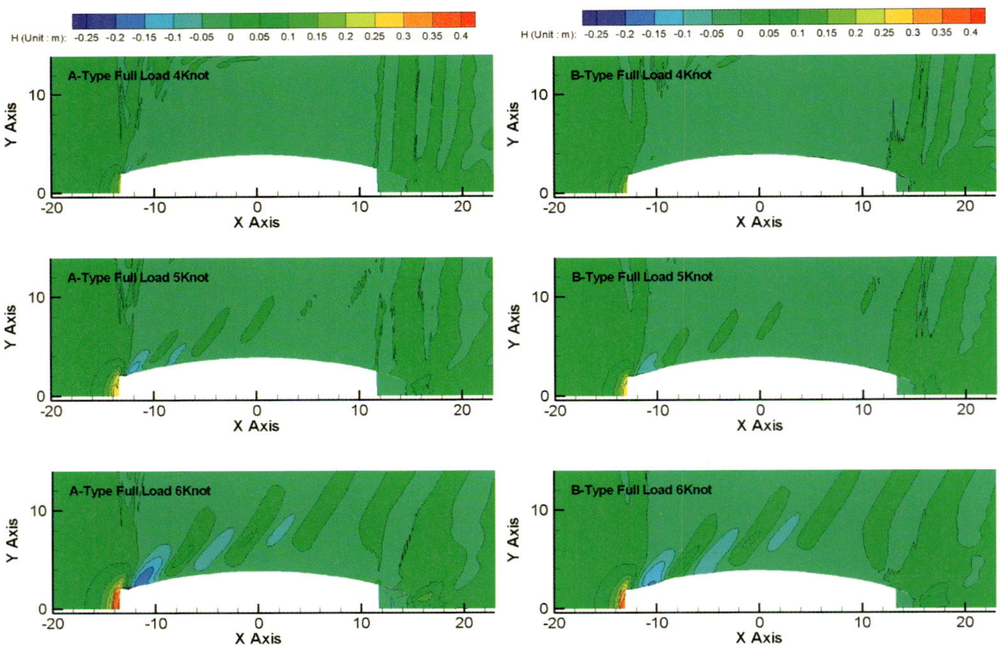

〈그림 220〉 Ⓐ · Ⓑ형 파형분포비교(만재상태, 4~6Knot)

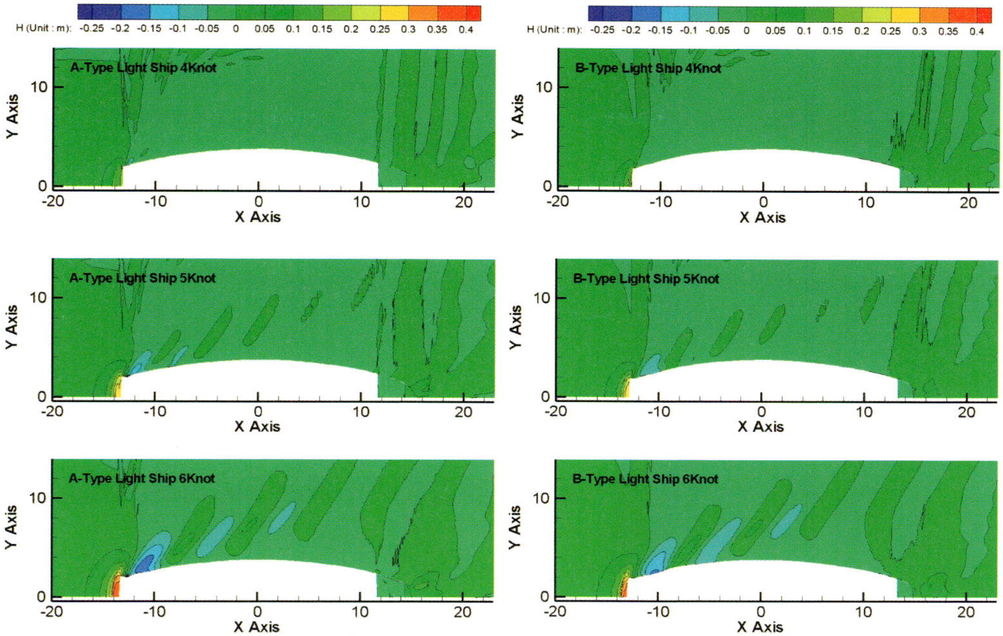

〈그림 221〉 Ⓐ · Ⓑ형 파형분포비교(경하상태, 4~6Knot)

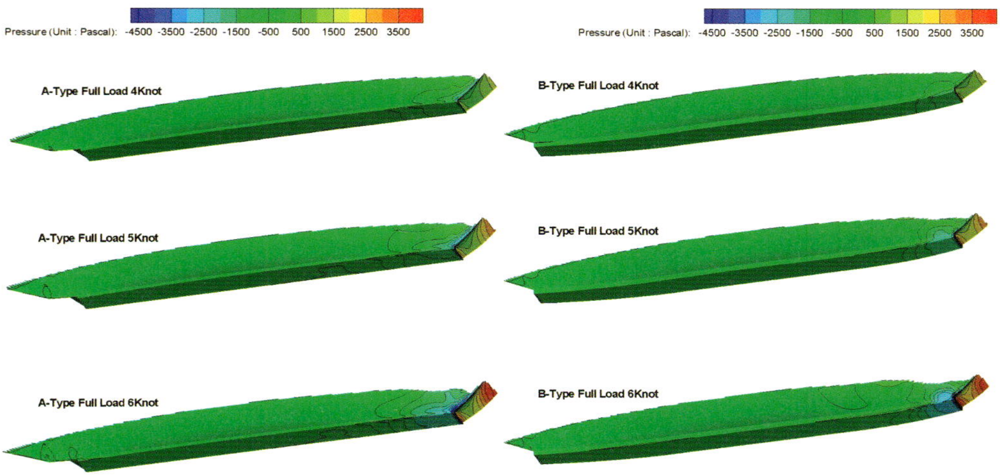

〈그림 222〉 Ⓐ · Ⓑ형 선체압력분포 비교(만재상태, 4~6Knot)

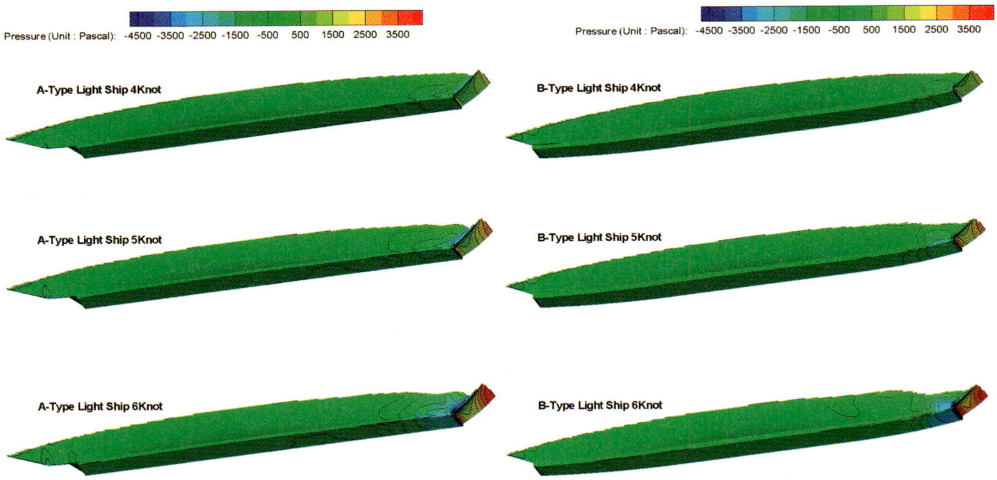

〈그림 223〉 Ⓐ · Ⓑ형 선체압력분포 비교(경하상태, 4~6Knot)

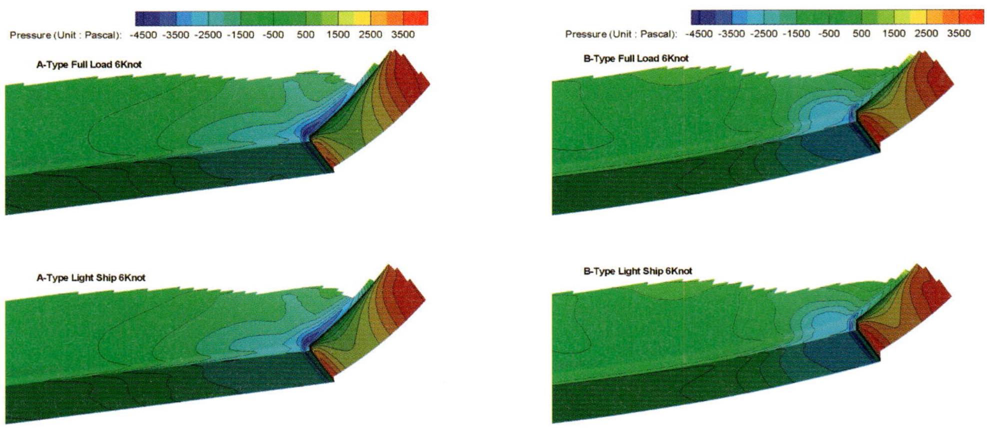

〈그림 224〉 중량에 따른 Ⓐ · Ⓑ형 선수부 압력분포(6Knot)

<표 61~62>과 <그림 220~224> 같이 조선공학적 분석을 통해서도 알 수 있듯이 Ⓐ형의 경우 조파저항이 Ⓑ형 보다 크기 때문에 항해 시 추진성이 떨어지고 회전성 또한 물을 미는 형태이기 때문에 돛과 노를 추진되는 한선에는 전후가 들린 만곡형의 구조가 추진성과 회전성에는 좋다. 다만 Ⓐ형과 Ⓑ형 모두 동일하겠지만, 목포에서 신안 가거도, 가거도에서 태안, 목포에서 부산, 부산에서 일본 쓰시마 등 7,600㎞ 항해 실험 결과 한선은 흘수가 낮아 꼭 바가지가 물 위에 띄워 놓은 거와 같이 둥실둥실 떠가는 구조로 항해 시 바람에 취약하며, 큰 파도나 너울에 부딪힐 때 선체 중심이 흐트러져 직선 항해가 매우 어려운 구조라 할 수 있다.

제7장

결론

제7장

결론

한선에 관한 연구는 문헌 중심의 간접자료 해석에서 최근 발굴성과 중심의 직접자료 해석으로 선박 고고학 중심의 연구가 이루어지고 있다. 이 책은 우리나라 육상과 수중에서 발굴된 고고학 자료를 취합하여 신석기시대부터 조선 후기까지 한선의 구조를 살펴 체계적으로 정리하고, 고고학적 자료와 문헌 및 회화자료를 근거로 고고학적 실험(재현)을 통해 나타나는 제작기술 등을 종합적으로 살펴 한선의 시기별 변천 과정과 구조적 특징을 정리하고자 하였다. 또한 이와 같은 자료를 통해 한선의 평저선론을 검토하고자 하였다.

본 연구가 우리나라 선박사 연구에 기여하는 바는 다음과 같이 크게 8가지로 정리할 수 있다.

첫 번째, 한선의 정의와 용어를 제시하였다는 점이다. 우리나라 강과 바다의 환경에 맞추어 우리만의 기술과 개발로 만들어지고 발전한 고유의 선박, 통나무를 약간씩만 다듬어 구조와 기능을 갖추고, 투박하지만 안전적이고 부력을 갖춘 평저형의 배밑, 선수와 선미를 들어 올려 항해성과 회전성을 갖춘 만곡형의 선형, 휘어있는 원목 그대로 깎아 올려붙인 외판에 가룡을 가로질러 유연성과 복원성을 갖춘 외판, 나무못을 사용하여 언제든지 개삭이 가능한 우리만의 기술, 기능에 따라 옥치와 벗치를 사용하여 복원성과 항해성을 높여 강과 바다를 항해와 활동할 수 있는 선박이 바로 '한선'으로 정의하였다. 용어는 본체구조,

상장구조, 보강구조, 추진구조, 부속구, 못 종류로 나누어 정리하고, 각각의 구조가 가지는 이음, 결속, 쐐기 등의 연결구조의 용어를 분류하여 제시하고 조선통신사선, 판옥선, 어선, 가거도선, 시선의 그림을 통해 용어를 제시였다.

두 번째, 통나무배 제작과정을 새로운 관점에서 해석하였다. 베트남 통나무배 제작과정의 사례를 들어 통나무 속을 팔 때 수분이 없을 때보다 수분이 많을 때 돌도끼와 같은 날카로운 석재나 현대식 쇠도끼 이용이 편리하고 쉽게 팔 수 있다는 점과 속을 팔 때 구간을 나누어 판다는 점, 불을 사용한 것은 속을 팔 때 사용한 것이 아니라 속을 파고 난 후 통나무배를 뒤집어 놓고 불을 피워 수분을 말리는 방법과 뒤틀림을 방지하기 위해 불을 사용한다는 점이다. 또한 도끼로 속을 파다 보면 거친 면과 나무의 나이테가 반대이면 깨지거나, 거친 부분이 생기기 마련인데 이때 면을 다듬을 때 불을 사용한다는 점과 선수 부분이 위로 들린 선형과 모양을 만들기 위해 뿌리 쪽을 선수로 사용한다는 점 등이다.

세 번째, 육상과 수중에서 발굴된 고고학적 자료를 취합하여 시기별 구체적인 구조를 밝혀 개념을 정의하고, 한선의 변천 과정을 체계적으로 정리하였다는 점이다. 우리나라 고고학적 출토 사례는 신석기시대 통나무배 선편 2편, 주형 토제품과 암각화에 그려진 배 그림 7척, 철기시대 주형 토제품, 삼국시대 주형토기와 목기 등 30여점, 통일신라시대 연못에서 구조선 1척과 해상에서 1척, 고려와 조선시대 선박이 해상에서 12척의 고고학적 자료가 출토되었다. 출토된 자료를 통해 시대별 형태를 나누어 통나무배, 준구조선, 구조선으로 구분하고 그에 대한 개념을 정의하였다. 아름드리[大徑材] 원목 한그루를 베어 구유처럼 속을 파내어 'U'자 형태의 단면 구조와 평저 및 만곡형의 측단면 선형을 갖춘 형태의 배[舟]를 통나무배로 정의하였다. 배밑을 통나무배 구조 및 선형을 그대로 유지하면서 상장의 구조(현측재, 수판 등)와 형태를 갖춘 배를 준구조선으로 정의하였다. 여러 개의 원목 나무를 쓰임새에 맞게 다듬어 나무못이나 쇠못으로 서로를 연결하여 형태를 갖춘 배로 구조선으로 정의하였다.

네 번째, 안압지선은 독목주식 준구조선이 아닌 완벽한 구조를 갖춘 구조선으로 밝혀냈다. 안압지선은 통나무배 구조가 일부 남아있는 만곡부종통재 구조를 갖추고 있는 형태이며, 이 구조는 배밑 구조로 3열을 갖추고 있다. 서로 연결에는 노철형凸形에 긴 나무못인 장삭을 결구하고 장삭이 빠지지 못하도록 견고히 잡아주는 '벌림쐐기' 구조를 알 수 있고, 장삭 상부면에서 저판과 결속하기 위해 철정을 박아 고정하고 있고, 현측재를 배밑 상현외측 모서리에 연결하기 위해 선수 쪽에는 'ㄴ'자 형의 턱붙이 클링커식의 구조를 갖추고 있으며, 선미부는 겹붙이 방식의 구조를 갖추고 있다. 특히 저판과 연결되는 외판이 확인되고 있으며 나무못을 사용하지 않고 쇠못을 사용하여 서로를 연결하고 있다. 따라서 안압지선은 독목주식 준구조선이 아닌 완벽한 구조를 갖춘 구조선으로 확인되었다.

다섯 번째 고려 및 조선시대 한선의 구조를 형식 분류하여 체계적으로 정리하였다. 고려 및 조선시대 고고학적 자료에서 나타나는 구조와 성격, 구조별 수종 등을 명확히 밝혔다. 뿐만 아니라 조선 후기 외국인이 바라본 한선이 가지는 구조적 단점을 정리하였다.

여섯 번째, 고고학적 자료와 문헌 및 회화자료를 통해 직접 재현에 참여하면서 찾아낸 구조와 조선기술을 구체적으로 정리하여 한선의 제작기술을 제시하였다. 고려 및 조선시대 조운선과 조선통신사선을 재현한 결과를 바탕으로 선체별 사용된 나무의 수종과 사용방법, 이음 및 연결부 제작 및 조립 순서를 체계적으로 정리하였고, 구조별 기능을 밝혀 원형을 찾아내었을 뿐만 아니라 직접 재현한 선박을 물에 띄워 복원성 검토를 위한 6톤의 물을 싣고 경사 실험을 진행하여 한선의 복원성 기준을 마련하였다. 또한 조선통신사선을 운항하여 약 7,600㎞ 항해를 통해 항해성능과 복원성 및 내구성 등 안전성을 입증하였다. 또한 배의 높이가 높을수록 바람에 매우 취약하고, 흘수가 낮아 항해 시 높은 파도와 너울이 있을 경우 방향을 조종하는 치가 제 역할을 하지 못해 직선항해 보다는 구불구불한 항해에 어려움을 겪는 단점을 확인하였다. 특히 접안 시 불어오는 바람에는 배가 밀려 접안에 취약한 것을 알 수 있다. 이로 인해 판옥의 구조를 갖춘 조선통신사선이나 판옥선 상장의 구조가 매우 낮게 제작한 것을 알 수 있다.

일곱 번째, 고려 및 조선시대 한선의 기본구조와 변화양상을 체계적으로 정리하여 제시하였다. 고려시대 한선의 기본구조는 첫 번째, 선재 선별과 활용방법에 있다. 즉, 고려시대 한선은 '판재'를 사용하지 않고 아름드리 통나무의 사면을 다듬어 '판목'으로 사용하고 있다. 두 번째, 선재 활용에 있어 사람의 힘이나 불을 사용하여 휘지 않고 자체적 곡선으로 자생한 나무(선재)를 선형에 맞추어 깎아 사용하고 있다. 세 번째, 배밑 저판은 3열에서 많게는 15열을 배의 크기에 따라 서로 연결하여 붙여 단면상 평평한 평저형과 측단면상 만곡형의 구조와 선형을 갖춘다. 네 번째, 저판과 외판 사이에 연결되는 알파벳 'L'자 형과 'ㄴ'자 형태의 만곡부종통재 구조가 13세기 초기까지 나타나며 그 이후 '원통형'에서 '판목형'으로 변화된 양상을 볼 수 있다. 다섯 번째, 선수재는 직사각형의 두꺼운 판목을 세로로 세워 반형의 형태이다. 여섯 번째, 돛대는 중앙부에 한 대의 돛대가 설치된 단범선이다. 일곱 번째, 각각 구조를 서로 이음하거나 연결할 때 사용되는 고착 방식은 통일신라시대에 사용되었던 쇠못은 사용하지 않고, 나무못을 사용하고 있다. 여덟 번째, 좌 · 우 횡강력재인 가룡, 차가룡, 멍에 등으로 외판을 지지하는 구조를 갖추고 있다. 이와 같이 고고학적 자료에서 나타나는 고려시대 기본구조를 알 수 있다.

조선시대 한선은 고려시대 한선의 기본구조를 그대로 이어받아 동일한 구조로 발전한다. 다만 고려시대 세로형 선수재가 가로형이 확인되고, 고려시대 한 대의 돛대가 조선시대에는 두 대의 돛대를 갖추고 있다. 그뿐만 아니라 고려시대에는 나무못을 사용하는 반면에 조선시대에는 나무못과 쇠못을 함께 사용하고 있다. 선수재의 경우 조선시대 문헌과 회화자료에서 가로형과 세로형이 병행해서 나타나기 때문에 시대별 변화과정이라 할 수 없고 같이 공존하는 용도와 기술방법의 차이로 볼 수 있다.

여덟 번째, 한선의 평저선론에 대해 필자가 그간 연구한 결과를 토대로 정의를 검토하였다. 김재근이 주장하고 있는 평저선론은 첫 번째 한선의 대상 자료에 대한 구조 및 시기의 문제이다. 대상자료는 다양한 한선을 분석하지 못하고 일제강점기의 서해지역에서 활동한 어선 중심으로 분석을 하였다. 두 번째 평저선 정의에 대한 문제이다. 그는 전후좌우 모두 평평한 선형으로 정의하였다. 필자는 부력이 중심이 되는 저판의 형태가 단면상 좌 · 우 평평한 '평저형'의 구조를 갖추는 반면에 항해성능과 회전성능, 복원성능, 타의 기능을 높일 수 있게 전 · 후는 만곡형의 저판 선형을 갖춘 형태로 정의하였다.

한선은 항해 시 가장 필요한 것은 돛대와 돛, 그리고 돛대를 잡아주는 '옆총'과 돛대를 세우거나 눕힐 때 사용되는 '먼총'과 '앞총' 줄이 매우 중요하다. 하지만 옆총, 먼총, 앞총에 대한 기록이나 연구된 자료가 없어 간략하게 소개하고, 한선 연구에 필요한 앞으로 과제를 정리하면서 마무리하고자 한다. 한선은 돛대가 매우 높은 것이 특징이다. 그 이유는 불어

오는 바람의 종류와 방향에 맞추어 사용하기 때문이다. 그 반면에 높은 돛대는 바람과 파도에 매우 취약하다. 이를 보완하기 위해 돛대 꼭대기에 '옆총줄'을 묶고 뱃전 좌 · 우현 멍에 끝에 걸어 돛대를 움직이지 못하도록 잡아주어야 한다. 돛을 운용하는 범선에는 돛대를 중심으로 여러 개의 줄을 뱃전에 걸어 돛대를 보강하고 돛대 꼭대기까지 올라갈 수 있도록 옆총을 서로 엮어 발판으로 사용하고 있다. 또한 두 대의 돛대를 세울 때 돛대가 무거워 사람의 힘으로는 세울 수 없다. 해서 돛대와 돛대 사이에는 '먼총 줄'을 걸고, 돛대 끝에 '앞총 줄'을 묶어 갑판에 설치된 호롱에 감아 돛대를 세울 때 사용되는 줄이다. 이와 같이 돛을 사용한 우리나라 한선에서도 매우 중요한 구조임에도 불구하고 언급되지 않고 있어 연구가 필요하다.

우리나라의 배는 신석기시대부터 현재까지 면면이 이용되고 있는데 청동기시대의 배가 공백상태이다. 청동기시대를 대표하는 묘제인 지석묘가 흑산도, 청산도 등의 도서지방에

〈그림 225〉 테우(뗏목배. 제주도)

분포하고 있는 것으로 보아 배가 이용되었음을 추측할 수 있지만 그 실체를 알 수 없다. 장래 밝혀야 할 중요한 과제 중의 하나이다.

한편 테우라고 불리는 뗏목배가 근현대까지 강원도, 울릉도, 제주도 등에서 해조류를 실어 나르는 역할을 담당하고 있는 자료가 확인되고 있다<그림 225>. 하지만 아직까지 유적에서 출토된 예가 없어 선사 · 고대에는 어떤 모습이었는지 알 수가 없다. 따라서 뗏목배의 출현 시기 및 조선기술사적 관점에서 한선의 발전과정에 어떠한 역할을 해왔는지에 대해 밝혀야 할 중요한 과제라 할 수 있다.

마지막으로 우리나라 고선박의 노와 돛의 구조에 관한 연구가 필요하다. 이는 '거북선' 원형을 밝히는 데 매우 중요한 연구이며, 한 · 중 · 일 동시대에 활동한 선박들을 비교 분석하는 폭 넓은 연구 또한 필요하다. 따라서 필자는 이러한 것들을 과제로 두고, 이번 한선 연구를 계기로 삼아 이들 과제를 해결하면서 연구의 범위를 확대하여 넓혀 가고자 한다.

Abstract

A Study on Hanseon (Korean Ships)

Hong, Sun Jae

The Korean Peninsula surrounded by the sea on three sides, has been a central hub of maritime culture in East Asia for thousands of years. Throughout its history of maritime activities, interactions and conflicts with neighboring regions, the peninsula has continuously expanded its maritime capabilities. Studies on ships, a crucial means for engaging in maritime activities, have remained stagnant, bound by the past. Therefore, this study aims to explore the essence of Hanseon (Korean ships) through archaeological materials in order to overcome this limitation.

This study on Hanseon (Korean ships) examines the chronological evolution and structural features of Korean ships by collecting archaeological data excavated from both inland and maritime sites in South Korea, systematically examining and compiling data on the structure of Korean ships from the Neolithic era to the late Joseon Dynasty and arranging production technologies revealed from archaeological experiments (reconstruction) based on archaeological data, literature visual representations. Additionally, this study reviewed the theory of flat-bottomed ships based on these materials.

This study is divided into eight main sections. First, it presents the definition and terminology of Hanseon (Korean ships). Being a unique vessel developed through indigenous technology, hanseon is made roughly but creatively. The hull is made by directly cutting originally-bent timber, the bottom is flatted for keeping the buoyancy, the bow and stern were lifted for enhancing the sailing capability. Every outer plank is crossing garyong, for the flexibility and wooden nails were used for easy repair whenever. In order to sail rivers and seas with enhancing resilience and sailing capability by okchi and butchi, the ship which is made up by Korean traditional shipbuilding technique is defined as hanseon.

Second, this study interprets the process of crafting log boats, using the example of Vietnamese log boats, from a new perspective. It presents, when the emptying the dugout, it is easier with much moisture than none, when emptying the dugout, it is emptying by dividing sections, fire in order to easily emptying the dugout, fire is not used during the process but only used after emptying the dugout, when it is flipped over to dry the moisture or prevent any distortion, and in order to make the shape of hull with lifted bow, the root area is used for bow.

Third, the study reveals the specific structures corresponding to different periods by consolidating archaeological data from both inland and maritime excavations. It defines concepts and systematically organizes the evolutionary process of Hanseon. This study examines the artifacts unearthed from Korean archaeological sites and categorizes the forms into log boats, semi-structured ships, and fully structured ships based on chronological divisions and provides conceptual definitions for each.

Fourth, it was revealed that Anabjiseon Ship is not a semi-structured ship with independent planks but a fully structured ship with a complete design.

Fifth, the study systematically classifies and organizes the structures of Hanseon during the Goryeo and Joseon dynasties. Clear delineation of structural features, characteristics, and species for each type is provided based on archaeological findings from the Goryeo and Joseon periods. Additionally, the study identifies structural weaknesses in Hanseon as observed by foreign observers during the late Joseon era.

Sixth, the study presents the specific construction techniques and Joseon-era technologies discovered during direct replication efforts by actively participating in the reconstruction process through archaeological data, literature and iconographic materials.

Seventh, the study systematically outlines and presents the basic structure and evolutionary patterns of Hanseon during the Goryeo and Joseon periods.

Eighth, the study critically reviews the definition of the theory of flat-bottomed ships in the context of Hanseon based on the author's extensive research.

Furthermore, it introduces yeopchong, which is holding the mast, as the essential part of sailing, meonchong, which is using for either standing or lying the mast, and apchong rope.

It arranged features and aspect of changes of hanseon till the end of Joeson dynasty through structure of ships by period by arranging 29 either direct or indirect archaeological materials on land and underwater. In addition, it discovered the original shape of Hanseon by discovering the structures and features of jounseon, panokseon, and joseon tongsinsa seon, which are used during the end of Joseon dynasty, through archaeological experiments, based on the archaeological materials and literature and illustrations of Joseon dynasty. Furthermore, it defines more clearly the 'flat-bottomed theory' of hanseon, based on structures of each period.

In summary, this study holds significant importance in unveiling the true essence of Hanseon in Korea as it consolidates scattered archaeological data from various perspectives.

참고문헌

1. 사료

『各船圖本』.

『經國大典』.

『慶尙道戰漕船通用條列冊子』.

『癸未隨槎錄』.

『高麗圖經』.

『高麗史』.

『高麗史節要』.

『光海君日記』.

『東槎錄』.

『旅菴全書』.

『李忠武公全書』.

『萬機要覽』.

『明宗實錄』.

『蒙古襲來繪詞』.

『武經總要全集』.

『文宗實錄』.

『眉巖集』.

『磻溪隧錄』.

『備邊司謄錄』.

『宣祖實錄』.

『成宗實錄』.

『世祖實錄』.

『世宗實錄』.

『隨槎日錄』.

『承政院日記』.

『辛未通信日錄』.

『燕山君日記』.

『日省錄』.

『增補文獻備考』.

『太宗實錄』.

『海東諸國記』.

『海槎錄』.

『海行日記』.

『海行摠載』.

『軒聖遺稿』.

『華成城役儀軌』.

『繪本太閤記』.

2. 단행본

(사)조선통신사현창회, 『1748년 조선통신사 행렬도』, 2020.

Basil Hall, 김석중 譯, 『10일간의 조선 항해기』, 삶과꿈, 2003.

Horace H. Underwood, 『Korean Boats and Ships』, Chosen Christian College, 1934.

NPO법인 조선통신사 연지연락협의회 조선통신사 유네스코 연락부회, 『유네스코 세계기록유산 조선통신사에 관한 기록 17~19세기 한·일간의 평화구축과 문화교류의 역사』, 2017.

古代オリエント博物館, 『2019年秋の特別展』, しきしまの大和へ ―アジア文華往来― 特別展.

今村鞆, 박현숙 譯, 『船の 朝鮮』, 국립해양문화재연구소, 1930.

김동규, 『辛未通信日錄』, 通文館, 1980.

김동철, 정경주 譯, 『國譯 通信使謄錄』(Ⅱ), 부산광역시사편찬위원회, 2014.

________________, 『國譯 通信使謄錄』(Ⅲ), 부산광역시사편찬위원회, 2015.

김성준,『한국 항해 선박사』, 문현, 2014.
______,『한국 항해 선박사』(개정증보판), 혜안, 2021.
김재근,『朝鮮王朝 軍船研究』, 一潮閣, 1977.
______,『거북선의 神話』, 정우사, 1978.
______,『韓國船舶史研究』, 서울대학교출판부, 1984.
______,『우리 배의 歷史』, 서울대학교출판부, 1989.
______,『續韓國船舶史研究』, 서울대학교 출판부, 1994.
______,『韓國의 배』, 서울대학교 출판부, 1994.
박근옹,『어선조사보고서』, 대불대학교 산학협력단 출판부, 2007.
安達裕之,『日本の船』, 船の科學館.
冠 倬,『中國古船圖譜』, 三聯書店, 2000.
이원식,『한국의 배』, 대원사, 1990.
이은상 譯,『(完譯)李忠武公全書 上』, 성문각.
전호태,『울산의 암각화 : 울산 대곡리 반구대 암각화론』, 울산대학교 출판부, 2005.
정광수,『삼가 적을 무찌른 일로 아뢰나이다 : 이순신 장군이 쓴 임진란 해전기』, 정신세계사, 1989.
정성호, 박병수,『한국산 유용수종의 목재성질』, 국립산림과학원, 2008.
정약용, 정해겸 譯,『역주 경세유표』I, 現代實學社, 2004.
정약전, 이강회/김정섬, 김형만 譯,『柳菴叢書』, 신안문화원, 2005.
정진술,『한국 해양사 : 고대편』, 경인문화사, 2009.
조선통신사문화사업추진위원회,『마음의 교류 조선통신사 에도(江戶)시대로부터 21세기에 보내는 메시지』, 2004.
出口品子,『丸木舟』, ものと人間の文化史, 2001.
韓國精神文化研究院,『(國譯) 韓國誌』, 韓國精神文化研究院, 1984.
洪景海, 하우봉 譯,『수사일록』, 보고사, 2018.
최두환,『원형 거북선을 찾아서』, 우석 출판사, 1999.

3. 연구논문

Takeo SAKURAI,「거북선의 복원력에 대한 조선공학적인 소고」,『해양연구논총』23, 해군사관학교 해군해양연구소, 1999.
강만길,「이조조선사」,『한국문화사대계』III, 고대 민족문화연구소, 1969.
강원춘,「수중발굴 고선박 구조목편 연구」,『해양 문화재』6, 국립해양문화재연구소, 2013.

______,「마고 1호선 발굴 선박 복원과 고려시대 조운선」,『해양 문화재』 7, 국립해양문화재연구소, 2014.

______,「발굴유물을 통해 본 통일신라의 배」,『신라의 해문(海門) 울산 반구동』, 울산박물관, 2021.

高島徹,「長原古墳群」,『日本古墳大辞典』, 株式会社東京堂出版, 1989.

곽유석,『高麗船의 構造와 造船技術 연구』, 목포대학교 대학원 박사학위 논문, 2010.

김건수,「주형토기로 본 삼국시대 배의 고찰」,『도서문화』 제42집, 2013.

김병륜,「조선 후기 선박의 櫓 구조와 軍船 格軍의 편성과 운용」,『한국역사민속학회』, 역사민속학 54, 2018.

김성준,「蓬萊 고려고선의 한국선박사상의 의의」,『해운물류 연구』 27권 3호, 2007.

______,「고대의 항해술과 삼국시대 무덤출토 우리 배」,『우리 배 이야기』, 바다문화학교, 2010.

김성준 · 김경옥,「고려 초기 나주선의 톤수 추정과 검증」,『한국해양과학기술협의회 공동학술대회』, 한국항해항만학회, 2020.

김응호 · 홍순재 · 김병근 · 한규성, 2021,「수중 출수된 고선박의 구조와 목재수종의 변화」,『해양문화재』 제14권, 국립해양문화재연구소.

김재근,「龜船의 조선학적 고찰」,『학술원논문집 : 인문사회과학편』 제13집, 대한민국학술원, 1974.

______,「渡海船造船式圖攷 : 李朝後期船舶의 構造」,『학술원논문집 : 인문사회과학편』 제14집, 대한민국학술원, 1975.

______,「朝鮮初期軍船 考」,『학술원논문집 : 인문사회과학편』,제22집, 대한민국학술원, 1976.

______,「板屋船考」,『한국사론』 Ⅲ, 서울대학교 인문대학 국사학과, 1976.

______,「조선 후기 병선의 질정(蛭釘) 고착 방법」,『한국과학사학회지』 1권 1호, 한국과학사학회, 1979.

______,「旅庵의 兵船論에 대하여」,『학술원논문집 : 인문사회과학편』 제21권, 대한민국학술원, 1982.

______,「朝鮮末期의 軍船 : 특히 戰漕船通用에 대하여」,『학술원논문집 : 인문사회과학편』 제22집, 대한민국학술원, 1983.

______,「莞島海底發掘船의 船體構造에 대하여」,『학술원논문집 : 인문사회과학편』 제25집, 대한민국학술원, 1986.

______,「壬辰倭亂中 潮 · 日 · 明 軍船의 特性」,『임진수군활동연구논집』, 해군군사연구실, 1993.

김재승,「1763년 대일 통신사선의 건조」,『해운물류연구』 제42호, 한국해운물류학회, 2004.

김주식,「거북선의 건조와 운영」,『조선시기의 거북선과 선소』, 전남대 이순신해양문화연구소, 2008.

나승만,「조기잡이 어선 中船과 大風船의 선체 비교」,『비교민족학』 47, 비교민족학회, 2012.

남궁일,「암각화의 조형성과 선사 해양문화」,『우리 배 이야기』, 국립해양문화재연구소 바다문화학교, 2010.

남천우,「귀선구조에 대한 재검토」,『역사학보』 제71집, 역사학회, 1976.

문경호,「1811년 신미통신사선과 사행록」,『공주지역 문화콘텐츠로서의 통신 정사 김이교와『신미통신일록』』 국제학술세미나, 공주시 · 무령왕국제네트워크협의회, 2021.

박재광, 「2층 구조의 전라좌수영 거북선」, 『임진왜란과 전라좌수영, 그리고 거북선』, 경인문화사, 2011.
손창련, 『현대적인 조선공학 기술에 기반한 한국 전통선박의 재현』, 목포대학교 대학원 박사학위논문, 2013.
송은일, 「임진왜란기 거북선 層構造에 대한 역사적 고찰」, 『해양문화연구』 5, 전남대학교 이순신해양문화연구소, 2010.
______, 「임진왜란기 거북선의 크기와 이후 추이에 대한 역사적 고찰」, 『해양문화연구』 6, 전남대학교 이순신해양문화연구소, 2011.
신종국, 「고려 침몰선의 성격과 출수유물 연구」, 공주대학교 대학원 박사학위 논문, 2020.
안재철, 『한선의 구조와 변천』, 목포대학교 대학원 석사학위 논문, 2000.
이원식, 「거북배(龜船)에 대한 小考」, 『대한조선학회지』 35, 대한조선학회, 1998.
______, 「이순신 창제 귀선(거북배)의 설계-이순신 창제 귀선의 기하학적 조선 계획의 고찰 및 원형복원」, 『대한조선학회』 제40권, 대한조선학회, 2003.
______, 「1592년식 이순신 창제 귀선(거북배)의 설계 복원 연구」, 『대한조선학회』 제41권, 대한조선학회, 2004.
______, 『고려 완도선의 주요 치수 추정과 구조 복원에 관한 연구』, 한국해양대학교 대학원 석사학위 논문, 2004.
______, 『1592년 龜船의 主要 置數 推定에 關한 硏究』, 한국해양대학교 대학원 박사학위논문, 2007.
______, 「1592년 이순신 창제 귀선의 실체」, 1592년 거북선 구조 심포지움 발표자료, 한국해양대학교, 2008.
이원식 · 이은위 · 이기표, 「고려 완도선의 선형계수 및 정적복원성 추정에 관한 연구」, 『대한조선학회』 제43권, 대한조선학회, 2006.
이정근, 「삼국시대 배모양 토기」, 『가야인 바다에 살다 : 가야의 배와 항해 이야기』특별전 도록, 국립김해박물관, 2021.
이준혁, 『고려시대 배(船)의 변화와 그 의미』, 부산대학교 대학원 석사학위 논문, 2010.
이창규, 「고대 한반도의 배모양 토기」, 『동남아시아 해양문화유산과 해상실크로드』 국제학술대회자료집, 국립해양문화재연구소, 2017.
이창억, 「『耽羅巡歷圖』 고대선과 조선 통신사선의 비교 연구」, 『연구논문집』 35, 울산과학대학, 2001.
이철한, 『安佐島 沈沒船의 構造 硏究』, 목포대학교 대학원 석사학위 논문, 2009.
이하우, 「한국 암각화의 배 표현물, 그리고 배를 통해서 보는 석장동암각화의 성격」, 『한국암각화연구』 제23집, 한국암각화학회, 2019.
장학근, 「군선으로서의 원형귀선 : 귀선개조론을 중심으로」, 『창원사학』 제2집, 창원사학회, 1996.
전재영, 「화성성역의궤 도설(圖說)의 도법적 특징에 관한 연구 : 도(圖)와 설(說)의 관계를 중심으로」, 한국건축역사학회 춘계학술발표대회 발표집, 한국건축역사학회, 2008.

정진술, 「판옥선 복원을 위한 구조탐색」, 『strategy』 21, 한국해양전략연구소, 2007.
______, 「조선 후기 거북선의 구조」, 『조선시기 여수 좌수영의 거북선』, 전남대 이순신해양문화연구소, 2009.
______, 「고대의 항해술과 삼국시대 무덤출토 우리 배」, 『우리 배 이야기』, 바다문화학교, 2010.
조성도, 「거북선에 대한 소고 : 포문수와 속력을 중심으로」, 『해군대학 논문집』 6, 해군대학교, 1964.
______, 「귀선고」, 『해군사관학교 연구보고』 제2집, 해군사관학교, 1965.
최근식, 「장보고 무역선과 항해기술 연구」, 고려대학교 대학원 박사학위논문, 2002.
최두환, 「임란시의 원형 거북선에 관한 연구」, 『해양연구논총』 22, 해군사관학교 해군해양연구소, 1999.
최병문, 「조선시대 선박의 선형 특성에 관한 연구」, 부경대학교 대학원 박사학위논문, 2004.
최영희, 「龜船考」, 『사총』 제3집, 고려대학교 역사연구소, 1958.
홍광희, 「安佐島 한국 전통 닻돌의 생김새와 쓰임새」, 조선대학교 대학원 석사학위논문, 2012.
허문녕 · 윤용희, 「통일신라기 선박구조 이해 : 월지배와 영흥도선 선체 구조 연구」, 『해양문화재』 제17호, 국립해양문화재연구소, 2022
홍순재, 「진도선의 구조와 성격」, 목포대학교 대학원 석사학위 논문, 2009.
______, 「고려시대 난파선의 구조와 제작기술」, 『해양문화재』 제4호, 국립해양문화재연구소, 2011.
______, 「마도해역 출수 난파선 비교 고찰」, 『태안 마도 4호선 수중발굴조사 보고서』, 국립해양문화재연구소, 2016.
______, 「거북선 노와 신방의 구조에 대한 소고」, 『전국해양학자대회』 자료집, 국립해양문화재연구소, 2019.
______, 「거북선 복원 방법 검토 및 내부구조에 대한 소고」, 『충무공 이순신과 한국 해양』 제6호, 해군사관학교 해양연구소, 2019.
______, 「한국의 전통선박 변천과정과 조선통신사선 재현에 관한 연구」, 『조선통신사연구』 제27호, 조선통신사학회, 2019.
______, 「라파엘호 구조와 규모에 관한 고찰」, 『교회사연구』 59, 한국교회사연구소, 2021.
______, 「일본 화원이 남긴 정사기선의 구조 연구」, 『해양문화재』 제17호, 국립해양문화재연구소, 2022.
______, 「조선통신사 정사기선(正使騎船)의 조선기술사적 구조 재검토」, 『文化財』 제55권, 국립문화재연구원, 2022.
______, 「고려초기 나주선 구조 및 성격에 관한 연구」, 『해양문화재』 제18호, 국립해양문화재연구소, 2023.

4. 연구보고서

(재)극동문화재연구원, 『함안 말이산고분군 481-2번지 일원 발굴(시굴)조사 현장 설명회 자료집』, 2018.
(재)동서문물연구원, 『마산 현동유적Ⅱ』, 조사연구보고서 제64책, 2012.
(재)동양문물연구원, 『『김해 봉황동 유적』 김해 봉황동 119-1 및 22-6 일원 주택신축부지 문화재 발굴조사』

調査研究報告 第16輯, 2014.
(재)두류문화연구원,『함안 말이산 고분군』함안 말이산 고분군 정비사업부지 내 유적, 발굴조사보고서 제50집, 2021.
경남발전연구원,『산청 평촌리 유적』, 조사연구보고서 제48책, 2006.
경상대학교 박물관,『합천 옥전고분군 X』, 2003.
경상북도문화재연구원,『달성 평촌리 · 예현리 유적』, 학술보고서 제147책, 2010.
국립김해박물관,『비봉리』, 학술조사보고 제6책, 2008.
국립문화재연구소,『전통 목조건축 결구법』, 2014.
國立中央博物館,『東三洞 貝塚 Ⅱ-第2次 發掘調査-』, 國立博物館 古蹟調査報告 第三十四冊, 2004.
______________,『東三洞 貝塚 Ⅲ-第3次 發掘調査-』, 國立博物館 古蹟調査報告 第三十四冊, 2004.
______________,『東三洞 貝塚 Ⅰ-第1次 發掘調査-』, 國立博物館 古蹟調査報告 第三十四冊, 2005.
국립해양문화재연구소,『근대 한선(韓船)과 조선(造船) 도구』, 2008.
_____________________,『高麗靑磁 寶物船』, 태안 대섬 수중발굴 조사보고서, 2009.
_____________________,『조선시대 그림 속의 옛배』, 2010.
_____________________,『태안 마도1호선 수중발굴조사 보고서』, 2010.
_____________________,『태안 마도 2호선 수중발굴조사 보고서』, 2010.
_____________________,「조운선」,『전통선박 조선기술 Ⅳ』, 2012.
_____________________,『태안 마도 3호선 수중발굴조사 보고서』, 2012.
_____________________,『마도1호선 구조설계 조선공학적분석 Ⅰ』, 2013.
_____________________,『인천 옹진군 영흥도선 수중발굴조사 보고서』, 2014.
_____________________,「고려시대 조운선(마도1호선) 복원 보고서」,『전통선박 조선기술 Ⅴ』, 2015.
_____________________,『안산 대부도 2호선 수중발굴조사 보고서』, 2016.
_____________________,『태안 마도 4호선 수중발굴조사 보고서』, 2016.
_____________________,「조선통신사 정사기선」,『전통선박 조선기술 Ⅵ』, 2019.
_____________________,「판옥선」,『전통선박 조선기술 Ⅶ』, 2021.
_____________________,『해양출수 고선박 보존처리』, 2021.
국립해양박물관,『통신사 선단의 항로와 항해』, 2017.
국립해양유물전시관,『목포 달리도배 발굴조사보고서』, 1995.
___________________,『君山 十二東波島 海底遺蹟』, 2005.
___________________,『安佐船 發掘報告書』, 2006.
___________________,『安山 大阜島船 水中發掘調査 報告書』, 2008.

宮崎県教育委員会,『西都原古墳群』発掘調査・保存整備概要報告書(X), 2006.

나주시・(재)남도문화재연구원・동신대학교박물관,『나주 영산강 고선박(나주선) 긴급 정밀(지표)탐사』, 2004.

나주시・경담문화재연구소,『나주선 보존처리 보고서』, 2005.

동아대학교박물관,『泗川 勒島 CⅡ』古蹟調査報告書 第三十九冊, 2008.

동양문물연구원,『김해 봉황동 유적 발굴조사 보고서』, 조사연구보고서 제16집, 2014.

梅原末治,『慶州金鈴塚飾履塚發掘調査報告』, 大貞十三年度 古蹟調査報告書 第1冊, 1932.

문화공보부 문화재관리국,『雁鴨池』發掘調査報告書, 圖版編, 1978.

______________________,『雁鴨池』發掘調査報告書, 1978.

______________________,『莞島海底遺物』,1985.

문화재청,『조선통신사 기록물 용역보고서』.

弥栄町教育委員会,『京都府弥栄町文化財調査報告』第5集, 天理大学博物館学研究室編, 1988.

부산대학교박물관,『勒島 貝塚과 墳墓群』, 研究叢書 第29輯, 2004.

삼한문화재연구원,『창원 현동 유적거재-마산3 국도건설공사구간 내학술조사보고서』제105책, 2023.

松阪市教育委員会,『三重県松阪市宝塚町・光町所在 史跡宝塚古墳 -保存整備事業に伴う宝塚1号墳・宝塚2号墳調査報告-(松阪市埋蔵文化財報告書 1)』, 2005.

숭실대학교,『조선통신사 사행록 연구총서 12』, 學古房, 2010.

朝鮮總督府水産試驗場,『漁船調査報告書』, 1928.

天野末喜編,『岡古墳 - 古市古墳群の調査研究調査報告1 - 藤井寺市文化財調査報告第5集』藤井寺市教育委員会, 1989.

한국문화재보호재단,『金海 本山里・餘來里 遺蹟 Ⅰ -김해 진영2지구 택지개발사업지구 내 유적 발굴조사 보고서』, 2014.

5. 자료

https://ja.didt.naver.com.

https://prtimes.jp/main/html/rd/p/000000389.000020364.html.

김홍도,「평안감사향연도」, 국립중앙박물관 소장.

김준근,「기산풍속도첩」, 숭실대학교 한국기독교박물관 소장.

김윤겸,「신행도해선(信行渡海船)」, 북한 조선미술관 소장.

「조선통신사정사관선도」, 사가현 나고야성박물관 소장.

「화목상인의 수상선(水上船)」, 개항기(開港期) 대동강 촬영 사진 자료.

찾아보기

ㄱㅏ

ㄴ

ㄷ

라 · 마

바

사

아

ㅈㅏ

차

카 · 타

파

하

한선 연구

고고학적 유산과 기록에 담긴 한국 선박사

초판1쇄 발행 2024년 10월 30일

지은이 홍순재
펴낸이 홍종화

주간 조승연
편집 · 디자인 오경희 · 조정화 · 오성현
신나래 · 박선주 · 정성희
관리 박정대

펴낸곳 민속원
창업 홍기원
출판등록 제1990-000045호
주소 서울 마포구 토정로 25길 41(대흥동 337-25)
전화 02) 804-3320, 805-3320, 806-3320(代)
팩스 02) 802-3346
이메일 minsokwon@naver.com
홈페이지 www.minsokwon.com

ISBN 978-89-285-2033-6 94910
SET 978-89-285-0359-9